迈向
橄榄型社会

增长、分配
与公共政策选择

中金研究院　中金公司研究部
— 著 —

中信出版集团 | 北京

图书在版编目（CIP）数据

迈向橄榄型社会 / 中金研究院，中金公司研究部著. -- 北京：中信出版社，2022.6
ISBN 978-7-5217-4389-0

Ⅰ.①迈… Ⅱ.①中…②中… Ⅲ.①共同富裕－研究－中国 Ⅳ.① F124.7

中国版本图书馆 CIP 数据核字（2022）第 076709 号

迈向橄榄型社会

著者：　　中金研究院　中金公司研究部
出版发行：中信出版集团股份有限公司
　　　　　（北京市朝阳区惠新东街甲 4 号富盛大厦 2 座　邮编　100029）
承印者：　宝蕾元仁浩（天津）印刷有限公司

开本：787mm×1092mm　1/16　　印张：30.75　　字数：500 千字
版次：2022 年 6 月第 1 版　　　　印次：2022 年 6 月第 1 次印刷
书号：ISBN 978-7-5217-4389-0
定价：88.00 元

版权所有·侵权必究
如有印刷、装订问题，本公司负责调换。
服务热线：400-600-8099
投稿邮箱：author@citicpub.com

目 录

前　言　共同富裕的能与不能　/003

第一篇　总论
第一章　兼顾效率与公平的道路　/003
第二章　从金字塔到橄榄型　/029

第二篇　要素市场
第三章　建设统一包容的劳动力大市场　/063
第四章　数字经济：向善而行　/089
第五章　碳约束下平衡区域发展　/121
第六章　双支柱金融体系与好的社会　/145
第七章　房地产：回归民生保障，走新发展模式　/175
第八章　全球化：迎难而上，共享红利　/207

第三篇　社会服务与公共政策

第九章　提高财政的再分配力度　/ 235

第十章　基础设施：建设固柢，运营提效　/ 269

第十一章　加大投入、完善机制，促进高质量教育　/ 299

第十二章　建立均衡高效的医疗体系　/ 331

第十三章　提升大众消费水平，推动消费均衡　/ 361

第十四章　老有所养：财政支持与机制改革　/ 391

第十五章　善亦有道：探索中国特色公益慈善之路　/ 419

第四篇　经济与投资含义

第十六章　百年变局中的资产价格大势　/ 449

前　言
共同富裕的能与不能

百年不遇的新冠肺炎疫情促使人们重新审视人类社会面临的挑战。疫情暴露了经济体系存在的缺陷，比如产业链的脆弱性，也引发了对人和自然关系的反思，加大了绿色转型的动力。疫情防控得益于科技进步，凸显了知识和创新的重要性。这场公共卫生危机对经济的影响是非对称性的，低收入群体受到的冲击更大，全球范围内贫富分化问题更加受到重视。疫后世界面临的不仅是重启，也有如何重构、如何建立一个更好的社会的挑战。

中国处在新发展阶段，新发展理念的五个关键词是"创新、协调、绿色、开放、共享"，意味着经济政策不仅追求效率，也重视公平，以促进全体人民共享发展成果。继2021年《碳中和经济学》、2022年《创新：不灭的火炬》出版之后，中金研究院和中金公司研究部再次协同，联合撰写了本书。本书从共同富裕的目标与内涵、收入分配现状、市场机制、公共政策、投资含义等多个视角探讨未来发展的路径和可能面临的挑战。

共同富裕是发展问题同时也是分配问题，正确处理效率和公平的关系是关键，目标是构建"两头小，中间大"的橄榄型社会。人类社会的历史显示，贫富分化既非不可控制，不平等的下降也不会自动发生，关键还是看公共政策的选择。共同富裕作为目标应该没有人不同意，现实中应当采取什么样的政策操作则有争议。本文从宏观视角阐述对几个相关问题的思考。

新发展阶段的增长与公平

在新发展阶段，我们应当如何理解经济增长和共同富裕的关系？经济学思维对增长与不平等的关系有两极不同的观点。

一极的观点是不平等有利于经济增长，贫富差距有利于富人储蓄和投资，同时激励穷人努力工作。这曾是18—19世纪的主流观点，其较隐晦的表述是20世纪80年代开始的新自由主义，认为收入差距是市场竞争的必然结果，反映效率（能力）的差异，不应该人为改变。对富人征税转移给穷人，富人因为被征税而工作的动力下降，穷人因为"不劳而获"工作动力也会下降，最终整个经济受损。这样的逻辑似乎有道理，但经不起推敲，其推论是让富人更富、穷人更穷，促进经济增长。

20世纪80年代为里根减税背书的供给学派是新自由主义的典型代表，认为降低所得税能激发私人部门的积极性，促进经济增长，税基扩大抵消税率下降的影响，使得总体税收上升。从实证分析来看，这个观点没有被后来的经济发展支持，减税后80年代美国财政赤字大幅上升。美国战后不平等下降时期的人均GDP（国内生产总值）增速比20世纪80年代以来不平等上升时期高0.8个百分点，至少说明战后前30年不平等的下降并没有阻碍经济增长。

另一极的观点是降低不平等有利于经济增长。比如提升公共品投入、进行基础设施建设有利于提升劳动生产率，比如对资本征税来提升儿童的学前教育和医疗保障投入，在降低不平等的同时，也有助于促进长期的人力资本积累和经济增长。但也不能由此得出结论，所有降低收入差距的政策都有利于经济增长，还要看经济所处的大环境和具体的措施。在新发展阶段，三个方面的变化值得关注。

第一，社会主要矛盾发生变化。改革开放以来，中国从计划经济转向市场经济，资源配置效率得到极大提升，经济快速增长，同时收入差距扩大，社会主要矛盾已经从"人民日益增长的物质文化需要同落后的社会生产之间的矛盾"转化为"人民日益增长的美好生活需要和不平衡不充分的发展之间的矛盾"，现在更加重视共同富裕是新发展阶段的应有之义。过去40年，在自由主义思想主导下，全球贫富分化程度大幅上升，也引起社会和政治层面的反应，包容性增长成为一个焦点。

第二，经济增长模式在转变。之所以18—19世纪的主流观点认为贫富分化有利于经济增长，是因为古典经济学强调资本积累的重要性，给定人口，储蓄（投资）决定经济增长，而财富集中增加储蓄。现代经济是知识型经济，无形资产日益重要，创新是增长的主要来源。人类的技术进步历程显示，大部分颠覆性的创新来自众多的小企业，少数超级富豪的贡献有限。同时，政府通过提供公共品（比如研发和教育投入）可以促进知识生产。随着中国的人口红利消退，劳动力和资本积累的贡献下降，增长将更多依靠技术进步。

第三，全球化在逆转。过去几十年，随着产业链分工的细化，全球贸易/GDP快速上升，新兴市场国家较低成本的劳动力和发达国家的资本结合，以中国为代表的亚洲国家大幅缩小了和发达国家的收入差距。在发达国家内部，中产阶级地位相对恶化，而富有阶层的财富大幅增加，已经引起贸易保护主义和反移民力量的反弹。疫情冲击、地缘政治尤其俄乌冲突加剧了逆全球化的动能。对中国来讲，逆全球化意味着，通过参与国际循环，实现劳动者收入与经济增长同步追赶发达国家的模式遇到阻力。

上述的内外部环境变化凸显了新发展阶段平衡增长与公平的重要性。事实上，两者可以是相辅相成而不是此消彼长的关系。一方面，经济增长的一部分转化为公共投资和公共服务，以及更多的转移支付，有利于提升低收入群体的福利；增长使得一个社会变得更慷慨，更容易接受支持低收入群体的社会政策，增长也使得低收入群体对收入差距的容忍增加。另一方面，指望经济发展到一定水平后不平等自动下降也不现实。关键还是看公共政策的选择。

迈向橄榄型社会的路径

在原始社会，人们以打猎为生，没有什么生产剩余，同时群居的规模小，组织机制的作用小，基本没有不平等。随着人们定居下来进行农业生产和家禽畜养，生产剩余出现，同时组织机制开始发挥作用，产权形成，不平等显现。一定程度的不平等是人类社会的自然现象，不可避免。问题是如果收入分配呈现金字塔型，则超出了社会能够容忍的程度。所谓共同富裕，就是要从金字塔型社会迈向橄榄型社会。

不平等的三个维度

一般来讲，不平等有三个维度：收入不平等、财富不平等、机会不平等。如何理解三者之间的关系？20 世纪 20 年代美国金融资产价格飙升，当时的主流观点认为资产价格上升代表财富增加，1929 年股市崩盘后财富消失，促使人们寻找衡量真实财富创造的工具，由此发明了 GDP 的概念和统计体系，真实的财富创造需要生产商品和提供服务。在现代经济中财富代表的是对产出的索取权，和储蓄积累不一定是对应的关系。

20 世纪 80 年代以来，世界范围内一个突出现象是以金融资产为代表的财富扩张的速度超过经济增速，财富/GDP 上升。财富在各国的体现形式有差异，在美国股票市值/GDP 显著增加，在中国更多是房地产市值/GDP 比例上升。同时，财富的分布差距大大超过收入差距。把宏观的财富/GDP 上升和财富占有的差异结合起来，对分配有两个含义：财富比收入更重要；继承比创造更重要，后者对年青一代来讲是机会不平等的一个体现。

财富增长是一个社会集体创造的过程，过程中机会是否平等也会影响到效率，机会平等的社会更有利于财富增长，教育公平则促进机会平等。过去 40 年西方国家贫富差距加大，同时人均 GDP 增速下降，可能与教育投资减少有关。在中国，有关共同富裕的讨论往往把城乡差距、地区差距、收入差距并列为三个突出的问题。三者相互关联，但不是同一回事。发展仍是中国的第一要务，缩小城乡和地区差距需要在发展中解决问题，比如新型城镇化和乡村振兴。同时，城乡和地区差距有体制和政策的因素，比如户籍和由此导致的教育等公共服务不均等，降低城乡和地区差距就是降低机会不平等。

衡量不平等

"不平等"或者"贫富分化"表达的意思清晰，但量化描述并不容易。基尼系数是一个常用的指标，衡量不均分配的那部分收入占全体居民收入的比例，最大值为"1"，表示绝对不平均，100% 的收入被一单位的个人占有；最小值是"0"，表示绝对平均。现实中基尼系数的值在 0~1，国际上通常把 0.4 作为贫富差距的警戒线。过去 40 年，主要经济体的基尼系数都增加了，显示收入分配的恶化。按照统计局的数据，中国的收入基尼系数在过去几十年也上升了，虽然近几年有所下降，但仍处在较高的水平。

基尼系数的缺陷是不能显示分配不平衡在什么地方，对收入分布的不同百分位的比较可以提供更直观的指标，比如超级富有的人（前0.1%、前0.01%）的财富和大部分人的比较，最低收入人群与大部分人的差距。收入分配的两极有不同的含义，最富有的人可能掌握足够的财富，对社会有较强控制力或影响力，而经济发展史显示极度贫困带来社会不稳定。根据巴黎经济学院的《世界不平等报告》(*World Inequality Report*)，在疫情冲击下，全球个人财富不平等增加，前0.01%的富豪占有的财富的比例从10.3%上升到11.1%，前1%的富人的财富占比则稳定，显示财富上升集中在最富有的极少数人。

市场分配与再分配

如何减少不平等？一个流行的说法是战争和革命在20世纪中叶降低了贫富差距。但不是所有的战争都降低了收入差距，而且因果关系也可能是极端贫富分化导致战争，并带来政策变化。全球化被认为是导致发达国家内部贫富分化的因素，但同样是开放型经济体，过去40年，美国、英国的贫富差距大幅扩大，而法国、瑞士的贫富分化缩小。法国经济学家托马斯·皮凯蒂曾提出贫富差距不是一个客观独立存在，最大的决定因素是经济、社会制度安排，后者反映社会主流思维的变化。现在，贫富分化再一次成为全球的关注点。

从分析的角度看，收入分配基本可以分为两个层级，市场经济活动形成初次分配，财政税收制度安排是再分配或者说二次分配，即通过向高收入群体征税来提供公共品和转移支付给低收入群体。近年来，通过公益和慈善活动的三次分配也受到关注，但规模很小。一个基本共识是市场分配以效率为优先，二次分配注重公平，但不同国家的侧重点不同。同样是市场经济，虽然美国的税收更具有累进性，二次分配的力度比欧洲大，但是欧洲的贫富差距反而较小。差别在于市场分配环节，比如战后德国建立了共同管理（co-management）的公司治理机制，大型公司的董事会有工人的代表，占有一半的投票权，增强了工人的谈判地位。

准确理解市场的力量

美国和德国的例子说明市场经济并不是单一的模式，其运行受包括各国法律和政策在内的一些规则的约束。如何理解市场分配环节的作用机制？过去几十年的主流思维是新古典经济学的完美市场假设，基于完整信息，每个人理性决策、充分竞争带来资源的有效配置，各生产要素比如土地、资本、劳动力按照其对生产的贡献分配收益。然而，现实中的市场不是教科书描述的这样完美，在一些方面资源配置既不有效也不公平，需要政策干预。

纠正外部性

有些市场经济活动具有外部性或外溢效应，即个体行为的效益或成本影响到和此项活动不相关联的人，如果此行为损害他人，行为主体不需要补偿受损人，如果此行为顺带让他人受益，行为主体也没有动力增加投入以满足他人，由此带来整体资源配置的效率比理想的水平低。小到噪声污染，大到金融风险，经济活动中有很多外部性的例子，一般认为市场有效是第一层次的，外部性是第二层次的，但有些外部性可能会影响全局。

一个突出例子是碳排放带来的气候问题，产生碳排放的经济活动的收益由个体获得，但气候变暖的危害由全球承担。纠正外部性需要世界范围的公共政策的干预，比如实施碳税或者碳排放权的交易，为碳排放创造一个价格（成本）。现实中，碳税或者碳交易价格有效发挥作用的关键是国际合作和协同。大气层累积的二氧化碳大部分由发达国家排放，现在要求所有国家一起减排，公平问题带来争议。如何平衡减排效率与公平，这是全球面临的挑战。

促进竞争

导致市场失灵的另一个因素是垄断和不正当竞争行为。市场势力（market power）增加，既损害效率也不利于公平。首先是不利于创新，有市场势力的企业注重维持其市场地位，往往不愿从事对社会整体有利但颠覆其现有模式的创新。就分配而言，市场势力增加企业提升价格的能力，利润率相对于包括工资在内的生产成本增加。同时，有市场势力的企业可能通过非竞争条款减少相互间对劳动力需求的竞争，以达到降低工资的目的。美国过去 20 年劳动收入占比下降，资本回报占比上升，一个可能的解释就是有市场势力的企业的比例增加。

什么因素导致市场势力增加？首先，经济结构发生变化，服务业比重增加，而服务业的可贸易性比制造业低，空间维度的竞争有限，服务不能储存（商品可以储存），减弱了跨期竞争。其次，数字产品的边际成本接近零，由此产生规模经济和范围经济效应，增加了平台企业的市场势力。数字技术使得有些服务业的可贸易性增加，比如远程医疗和教育，但这些服务往往和平台企业提供的应用程序（App）绑定在一起。最后，数字经济使得差异性定价成为可能，歧视性定价损害市场配置资源的效率。

在上述带有普遍意义的市场势力问题之外，中国的一个特殊现象是国有企业。国企大致可以分为两类：一类是公益类国企，职能主要是服务于国计民生、国家战略，也是解决市场失灵的一种方式；另一类主要活动在竞争性的商业领域，通过与其他市场主体竞争来创造经济价值。国有企业通常在政府补贴、融资优惠与便利、土地资源和矿产资产使用等方面拥有优势，有助于公益类国企更好地发挥服务国家战略的职能，但对于竞争性国企（包含公益类国企将业务延伸至竞争性领域）而言，则意味着不当竞争优势。例如，竞争性行业私营企业的杠杆率比国有企业低 50%，但融资成本却显著高于国有企业。

针对这些问题，关键是落实政策部门近年来提出的竞争中性原则，基本要义是政府的行为对竞争性国企与其他企业之间的市场竞争的影响应该是中性的。竞争中性并不针对所有制，而是反对任何企业依靠歧视性政策获得不当竞争优势。此外，竞争中性原则仅适用于商业领域的竞争性国企，对主要从事非商业活动的公益类国企则不适用，竞争中性原则肯定国有企业在特定领域弥补市场缺陷的功能，强调基于其社会责任成本进行公允透明的补偿。

政治经济学

新古典经济学所说的市场有效配置资源，是以帕累托最优为标准的。如果经济中没有任何一个人可以在不使他人境况变差的同时改善自己的境况，就达到了资源配置的最优化，被称为帕累托最优效率。换句话说，如果一个人可以在不损害他人利益的同时改善自己的处境，就在资源配置方面实现了帕累托改进。新古典经济学强调客观科学，不带有政治观点，但帕累托最优原则本身内含着一个特别强的政治观点，即接受既有的财富配置格局，而不问为什么有初始处境的差距。

现实中，市场行为或多或少地受不断演变的政治和社会伦理价值观的约束，市场运行遵循一些准则或者规则，价值观和公共政策扮演着重要角色。举几个例子，穷人自愿接受危险的工作，是不是市场行为或者帕累托最优？如果是，那童工呢？在工业革命早期，童工很普遍，当时被认为是正常的市场行为，后来在公共政策的干预下，雇用童工被认定为非法。有些影响别人决策的力量不一定是正当的市场竞争行为，比如使用明星等公众人物做广告来引导消费者的偏好，或者富有的群体对政治和政策施加比一般民众更大的影响力。

传统古典经济学有更浓厚的哲学和政治经济学色彩。从亚当·斯密的《国富论》开始，古典经济学把社会分为工人、资本家、土地所有者三个阶层，土地所有者靠土地收取租金并且通过奢侈消费浪费掉，工人劳动获得工资，资本家组织生产。经济增长需要减少土地租金，工资维持在生存水平，生产剩余用于投资。以贸易竞争（分工）替代抢占土地（战争）配置资源，由此市场机制成为最有效的提升生活水平的方式。就当下而言，发挥市场配置资源的作用也有政治经济学的视角，金融和创新经济是尤其值得重视的两个领域。

改善金融的结构

经济学对金融的经典描述是经济有投资需求，企业家有各种各样的带来正回报的投资机会，金融的角色是发现这些企业家，提供资金支持其项目投资。金融把储蓄有效转化为投资，支持经济增长。但过去40年，全球范围内资本开支/GDP基本稳定，而信贷/GDP持续上升，或者说信贷的单位产出下降了。与此同时，收入和财富差距显著扩大。在中国，过去20年房地产和信贷相辅相成，在金融周期的上行阶段，房地产价格和债务大幅扩张，对效率和公平都产生了不利影响。

贷款的获得有难有易、有先有后，先拿到贷款的行业占有先机，能够在价格相对低的时期扩大经营规模，购买资产，其资本所有者和从业人员的收入增长更快，而其他部门的实际收入则可能因为信贷扩张而下降。那么谁能够更优先获得贷款呢？有政府信用担保和有地产作为抵押品的借款人占有优势，房地产行业因为拥有抵押品而最得益于信贷扩张。金融化赋予房企特殊的竞争优势，反向进入金融行业，通过控股金融牌照，借助交叉持股、关联交易、监管套利等手段，实现总资产的迅速扩张，积累了债务风险，损害经济的可持续增长。

房地产过度金融化也威胁民生和公平，加剧代际、城乡、地区之间的差距。住房供给结构不合理、公共住房供应不足，直接影响年青一代和中低收入人群的住房保障，也加剧了财富差距。一是代际差距，过去几十年最有赚钱能力的一代人占总人口比例高，他们的投资需求对地产泡沫有贡献，也最受益于房价上涨。二是城乡分化，城镇房地产价格的大幅上涨使得那些留在农村的人以及他们的下一代处在不利的地位。

发达国家的经验显示贫富分化反过来也促进债务（信用）扩张。收入分配差距导致中低收入阶层为了维持其消费水平而增加负债。公共政策面临社会压力，有所作为的一个方面是改善低收入群体的融资条件和金融服务。从宏观角度看，由于高收入人群的边际消费倾向低于低收入人群，财富差距扩大的结果是消费需求不足，金融在促进供求平衡中发挥了重要作用，为低收入群体提供信贷支持消费，但债务的扩张最终不可持续，甚至带来金融危机。

改善金融结构，更好地服务实体经济，既提升效率又促进公平。首先是建立房地产新发展模式，改善住房供给结构，增加保障性住房，通过房地产税等遏制房地产金融化。其次是促进产融分离、分业经营。2017年全国金融工作会议后，规范产业资本持有银行等金融机构股权的监管办法陆续推出，非金融机构金融控股公司监管框架逐渐形成，互联网金融监管得到加强。实体和金融之间实行产融分离、金融内部实行分业经营，有利于阻断政府信用担保从银行延伸到实体经济和资本市场，助力市场发挥配置资源的作用。

知识型经济

2021年8月，中央财经委员会第十次会议提出"要鼓励勤劳创新致富"。如何促进创新？传统的经济分析是基于私有产品，但知识/科学技术是公共品，有正外部性，科技创新的成果是社会的，投入是私人的，导致总体的创新投入低于社会理想的水平。促进创新需要政府的研发投入，也需要吸引私人部门参与。创新需要承担风险，风险和收益的匹配不仅是分配，也是创新动力的问题。数字经济新模式和相关经济结构的变化尤其值得关注。

数字经济的一个重要特征是非竞争性，数据的复制和传输成本几乎是零，一个人的使用不影响其他人使用。零边际成本使得数字经济比传统经济更容易通过增加规模、扩张范围来提升效率。突出的载体是平台经济，有别于传统企业服务单边市场，平台企业服务双边甚至多边市场，形成一个连接包括生产者、消费者、研发者等在内的生态系统，提升了效率。

数据使用的非竞争性带来规模经济，但数据的产权有排他性，两者结合导致市场势力甚至垄断的能力。数字经济反垄断是各国监管部门面临的难题。一方面，平台企业往往跨产品跨市场补贴经营，使得传统的评判垄断的标准，比如是否提升消费价格、是否提升产品的市场份额等不再适用。另外，效率与公平之间有一个内在矛盾，数据规模越大，其个体的效率越高，但由此产生的市场势力可能有负外部性，影响经济整体的效率。

另一方面，数字经济的零边际成本特征意味着创新创业的门槛较低，先发优势企业想凭借累积的大数据固化市场势力并不容易，垄断和竞争是动态演变而不是静态固化的。反垄断应该着眼于消除和控制那些可能固化市场势力的力量，金融的作用是一个关键因素。金融是牌照经营，有政策设计的准入门槛，而且享受一定程度的政府信用担保，数字平台企业本身具备规模经济效应，数字平台和金融结合会固化市场势力，阻碍竞争。由此平台企业反垄断的关键是实行产融分离，严格风险隔离，防止监管套利。

技术进步包括数字经济的发展带来经济结构的变化。历史经验显示技术进步使得生产率低的部门的占比上升，这是因为随着进步部门劳动生产率提升，产量增加，而相关消费需求有限，导致剩余劳动力转移到效率低的部门。过去中国农村需要大量劳动力才能解决温饱问题，农业生产效率提升后剩余劳动力转移到制造业。制造业比如冰箱的生产效率提高后，剩余劳动力转移到服务业，服务业在经济中的占比上升。

技术进步带来的经济结构变化是合理的，但要关注一些可能的扭曲因素。作为生产要素，从土地到生产性资本再到数据，资源使用的竞争性越来越弱。中国作为人口大国，数字经济提升效率的潜力尤其大，而土地不可再生，资源投入只会导致价格上升，并不改善整体社会福祉。如果数字经济发展的收益被用来购买供给有限的土地，推升大城市的房地产价格，既损害创新也不利于公平。公共政策需要引导技术进步的收益投入教育、医疗等效率提升较慢但对社会有利的公共服务领域。

政府的边界

公共政策在市场经济中的角色可以归为两类，一类是通过法律、规则、政策规范市场主体在竞争中的行为，另一类是政府直接提供产品和服务，比如国防、研发、公共服务等。第一类是前述的政策在市场分配环节的作用；第二类是财政，其资金来源有税收和发债融资，属于二次分配。调节收入分配是财政的一项重要功能，同时财政可以起到自动稳定器和逆周期调节作用。财政运行可以提升效率，但也可能挤压市场主体；政府债务还有是否可持续，是否会带来长远损害的问题。发挥财政的功能促进共同富裕需要综合平衡以下几个维度。

改善收支结构

我国财税体制有三个特征：税收方面间接税占比高，支出中转移支付和社会保障等公共服务占比低，地方政府财政的规范机制不完善。税收的公平原则要求税负与公民的收入成比例甚至累进税率，而间接税却具有累退性质。流转税的税基是消费，高收入群体的消费占其收入的比例低，低收入群体消费占其收入的比例高，使得流转税具有累退性质。这既不能帮助调节人群之间收入分配的差距，也不能平滑个人在经济周期的不同阶段的可支配收入的变化。

以间接税/流转税为主的税收制度，叠加财政支出中用于转移支付和社会保障的比例偏低，使得财政的自动稳定器功能弱。同时，地方政府的土地财政（实际是土地金融）具有明显的顺周期特征，不仅没有发挥自动稳定器作用，反而放大了经济和金融的顺周期波动。因为财政机制缺少自动稳定器功能，甚至有顺周期的倾向，财政政策的积极部分对平滑经济的周期波动更显重要，而且只能通过固定资产投资来进行。这是为什么基建和房地产投资一直是中国宏观政策逆周期操作的主要载体，虽然对短期稳增长有利，但损害长远的效率。

在直接税中，企业所得税占比高、不动产等财产税占比低，也对经济产生扭曲的影响。发达国家的经验显示，不动产和其他财产税对就业、人力资本投资、创新等产生的负面影响较小。党的十八届三中全会确立的财政税收体制改革方案提出降低间接税，增加直接税。这涉及降低间接税税率，引入新的直接税税种，扩大直接税税基或提高直接税税率。从提高直接税比重看，所得税调整的空间有限，个人所得税改革将所得分类计税改为综合计税，大方向是减税而不是增税，企业所得税率已经不低。未来提高直接税的主要方式就落在了财产类税，包括房地产税和遗产税、资本利得税等。

改善财政支出结构要求增加转移支付、教育和医疗等公共服务和保障支出，降低固定资产投资支出。这是帮扶低收入群体，降低阶层固化风险，促进公平的一个重要方面，尤其是公共服务均等化有助于降低城乡差距和地区差距。同时，在知识经济日益重要的今天，增加研发等无形资产投资支出对私人企业产生正向的外溢效应，提升整体的生产效率；育儿和早期教育投入有利于提升未来劳动力的技能、竞争力和生产力。

重视公共债务的作用

在改善收支结构之外，公共债务是财政发挥调节经济的功能的重要方面。在经济周期下行或者经济遇到重大冲击时，财政可以通过举债来减税和增加转移支付，以促进总需求增长。应对百年一遇的疫情冲击，政府增加债务来支持受影响的企业和个人，既是社会保险功能的体现，也有助于防止经济陷入"休克"、损害增长潜力。对政府债务的一个常见的担心是其规模过大、不可持续、不利于长远的经济发展。

分析债务可持续性的一个宏观视角是比较国债利率（i）和经济增长率（g），前者是财政的融资成本，后者代表税基的增长，如果 i＜g，则给定的债务规模在未来收敛，或者说债务是动态有效的。历史经验显示，对于大部分国家来讲，融资成本小于经济增长率，中国也不例外。同时，有研究显示资本回报率（R），即 i 和风险溢价之和，大于经济增长率，导致劳动收入占比下降，是收入差距扩大的重要原因。

如果政府债务促进长远的经济增长（g），同时降低整个社会的风险溢价，既促进效率又有利公平。比较明显的例子包括政府部门增加市场无法有效提供的公共品，比如教育、医疗、基础研究等。面对人口老龄化问题，公共部门增加债务用于鼓励生育，降低育儿负担，由此增加的小孩20年后成为劳动力，带来的经济增长可以还债。

另一个例子是规范财政机制以降低风险溢价，降低不正常的高资本回报率。我国国债和地方债的发行利率约为3%，而城投公司债的发行利率则高达8%~10%。较大的利差凸显了现有借贷机制安排的低效率，中央政府对地方政府的"隐性"担保使得投资者获得了超额回报，即超出与其实际承担的风险相匹配的收益。把隐性转为显性的政府债务，可以有效降低融资成本，促进效率和公平。

综上所述，平衡效率和公平是经济学和公共政策关注的永恒话题，人们在很多问题的认识上可以说是见仁见智，争议比较大。在撰写过程中，我们注重问题导向，力图客观分析，但受限于我们的能力，偏差和错漏难免。本书是我们研究新发展理念的又一努力，希望能够对促进相关公共政策的研讨有所助益。

彭文生

中金公司首席经济学家、研究部负责人

中金研究院执行院长

第一篇
总 论

第一章

兼顾效率与公平的道路

共享高质量发展的关键，在于如何理解效率与公平的关系。从历史发展的维度看，美国等主要经济体贫富差距与人均收入之间，呈现一种波浪线似的大周期轮回走势，而非简单的此消彼长关系。从各国的横向对比来看，各国人均实际 GDP 与基尼系数的关系表明，在人均 GDP 达到大约美国的八成以前，伴随着贫富差距下降，收入水平是上升的，此后要达到更高的收入水平才需要付出一定的公平代价。由于这种关系形似对号，我们将其称为效率与公平的"正确曲线"，意味着共享高质量发展可以走出一条兼顾公平与效率的道路。

不完美的要素市场是贫富差距的源头。由于初期资源禀赋不同、信息不对称、交易成本、垄断等因素的存在，现实中的市场机制无法自发实现自由交易与充分竞争，需要政策干预。中国城乡、区域、代际三大不平衡的分析表明，不当干预有可能带来新的交易成本，造成人为的市场缺陷。因此，着眼于兼顾效率与公平，中国未来既需要通过政策干预来弥补市场天然的缺陷，例如消除劳资谈判地位不平等、弥补劳动者在适应技术进步方面存在的天然劣势，也需要通过改革方式消除不当干预，例如破除阻碍劳动力在城乡间、区域间流动的不当限制。对于这些问题，本书第二篇将分别从劳动力、技术进步与数字经济、碳中和、金融、房地产、全球化六大视角，进行详细阐述。

即便是在比较完善的市场机制下，也需要再分配等公共政策对于一次分配的结果进行干预。因为市场机制下的帕累托最优原则是一种微观层面的个人主义效率观，如果没有再分配政策等外力的干预，会产生效率的加总谬误问题，即微观上的有效会造成宏观上的无效。因为市场竞争的持续优胜劣汰，意味着购买力可能会日益积聚在少数人手中，导致供给无法自动创造需求，造成宏观上供求失衡，拖累经济增长，甚至可能引发社会不稳定，前期经济增长成果也存在丧失的风险。当前，我国投资驱动型增长模式日益乏力，在一定程度上体现了这种加总谬误，因为较高的基尼系数意味着较低的边际消费倾向，这会抑制投资乘数，削弱经济增长的可持续性。

总之，对于当下的中国而言，虽然人均 GDP 大约只有美国的 1/4，但并不意味着要实现更高收入就要继续扩大贫富差距，更不意味着为了公平就要牺牲效率。具体而言，我们认为可以从两个方面发力来兼顾公平与效率：一是在初次分配层面，致力完善市场机制，让各种生产要素在竞争地位平等、交易成本低廉的环境中，进行自由交易、充分竞争，这样产生的一次分配既是资源有效配置的表现，也是机会公平的；二是通过再分配，致力推动结果公平，以增强经济增长的可持续性，实现宏观层面的效率与公平兼顾，详细分析见本书第三篇有关社会服务与公共政策的讨论。[①]

---

① 本章作者：谢超、赵扬、王汉锋、王乃玺、李瑾、李根。其他重要贡献者包括：聂伟、徐磊、李雅婷、魏冬、吴云杰、邓洪波。

效率与公平可以兼得

过去40年,主要经济体的贫富差距问题加剧(图1-1)。2008年全球金融危机后,世界各国日益重视这个问题。2020年,在突如其来的新冠肺炎疫情冲击下,各国纷纷采取力度罕见的货币宽松作为纾困政策。由于过度使用货币政策会起到"拉大贫富差距"的效果,意味着新冠肺炎疫情下贫富差距问题面临着继续恶化的压力。2021年8月,中央财经委员会第十次会议强调:正确处理效率和公平的关系。如何通过"正确处理效率和公平的关系",实现共享高质量发展,福利经济学可以给出一些启示。

按照福利经济学第一定理的观点,如果市场机制是完美的,各种生产要素获得的报酬率等于其边际产出的价值,这时的资源配置是有效的,对应的收入分配也是帕累托最优的。由于个人之间的效用是不可比的,这只是个人视角的帕累托最优,从社会整体的角度看不一定符合公平原则。因此福利经济学第二定理强调,虽然市场竞争下的收入分配在回报率上等于边际产出,但一个人总的收入取决于初期禀赋,初期不公平可能导致市场竞争后的收入差距很大,社会伦理可能难以接受这样一个竞争结果,可以通过政策干预初期分配的方式,来实现社会合意的公平与效率组合。

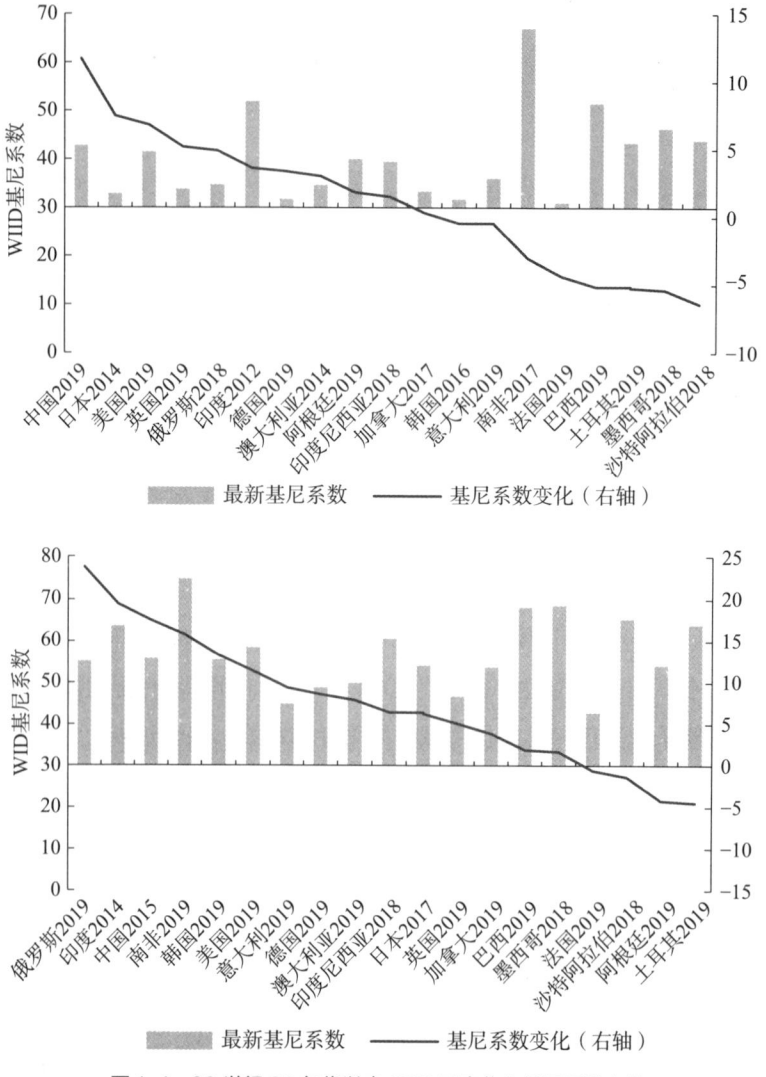

图 1-1　20 世纪 80 年代以来 G20 国家收入基尼系数变化

资料来源：WIID，WID，中金研究院。

注："世界收入不平等数据库"（WIID）由联合国大学进行系统测算，基础数据来自各国统计局或者较为权威的微观调研数据；"世界不平等数据库"（WID）由皮凯蒂等上百名研究者基于调研数据和国民账户数据的系统测算形成。为了更准确地刻画基尼系数的变化，此处同时展示基于两个数据库的分析。基尼系数变化为 WIID 和 WID 中新冠肺炎疫情前各国基尼系数的最新数值与 20 世纪 80 年代初基尼系数之差。对于 20 世纪 80 年代数据缺失的国家，则取其前后可得时点的平均值或距 1980 年最近时点的数据。

2017年党的十九大明确提出：我国社会主要矛盾已经转化为人民日益增长的美好生活需要和不平衡不充分的发展之间的矛盾。从福利经济学第二定理的角度看，可以理解为我国社会合意的效率与公平组合正在更多地向公平倾斜。问题是，这样一个倾斜对效率是什么含义？这是目前社会各界争论比较多的问题。当前我国人均收入还比较低，2020年的人均名义GDP大约只有10 434美元，约为美国的1/4。与此同时，过去几十年"库兹涅茨曲线"式的观点颇为流行，认为在人均收入水平比较低时，需要牺牲公平才能增进效率，甚至出现了"加强法治有损效率"诸如此类的观点。

　　事实上，无论是福利经济学第一定理，还是第二定理，都是在完美市场的前提下提出的，这个时候市场不存在任何缺陷，意味着如果通过政策干预的方式来增进公平，可能确实不得不付出一些微观层面的效率代价。但现实中的市场经济都不是完美的。由于信息不对称、交易成本、外部性、垄断等因素，现实的市场运行存在着诸多失灵、低效甚至无效的领域。这些市场缺陷的存在，导致市场经济的一次分配结果可能既不公平也无效率，为通过兼顾公平与效率实现共享高质量发展留下了空间。

　　在下文中，我们将对这样一个兼顾公平与效率的道路进行详细阐述，具体如下：首先，从经济思想史百年轮回的角度出发，阐述库兹涅茨有关公平与效率倒U形曲线的误导性，归纳出有关效率与公平的"正确曲线"，并提出无论是倒U形曲线，还是"正确曲线"，都是政策干预的结果，而非自发的结果；其次，从要素市场的角度，对一次分配中由市场缺陷造成的不平衡问题进行剖析，这部分主要对应本书第二篇的内容，分别从劳动力、数字经济、碳中和、金融、房地产、全球化六个方面展开；再次，结合中国自身比较突出的城乡、区域、代际三大不平衡问题，探讨完善中国市场机制的一个重要方式，在于降低不当干预所造成的交易成本；最后，结合贫富差距的后果，从加总谬误角度分析再分配对于兼顾效率与公平的重要性，这部分主要对应本书第三篇"社会服务与公共政策"的内容，分别从财政、基建、教育、医疗、消费、养老、慈善七个方面展开。

是倒U形曲线，还是"正确曲线"？

　　过去100多年，经济学思维和政策领域存在几十年一个轮回的大周期规律。

在20世纪初，自由主义占主导地位，严重的贫富差距是其造成的一个严重问题。凯恩斯主义和政府干预主导了二战后的经济格局，这一时期贫富差距问题大幅缓解。从20世纪80年代开始，在滞胀危机的冲击下，以新古典主义为代表的自由化再次成为主流取向，在收入不断提升的同时，贫富差距问题也再次加剧。

从这个角度看，公平与效率之间可能不是简单的倒U形曲线关系，而是一个波浪线似的、以几十年为一个跨度的周期波动。库兹涅茨之所以在1955年将其刻画成倒U形，可能是一个历史局限性造成的"样本选择偏误"。二战前美国等发达国家的贫富差距持续加大，二战中贫富差距大幅缩小，站在1955年看贫富差距问题似乎确实存在着一个倒U形规律，即在收入比较低时公平与效率难以兼顾，只有到了一定发展阶段后，两者才会出现同步变动的规律。

实际上，如果站在2008年全球金融危机后看过去100多年的贫富差距变动，看到的规律将会是波浪线似的大周期轮回，而非倒U形关系，而且我们目前似乎又处在一个新的转折点上（图1-2）。更重要的是，无论是波浪线还是倒U形曲线，只是从纵向的历史维度刻画了公平与效率之间的关系，即刻画了一个经济体收入不断提升过程中效率与公平的关系。如果横向地去做国别比较，即看同一时间不同国家效率与公平的关系，会发现另一个特征事实，即"正确曲线"（图1-2）。也就是说，人均实际GDP更高的经济体，拥有更小的基尼系数，只有到达相当高的水平后（图中大约是德国的水平），如果还想获得更高的收入（例如要达到美国的水平），可能需要付出更高基尼系数的代价。而且曲线的左侧只存在美国，使得这样一种效率与公平的关系呈现出对号的形状，我们将其称为"正确曲线"。

"正确"除了用于刻画对号的形状外，也用于概括我们对如何"正确处理效率和公平的关系"的理解，有助于进一步摆脱倒U形曲线的误导。因为按照库兹涅茨曲线左侧所刻画的，低收入状态下公平与效率是不可兼得的，这样一个基于"样本选择偏误"的所谓特征事实，往往成为很多欠发达经济体一度有意无意放纵腐败问题的借口，在我国甚至一度出现了"加强法治有损效率"的观点。更重要的是，库兹涅茨曲线无法准确告知我们收入究竟应该高到什么样的水平才会出现拐点。尤其是考虑到中国人均GDP还不到美国的1/4，因此，"加强法治有损效率"等不利于增进公平的观点，可能会在相当长的时间内存在生命力。

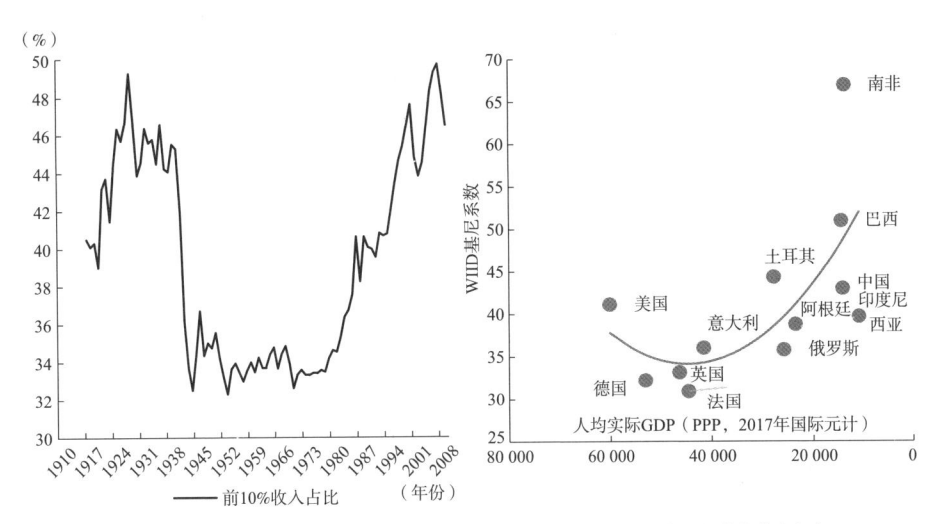

图 1-2 刻画效率与公平关系的倒 U 形曲线（左）与 G20"正确曲线"（右）

资料来源：Income Inequality in the United States 1913-1998（Piketty, Saez, 2003），WIID，世界银行，中金研究院。

注：左图倒 U 形曲线为美国的数据，右图包括 WIID 中有 2017 年基尼系数的 G20 国家；PPP 为购买力平价。

"正确曲线"意味着不公平不断加剧并非成为更高收入国家不可避免的代价，提高效率也未必需要靠腐败等不公平方式来实现。如图 1-2 所示，比中国人均 GDP 高的德、英、法等经济体的数据表明，更高的收入水平可以伴随着更公平的基尼系数；比中国人均 GDP 水平低的南非等经济体的数据表明，更低的人均收入也不是更公平的必要条件，甚至可以说更低的收入水平与更不公平相伴随。也就是说，同样是有关效率与公平的特征事实，"正确曲线"与倒 U 形的含义完全相反：越是在低收入的阶段，越有可能通过兼顾效率与公平的方式迈向高收入阶段，只有当收入达到了相当高的水平，可能才需要牺牲公平来进一步提升收入。

之所以"正确曲线"与流行的倒 U 形曲线的观点大相径庭，根本原因在于"正确曲线"是多国的横向比较分析。其中，美国拥有全球领先的科技水平与较为完善的市场机制，美国人均 GDP 在一定程度上可以看成是大型经济体现有技术水平下的"生产可能性边界"，为了不断地拓展这个由科技创新等因素决定的生产可能性边界，可能需要付出一定的贫富差距代价。[1] 与此同时，低收入国家通常也存在着更为严重的寻租等市场缺陷，对这些国家而言，完善市场机制可以同时增进公平与效率。或者说，在现实的市场经济运行中，一国达到较高的人均收入水平之前（约为美国的 80%，相当于德国的水平），通过完善市场机制来兼顾效率与公平的空间较大。因此，"正确曲线"对于低收入国家的含义是，在达到较高的收入水平之前，并非一定要通过加剧不公平的方式来提高效率。

倒 U 形曲线给低收入经济体造成的另一个错觉在于，公平是个发展问题，只要不断提高收入，最终会自然而然地获得公平。事实上，这并不符合历史规律。正如本书第六章所阐述的，1939 年之后美国贫富差距大幅缩小并非自然发生的，而是政府大力干预的结果。Acemoglu（2002）曾经将公平与效率的关系划分为西欧模式、撒哈拉以南的非洲模式、东亚模式以及十月革命前的沙俄模式，对比分析也表明倒 U 形曲线不过是一种特定政策安排下的特例[2]，不同的政策干预方式决定了不同的效率与公平组合。也就是说，效率与公平之间并不存在正向或者负向的自发相关性，由政策干预决定效率与公平的关系，才是一个更普遍的规律，这一点对于"正确曲线"也是成立的。"正确曲线"意味着，各界不需要过于担心追求公平会牺牲效率，中国完全可能走出一条兼顾效率与公平的道路。不过，这样一个道路也并不会自然而然地出现，而是需要恰当的政策干预：一方面是在一次分配中完善市场机制，在微观层面同时推进效率与公平；另一方面是通过再分配来同时增进宏观层面的效率与公平。

贫富差距的源头：不完美的要素市场

市场经济实现资源有效配置的关键在于自由交易与充分竞争，这样一个完美的市场机制所产生的一次分配，不但是有效的，也是机会公平的，即要素回报反映真实的要素生产率。而自由交易与充分竞争的基础在于双方谈判地位对等，否

---

[1] J. Mirrlees, An Exploration in the Theory of Optimum Income Taxation, April 1971.E.P. Lazear and S. Rosen, Rank-Order Tournaments as Optimum Labor Contracts, 1981.

[2] Acemoglu, Robinson, The Political Economy of the Kuznets Curve, 2002.

则不会有真正自由的交易，竞争也必然不是充分的，这样一种不完美的市场所产生的一次分配，既不符合效率原则，也不符合公平原则。在本书的第二篇中，我们将从劳动力、数字经济、碳中和、金融、房地产、全球化六个方面，探讨如何通过政策干预来完善市场机制，以兼顾效率与公平。

第一，劳动力市场需要政策干预，以确保劳动和资本平等的谈判地位。一方面，资本与劳动在产出中的分配不均衡是工业革命初期最为严重的不公平问题，也是要素市场最基础的不公平问题。在英国工业革命早期，圈地运动强迫农民与生产资料相分离，成为无产阶级，"他没有别的商品可以出卖，自由得一无所有，没有任何实现自己的劳动力所必需的东西"[①]。另一方面，"有恒产者有恒心"，这决定了有产的资本所有者和无产的劳动所有者之间的交易是一种地位不平等的交易，他们之间的自由交换也只是一种形式上的自由。除了有产和无产的差别外，资本与劳动交易地位的不平等还体现在集中度上。通常而言，资本供给是相对集中的，而劳动供给是高度分散的，如果没有工会等制度保障，在劳动与资本的交易中，劳动难免处于谈判下风。然而在自由放任的古典经济学时代，代表劳动者利益的工会却成为反垄断目标。

这种情况直到1933年大萧条之后的罗斯福新政才迎来转机（图1-3），罗斯福坚持以政策干预来弥补劳动力市场的天然缺陷，先后推出了《工业复兴法》（1933年）、《劳资关系法》、《社会保障法》（1935年）以及《公平劳动标准法》（1938年）等法案，实行最低工资制度、限制最高工时并改善劳动条件，明确要求资方不得干涉工人组织工会和行使集体谈判权，最终弥补了古典市场机制的天然缺陷，赋予了劳动与资本更平等的交易地位，大幅缓和了古典时期日益激化的阶级矛盾，为资本主义持续发展扫清了道路。也就是说，美国罗斯福新政在劳动力市场上提升弱势谈判者地位的改革，不但促进了公平，也提升了效率。对于中国而言，在共享高质量发展目标下，可推动建立全国统一的劳动力大市场。有关我国劳动力市场的更详细讨论，参见本书的第三章。

[①] 马克思：《资本论》（第1卷），人民出版社，1975年版。

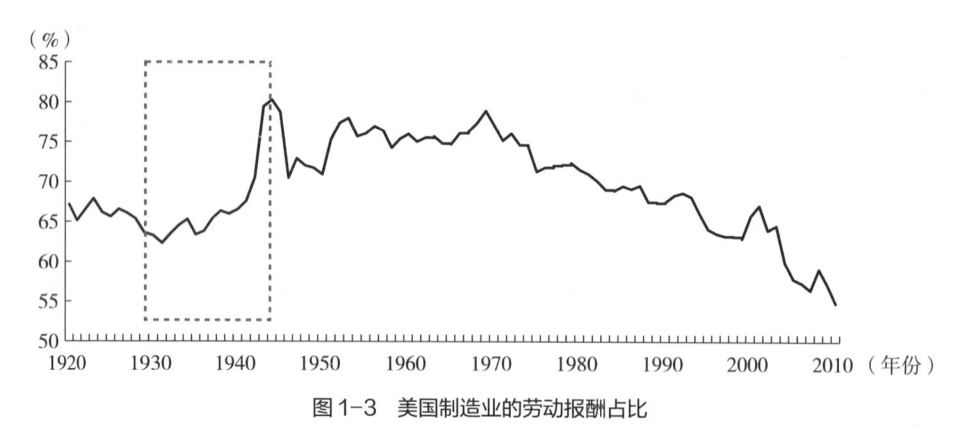

图 1-3　美国制造业的劳动报酬占比

资料来源：One Hundred Years of Economic Statistics（Liesner, 1989），中金研究院。

第二，对于数字经济而言，共享高质量发展意味着既要保护技术进步，也要重视对传统就业的冲击、新经济中的就业保障、隐私保护以及平台反垄断等问题。技术进步所引起的效率与公平矛盾，在很大程度上反映了资本与劳动的关系。理论上来说，技术进步难免会造成一些摩擦性失业，但也会创造出更多的就业机会，因而技术进步未必不利于劳动。但现实比简单的理论分析更为复杂，在第一次工业革命时期，织布机的普及提高了生产纺织品的效率，降低了技术门槛，工厂可以使用低技能的劳动力来操作这些机器，但技术进步也使得很多手工纺织业者失去了工作，于是英国在19世纪初爆发了"卢德运动"，很多工厂及机器被焚毁。

2020年，社区团购作为利用数字技术对于传统卖菜模式进行变革的尝试，也引发了"资本抢了菜贩生意"的争议，其本质和历史上诸多技术创新所引发的效率与公平争议是类似的。关于技术进步对于劳动的影响，为什么乐观的理论与严峻的现实之间存在如此巨大的矛盾？根源于资本与劳动在适应技术进步时的交易成本不同，这直接导致在技术进步的背景下，资本与劳动的交易地位是高度不平等的。资本适应新的技术条件主要涉及物的变化，现代金融系统的发展进一步降低了资本物理形态转化的交易成本，而劳动技能的转化本质上是人的变化，需要克服很多非物质性的转换成本，很多时候甚至只能通过代际替换的方式才能完成新的匹配。在这种背景下，如果自由放任技术进步的影响，短期内难免会造成对一部分传统劳动者的不公平冲击，最终可能会促使这些劳动者联合起来阻碍技术进步，造成公平和效率均无法实现的后果。

但是，如果因为担心短期内对于传统劳动者的冲击，就限制或者阻碍技术进步，则人类到现在可能还处于马车夫的时代。因此，解决问题的思路还是应该从完善市场机制的角度去思考，既然问题的根源在于资本和劳动在适应技术进步方面存在天然的交易成本差别，那政策干预的重点就应该放在降低劳动技能转换的交易成本上：首先，应提供低廉甚至免费的职业技能培训，以降低劳动力学习使用新技术的交易成本；其次，为受到技术进步冲击的劳动者打造社会安全网，让劳动者有足够的时间适应技术进步；最后，为很难适应新技术环境的劳动者提供有针对性的就业岗位，让这些劳动者有分享技术进步红利的机会。这样既可以让科技创新推动生产力进步，也可以兼顾生产关系的公平问题。具体到当前争议较大的数字经济而言，需要思考的不只是如何处理好技术进步对传统经济劳动者的冲击问题，还有如何看待新经济中的新型劳动者的保护问题，以及平台反垄断等问题。对这些方面更加详细的讨论，请参考本书的第四章。

第三，碳中和作为宏观经济新约束，如何通过政策干预来实现公平与效率的兼顾，是一个无法回避的挑战。从生产函数的角度来说，碳排放原本是无限供给的生产要素，现在不但变成了有限供给，而且这个约束将会变得越来越严格。由于不同区域的要素禀赋不同，这意味着新增加的碳排放约束，将导致各区域的竞争地位不平等，推动碳中和可能会在未来较长一段时间内拉大不同区域间的发展差距。近年来，由于中国能耗约束政策持续收紧，高碳欠发达地区的经济增长已经受到明显约束，人均实际 GDP 增速滞后于其他欠发达地区。

未来 40 年，随着碳中和战略的实施，碳约束的力度将进一步增强，如何应对碳约束下的区域发展不平衡？一方面，要通过碳排放"双控"、碳市场、碳税和差异电价实现较为合理的减排成本分摊，在追求效率的同时适当考虑公平；另一方面，建立公平转型的补偿机制，通过转移支付和转型金融支持高碳欠发达地区公正转型。我们利用 CGE（可计算一般均衡模型）比较了各类政策情景，结果表明：在实现碳中和的过程中，碳排放"双控"、碳市场和碳税将在更公平分摊减排责任方面发挥主要作用；转移支付是消除区域差距的最有效手段，根据转型进展动态确定转移支付资金流入地区将降低全国 GDP 损失，消除区域发展不平衡；转型金融亦可在一定程度上促进区域发展公平。我们将在本书第五章中对这些问题进行详细探讨。

第四，金融方面，应在产融分开、分业经营的前提下，构建双支柱金融体系。金融作为现代经济的核心，是中国改革开放的重点领域之一。过去几十年，中国金融业发展有了长足进步，金融增加值占GDP的比重超过日本和德国，接近美国，支撑了中国的经济增长。从结构上看，中国银行系统商业化改革推进速度较快，建立了最后贷款人、存款保险等政府担保机制，但资本市场仍有较大发展空间，造成了美国式"不公平竞争机制"的同时，在有效支撑创新发展方面仍有较大提升空间。所谓的不公平竞争机制问题，是指金融业拥有"市场逐利＋政府担保"的不合理竞争优势。从美国金融业的百年发展历史来看，政府对银行系统的担保会弱化市场的自发约束机制，如果没有严监管的配套措施，则银行会利用担保优势来过度扩张自身的资产负债表，由此形成的尾部风险由全社会承担，形成的超额回报却归银行业所有。混业经营意味着政府担保延伸至资本市场，整个金融业共同分享这样一个政府担保"红利"。如果此时还存在产融结合，则会扭曲实体经济的公平竞争，加剧全社会的不公平问题。

当前，对于中国而言，"好的社会"意味着既要公平，也要创新。因此，中国需要走出一条新中间路线，即构建"双支柱金融体系"。新中间路线的前提是产融分开、分业经营，尤其需要推动房地产和平台经济领域的产融分开，金控公司可考虑加强对混业经营的严监管，强调银行与非银子公司的隔离，限制业务、人员等微观层面的交叉。构建"双支柱金融体系"意味着，银行需通过整体非盈利最大化改革弱化不公平竞争机制，大力发展可以兼顾机会公平与结果公平的普惠金融；资本市场以支撑创新发展、促进机会公平为导向，关键在于加强中小投资者保护，以集体诉讼等法制手段来防范大股东的违法违规行为，通过优化居民投资渠道、丰富机构投资者类型等方式来破解"基金赚钱，基民不赚钱"、民企发债难等机会不公平问题。对于这个问题的详细分析，参见本书第六章的阐述。

第五，房地产需要回归民生保障，走新发展模式。本书第七章从土地和住房市场两个方面对房地产与共享高质量发展的关系进行了探讨。住房是满足"人民日益增长的美好生活需要"的基本保障。须恰当平衡其"消费"与"投资"双重属性，这也是"房住不炒"的应有之义。然而，历史上中国房地产市场在加速推动经济发展与城市现代化建设的过程中走上了过度金融化的道路，较大偏离了其必需消费品属性，对民生保障、经济增长和金融稳定产生了负面影响，制约了宏观逆周期调节政策的有效性，或将一定程度阻碍发展成果的共享。

房地产领域共享高质量发展的核心要义是降低其金融属性，重返民生保障。住房首要属性应是必需消费品，在坚决抑制投机性需求的同时，发力供给侧改革。从土地端出发，落实人地挂钩和增加租赁的供地制度，成立全国统筹的土地基金归集与再分配机制，尝试以无形资产替代土地抵押，加快推进"窄税基、高累进"的房地产税，重构地方政府资金来源，试点挂钩房地产税的金融安排以缓解过渡期地方财政压力；到住房端，扩大有质量的保障性住房供应，构建多层次阶梯化供应体系，大力发展租赁市场，加强立法保护；针对债务问题及潜在经济影响，坚持不以房地产作为短期刺激经济的手段，加强财政、货币政策协同，在政府引导下有序推动城投和房企债务重组。房地产问题由来久、牵扯广、影响大，改革难以一蹴而就，有关新发展模式更详细的讨论参见本书第七章。

第六，全球化趋势正在发生深刻变革，对中国共享高质量发展既形成挑战，也带来机遇。不完美的要素市场，是公平与效率矛盾的根源。一旦生产要素越过国界，在全球范围内流动，也就意味着这种矛盾将具有全球化的特点。20世纪初期，第一次全球化以劳动力的流动为主要特征，20世纪末的全球化则主要体现为资本的流动。从全球视角来看，全球化促进生产要素在全球范围内的优化配置，既有利于技术扩散和生产效率的提升，也强化了资本对劳动的优势地位，放大了原有的不公平发展问题。

过去40年，中国是第二轮全球化的参与者，依靠的是劳动力要素禀赋和对外开放的制度安排。从共享发展的角度看，全球化对中国利大于弊。中国通过全球化实现了国民收入提升，缩小了与发达国家的差距，而全球化并非中国收入分配问题的主要原因。过去的全球化让中国受益，未来会怎样？从要素禀赋看，中国劳动年龄人口增长转负，人口老龄化加剧，劳动力成本上升，这意味着过去参与全球化的优势将减弱。未来国际资本或向其他有人口红利的国家流动，而随着各国对人力资本的争夺更加激烈，人口流动也可能再次成为全球化的主要特征。人口趋势逆转，全球化面临百年未有之变局，中国将如何应对？详情参见本书第八章。

中国三大不均衡的背后：政策干预与不当干预

在前文有关要素市场的分析中，要实现自由交易、充分竞争，需要政策干预来弥补市场缺陷。但这并不意味着只要政策进行了干预，市场机制就能够有效地运行。不当干预可能会带来更多的交易成本，进一步加剧无效与不公平问题，这一点在我国城乡、区域、代际三大不平衡发展中有所体现。根据本书第二章对我国收入分配现状的刻画来看，我国收入分配的结构呈"金字塔型"。我国要实现从"金字塔型"向"橄榄型"的转变，需要大力扭转城乡、区域和代际三大不平衡，尤其是应改革不当干预，降低由此带来的交易成本。

城乡差距：亟须降低农村劳动力向城市流动的制度成本

城乡差距是中国居民收入差距的重要表现形式之一。改革开放以来，中国实现了从农业国向工业国的转型。在此过程中，大量农业人口转化为非农业人口。农业人口向非农人口转化，通常也伴随着农村居民移居城市的城市化过程，也就是说工业化、城市化和经济增长本质上是同一个过程。[①] 理论上讲，在工业化、城市化的初期，一定程度的城乡收入差异可能难以避免，但如果差距较大必然会带来城乡人口流动，进而限制城乡收入差距扩大的幅度。

这样一个理论解释，和中国改革开放以来的实践，既有一致的地方，也有不太一致的地方。以图 1-4 为例，1985—2008 年城乡收入差距持续扩大，体现了工业化、城市化初期，城乡差距一定程度的自发拉大可能是难以避免的。但此前的改革开放初期，以及近 10 年城乡差距缩小的时期，却更多体现了通过改革消除不当干预的重要性。例如，农村的家庭联产承包责任制在改革开放初期扮演着非常重要的角色，一度缩小了城乡差距；近 10 年，国家大力推动城乡一体化改革、持续加大对农村地区的转移支付，也是城乡差距缩小的重要原因。

---

① 国务院发展研究中心农村部课题组：《从城乡二元到城乡一体——我国城乡二元体制的突出矛盾与未来走向》，《管理世界》，2014 年。

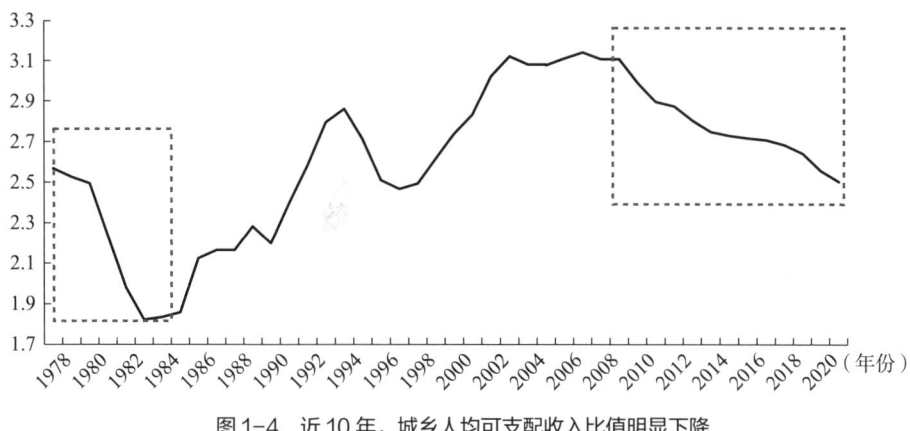

图1-4 近10年，城乡人均可支配收入比值明显下降

资料来源：《中国统计年鉴》，中金研究院。

未来，通过改革的方式继续深化城乡一体化发展仍然是我国缩小城乡差距的重要抓手。应该说，城乡二元体制在特殊时期对我国发展曾经起到积极作用。也正因为城乡二元体制已经存续了数十年且一度起到过较好效果，近十几年以来国家虽然不断加大改革力度，但城乡劳动力市场分割问题仍有待完善。当前，我国户籍人口城镇化率和常住人口城镇化率相差近20个百分点，意味着中国仍有接近1/5的人口在城市工作生活，却未能充分享受与城市户籍相关的发展福利。例如，子女教育等公共服务通常与户籍挂钩，在城市打工的农民很难享有。这些二元体制下的交易成本，导致农业人口无法有效转化为非农人口，农村居民收入增速仍有提升空间，这可能也是中国提前进入"刘易斯拐点"的重要原因。[1]

更重要的是，农民工很难在城市真正留下来，往往人到中年就只能返乡定居，这样的职业路径和预期收益不利于农村居民的人力资本积累、储蓄和消费。[2] 农民工子女无法跟随父母在城市享受更高质量的基础教育，埋下了机会不均等和贫富差距固化的隐患；在城乡居民养老金差异较大的背景下，老年农民工返乡问题可能会进一步拉大城乡收入差距。总之，城乡二元体制，既压低了中国

---

[1] 刘守英，章元，邵挺：《我国"刘易斯转折点"的测度与政策选择——基于国家统计局农户数据的分析》，《中国发展评论》2014年第24期。

[2] 陆铭：《教育、城市与大国发展——中国跨越中等收入陷阱的区域战略》，《学习月刊》2016年第48卷第1期。

经济的长期潜在增长率，也存在造成阶层固化的风险。破除城乡二元体制，降低农村劳动力向城市流动的交易成本，既是完善市场交易机制、提升效率的重要举措，也有助于提升农村居民收入、共享高质量发展。

区域差距：有效的政策干预有助于同时增进效率与公平

与城乡差距中二元体制增加了市场交易成本不同，过去几十年政策干预在很大程度上降低了生产要素在不同区域间的流动成本，既提升了资源配置效率，也缩小了区域差距。中国东西南北的地理差异极大，文化传统各有不同，由自然条件和区域治理差异造成的要素流动成本较高。改革开放以来，尤其是2000年以来，伴随着我国大规模跨区域基础设施的建设，由自然条件造成的要素跨区流动成本有了明显降低，既改善了资源配置效率，也有效缩小了区域差距。基于各省级行政区人均GDP数据，我们对中国区域间不平等程度的测算表明，自改革开放以来区域差距整体呈现波动下降特征，可大致划分为三个时期：自1978年到20世纪90年代初，沿海地区开放政策带动广东、福建等初始发展水平较差的省份快速发展，区域差距呈现缩小态势；20世纪90年代初至1999年，建立出口导向型工业体系的沿海省份实现赶超发展，拉大了与内陆省份的发展差距；1999年以来，我国陆续实施西部大开发、中部崛起等区域协调政策，实现了区域差距的持续收窄（图1-5）。

从国别比较来看，中国区域差距仍有较大的改善空间。在市场机制较为完善的发达经济体，要素跨区流动的交易成本更低，通过市场化的资源配置机制可实现产业和人口在地理空间上的有效匹配。产业集聚程度高的地区所承载的从业人口规模越大，从人均意义上的发展水平来看区域间差距反而越小。中国GDP总量和常住人口的地区间基尼系数低于欧、美、日，而人均GDP的基尼系数则高于这些国家，说明中国人口和产业空间布局尚未充分集聚，人均收入角度的区域差距偏大。

缩小区域差距需要着力减少地理条件、社会治理等因素造成的交易成本，以便利劳动、资本等要素跨区流动，最终在资源优化配置中缩小区域间的人均GDP差距。当前，中国由自然条件造成的要素跨区流动成本虽然有了明显下降，但地区间社会治理差异所形成的交易成本依然较大。例如，在产业发展方面，地方可深度干预金融资源、企业税费、工业用地、证照手续等要素的配置，容易形成复杂的本地政企关系。纳入这些隐性交易成本的真实投资回报率，可能不足以有效吸引外来资本进入欠发达地区。也就是说，我们如果要进一步缩小区域差距，继续加大基建力度以降低自然条件造成的要素跨区交易成本固然重要，但更重要的可能是要降低由区域治理差异造成的要素跨区交易成本。

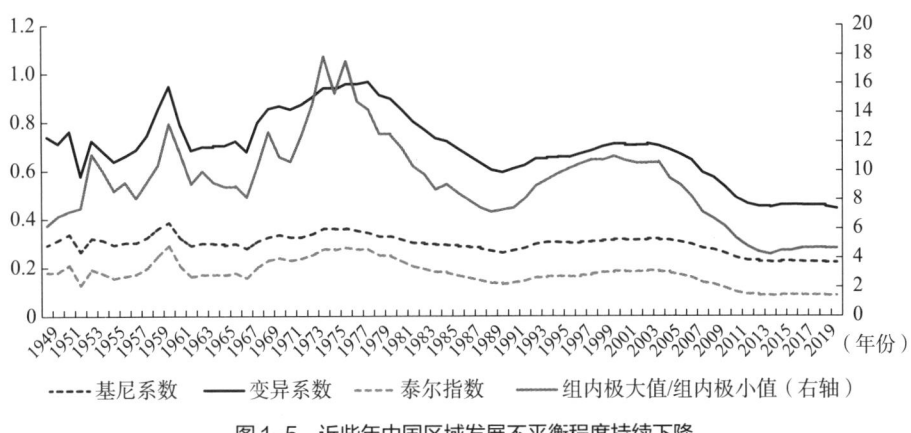

图1-5 近些年中国区域发展不平衡程度持续下降

资料来源：国家统计局，中金研究院。

注：区域差距测度借鉴居民收入差距的测度方法，将中国31个省（自治区、直辖市，台湾因数据缺失暂未纳入）视作经济体内的独立微观个体，采用基尼系数、泰尔指数、变异系数（标准差/均值）和极差值（组内最大值/组内最小值）等刻画区域间的不平等程度。

这意味着，下一步的重点可能是重塑地方的政府与市场关系，通过简政放权改善营商环境，持续提升社会治理水平以降低要素跨区交易成本：对于发达地区而言，需要消除不利于要素流入的制度性障碍，做好长期发展规划，为持续流入的产业和人口提供布局合理的生产和生活空间，实现城市经济的包容性增长和惠及全部常住人口的均等化公共服务，以扩大区域增长极的辐射范围，形成带动全国高质量发展的新动力源；对于欠发达地区而言，关键是以改革促发展，通过弱化行政壁垒、改善营商环境等方式吸引产业资本流入，发挥本地产业的比较优势；与此同时，应尽快完善就业培训体系，针对转业农民、返乡农民工等流动就业群体提供技能培训、就业指导和劳动保障服务，进一步便利人口跨区流动。

代际差距：亟须加大政策干预力度

市场机制不完美性的另一个体现是过于强调满足当代人的需求，而对未来人的需求关注不足，进而产生代际不平衡问题。碳排放是最典型的体现，过去两三百年的工业化阶段，通过大量碳排放极大地促进了当期生产力的发展，但由此造成的温室效应，却可能会危害数十年甚至上百年后人类的发展空间，这样一个代际平衡问题不可能通过市场自发的交易机制来解决，只能通过政府代表未来人的利益，对当代人的市场行为进行干预，以实现代际平衡。除此之外，我国还有两个代际不平衡问题值得格外重视。

首先是老龄化下的代际不平衡。[1] 老龄化意味着年青一代的老年抚养负担将加重，越来越少的年轻人生产的产品和服务，要供养越来越多退出劳动大军的老年人。如何平衡代际分配，自发的市场机制对此调节能力不足，需要政策弥补这个缺陷。平衡代际收入分配首先体现在退休制度安排上，一方面可考虑适当推进延迟退休，以匹配延长的预期寿命；另一方面退休保障安排也需要改革，现收现付制度的本质是用现在劳动人口的纳税供养老年一代，而老一代人的相关福利往往是在他们年轻时候已经确定的。这种在人口红利期确定的保障条件较好，到了老龄化阶段，现收现付的安排将会给年青一代造成较大负担，有必要通过宽财政的方式来补充养老金的筹集。对于这个问题，我们将在本书第十四章中展开论述。

从老龄化视角关注代际差距，另一个问题是如何看待房地产的调整。从一个人的全生命周期来看，个人累积和变卖资产也是代际收入转移的重要途径。青壮年时期劳动者将会储蓄一部分收入用于累积资产；退休后将资产卖给下一代的年轻人以换取收入，用于自身的老年消费。如果人口结构是均衡的，该机制可以平稳运行。但在老龄化不断加剧的背景下，老一代人累积的资产在变卖的过程中可能大幅贬值，因为购买资产的年青一代的人数相对于变卖资产的老年一代的人数日益减少。这可以看成是两代人利益平衡的一种自发纠正机制。这种机制带有金融风险出清的色彩，完全由市场主导这个过程可能并不可取。但如果政策强撑资

---

[1] 彭文生：《渐行渐远的人口红利》，社会科学文献出版社，2013年。

产价格不跌，较大的地产泡沫意味着年青一代将受到较大的挤压。因此，房地产问题不只涉及当代人间的公平问题，也涉及代际公平和可持续发展问题。关于如何完善房地产调控机制，参见本书第七章。

其次是上一代的结果不平衡，会加剧下一代的机会不平等问题。所谓机会平等，是要求一个人的收入主要由其努力程度决定。然而在现实中，家庭中的长辈会在自己的效用函数中加入自己家庭晚辈的福祉。如果当代人间的分配的结果是公平的，每个家庭都只为自己的后代考虑，不会造成下一代的严重机会不平等。如果当代人间的分配是高度不平衡的，即便每个家庭在关心下一代福祉方面有同样的意愿，下一代能够从自己家庭所获得的投入也是高度不均的，意味着下一代将因为上一代的结果不平衡而面临机会不平等问题。

代际流动性分析也表明，家庭财富差距是造成机会不平等的一个重要因素。伴随着过去几十年的贫富差距加剧，美国的代际流动性变得越来越差，20世纪40年代出生的孩子，有90%的概率获得超过父母的收入，但对于20世纪80年代出生的孩子而言，这个概率下降到50%。[1] 中国也有类似的情况，"80后"通过努力改变自己命运的机会，要低于20世纪六七十年代出生的人。[2] 这样一种代际不平衡可能会抑制年轻人的工作意愿，既不利于促进公平，也造成了社会资源的浪费。因此，一个共享高质量发展的社会需要阻断阶层分化的代际传递，减少机会不平等，鼓励人们通过努力学习、工作来获得更好的生活质量。除了直接优化当代人的财富分配外，更重要的是，应由政府作为下一代福祉的代表，加大公共教育投入。对于通过教育来阻断阶层分化代际传递的更多措施，我们将在本书第十一章中进行详细探讨。

---

[1] Raj Chetty, David Grusky, Maximilian Hell, Nathaniel Hendren, Robert Manduca, and Jimmy Narang. The Fading American Dream: Trends in Absolute Income Mobility since 1940. 2017.

[2] 龚锋、李智、雷欣：《努力对机会不平等的影响：测度与比较》，《经济研究》2017年。罗良文、茹雪：《我国收入分配中的机会不平等问题研究——基于CGSS 2008—2015年数据的经验证据》，《中国软科学》2017年。

再分配的意义：应对效率观的加总谬误

如前所述，无论是弥补市场天然的缺陷（例如劳资谈判地位不对等），还是改变不当干预（例如阻碍劳动力城乡流动的二元体制），最终的目的是确保自由交易、充分竞争，以求实现帕累托最优，这一过程本身兼具效率与公平的意义。问题是，市场竞争是一个优胜劣汰的过程，自由交易、充分竞争会产生难以避免的贫富差距。那么，即便是在市场机制比较完善的情况下，是否还需要通过再分配来干预一次分配的结果呢？或者说，在实现了帕累托最优的前提下，如果通过再分配的方式增进公平，是否就要付出效率的代价？既是，也不是。这样一个看似矛盾的答案，来自有关效率内涵的加总谬误。

从帕累托最优的角度看，所谓资源实现了有效配置，是指整个社会不存在帕累托改善的空间。帕累托改善意味着一部分人福利改善的同时，没有其他人福利恶化。因此，帕累托最优实际上是一个高度个人主义视角的效率观，其基础的认识是人与人之间的效用是不可比的。由于人与人之间的效用是不可比的，因此任何对自由交易、自由竞争结果的改变都不是最优的。从这个微观的视角看，如果再分配要通过改变一次分配结果的方式促进公平，自然是要损失效率的。

但这里的问题在于，人不只是有个人性的一面，还有社会性的一面。这意味着对效率内涵而言，不仅有微观层面的、个人主义视角的理解，也应该有宏观层面的、社会整体视角的理解。从宏观的角度看，经济可持续增长是效率最重要的考察指标。如果市场的一次分配结果，虽然符合微观的效率标准，但最终导致整个经济无法实现可持续增长，甚至最终通过危机的方式将此前创造的财富毁于一旦，这样一种微观有效是难以称得上宏观有效的。当然，如果按照古典经济学的萨伊定律，"供给自发创造需求"，宏观上的供求失衡是不可能存在的，那么微观的效率观和宏观的效率观是一致的。

也就是说，按照古典乃至新古典的理论，只要尊重市场自由交易，就不应该存在宏观上的不可持续问题，但这并不符合事实。以本书第十六章的分析为例，我们发现了两个有意思的特征事实。一个是在20世纪80年代之后，伴随着贫富差距持续加剧，美股进入了长期牛市，与此前近乎20年不涨的局面形成了鲜明对照。应该说，20世纪80年代后的美股牛市并不让人意外，因为在自由放任的情况下，要素市场的不完美性将会导致劳动的占比日益下降、资本的占比日益上升，这有利于作为资本所有权象征的股票的价格上涨。

但另一个特征事实有点"意料之外，情理之中"。股市常被看作经济的晴雨表，接近40年的美股长牛似乎反映出美国经济形势一片大好，似乎应有助于提升投资者的风险偏好、降低股权的风险溢价。但事实并非如此，伴随着美股长牛而来的是，美股风险溢价进入趋势性上行阶段，这与贫富差距较低的1950—1980年形成了鲜明的对比。事实上，这并非美股的特例，而是在全球贫富差距加剧的过去40年，各国股市普遍出现的情况。如何理解过去40年风险溢价的趋势性上升？一个可能的解释是，风险溢价的趋势性上升与贫富差距的持续加剧有关。因为风险溢价的本质，是相比于国债这种无风险资产而言，投资者对持有风险资产所需要的风险补偿。风险溢价的趋势性上升，实际上意味着投资者对于持有股票所要求的风险补偿越来越高。也就是说，面对这样一个强劲的牛市，投资者可能认为酝酿着一些经济增长越来越不可持续的风险。事实上，从主要大国经济增速的角度看，在过去40年贫富差距拉大的同时，只有中国的经济增速是显著提升的，美国、日本、德国的经济增速并没有明显改善。

也就是说，无论是从资本市场风险溢价的趋势性上升来看，还是从发达经济体的经济增速变化来看，过去40年似乎都反映出经济增长可能正在累积不可持续风险。这个问题成因是高度复杂的，例如老龄化、全球化等因素可能都有贡献，过去40年的自由化也是重要原因之一。早在20世纪30年代的大萧条以及随后的凯恩斯革命，已经在实践和理论的层面证明了，微观上的自由放任是无法自动实现宏观上供求平衡的。

这意味着将微观层面上的有效概念进行加总，进而认为也是宏观有效的观点，是典型的加总谬误。之所以会有这样一种加总谬误，贫富差距在其中扮演着重要角色。即便是在比较完善的市场机制下，由于竞争的本质就是优胜劣汰，意味着难免会产生优胜者和失败者。如果没有再分配等外部力量干预，而只强调自由交易、充分竞争，意味着越来越多的购买力可能集中在少数人手中，整个社会消费增长或将赶不上生产能力的增长，不利于经济的可持续发展。以中国为例，中国投资规模虽然依旧很大，但投资对整个经济增长支撑效果却日渐乏力，除了受制于老龄化等因素的影响外，偏高的基尼系数也是一个重要原因。基尼系数越高，意味着全社会的边际消费倾向越低（图1-6），这会抑制投资的乘数效应，拖累经济增长。此外，过去十余年，驱动投资的载体主要是房地产泡沫，2012年以后房价的上涨对消费的挤出效应明显，除石油及制品外，其他消费品类与房价相关性要么不显著，要么具有明显的负相关性（图1-7）。

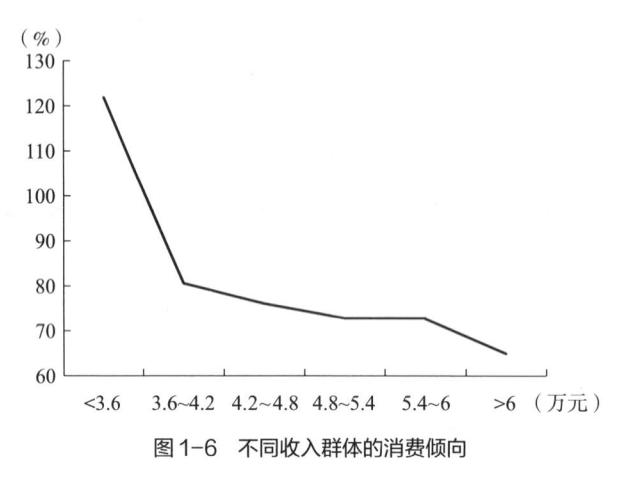

图1-6　不同收入群体的消费倾向

资料来源：2018年中国家庭追踪调查（CFPS），中金公司研究部。

注：纵轴为消费倾向 = 过去12个月总支出/过去12个月总收入，横轴为过去12个月总收入。

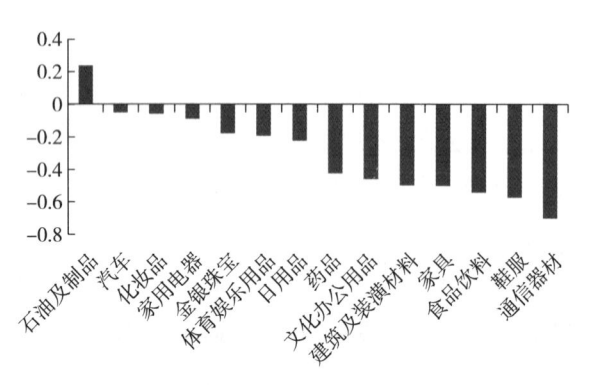

图1-7　2012—2019年各类消费和房价的相关性

资料来源：万得资讯，中金公司研究部。

除了总量不平衡之外，贫富差距对增长和效率更严重的冲击来自社会渠道。严重的社会不平等会增加低收入群体参与犯罪、社会骚乱和其他破坏性活动的可能性。这些低收入群体的时间和精力没有用于生产性活动，无疑是对资源的直接浪费。社会不稳定还会直接威胁产权的安全性，进而阻碍投资，极端的社会不稳定甚至可能导致整体的社会瘫痪、摧毁已有的经济建设成果。因此，贫富差距到一定程度往往会降低一个经济体的生产效率，损害经济增长。[1]

以美国为例，贫富差距引发的一个重要社会问题是中产阶级塌陷。美国中产阶级曾被认为具有四个特点：受过良好的教育，促进人力资本积累；创造稳定的商品和服务需求；培育下一代企业家；支持包容性政治和经济体制。因而，中产阶级一度成为美国经济增长和社会稳定的基础[2]，在中产阶级占多数时，一个稳定而庞大的消费市场也就有了保证[3]。当前，中产阶级塌陷已经成为美国社会稳定和经济增长面临的最大挑战，这是不平等通过社会渠道损害增长和效率的重要表现。

在中国，需要重视留守儿童的社会问题。我国目前的留守儿童大约有 640 万，2016 年大约有 900 万。[4] 虽然中国留守儿童存量数据有所下降，但其所造成的社会问题却伴随着以前留守儿童的长大，在整个社会层面扩散。这不只是一个社会问题，也会威胁到整个社会的创新动能和潜在增长率。因为创新离不开人才，人才供给主要依靠教育。中国优质基础教育资源分布不均，不利于人力资本的较快积累，城乡二元体制下的农民工子女在流入地入学不平等，导致留守儿童无法实现足够的人力资本积累，会加剧"消失的爱因斯坦"问题。[5]

总之，即便是通过改善交易双方的谈判地位，或者消除不当干预所产生的交易成本等方式，完善了微观的市场机制，即便是在比较好地实现了自由交易、充分竞争的情况下，也应该对一次分配所产生的贫富过大差距倾向进行干预，这一措施不仅可以促进当代的结果公平和下一代的机会公平，更重要的是可以增强经济的可持续增长能力，具有宏观层面的效率含义。因此，从宏观层面上讲，适当的再分配有助于实现效率与公平兼顾。

---

[1] R J. Barro, Inequality and Growth in a Panel of Countries, 2000.
[2] Boushey and Hersh, The American Middle Class, Income Inequality, and the Strength of Our Economy, 2012.
[3] 李强：《关于中产阶级的理论与现状》，《社会杂志》2005 年。
[4] 详见民政部官网：http://lyzx.mca.gov.cn:8280/consult/showQuestion.jsp?MZ=7910978776。
[5] 中金公司研究部、中金研究院：《人力资本：育才引智》，《创新：不灭的火炬》，2022 年。

沿着"正确曲线"迈进

综上所述，我们应该重新反思公平与效率的关系，尤其是应该摆脱库兹涅茨曲线似的误导，这对于当下的中国而言具有重要现实意义。改革开放后，虽然贫富差距有所扩大，但也极大地促进了效率，取得了巨大的经济建设成就。目前，中国的人均 GDP 大约只有美国的 1/4，这是否意味着我们必须通过继续牺牲公平的方式来提升人均 GDP？库兹涅茨曲线无法给出我们准确的回答，"加强法治有损效率"这种看似客观实证的观点更是具有误导性，"正确曲线"的答案是不必要。

因为大多数比中国人均 GDP 低的国家，发展比中国更不均衡；在达到美国人均 GDP 的 80% 之前，比中国人均 GDP 高的国家，大多数基尼系数更低。既然当下大多数国家的数据构成了公平与效率并进的"正确曲线"，为什么未来只能通过进一步牺牲公平的方式来换取效率呢？更重要的是，库兹涅茨曲线左侧所刻画的公平与效率不可兼得，很大程度上是市场机制不完美的体现。因为不公平会同时产生有利于增长和不利于增长两种效应，只不过大部分积极效应（例如刺激储蓄、促进高回报项目的实现以及激励创新等）在中短期内就可以较快实现，大多数的负面影响（例如阻碍人力资本形成、代际不平等、机会不公平）需要通过社会不稳定、人口代际替换等渠道发挥作用，需要较长时间才能显现出来。[①] 因此，牺牲公平可以换来效率，实际上是不公平负面效应显现时滞所带来的错觉。

当然，由于市场机制的不完美性，无论是库兹涅茨曲线，还是"正确曲线"，公平与效率同步并进都不是可以自发实现的，而是政策干预的结果。我们将在后面的章节中，从一次分配聚焦市场机制完善，再分配聚焦结果公平两个维度，阐述政策干预如何兼顾效率与公平。

一方面，在初次分配层面，致力完善市场机制，让各种生产要素在交易地位

---

① Daniel Halter, Manuel Oechslin, Josef Zweimueller, Inequality and Growth: The Neglected Time Dimension. Institute for Empirical Research in Economics University of Zurich Working Paper No. 507, 2021.

平等、交易成本低廉的环境中，进行自由交易、充分竞争，这样产生的一次分配既是资源配置有效的，也是机会公平的。除了前述致力实现劳动与资本在平等地位上进行谈判的罗斯福新政外，反垄断也是这种思路下的重要举措。自 1890 年《谢尔曼法案》至今的百余年时间里，美国反垄断理念经历了从结构主义向行为主义的改变，尤其是美国司法部在 1982 年版《兼并准则》中，强调用效率原则来指导反垄断实践，进一步凸显了美国反垄断理念是尊重市场竞争机制、完善市场竞争机制。[1] 对于当下的中国而言，在涉及初次分配的要素市场中，除了需要打击未能有效支持创新的垄断行为、加强劳动者权益保护等措施外，改革不合理的制度安排，降低由不当干预造成的交易成本，也是完善交易机制的重要组成部分。有关讨论请参考本书第二篇的第三章到第八章，我们将从劳动力市场、技术进步与数字经济、碳中和、金融、房地产、全球化六个方面进行详细阐述。

另一方面，通过再分配，致力推动结果公平，以增强经济增长的可持续性，实现宏观层面的效率与公平兼顾。位于"正确曲线"拐点的德国，在兼顾公平与效率方面是一个典范，也是主要发达经济体中最早通过二次分配方式来推动结果公平的国家。早在 1883 年的俾斯麦时期，德国就推出了《健康保险法》，成为世界上第一个在国家层面引入社会健康保险的国家；德国从 1927 年起就为劳动者提供失业保险，其资金不仅用于支付失业期间的现金流，还用于提供就业服务。这样一些措施不只起到了较好的二次分配效果，实际上也有利于改善劳动者的谈判地位，让劳资双方在更平等的谈判地位上进行交易。

英国也在 20 世纪初引入了再分配政策：1908 年的《养老金法案》[2] 为 70 岁以上的老年人引入了养老金，费用由财政承担；1911 年的《国家保险法》为英国工人提供了疾病和失业保险，低薪工人阶层都必须加入健康保险计划，每个工人、雇主和政府每周都要为此缴纳一笔费用。作为这些付款的回报，该法案提供了免费的医疗护理和药品、疾病津贴、生育津贴以及每周的失业救济金。在税收方面，1909—1910 年，英国降低了低收入者所得税，并对最富有的成员征收土

---

[1] 彭文生、谢超、李瑾：《企业边界、萨伊定律与平台反垄断》，2021 年 2 月。
[2] The Old Age Pensions Act, 1908.

地税。[①] 1914年，英国提高对富豪的直接征税水平，同时在社会服务上投入更多资金，为税收体系带来了更大的累进性。

美国在二战后到20世纪80年代之前，也是通过大力度的再分配政策实现了结果公平。在此期间，美国一次分配中的不平等问题事实上是在持续累积的，但财政干预后的基尼系数却是下降的。进一步拆分来看，由于二战后的美国所得税最高档边际税率是下调的，意味着税收对于这期间贫富差距缩小没有起到太大作用，主要是通过转移支付、一般性支出等支出性财政政策来干预贫富差距的。

不过，对于抑制贫富差距而言，二次分配的作用并非只针对成年人。以英国为例，19世纪初期英国劳动力的教育水平低下，此后通过政策干预，英国10岁儿童入学的比例由1870年的40%上升到20世纪初的100%。根据1944年的《教育法》，英国政府宣布提供免费的中学教育。这些针对未成年人的教育投入，提升了成年后劳动者的技能水平，显著缓和了不平等问题。[②] 作为在缩小贫富差距方面做得比较好的东方国家，日本早在1971年就颁布了《儿童津贴法》，将儿童纳入了国家福利保障体系。与欧、美、日等发达经济体相比，中国通过再分配来推动结果公平还有较大的政策空间，其中的关键在于完善财政体系。

当前，从中国财政收入角度看，一方面，作为主体税种的增值税具有明显累退性，不利于缩小收入差距，只有调减增值税，才能为通过所得税调节收入分配打开空间；另一方面，更需要改善支出结构，大幅增加转移支付。着眼于当下，尤其是在新冠肺炎疫情冲击已经进入第三年的情况下，可考虑对受疫情冲击较大的弱势群体进行定向转移支付，既有利于不同收入群体更公平地承担全社会的抗疫成本，提高防疫效率，也有利于促进消费，增强疫后复苏的动能。公益慈善作为三次分配，在调节结果不公平中空间有限，而且美式捐赠存在拉大贫富差距的风险。当然，有利于再分配的并不只有财政与慈善，我们将在本书第三篇中，从财税、基建、教育、医疗、养老、消费、公益慈善七个方面对于社会服务与公共政策在共享高质量发展中的角色进行详细探讨。

[①] https://www.parliament.uk/about/living-heritage/transformingsociety/private-lives/taxation/overview/newtaxes/.

[②] Acemoglu, Robinson, The Political Economy of the Kuznets Curve, 2002.

第二章

从金字塔到橄榄型

改革开放以来,中国的贫困人口随着经济增长和政府扶贫而持续减少。7.7亿农村人口摆脱贫困,占全球同期减贫的七成以上。中国的脱贫政策注重建立长效机制,政府从资金、人员和机制等方面对农村贫困地区提供支持。同时,市场经济的发展壮大,为农村贫困群体通过打工就业摆脱贫困提供了渠道。尽管如此,中国的低收入群体仍然人数众多,收入分配形态更接近金字塔型,而非橄榄型。

从收入、消费和财富分布的角度看,中国这三项指标的基尼系数位于较高水平,说明分布的差异较大。改革开放以来收入基尼系数走过了一个先大幅上升然后平缓下降的过程。中国收入差距近一半可以归结为城乡差距,在一定程度上仍然受到城乡二元结构体制的影响。财富集中度则持续上升,房产构成中国家庭的主要财产,城市房价长期上涨是中国财富集中的重要推手之一。

利用联合国大学的WIID数据,我们发现,按照一定的收入分组标准,中国收入分配的结构形态接近"金字塔型",而欧洲、日本和美国则接近"橄榄型"。导致这种差异的主要原因在于,我国低收入群体人数仍然较多,中等收入群体数量尚不足支撑"橄榄型"的腰部。此外,我国中等收入群体的收入水平仍然较低,中低收入群体的抗风险能力弱,仍然具有返贫的脆弱性。

改善收入分配,重点不仅在于"橄榄型"的形态:如果我们修订分组标准,继续细分低收入人群,收入分配总可以得到一个橄榄型的形态,但由此得到的橄榄型并不意味着共同富裕。从"金字塔型"到"橄榄型",有赖于人均收入水平的继续提升和中高收入人数的增长。

要将共同富裕的理想化为实践,需要衡量的指标。基于"富裕"和"共享"两个理念,我们设计了一套衡量共同富裕的指标,以便更好地理解和研究中国以及各地区的富裕之道。[①]

---

① 本章作者:赵扬、李雅婷、徐磊。

中国的脱贫政策取得了显著成效

党的十一届三中全会以来，中国贫困发生率持续下降，实现 7.7 亿农村人口脱贫，占全球同期减贫人口七成以上，为世界减贫事业做出了巨大贡献（图 2-1）。[①] 与此同时，贫困户人口的人均纯收入从 2015 年不足 3 000 元 / 年增长到了 2020 年的 1 万元以上，年均增幅接近 30%，比全国农民的收入增速快 20 个百分点。中国政府于 2008 年和 2010 年先后两次提高贫困线标准，目前已超过世界银行贫困线标准（1.9 美元 / 天），并按物价指数调整，按照最新的贫困标准，2020 年中国已实现全面脱贫。

经济发展是解决贫困问题的关键，但仅靠市场力量，全面脱贫需要很长时间。中国政府主动作为，侧重于为贫困户赋能，建立了有效的减贫机制。2020 年底，贫困人口的产业扶贫政策覆盖率高达 98%。[②] 政府的脱贫措施可概括为四个。第一，持续加大财政补贴政策力度。2016—2020 年，中央补助的专项扶贫

[①]《人类减贫的中国实践》白皮书，2021 年。http://www.gov.cn/zhengce/2021-04/06/content_5597952.htm。

[②] http://www.gov.cn/xinwen/2020-12/17/content_5570032.htm。

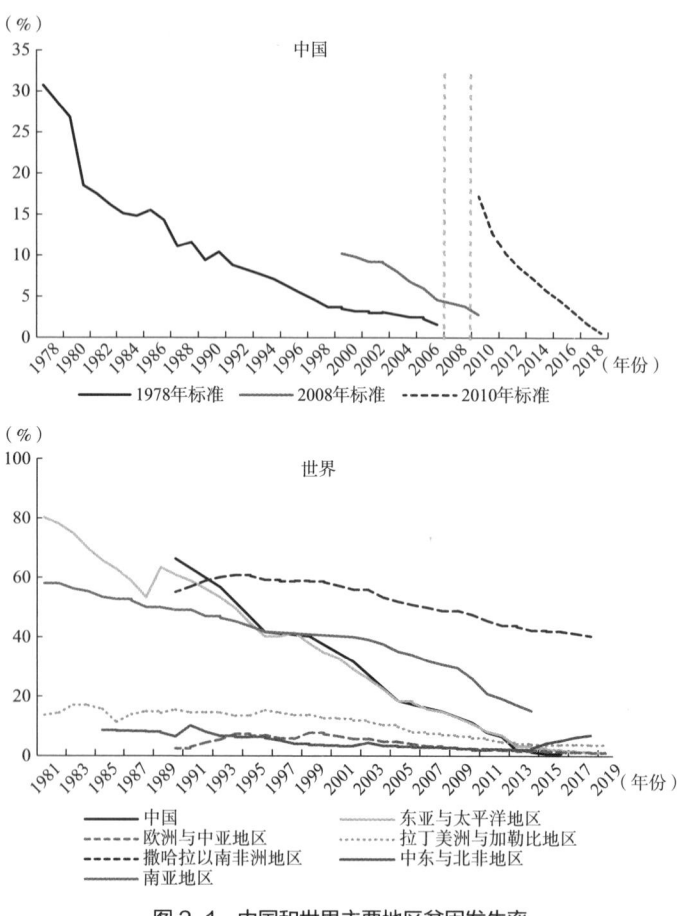

图 2-1 中国和世界主要地区贫困发生率

资料来源：万得资讯，世界银行，中金研究院。

注：下图采用 2011 年购买力平价计算。

资金每年新增 200 亿元，达到 1 461 亿元，各级财政涉农资金总规模累计达 1.5 万亿元。第二，推动地区间的协作和国有企业的帮扶。中国人口和产业的空间分布不匹配，人均收入差距突出；各省之间统筹协调，推进扶贫协作，可以产生脱贫攻坚的合力。2015—2020 年，东部九省的财政援助和社会帮扶总资金超过 1 000 亿元。① 国有企业是地区协作中的一个特殊贡献群体，2021 年 305 家中央

---

① http://nrra.gov.cn/art/2022/1/20/art_2203_193502.html。

单位为定点帮扶县引进资金668.8亿元。第三，政府通过产业发展和易地搬迁等政策，帮助贫困人群实现就业。截至2020年底，832个已摘帽贫困县累计建成超过30万个产业基地，每个贫困县都形成了2~3个特色鲜明的主导产业[1]。对产业条件差的偏远地区，则采用"易地扶贫搬迁"。2016—2020年"十三五"期间，近1 000万贫困人口实现易地搬迁和务工就业，涉及22个省份近1 400个县[2]。第四，开展扶贫干部培训，提升基层的扶贫行政能力。贫困地区的一大困境是无法吸引人才，为弥补当地人力资源尤其是领导力的不足，我国从2015年开始向贫困村选派书记并加大培训力度。截至2019年底，全国在岗驻村干部近百万人，其中第一书记23万名。[3]

虽然中国减贫事业取得了举世瞩目的成就，但经济发展仍存在不平衡和不充分的问题。本章着重从微观和宏观角度分析这种发展不平衡和不充分在收入分配上的表现，并探讨理想的橄榄型社会具有何种经济含义。

从收入、消费和财富分布看贫富差异

收入分布的相关数据

有关收入分配的数据比较少。本章主要使用四类数据。第一，国家统计局或者其他官方机构公开发布的数据，包括：收入的基尼系数、人均可支配收入、可支配收入中位数和五分位数等。统计局对收入分配的统计是最权威的。除了统计局，中国人民银行和国家发改委等机构也不定期发布收入分配相关数据。第二，国际机构发布的相关数据库，主要包括：联合国大学的"世界收入不平等数据库"、世界银行的PovcalNet数据库和由皮凯蒂等上百名研究者测算编制的"世界不平等数据库"。这些数据库的底层数据主要是各国官方数据以及科研机构的调查数据，但根据物价、经济发展水平等因素进行了国际可比性的调整。WID

---

[1] http://www.gov.cn/xinwen/2021-01/01/content_5575996.htm.
[2] 中华人民共和国国家发展和改革委员会：《"十三五"易地扶贫搬迁：伟大成就与实践经验》。
[3] http://fpzg.cpad.gov.cn/429463/430986/431006/index.html.

利用税收等其他数据对最富有人群的收入做了调整,并建立了财富的可比数据。第三,学术机构发布的家庭调查数据(表2-1)。这些调查数据,某种意义上相当于统计局家庭调查数据的缩小版,缺点是对高收入人群的覆盖不足,优点是数据维度更加细致。第四,银行和商业机构发布的高净值人群收入和财产相关数据,比如招商银行的私人财富数据。家庭调查数据很难覆盖收入极高的人群,但银行的高净值人群数据对此提供了补充。

表2-1 收入分布相关的微观调研数据

数据库中文名	英文名	简称	调查方	覆盖年份	说明
中国家庭收入调查	China Household Income Project	CHIP	北京师范大学中国收入分配研究院	1988/1995/2002 2007/2013	2013年CHIP数据是从国家统计局2013年城乡一体化常规住户调查大样本库进行抽样的结果,覆盖15个省份,126城市,234个县区抽选出的18 948个住户样本和64 777个个体样本
中国家庭追踪调查	China Family Panel Studies	CFPS	北京大学中国社会科学调查中心	2010/2011/2012 2014/2016/2018	覆盖25个省(自治区、直辖市),2010年基线采访了1.5万户家庭、4.3万人;CFPS是一项跟踪调查
中国综合社会调查	Chinese General Social Survey	CGSS	中国人民大学中国调查与数据中心	每年	全覆盖100个区县,1.2万人,全面收集社会(社区)家庭、个人多个层次的数据;CGSS的调研频率最高
中国健康与营养调查	China Health and Nutrition Survey	CHNS	北卡罗来纳大学人口中心	1989/1991/1993/ 1997/2000/2004/ 2006/2009/2011/ 2015	覆盖15个省,7 200户,3万人,尤其关注营养健康方面的指标,有生物标志物数据
中国家庭金融调查	China Household Finance Survey	CHFS	西南财经大学中国家庭金融调查与研究中心	2011/2013 2015/2017	覆盖29个省,4万户,12.7万人,纳入了住房资产与金融财富、负债与信贷约束、收入与消费、社会保障与保险、代际转移支付等指标

资料来源:中金研究院。

相比数据，衡量和测算收入分布差异的难度更大，也更容易造成误读。以最常用的基尼系数为例，其计算是基于洛伦兹曲线（个体收入从低到高排序后形成的收入曲线）；但不同形态的洛伦兹曲线却可能对应同样的基尼系数。而且，基尼系数的计算依赖抽样统计的数据，而抽样数据通常难以准确刻画贫富差异。假设一个社会中某一个主体占有全社会几乎全部的收入，而其余所有人平均分配余下的少量收入，这样的社会显然是极不公平的，但是，如果统计样本中未能纳入这个富人（这是收入统计中常见的情形），基尼系数将显示这是一个绝对平等的社会。

关于数据，还有一点需要说明的是，收入分配虽然通常按照个人收入的多少来描述，但通常是家庭内的人均收入，相应的收入人群的划分也包括没有收入的家庭成员。比如，儿童显然没有收入，但在收入分配数据中，并不会被归为无收入的群组，而是归在其所在家庭人均收入的对应人群。同理，如果一个人年收入为 100 万元，但是他有两个孩子和全职照顾孩子的妻子，则他们一家四口都会被归入年收入 25 万元的群组，而不属于收入百万的家庭。

过去十年基尼系数稳中有降，但仍在较高水平

尽管有各种各样的局限性，基尼系数仍然是测算和衡量收入分布不均等程度的最重要指标。国家统计局、国家发改委和一些非官方的研究机构都发布过中国的收入基尼系数测算值（图 2-2），其中国家统计局公布的数值最高，2020 年为 0.47。1984—2000 年基尼系数逐步上升，于 2009 年前后达到高点后开始下降，近年来小幅回升，在大部分计算下都高于 0.4。国际上通常把 0.4 作为收入分配差距的"警戒线"，0.4~0.5 被认为是收入差距较大，0.5 以上是收入差距悬殊。对中国基尼系数的各种测算中，只有国家统计局的测算是基于家庭户收入数据，细分到样本中的每一户，其他的都是基于分组后的户均收入数据[①]，进行了一定

[①] 国家统计局公布的《中国统计年鉴》中只有收入的五等份分组数据，世界银行通过和统计局合作获得每 5% 的消费数据作为计算依据。WIID 使用的基础数据也来自统计局的五分位数，在此基础上估算了百分位数，近年来跟统计局公布的基尼系数一直保持同一差值。由于 2013 年之前中国的城乡住户调查是分开的，所以计算历史序列时需要先计算农村和城市再加权得到全国，国家发改委社会发展研究所课题组和其他研究的主要差别在于修正了城乡加权。

程度的分组平均，会低估整个样本的家庭间收入差距。对基尼系数进行跨国比较更为困难，目前只有联合国大学的 WIID 数据库提供了各国的收入基尼系数[①]。根据 WIID 最新的估算，中国收入基尼系数为 0.43，排在全球前 1/3 左右，略高于美国（0.42），显著高于大部分欧洲国家。

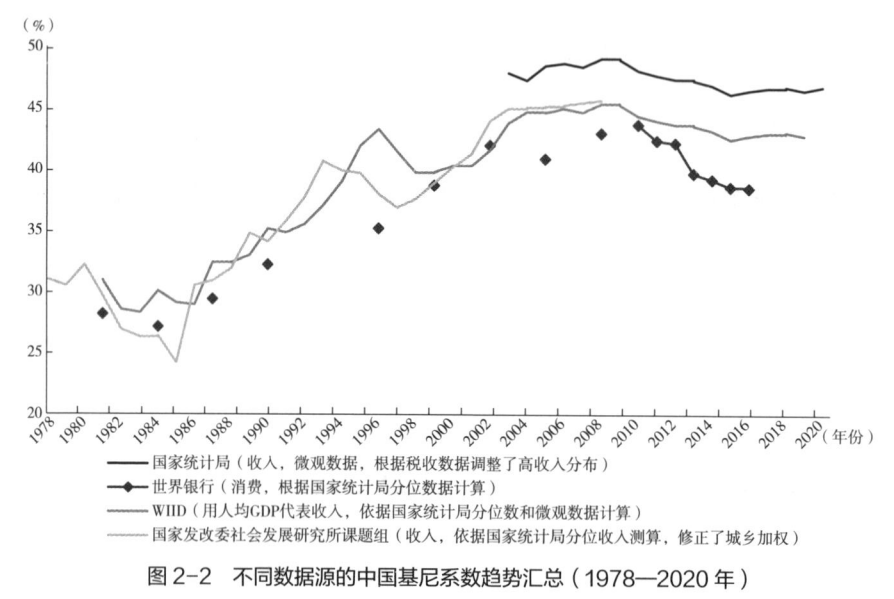

图 2-2　不同数据源的中国基尼系数趋势汇总（1978—2020 年）

资料来源：《中国统计年鉴》，世界银行，PovcalNet 数据库，UNU-WIDER, WIID Companion dataset（wiidcountry）. Version 31 May 2021，国家发改委社会发展研究所课题组：《中国国民收入分配格局研究》，《经济研究参考》2012 年第 21 期；中金研究院。

注：世界银行的基尼系数在 2010 年前不连续，因而图中呈现散点状。

回顾改革开放以来，基尼系数总体呈现上升趋势。但是，并不能据此得出改革开放导致了基尼系数的上升。Ravallion 和 Chen（2021）对 1980 年以来数据的分析表明，没有显著的时间序列证据表明经济增长政策或城镇化本身导致了收入分化。[②] 第一章提到，城乡差距是导致中国改革开放以来收入差距扩大的最重要因素，而城乡差距主要由于计划经济遗留的城乡二元体制未得到彻底改革。我国

---

① 世界银行的 PovcalNet 数据库只提供部分国家的收入基尼系数，剩余国家是消费基尼系数。
② Martin Ravallion, Shaohua Chen, Fleshing Out the Olive? On Income Polarization in China, 2021.

基尼系数上升的主要原因，在于改革不彻底，导致部分农村居民未能充分获得市场化和城市化的改革红利。

过去十年中国的基尼系数发生了趋势性变化。各种机构测算的基尼系数在过去十年都扭转了此前的上升趋势，出现了一定程度的回落。这显示过去十年中国收入分布的不均等程度有明显改善。这种改善主要来自两个方面：一方面是城市化率的进一步提升，缩小了城乡差距所带来的收入分配不均；另一方面是政府大力推进扶贫政策，提高农民收入水平，大幅减少了农村贫困人数，不仅缩小了城乡差距，而且缩小了农村内部的收入差距。

基尼系数的计算方法，决定了其数值对观测值数量较密集的中间收入区间敏感，对收入两极分化的程度不敏感。[1] FW 指数（Foster-Wolfson）[2]，则在基尼系数的基础上加入了均值中位数之比以及中位数以下人群均值和整体均值之比，可以更好地反映收入分布两极分化的程度。根据 Ravallion 和 Chen（2021），中国过去 40 年 FW 指数的变化趋势跟基尼系数基本一致。根据 WIID 数据，中国的 FW 指数略高于美国。

有观点认为，评价不均等程度不应仅看收入，更应该看消费。世界银行估算的中国消费基尼系数接近 0.4，低于收入基尼系数。在世界银行 PovcalNet 数据库公布的 2015 年以来有消费基尼系数的 50 多个国家中，中国排名前 40%，好于收入基尼系数的排名。由于消费倾向随着收入上升而下降，因此消费相对于收入分布更为平均，同时，消费具有跨期平滑性，当期收入波动不会完全反映在消费上，也会导致消费基尼系数低于收入基尼系数。

财富随经济发展呈现集中趋势

改革开放，尤其是加入世界贸易组织（WTO）以来，中国居民财富的数

---

[1] $G = \frac{1}{2\bar{y}} \times \frac{1}{N^2} \times \sum_{i=1}^{N}\sum_{j=1}^{N} |y_i - y_j|$，$y_i$ 代表第 i 个家庭/个人的收入，$\bar{y}$ 代表均值。

[2] $FW = 2\left(\frac{\mu}{m}\right)(T-G)$，$\mu$ 和 m 分别代表均值和中位数，μ^L 代表中位数以下人群的收入均值 $T = 1 - \frac{\mu^L}{\mu}$，G 是基尼系数。

量大幅增长，财富的价值也大幅上升。但在此过程中，财富也呈现集中的趋势。招商银行《2021中国私人财富报告——中国私人银行业：纳川成海》显示，从2008年到2020年，中国居民持有的可投资资产大幅增长，从39万亿元增加到241万亿元，增长过程中伴随着财富集中趋势。根据亚洲开发银行的报告，1998—2012年中国财富基尼系数从0.34上升到了0.73[①]，升幅远超过基尼系数的同期升幅。统计局没有发布财富的基尼系数，但有学者对中国的财富基尼系数进行了估算。如果将这些估算结果按时间排列，可以得到一个上升的趋势（图2-3）。

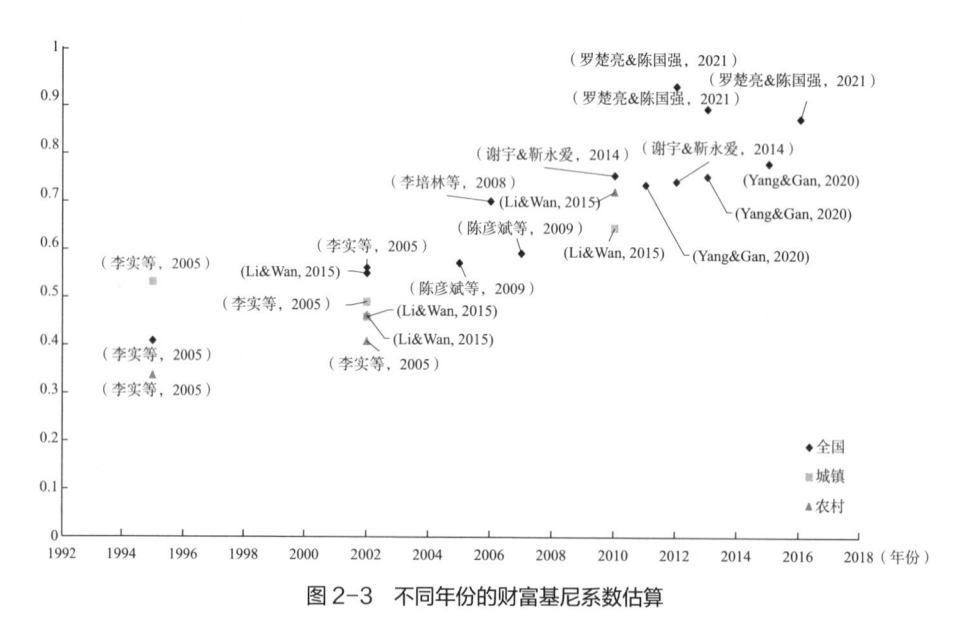

图2-3 不同年份的财富基尼系数估算

资料来源：李实、魏众、丁赛：《中国居民财产分布不均等及其原因的经验分析》，《经济研究》2005年；李培林、陈光金、张翼、李炜：《中国社会和谐稳定报告》，社会科学文献出版社，2008年；陈彦斌、霍震、陈军：《灾难风险与中国城镇居民财产分布》，《经济研究》2009年；谢宇、靳永爱：《家庭财产》，《中国民生发展报告2014》，北京大学出版社，2014年；Li, S, Wan, H. Y.. Evolution of Wealth Inequality in China, 2015；Yang, X. T., Gan, L.. Bequest Motive, Household Portfolio Choice, and Wealth Inequality in Urban China, 2020；罗楚亮、陈国强：《富豪榜与居民财产不平等估算修正》，《经济学（季刊）》2021年；中金研究院。

---

① ADB. Reducing Income Inequality in the People's Republic of China, 2016.

中国人民银行调查统计司城镇居民家庭资产负债调查课题组于 2019 年在全国 30 个省（自治区、直辖市）对 3 万余户城镇居民家庭开展了资产负债情况调查。结果显示，样本中前 10% 的家庭拥有近一半的总资产、净资产和实物资产，以及 58% 的金融资产。[①] 根据皮凯蒂等人编制的 WID 数据，世界各国的财富在过去 20 多年都呈现集中趋势，且超过收入的集中度。即便是财富集中度最低的国家，前 10% 家庭也拥有近一半财富。2015 年中国前 10% 人群所拥有的财富占总财富超过 60%[②]，低于美国的 71%，高于日本的 57%。值得注意的是，WID 的数据显示，世界各国过去 20 多年的财富集中主要是向前 1% 家庭集中，前 10% 家庭中扣除前 1% 家庭后的财富占比基本稳定在 30%~40%。[③]

对大部分中国城镇家庭而言，房产是最重要的财产。人民银行的城镇家庭资产负债调查显示，城镇居民户均总资产 317.9 万元，其中住房资产 187.8 万元，占比达 60%。[④] 中国城镇家庭住房自有率高，房产数量的分布不均程度较小。中国人民银行 2019 年的调查显示，收入最低的 20% 城镇家庭，住房拥有率也达到 89%，2017 年的 CHFS 数据显示该比例约为 65%，而美国该比例仅为 33%[⑤]。由此可见，中国城镇家庭的财富集中并不体现在住房数量上，而是体现在住房价值上。

房价上涨和有限的高回报金融投资机会，是中国财富集中的两个重要推手。城镇房价在过去 20 年大幅上涨，但各地区房价涨幅不一，尤其农村住宅由于土地性质不同房价涨幅远低于城镇。这导致财富的价值向我国房价涨幅大的城市集中，也拉大了城乡财富差距。西南财经大学和蚂蚁集团研究院发布报告认为，

[①] 前 10% 是指按各项指标分别衡量的前 10%，例如，金融资产最高的前 10% 家庭所拥有的金融资产占所有样本家庭的 58.3%。https://www.guancha.cn/economy/2020_04_24_548107_s.shtml。

[②] WID 中的中国财富数据基于北京师范大学和北京大学的两项家庭调查数据 CHIP 和 CFPS，结合胡润富豪榜的相关信息，并根据税收数据调整了高收入人群数据，因此其集中度要高于人民银行 2019 年的调查结果。

[③] WID 的数据对高收入人群进行了调整，所以依据 WID 数据，前 1%、10% 收入群体的财富占比一般较高，但即便是依据美国联邦数据，其最高 1% 收入群体的财富占比也已经高达 27%，在 2021 年超过了中间 60% 的收入占比。

[④] https://www.guancha.cn/economy/2020_04_24_548107_s.shtml。

[⑤] https://www.guancha.cn/economy/2020_04_24_548107_s.shtml。

2020—2021年家庭财富的增加中，住房资产增加贡献60%~77%，金融投资增值贡献15%~30%[1]。相比房产，中国家庭金融资产集中度要高得多。《麦肯锡中国金融业CEO季刊》估算，中国个人金融资产达到100万美元以上的家庭数量不足1%[2]，可见只有极少数人能够受益于高回报金融投资机会。

我国当前的收入分配形态

现有收入分配形态与橄榄型的差距

中国当前收入分配的形态是什么样呢？国家统计局仅公布了家庭按照收入分为5组的五分位数据，难以测算更为细致的我国收入分配结构形态。WIID数据库提供了2019年中国居民收入百分位数据，目前学界使用较多。其底层数据是统计局的五分位数据，但是结合多种微观数据将底层数据进一步细分为了百分位数据。我们将人均可支配收入的倍数划分为11个组别，并计算每个组的人数，结果显示我国收入小于0.5倍人均可支配收入的群体占全国人口比例约为33%，在1~1.5倍和1.5~2倍区间的比例分别为17%和9%，收入分布形态呈金字塔型（图2-4）。

发达国家的收入分配更接近橄榄型。例如，北欧国家中的丹麦，其中等收入群组（0.5~1倍人均可支配区间）的人口占比高达50%，而中国这一比例只有31%。丹麦最低收入群组（0.5倍人均可支配收入以下）仅有10%的人口，而中国有33%。但丹麦只有600万人口，不能代表大型经济体的特征。美国的0.5~1倍区间的人口占比为36%，比中国略高；日本这一比例达到50%，在大型经济体中最接近理想的橄榄型。印度的收入分配形态也是金字塔型，其低收入群组人口比例高达41%。

---

[1] 西南财经大学中国家庭金融调查与研究中心和蚂蚁集团研究院：《疫情下中国家庭的财富变动趋势——中国家庭财富指数调研报告》2022年Q1。过往各期报告的下载地址为：https://chfs.swufe.edu.cn/zkcg/cgbg.htm。

[2] 麦肯锡：《中国金融业CEO季刊》，《未来十年全球财富管理和私人银行的趋势及制胜战略》2021年春季刊。

图 2-4 各国不同收入段的人群占比对比

资料来源：根据 WIID 百分位数计算，JNU-WIDER，WIID Companion dataset（wiidcountry），Version 31 May 2021，中金研究院。

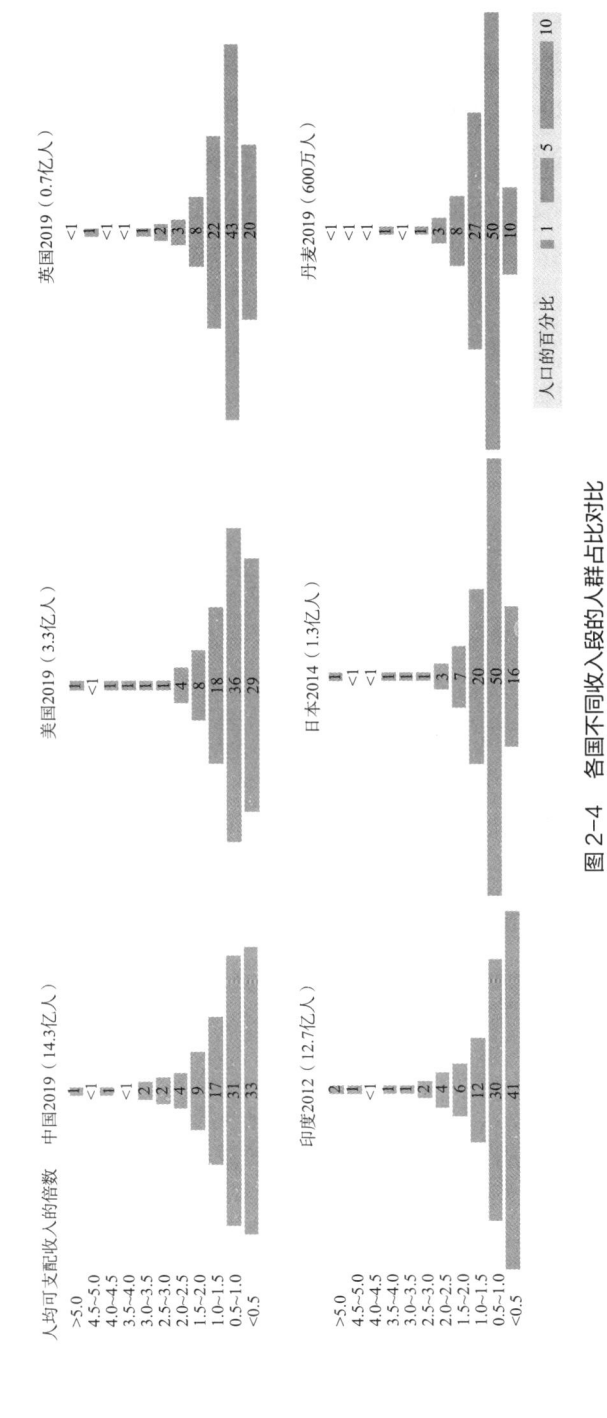

注：各个国家选取 WIID 包含的最新数据，因而年份有所不同，但考虑到收入结构在 10 年的维度内基本稳定，该差异对我们的分析影响不大。

第二章 从金字塔到橄榄型

041

如果将最低收入人群再划分为更小的区间，大多数社会总可以呈现出底层逐渐收小的橄榄型形态，因为正常的收入分布都围绕期望值近似钟形分布。回顾历史，改革开放之前20年（1960—1980年），中国收入分配形态接近橄榄型，但世界银行统计的全球贫困人口45%以上在中国[1]，社会状态是普遍的贫穷，而非富裕。北欧国家的橄榄型收入分布形态是富裕社会，其本质还是较高的人均收入水平。可见，重要的不在于橄榄型本身，而在于橄榄型的腰部有多高。2021年，中国人均可支配收入35 128元，可支配收入中位数只有29 975元，相当于月收入不足2 500元，很难和国人心中的"富裕"联系起来。因此，在从金字塔型向橄榄型社会迈进的过程中，首先要发展经济，继续深化改革开放，提升我国人均GDP和人均收入，同时兼顾收入分配，提高收入中位数，才能迈进具有"富裕"含义的橄榄型社会。

收入水平的提高有助于社会向橄榄型转变。各国历史数据显示，当人均GDP低于1万美元（以2017年购买力平价计算），0.5~1倍人均可支配收入的人群占比在20%~50%，而人均GDP超过3万美元时，这一人群占比则多在35%~55%。但这一转变并不一定随着经济增长而自动实现。美国1947—2018年在富裕程度上升的同时收入分配先改善后恶化。值得注意的是，美国、英国、日本在人均GDP与当前中国水平相当时，其0.5~1倍人均可支配收入的人口占比就已经都高于中国，这说明中国在目前的发展水平，存在改善收入分配的空间。[2]

提高中等收入水平，扩大中等收入人群

根据我们对中国收入分配形态的分析，中国家庭居民按照收入水平大致可以分为四个群组：超高收入群体、高收入群体、中等收入群体和低收入群体。其中，超高收入人群与高收入人群之间还是存在显著的差异，前者人数很少，主要依靠创业或投资获得净值财富；后者主要依靠工薪收入，财富水平与前者相去甚

---

[1] 根据世界银行数据，1981年世界人口为45.11亿人，贫困率为42.7%；中国人口为9.94亿人，贫困率为88.09%。

[2] UNU-WIDER, World Income Inequality Database (WIID) Companion dataset (wiidcountry). Version 31 May 2021，中金研究院。

远。中等收入群体的绝对收入水平仍有待提高，人数在总人口中的比例相比发达国家还有不小差距。实现共同富裕目标，一个重要的方面是壮大中等收入群体，具体体现在中等收入水平的提升和人数的扩大上。

超高收入人群在各种官方或学术机构的调查中都很难被统计到，只有一些金融机构的市场调查对其有所覆盖，一般称为高净值人群，标准是拥有 1 000 万元以上可投资资产。[①] 根据招商银行《2021 中国私人财富报告——中国私人银行业：纳川成海》，2020 年中国高净值人群达到 262 万人。[②] 根据《2020 方太·胡润财富报告》，2019 年高净值家庭数量约为 108 万户，对应人数约 282 万人[③]，与招行报告基本一致。据此推算，2020 年中国超高收入群体大约占总人口的 0.2%。2017 年中信银行和胡润联合发布《全球视野下的责任与传承》提到，高净值人群中企业主占 55%，其余主要是企业高管、炒房客和职业股民。兴业银行和波士顿咨询公司（BCG）联合发布《中国私人银行 2017》，受访富人近一半的财富来源是创办公司，其次为包括房地产在内的投资获利。

高收入没有绝对的标准，为了与超高收入的高净值人群相区别，我们把收入前 10% 人群扣除掉约 0.2% 的高净值人群，理解为我国的高收入人群。根据《中国统计年鉴 2021》，2020 年中国城镇前 20% 家庭（相当于全国城乡总户数的前 8%）的人均可支配收入约 9.6 万元；由于统计局的城镇家庭调查难以覆盖高净值人群，因此这一数字应该接近我国剔除了高净值人群后的高收入人群平均收入。高收入

---

① 可投资资产指具有较好二级市场属性、有一定流动性的资产，包括个人的金融资产和投资性房产。其中金融资产包括现金、存款、股票、债券、基金、保险、银行理财产品、境外投资和其他境内投资（如信托、私募股权基金、黄金等）；不包括自住房产、通过私募投资以外方式持有的非上市公司股权及耐用消费品等资产。

② 该报告数据基于招商银行和贝恩公司开发和维护的财富分布模型方法论。除抽样访谈等自下而上的方法外，从宏观角度采用自上而下的研究方法推导中国整体及各省市收入分布数据。详细的研究方法参见该报告第 54 页。由于具体的模型和计算方法不对外公布，我们无法进一步评判该结果的准确性，所以采用其他数据源相互验证。

③ 根据第七次全国人口普查，家庭户规模为 2.62 人/户；胡润研究院采用微观和宏观调研方法相结合。微观调研主要参考各地区高端住宅数量、最近三年豪华车销量、个税申报人数、企业注册资本和其他高档消费等相关指标。宏观上参考国家统计局最新公布的中国 GDP、GNP 数据，结合洛伦兹曲线进行宏观分析。

人群内部存在较大差距。根据中国家庭金融调查数据（CHFS），收入前 1% 人群中 94% 是雇员，人均年收入约 34 万元，与美国人均收入水平大致相当。[1]

中等收入群体，存在不同的定义和标准，不同统计定义下测算的人数也不同。[2] 定义维度包括收入、财富、职业、阶层等，但最根本和最普遍的还是收入。收入标准分为绝对和相对两种，绝对标准划定某一个收入范围为中等收入。例如，国家统计局把年收入 10 万~50 万元的家庭定义为中等收入家庭，在此标准下我国中等收入人数约为 4 亿，占人口比例约为 28%。相对标准划定中位数上下一定比例区间为中等收入。瑟罗（Thurow）1984 年将中等收入群体定义为中位数 75%~125% 范围内的人群[3]，此后的大量研究继续采用这一标准[4]。由于生活水平的提升，绝对标准的中等收入定义往往需要随着时间变迁而调整。为了避免调整统计定义带来的不必要的麻烦，实践中大部分研究者倾向于使用相对标准。2020 年中国可支配收入中位数是 27 540 元，按照瑟罗的定义（中位数 75%~125%），我国中等收入范围为 20 655~34 425 元。根据 WIID，结合国家统计局公布的人口数据，我们测算 2020 年中国中等收入人群占总人口比例约为 22%[5]，略低于统计局按绝对标准测算的规模。其他研究者根据不同的定义标准和数据计算了我国中等收入人群规模，结果在 20%~40%（表 2-2）。

需要强调的是，中等收入群体并不一定等同于中产群体。中产群体，是伴随长期经济增长而出现的一个相对稳定、富足以及安全感较强的群体，与一定的收入、财产、职业、教育、消费结构和社会地位相对应[6]，本质上是收入水平达到

---

[1] 目前的微观调研数据主要包括中国家庭收入调查、中国家庭追踪调查、中国综合社会调查、中国营养健康调查和中国家庭金融调查与研究。其中调研面最广、样本最大的是中国家庭金融调查与研究。2017 年的中国家庭金融调查与研究数据样本覆盖 29 个省，4 万户，12.7 万人。

[2] 定义中等收入群体的各类文献总结可详见杨修娜、万海远、李实：《我国中等收入群体比重及其特征》（2018 年）。表 1 总结了现有文献中对中等收入群体的各种定义。

[3] Thurow, L.C, The Disappearance of the Middle Class, February 1984.

[4] Birdsall N, Graham C, Pettinato S, Stuck in tunnel: Is globalization muddling the middle? 2000.

[5] 根据 WIID 百分位数计算；UNU-WIDER, World Income Inequality Database（WIID）Companion dataset（wiid country），Version 31 May 2021. 中金研究院。

[6] 李培林、朱迪：《努力形成橄榄型分配格局：基于 2006—2013 年中国社会状况调查数据的分析》，《中国社会科学》2015 年第 36 期。

了相对富裕的中等收入群体。与中产群体概念相对应的，并非中国的中等收入人群，更接近10%收入分位的高收入群体。我国中等收入群体的人均年收入不足3万元，面临较大的脆弱性。房贷负担、医疗负担和失业风险都有可能打破家庭收入上升趋势[1]，甚至落入低收入群体[2]。刘渝琳等（2021）根据中国家庭追踪调查2010—2016年追踪数据库的测算显示[3]，进入中等收入的家庭会先面临一段脆弱性上升的时期，之后脆弱性会逐渐下降，只有74%能够维持中等收入水平5年以上[4]，26%表现出脆弱性[5]。因此，帮助中等收入家庭度过脆弱时期，对稳固和壮大中等收入群体具有重要意义。

表2-2 不同定义、测算方法和数据下中等收入群体的比重估算结果总结

作者	年份	文献名	定义方法	具体测算方法	数据来源	计算结果
庄健、张永光	2007	基尼系数和中等收入群体比重的关联性分析	相对标准	低、中、高收入群体所创造的收入比重分别占社会总收入的20%、60%和20%	《2006年世界发展指标》	2001年44%
纪宏、陈云	2009	我国中等收入者比重及其变动的测度研究	相对标准	中位数为中心的范围，如2005年的6 761~13 612元	CHNS的收入微观数据，1990/1992/1996/1999,2003/2005	1999年29.49%，2003年27.13%，2005年28.49%

[1] Weller C E，Logan A M, Measuring Middle Class Economic Security, 2009.
[2] 北京师范大学中国收入分配研究院课题组：《专题二："十三五"时期中等收入者规模及发展趋势》，《"十三五"时期收入分配格局变化及其对经济社会的影响》2017年。
[3] 刘渝琳、司绪、宋琳璇：《中等收入群体的持续期与退出风险估计——基于EM算法的收入群体划分》，《统计研究》2021年第38期。
[4] 此研究假设居民收入分布是低、中、高3个高斯分布的混合，采用聚类分析（K-means）对样本分类，落入中间的定义为中等收入群体。
[5] 此情景包含了左删失样本，并将样本期内至少进入过两次中等收入群体的家庭视为中等收入家庭。删失是指事件发生未被观测到或无法被观测到以至于生存时间无法被准确记录下来的情况，只知道生存时间小于某一时点的删失称为左删失。对于左删失样本，由于无法获取其前序状态，持续期可能会被低估。

续表

作者	年份	文献名	定义方法	具体测算方法	数据来源	计算结果
纪宏、刘杨	2013	我国中等收入者比重及其影响因素的测度研究	相对标准	中位数为中心的范围，如2010年的9 512~21 900元	CHNS的收入微观数据，1992/1996/1999, 2003/2005/2008	2010年28.93%
国家发改委社会发展研究所课题组	2012	扩大中等收入者比重的实证分析和政策建议	绝对标准	人均可支配收入在22 000~65 000元（以2010年为基期）	《中国统计年鉴》《中国城市（镇）生活和价格年鉴》《中国农村住户调查年鉴》	2010年21.25%，城镇36.78%，农村5.75%
李培林、朱迪	2015	努力形成橄榄型分配格局——基于2006—2013年中国社会状况调查数据的分析	相对标准	家庭人均年收入在上下限范围内的人群，上限为城镇居民收入的第95百分位，下限为第25百分位	中国社会状况综合调查（CSS）2006/2008/2011/2013	27%~28%
龙莹	2015	中等收入群体比重变动的因素分解——基于收入极化指数的经验证据	相对标准	采用不同范围，以75%~125%为例	CHNS 1988—2010年	1988年27.9%，2010年21.1%
刘渝琳、许新哲	2017	我国中等收入群体的界定标准与测度	绝对标准	基于世界银行定义，2014年家庭人均年可支配收入在4 000~31 000元	CFPS 2010/2012/2014年	2014年33.2%
吴鹏、常远	2018	中等收入群体的测算与现状研究——基于CHNS与CHIP数据	相对标准	收入中位数的75%~125%	CHNS、CHIP 1989—2011年	2011年城镇36.76%，农村21.51%
杨修娜、万海远、李实	2018	我国中等收入群体比重及其特征	相对标准	收入中位数的67%~200%	CHIP 2002/2007/2013年	2013年城市48.5%，农村7.4%，流动人口30.3%

资料来源：中金研究院。

农民工是我国中等收入群体中一个值得关注的群体。根据国家统计局公布的《2020年农民工监测调查报告》，2020年中国2.9亿农民工人均月收入4 072元，高于农村前20%的高收入户，与城镇中等收入户相当；无论是按照绝对标准还是相对标准，都可以算入中国中等收入群体。但是农民工的家庭养老负担重、子女教育受限，同时居住条件差，社会保障弱，工作不稳定，生活非常艰辛。[1] 2020年，中国流动人口子女约1.3亿，占儿童总数40%以上。[2] 虽然随迁义务教育阶段儿童的在校率为99.4%，但面临本地升学难、费用高、缺乏照看等问题。农民工的艰难状况是我国中等收入群体脆弱性的集中而独特的表现，其中不少困难源于城乡二元体制的遗留问题。如何从经济环境上解决农民工在城市发展的后顾之忧，是壮大我国中等收入群体的关键。

低收入群体主要在农村

以贫困线衡量的绝对贫困，在中国已经基本消除，但相对贫困的低收入群体仍然人数众多。根据国家统计局的数据，城镇20%低收入户人均可支配收入为1 300元/月，农村20%低收入户每月人均仅有400元。沈扬扬和李实（2020）认为，若城乡统一采用整体中位数收入的40%作为贫困线计算相对贫困率[3]，则2020年全国相对贫困人口约2亿人，80%以上在农村[4]。除了江浙两省和北京、上海、天津三个直辖市，其他省（自治区、直辖市）的农村居民人均月收入都低于2 000元，贵州和甘肃更是低于1 000元。可见，我国低收入群体主要在农村，尤其是西部的农村。什么样的人更容易落入低收入群体？统计显示，年纪大、受教育程度低、身体健康差的人更可能落入贫困（图2-5）。值得注意的是，健康

---

[1] 国家统计局：《2020年农民工监测调查报告》。
[2] 参见《2021年中国流动人口子女发展报告》。
[3] 在测算相对贫困时，可以对城乡使用同一个相对贫困标准（比如整体的收入中位数的某一比例），也可以使用两套标准，如城镇和农村分别使用城镇中位数的40%和农村中位数的40%。
[4] 沈扬扬、李实：《如何确定相对贫困标准？——兼论"城乡统筹"相对贫困的可行方案》，《华南师范大学学报（社会科学版）》2020年第2期。

较差的群体 2019 年贫困发生率为 1.5%，是健康群体的 3 倍[①]，重大疾病常常导致脱贫的家庭重新返贫。

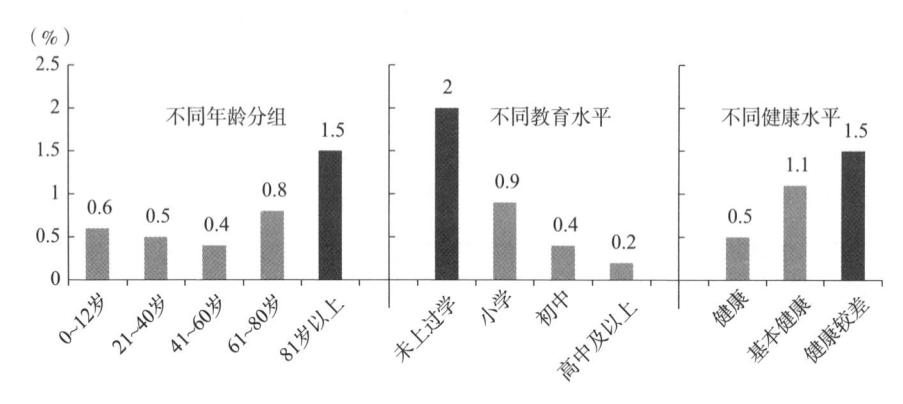

图 2-5　我国不同群体农村贫困发生率（2019 年）

资料来源：国家统计局住户调查办公室：《中国农村贫困监测报告》，中国统计出版社，2020 年；中金研究院。

有观点认为，货币收入差距并不直接等同生活质量的差异。比如，2020 年北京市人均收入 7.5 万元，是甘肃农村的 7 倍多；但考虑到物价和消费行为的差异，以及农村的青山绿水，实际感受可能没有货币收入差距那么大。虽然这种说法有一定道理，但我们不应低估货币收入在现代生活中的重要意义。货币购买力代表着经济选择的物质基础。虽然在农村的经济条件下，低收入也可以满足农民的基本消费需求，但是农民经济选择的可能性却大受限制。而且，收入低就很难进行储蓄，削弱了抗风险能力。平时月入 800 元或许生活无忧，可遇到大病或灾害便毫无抵御能力。同时，收入低就无法投资，难以积累人力资本，发展空间受到限制。我们将含有贫困地区的 22 个省，分为城镇、农村和贫困地区三类观察对象，然后比较每一类观察对象的人均消费性支出、可支配收入和耐用消费品拥有量。人均消费支出方面，城镇是农村的 2.1 倍，服装的城乡差距仍然很大。农村的各项消费性支出指标是贫困地区的 1.3~1.5 倍。可支配收入方面，城镇是农村的 2.6 倍，农村又是贫困地区的 2.4 倍。城镇的财产净收入与农村相比高达

---

① 国家统计局住户调查办公室：《中国农村贫困监测报告》，中国统计出版社，2020 年。

11.6倍。在耐用品上，城镇每百户家庭的汽车和计算机拥有量远大于农村和贫困地区，但洗衣机拥有量基本相同（图2-6）。①

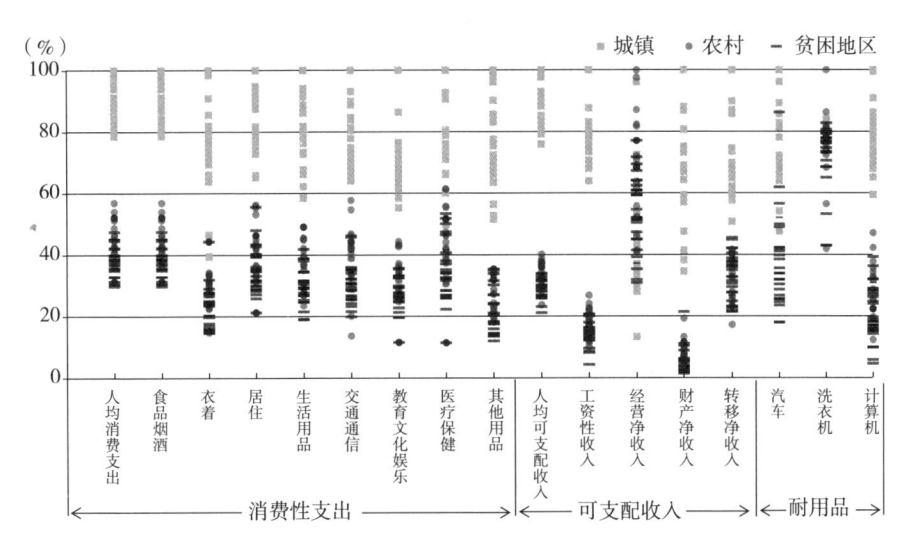

图 2-6 各省城镇、农村、贫困地区各项指标占该指标最高值比例（2019年）

资料来源：国家统计局，万得资讯，《中国农村贫困监测报告2021》，中金研究院。

注：样本为包括贫困地区的22个省份，每一个点代表一个省份；贫困地区包括集中连片贫困地区和片区外的国家扶贫开发工作重点县；覆盖的省份包括：河北、山西、内蒙古、吉林、黑龙江、安徽、江西、河南、湖北、湖南、广西、海南、重庆、四川、贵州、云南、西藏、陕西、甘肃、青海、宁夏、新疆。

从宏观部门视角看收入分配

宏观层面，中国收入分配具有两个特征。一个是家庭部门收入在GDP中占比较低。国家统计局公布的资金流量表提供了宏观层面中国收入分配的结构性数据。1996—2010年，家庭部门（资金流量表中的住户部门）在国民收入中占比下降11个百分点至58%，近10年有所回升，目前为60%，在主要的发达和新兴经济体中仅高于韩国（图2-7）。另一个特征是，政府在初次分配中占比高。

---

① 湖北省农村每百户洗衣机拥有量为121（最高值），其他省份城镇、农村、贫困地区基本在100左右，最低的两个值分别为海南农村和海南贫困地区，拥有量在50左右，占最高值约40%。

2019年中国政府收入在GDP初次分配中占比约为17.8%，美国这一比例为3.4%，日本为7.7%，德国9.5%，英国10.4%，韩国10.3%。[①]中国政府在GDP初次分配中占比较高，主要由于政府收入以间接税为主。与个人所得税等直接税不同，以增值税为主的间接税属于GDP初次分配。中国政府也直接从市场中获得收入，包括国有企业上缴利润和土地出让收入。2021年国企（含金融业）利润总额为4.5万亿元，土地出让金为5.6万亿元。

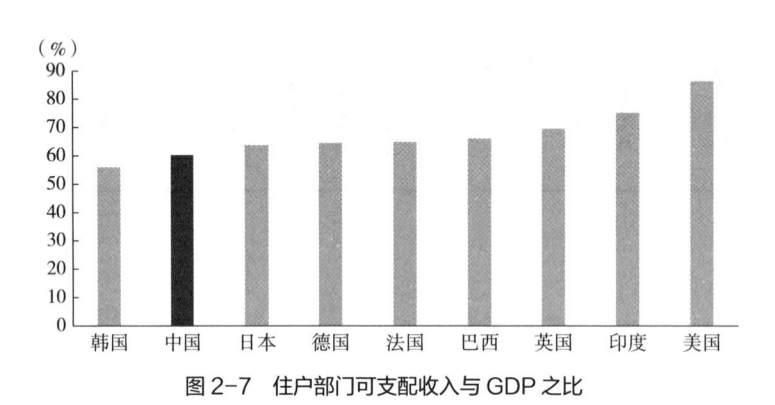

图2-7 住户部门可支配收入与GDP之比

资料来源：《中国统计年鉴》，中金研究院。

劳动报酬在GDP中占比低

家庭部门收入在GDP中占比低，说明要素市场没有能够充分地把国民收入分配到家庭。劳动报酬在国民经济统计中只属于家庭（住户）部门，而且是家庭部门的主要收入。家庭部门收入在GDP中占比低，说明劳动报酬在要素收入中占比较低。有三套数据可以用来测算中国劳动报酬在GDP中的占比——资金流量表、投入产出表和各省收入法GDP。其中，资金流量表显示的劳动报酬占GDP比重是三者中最高的，与国际劳工组织的数据口径相近，更有利于国际比较。从资金流量表看，中国劳动报酬在GDP中占比自1992年以来逐渐下降，在2011年达到低点后逐步回升，2019年为52%。资本报酬占GDP比重则从

---

① 数据来源于CEIC和Haver。

2010—2011年的最高点回落，近几年稳定在36%~38%。

各国税制安排会影响劳动报酬和GDP统计口径[①]，因此在国际比较时一般采用企业内劳动报酬与要素增加值的比例，即分母是劳动报酬与资本报酬之和。以此衡量，近20年中国的劳动报酬占比低于大多数发达经济体（图2-8）。这可能有两个原因。其一，中国第二产业比重远高于其他国家[②]，而第二产业资本密集，资本报酬占比自然较高，导致劳动报酬占比低。过去10年随着第二产业比重下

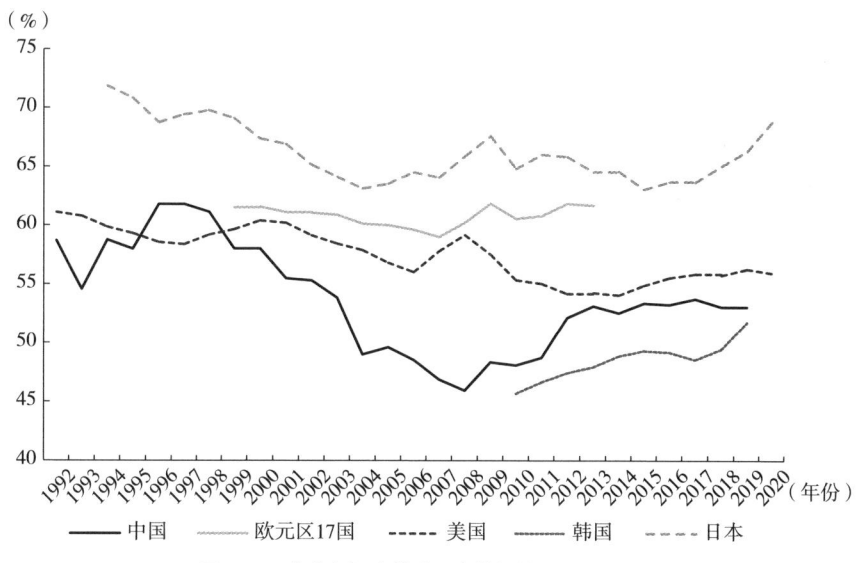

图2-8　企业部门中劳动要素增加值占比国际比较

资料来源：万得资讯，ILO，中金研究院。

注：ILO（国际劳工组织）按照对个体户收入性质的统一方法，估算调整了各国收入。

[①] 不同国家对劳动者报酬的界定范围有宽窄之分，有些国家将个体户收入和一般企业雇员报酬都算入劳动者报酬（宽口径），而较发达的国家则会区分，劳动者报酬只包含雇员报酬。联合国统计尽量采用窄口径。一般而言，越是富裕国家，个体经济占比越小，雇员报酬反映的劳动要素占比越高；越是落后国家，个体经济占比越大，雇员报酬反映的劳动要素占比就越低。参见张车伟、赵文：《中国劳动报酬份额问题——基于雇员经济与自雇经济的测算与分析》，《中国社会科学》2015年第12期。

[②] 德国近20年的均值为26%，美国为20%，英国为19%，日本为29%，韩国为34%，数据来源于万得资讯。

降，劳动报酬占比也有所回升。其二，中国农村劳动力就业不充分的问题仍然较严重。2010年第六次人口普查数据显示，中国40~49岁年龄段人口中城市化率比20~29岁年龄段人口低7个百分点，城镇化率也低5个百分点；这表明中年农村劳动力难以向城市转移，而劳动力滞留在农村是一种隐性失业，限制了劳动报酬的增长空间。上述两个原因相互关联。制造业对农民工的需求偏向青壮年，而扩张较快的现代服务业一般要求学历和专业背景，难以消纳从生产线退下的中年农民工。技能要求相对不高的服务业虽然能够吸纳中年农民工，但目前的城乡劳动力市场尚不统一，农村居民仍面对各种壁垒，不能充分有效地向城市的第三产业转移。

资本市场和房地产市场存在的问题

改革开放以来中国经济增速领先全球，过去20年工业企业的资本回报率平均约为15%，然而家庭部门的储蓄回报较为有限。一个原因是中国资本市场仍然不够发达：家庭部门储蓄率虽然较高，但大部分家庭的金融资产以存款为主，利率远低于资本回报率。中国企业的利润分红比例较低，资金流量表数据显示企业部门的营业盈余只有很小部分流到了家庭（住户）部门。中国上市公司分红比例低于其他主要经济体。2019—2020年，中国沪深300成分公司盈利企业的平均分红率约为32%；对比之下，2019年标普500成分公司盈利企业的平均分红率为40%，2020年为54%。①

过去20多年，中国房地产业的飞速发展和城市房价的大幅上涨，确实让不少家庭得到了较高的投资回报。但是，由于城乡房地产市场并不统一，绝大部分农村家庭并不能从房地产市场中分享收益。几代农民工用多年打工的积蓄回乡盖房，从宏观角度看是一种低效的投资。城市房价收入比畸高，大部分城市家庭住房仅够自住；只有极少数家庭能够从长期的房价上涨以及相伴随的宽松信贷条件

---

① 数据来源于万得资讯，我们用了年报披露的EPS（每股收益）以及自然年四个季报的现金股利来计算，虽然自然年的第一个季报可能归属于上一个财年，但因为无法确定每一个企业的真实财年，所以就不加区分了。我们在统计美股时还排除了分红率高于100%的企业，其真实分红水平更高。

中获得高回报。高房价收入比对应着低租金回报率，并导致住宅租赁市场发展缓慢：高房价更多带来账面的资产增值，而不是可靠的收入。

要素市场的问题一定程度上与体制因素有关。劳动力市场的问题，主要体现为残留的城乡二元结构，以及与之相关的劳动保障、教育、医疗、养老等问题。资本市场的问题，是规模较大的国有企业更容易从银行体系中获得信贷资金，但国有企业利润分配并不会直接流向家庭部门。房地产市场存在的问题，主要源于城乡建设用地市场不统一和土地市场的垄断，以及由此衍生出的土地财政和土地金融问题：地方政府从 GDP 初次分配中获得较多土地收入，用于政府主导的投资，在政府—地产—金融之间循环，并不直接流向家庭部门。

再分配力度较弱

政府从初次分配中获得收入较高，也会降低财政的再分配作用。首先，政府初次分配收入中很大一部分是增值税等间接税。间接税计入 GDP 的初次分配，而不是再分配。而间接税主要由消费类税收构成，由于低收入人群消费率高，高收入人群消费率低，因此间接税通常具有累退性，降低了税收的再分配度。中国基尼系数税前税后几乎无差异，表明再分配尚未充分发挥调节收入分配的作用（详见第九章）。

其次，财政的再分配功能主要是在瞄准家庭的转移支付中完成的，但中国财政支出中投资比例高，转移支付比例低。这与财政从初次分配中获得收入的方式有关，比如土地财政收入、土地金融收入等。这部分收入通常用于投资，形成企业和金融体系的收入，不会成为家庭部门获得的转移收入或公务员薪资收入。在资金流量表上，这一分配结果体现为在初次分配和财政再分配之后，家庭部门收入占 GDP 比重都比较低。

最后，政策对市场的过多干预不利于市场机制的运作，容易产生寻租空间。寻租空间与治理体系不完善相重叠，即容易滋生腐败。而腐败通常会加大收入和财富分配的不平等，也进一步降低经济中的机会公平，成为共同富裕道路上的拦路虎。

共同富裕的衡量指标

我们参考《浙江高质量发展建设共同富裕示范区实施方案（2021—2025年）》，并结合学术界的多项研究成果[①]，选取了一组衡量共同富裕的核心指标（表2-3）。这套核心指标兼顾"富裕"和"共享"，包括对"缩小收入、城乡、地区三大差距"和"基本公共服务实现均等化"等方面的衡量。管理学大师彼得·德鲁克说，"没有测量，就没有管理"[②]。衡量共同富裕的指标体系须满足以下五个条件。第一是充分性，即充分体现共同富裕内涵，需要包含富裕和共享两大维度。第二是代表性，各指标应能代表该维度共同富裕的状况。第三是可比性，即方便进行对比。第四是可改善性，即所选指标能够随着政策实施而得到改善，否则无法评价政策的进展。第五是可计算性，即是否存在用于计算的数据。一些指标虽然理论上较好，但数据不可得或计算太复杂，也难以采纳。

表2-3 共同富裕的核心指标

	指标维度		细分指标	计算公式（不含统计年鉴直接提供的指标）	指标贡献
富裕	多渠道增加城乡居民收入	1	人均可支配收入水平	—	+
	居民生活品质迈上新台阶	2	平均每百户家用汽车拥有量	—	+
共享	缩小三大差距				
	改善收入结构，缩小收入差距	3	人均可支配收入与中等收入户可支配收入比值	人均可支配收入 ÷ 中等收入户可支配收入	−
		4	高收入户与低收入户人均可支配收入比值	高收入户 ÷ 低收入户人均可支配收入	−
	发挥比较优势，缩小地区差距	5	各市人均可支配收入最高最低倍差	最高市人均可支配收入 ÷ 最低市人均可支配收入	−
	统筹城乡发展，缩小城乡差距	6	常住人口城镇化率	—	+
		7	城乡居民人均可支配收入最高最低倍差	城市人均可支配收入 ÷ 农村人均可支配收入	−

[①] 刘培林、钱滔、黄先海、董雪兵：《共同富裕的内涵、实现路径与测度方法》，《管理世界》2021年第8期。

[②] 原文是"If you can't measure it, you can't improve it."这一管理哲学虽无明确出处，但被普遍认为是彼得·德鲁克提出的。

续表

	指标维度		细分指标	计算公式（不含统计年鉴直接提供的指标）	指标贡献
共享	基本公共服务实现均等化				
	住有所居	8	房价收入比	商品房平均销售价格（元/平方米）× 城镇居民人均住房建筑面积 ÷ 城镇人均可支配收入	—
	学有所教	9	15岁以上人口平均受教育年限	—	＋
	病有所医	10	个人卫生支出占卫生总费用比	—	—
		11	每千人口执业（助理）医师人数	—	＋
	老有所养	12	农村养老金保障率	（城乡居民基本养老保险基金支出 ÷ 实际领取人数）÷ 农村居民人均消费水平	＋
	基础设施	13	农村燃气普及率	—	＋

资料来源：中金研究院。

注：指标贡献的"＋"表示正向指标，分值越高，共同富裕越好；"－"表示负向指标，分值越高，共同富裕越差。

"富裕"可以从生活水平和经济发展质量两个方面衡量。决定生活水平的是居民人均可支配收入，所以我们将它作为衡量"富裕"的核心指标。生活水平的提升也表现为更低的城镇失业率、更高的可支配收入占GDP比例，以及更高的人均财富水平和人均消费水平。由于家庭相对富裕时才买车，为直观体现生活水平，我们还选择了每百户家用汽车拥有量。发展质量包括效率、创新、绿色和开放等方面，可关注全员劳动生产率、研发支出占地区生产总值比重、碳排放强度和进出口总额占当地GDP比例等补充指标。

"共享"包括两个层面。一个层面是缩小收入差距、地区差距和城乡差距。收入差距比较理想的指标是基于收入分布计算的基尼系数或中位数，但各地方并不统计基尼系数，也不公布中位数。大多数省公布了城镇的五等分组的人均可支配收入，我们用中等收入户的人均可支配收入作为中位数收入的近似。在非极端的情形下，人均可支配收入与中位数比值越小（越接近1），中位数越接近均值，整个分布越均等。我们还采用高收入户与低收入户的可支配收入比值来衡量极化程度。各地方还可以视数据可得性使用衡量收入结构变化的比例指标，如家庭年收入在 10 万~50 万元的比例、中位数 40% 以下人群占比等。常住人口城镇化率可以衡量城乡融合的程度。我们选择常住人口而非户籍人口，因为常住人口更能反映实际居住在城镇的人口规模。对城乡和区域进行比较，除了人均可支配收入外，耐用品拥有量倍差、物价调整后的公共服务支出倍差也可以说明问题，出于精简的需要未列入核心指标。

"共享"的另一层面是"实现公共服务的均等化"。根据《"十三五"推进基本公共服务均等化规划》，基本公共服务均等化的核心是促进机会均等，重点是保障人民群众得到基本公共服务的机会。基本公共服务涵盖居民贯穿一生的基本生存与发展需求，包括幼有所育、学有所教、劳有所得、住有所居、病有所医、困有所帮、残有所助、文体有获、老有所养。虽然这些方面对居民生活都十分重要，但为保持核心指标的精简，我们选择目前问题最为突出且大家最关注的四大领域，即住房、教育、医疗、养老。

尽管购房并不是解决住房问题的唯一手段，但考虑到我国家庭对自有住房的重视程度，我们重点衡量购房的难易程度，房价收入比是直观而且易得的衡量指标①，列入衡量共同富裕的核心指标。同时，我们还选择保障房的供给作为补充参考的指标。《北京统计年鉴》中提供了保障性安居工程竣工面积，可以计算保障房供给在全部住房供给中的比例。但是，其他省（自治区、直辖市）目前没有保障房的统计数据。因此，目前的核心指标里未包含保障房情况。此外，由于缺乏可比的租房数据，我们也未能将租房相关指标纳入比较。

教育的普及度以及质量，最终反映在人口受教育年限上。我们选取一个综合性的指标——15 岁以上人口平均受教育年限——来反映整体教育程度。一个地区如果全部 15 岁以上人口学历都仅为小学毕业，则该指标在 6 年左右；如果至少能完成九年义务教育，则达到 9 年或以上，因此该指标能较为综合地反映该地区教育水平、升学率和辍学率，是教育普及度和教育质量的综合反映。

医疗方面，我们重点衡量看病负担和难易程度两方面。个人卫生支出占总卫

---

① 理论上，衡量维持基本住房条件的可负担程度，比较严谨的做法是基于商品房价格、首付比例、贷款年限和利率推算月供，然后用全年的还贷额除以人均可支配收入。但由于数据不全，这一算法需要较多假设，因此我们采用房价收入比作为代理变量。

生费用的比例反映了对家庭而言的医疗负担程度。每千人口执业（助理）医师人数则反映了当地医疗资源的供给，该指标的提升有助于缓解看病等待时间长的问题。这一指标的缺陷是没有反映医师的资历和水平，但目前没有更好的可以直接反映医疗体系质量且有省级、市级数据的指标。

养老方面，由于基本养老保险参保率已经在90%以上，是否参保本身并不能反映老年人享受保障的程度。农村养老保障水平（农村养老金保障率）更能体现一个地区相对低收入群体养老保障的实际情况，我们选取城乡基本养老保险人均领取额与农村人均消费的比值作为衡量农村养老保障水平的具体指标。这一指标可以反映农村老人退休后的养老金收入能在多大程度上保障平均消费水平，这一比率低，说明退休后老年生活质量较差。我们选择农村而不是城镇养老金保障率，主要原因在于城乡差距仍然是各地收入差距的主要表现，各地的低收入群体主要在农村而非城镇。而一个地区共同富裕的水平，很大程度上取决于低收入群体而非高收入群体的状况。同时，农村消费中也多以基本生活需求为主，不像城市消费包括更多的奢侈品消费，因而更能说明养老金对退休老人基本生活需要的覆盖程度。

评价"公共服务"，还纳入了基础设施这个维度。基础设施大多数属于公共品，在很大程度上是公共服务的硬件部分。例如，即便乡镇的医疗设备和医生水平再好，如果村庄没有通公路，也无法实现及时就医。目前，中国交通运输和电力通信的普及程度与费用负担，在地区间较为均等，不均等的领域主要在供水、卫生、环保以及燃气（详见第十章）。我们选取农村燃气普及率作为衡量不同地区基础设施完善与否的代表性指标。需要指出的是，各地农村和城市的资源禀赋和生活方式均有不同，农村燃气普及率只是一个反映地方基础设施水平的代理变量，并不意味着100%的普及率对各地都是值得追求的最优水平，各地区可以因地制宜选择合适的代理变量衡量当地基础设施完善程度。在基础设施的提供上，需要充分调研当地的实际条件，明确痛点后针对性地解决，尽可能避免为了拉平某些指标而投资一些建成后并不会真正被使用的基础设施。

参照上述指标，我们衡量了各省（自治区、直辖市）目前共同富裕的状况（表2-4）。在"富裕"方面，京津沪三市和江浙两省排在前列。虽然浙江的人均GDP低于江苏，但其人均可支配收入却高于江苏。西藏、云南、贵州、甘肃的

表2-4 各省（自治区、直辖市）的核心指标现状

	人均可支配收入（万元）	平均每百户家用汽车拥有量	城镇人均可支配收入与中等收入户可支配收入比值	城收高低入户入户人与支配可比值	各市人均可支配收入最高最低倍差	常住人口城镇化率	城乡居民收入倍差	房价收入比	15岁以上人口平均受教育年限	个人卫生支出占卫生总费用比	每千人拥有执业（助理）医师	农村养老金保障率	农村燃气普及率
上海	7.2	39.4	—	—	—	89%	2.2	19.2	11.8	21%	3.2	73%	74%
北京	6.9	55.0	1.2	5.7	—	88%	2.5	22.6	12.6	14%	4.9	33%	39%
浙江	5.2	48.2	—	—	1.6	72%	2.0	11.3	9.8	25%	3.4	18%	51%
天津	4.4	55.2	—	—	—	85%	1.9	13.8	11.3	30%	3.6	35%	71%
江苏	4.3	41.0	1.1	6.5	2.4	73%	2.2	9.8	10.2	24%	3.2	19%	86%
广东	4.1	42.7	1.3	7.4	3.0	74%	2.5	12.2	10.4	25%	2.4	17%	66%
福建	3.7	29.4	1.1	6.2	2.0	69%	2.3	10.3	9.7	24%	2.5	12%	63%
山东	3.3	52.3	—	—	2.1	63%	2.3	7.8	9.8	29%	3.2	17%	53%
辽宁	3.3	29.6	1.1	6.0	2.0	72%	2.3	8.9	10.3	33%	3.0	15%	15%
内蒙古	3.1	44.6	—	—	2.1	67%	2.5	6.4	10.1	31%	3.4	18%	11%
重庆	3.1	29.0	—	—	—	69%	2.4	8.9	9.8	28%	2.8	13%	28%
湖南	2.9	32.4	1.1	6.0	2.8	59%	2.5	5.9	9.9	32%	2.9	11%	23%
安徽	2.8	31.5	1.7	12.3	1.9	58%	2.4	7.9	9.4	29%	2.7	11%	34%
江西	2.8	31.8	1.1	5.8	1.5	60%	2.3	7.8	9.7	26%	2.3	12%	28%
海南	2.8	28.7	1.2	9.4	1.7	60%	2.3	18.1	10.1	20%	2.7	20%	73%
湖北	2.8	32.2	—	—	2.5	63%	2.3	10.0	10.0	33%	2.8	13%	31%
河北	2.7	47.9	—	—	1.5	60%	2.3	8.9	9.8	33%	3.2	12%	51%

迈向橄榄型社会

058

续表

	人均可支配收入（万元）	平均每百户家庭汽车拥有量	城镇人均可支配收入与中等收入户人均可支配收入比值	城镇高收入户与低收入户人均可支配收入比值	各市人均可支配收入最高最低倍差	常住人口城镇化率	城乡居民收入倍差	房价收入比	15岁以上人口平均受教育年限	个人卫生支出占卫生总费用比	每千人拥有执业（助理）医师	农村养老金保障率	农村燃气普及率
四川	2.7	29.1	1.1	6.4	2.1	57%	2.4	8.4	9.2	28%	2.8	13%	32%
陕西	2.6	31.4	—	—	2.1	63%	2.8	10.2	10.3	31%	2.9	16%	16%
吉林	2.6	32.4	—	—	1.6	63%	2.1	9.0	10.2	32%	3.5	12%	8%
宁夏	2.6	40.5	—	4.4	2.0	65%	2.6	7.2	9.8	29%	3.1	23%	11%
山西	2.5	28.1	1.1	—	1.8	63%	2.5	7.9	10.5	32%	3.1	16%	19%
黑龙江	2.5	24.5	—	—	1.7	66%	1.9	9.0	9.9	32%	3.0	15%	5%
河南	2.5	33.0	1.1	5.5	1.9	55%	2.2	7.5	9.8	32%	2.8	12%	21%
广西	2.5	32.1	1.1	6.6	1.6	54%	2.4	7.1	9.5	28%	2.5	13%	53%
青海	2.4	47.1	—	—	1.8	60%	2.9	9.2	8.9	25%	3.1	25%	3%
新疆	2.4	32.9	—	—	3.4	57%	2.5	6.4	10.1	26%	2.7	20%	7%
云南	2.3	42.9	—	—	2.7	50%	2.9	8.8	8.8	27%	2.6	14%	4%
贵州	2.2	32.8	1.1	8.3	1.7	53%	3.1	6.2	8.8	24%	2.5	12%	4%
西藏	2.2	41.7	—	—	1.5	36%	2.8	8.6	6.8	6%	2.6	29%	8%
甘肃	2.0	27.9	1.1	5.9	3.3	52%	3.3	7.6	9.1	29%	2.5	16%	4%

资料来源：根据《中国统计年鉴2021》《中国教育统计年鉴2020》《中国卫生健康统计年鉴2021》和各省统计年鉴整理；指标10是2019年数据，指标3和指标4中辽宁和四川是2019年数据，其余均为2020年数据；房价收入比的计算中城镇居民人均住房面积假设为40平方米，和国家统计同公布的2019年数据一致；中金研究院。

第二章　从金字塔到橄榄型

059

城镇化率低于55%，且城乡居民收入倍差较大。在经济发达地区，广东省在区域和城乡差异上较为突出。住房方面，上海、北京和海南的房价收入比高达18倍以上，购房负担重的问题比较突出。教育方面，西藏的平均受教育程度最低，其次是云南、贵州、青海和甘肃，平均受教育年数在9年以下，即较多人口未完成九年制义务教育，但这主要可能反映历史遗留问题。医疗方面，辽宁、湖北和河北个人卫生支出占比较高，江西、广东、福建每千人拥有的执业（助理）医师最少。养老方面，湖南、安徽的农村养老金保障率最低，约为农村人均消费水平的11%。基础设施方面，青海、甘肃、云南、贵州的农村燃气普及率只有3%~4%。

我们归纳核心指标，是为了更系统性地理解和跟踪各地区在这一问题上的发展情况。应该指出的是，中国幅员辽阔，人口众多，各地区经济条件、生活方式和文化理念差异很大，因此用一套指标去衡量"共同富裕"这个概念，难免存在各种局限性。各地区在制定相关政策时，可充分考虑自身情况，因地制宜地选择目标和路径。

第二篇

要素市场

第三章

建设统一包容的劳动力大市场

共享高质量发展究竟需要建设一个什么样的劳动力市场？劳动力市场如何发展是市场力量与制度共同作用的结果。制度视角的引入意味着要加强劳动力市场的包容性，即应保证就业机会对所有劳动者一视同仁、劳动报酬不受工作表现以外的其他因素影响，并给予劳动者适当的保护和话语权。

当前中国劳动力市场与共享高质量发展的要求相比，还存在三个较为突出的问题。第一，劳动力市场在城乡、区域、所有制等多个维度呈现明显的二元结构，自由流动受阻。劳动力市场存在的区隔不仅使得工资性收入差距扩大，也不利于发挥人口大国的劳动力资源禀赋优势。第二，现存劳动力市场制度与新发展格局存在错配，供需结构性矛盾导致就业难与用工荒并存，而新业态下的灵活就业还可能对现存制度的有效性造成冲击。第三，劳动保护机制不足也制约了市场动态配置劳动力资源的能力，尤其在现有社保体系下，失业保险制度有待完善，劳动者话语权仍有提高空间。

共享高质量发展目标下，中国可推动建立统一包容的劳动力大市场。首先，通过降低不同人群在就业、生活、社会保障等方面的不平等，破除劳动力市场在城乡、区域、所有制层面上的壁垒，充分发挥人口资源禀赋大国的优势。其次，针对劳动力供需结构性错配问题，通过引导就业偏好、加强技能培训、促进产业转型升级等措施，改善劳动力市场的供需匹配效率。尤其是，可积极探索与灵活就业形态相适应的劳动制度及保障体系，使劳动力市场机制和制度跟上新业态的发展。最后，从增强就业保护、提升社保统筹层级、强化失业保险功能、提高劳动者话语权等多方面入手，加强对劳动者的保护。①

---

① 本章作者：周子彭、洪灿辉、陆趣。本章其他主要贡献者包括：刘欣然、黎芝源。

中国劳动力市场的现状与建设视角

作为最重要的生产要素市场之一，劳动力市场对实现共享高质量发展意义深远。一方面，劳动力配置效率提高、劳动生产率提升是实现充分就业、工资水平提高乃至长期经济增长的源泉，对实现"高质量发展"至关重要。另一方面，劳动收入在各国都是大部分社会成员的主要收入来源[1]，据国家统计局数据，2020年我国居民工资性收入占其可支配收入的56%；而工资收入也是大多数国家收入不平等的主要来源[2]。合理公平的劳动力市场对达到"共享"不可或缺。

改革开放以来，中国在劳动力市场建设方面取得了重要成果。依托人口禀赋优势，中国建成了全球最大的劳动力市场，截至2020年末，全国劳动年龄人口（15~64岁）近9.7亿人，劳动力超过7.8亿人，其中就业人员已达7.5亿人、

---

[1] Kuhn, M. and Ríos-Rull, J.V., 2016. 2013 Update on the US earnings, income, and wealth distributional facts: A View from Macroeconomics. Federal Reserve Bank of Minneapolis Quarterly Review, 37（1）, pp.2-73.

[2] Rani, U. and Furrer, M., 2016. Decomposing income inequality into factor income components: Evidence from selected G20 countries. ILO Research paper, No. 15.

城镇就业人员达4.6亿人[①]。结构上，城镇就业比例自1978年以来持续稳定增长，表明农村剩余劳动力在市场开放过程中不断迁移至效率更高的城镇部门，非农就业占比已从改革开放初期的20%左右上升至2020年的76%左右。与此同时，劳动力市场发展也有利于普通劳动者共享经济成长果实。2007年以后，我国平均工资水平增速持续快于同期劳动生产率增速，劳动者分享了更多的经济成果（图3-1）。2016—2020年，我国贫困劳动力外出务工人数增加了1000多万，贫困劳动力外出务工时间在半年以上的比例大幅增加，务工收入在贫困家庭收入中占比逐年上升[②]。通过劳动，普通劳动者不仅创造也分享了更多经济成长果实，在一定程度上助力了我国脱贫工作的完成。

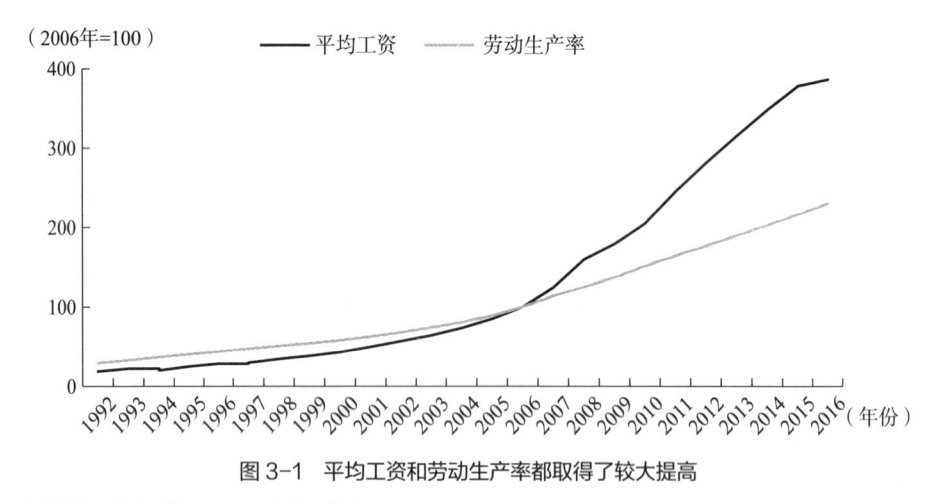

图3-1 平均工资和劳动生产率都取得了较大提高

资料来源：国际劳工组织，中金研究院。

当然，中国的劳动力市场建设也面临老龄化以及适应时代发展要求等新挑战。随着我国新生儿出生率持续走低，中国劳动年龄人口数量自2013年起开始下降，未来劳动力老龄化以及短缺的问题将越发严重。根据第七次人口普查，2020年中国劳动年龄人口占比为68.55%，65岁及以上人口占比为13.50%，已

[①] 数据来源：《中国统计年鉴》。
[②] 新华网：《五年就业扶贫成效显著》，2020年11月20日。http://www.xinhuanet.com/2020-11/20/c_1126762719.htm。

接近深度老龄化社会标准[1]。根据2019年联合国预测,中国劳动年龄人口在2050年将下降至8.38亿人,人口抚养比或从2020年的46.0提高至2050年的67.3[2],社会抚养负担不断增加。进入新时代,为了更好地适应社会发展的需求,既要推动高质量发展,又要让全民更好地共享发展成果,这对我国劳动力市场建设提出了新的要求。

如何更好地建设劳动力市场存在市场和制度两个视角,而制度视角更加平衡公平和效率的关系。传统的完全竞争视角将劳动力与其他要素同等对待,以市场机制与个体最优决策作为分析的核心,进而得出市场效率与公平对立、应尽量少干预的结论。然而,也有学者指出劳动力市场普遍存在因外部性、公共品、规模报酬和不对称信息导致的内在失灵,保护性政策具有纠正市场失灵、恢复竞争性均衡的意义,因此,适度的政策干预有助于提升效率。但这仍是以完全竞争为基准、偏纠正性的视角[3]。不难看出,上述两种思路均强调市场力量在配置劳动力资源中的作用。不过制度视角指出劳动力不同于一般的商品,工资和就业还与劳动者的社会地位和自尊有关,而不仅仅是简单的价格和数量关系[4]。劳动力的特殊属性意味着制度将影响各参与方的行为,从而决定了劳动力市场分配结果[5](图3-2)。因此,在市场力量以外,制度也是影响劳动力市场的另一大因素。

首先,制度对劳动力市场有效运行具有直接的影响[6],有可能促进劳动力市场更加稳定有效。劳动力并不如其他商品或要素般属于"身外之物",工资和就业与劳动者的社会地位和自尊有关。在价格因素之外,制度广泛影响着市场参与

---

[1] 根据联合国发布的《人口老龄化及其社会经济后果》确定的划分标准,一个国家65岁以上的人口占总人口14%就可称为深度老龄化社会。

[2] 人口抚养比指总体人口中非劳动年龄人口数与劳动年龄人口数之比,说明每100名劳动年龄人口大致要负担多少名非劳动年龄人口。数据来源为UN。

[3] Krueger, A.B., 2018, August. Reflections on dwindling worker bargaining power and monetary policy. In Luncheon address at the Jackson hole economic symposium (Vol. 24).

[4] Solow, R.M., 1990. The labor market as a social institution. Blackwell.

[5] Howell, D.R. and Kalleberg, A.L., 2019. Declining job quality in the United States: Explanations and evidence. RSF: The Russell Sage Foundation Journal of the Social Sciences, 5(4), pp.1–53.

[6] Freeman, R.B., 2007. Labor market institutions around the world.

者的激励、谈判行为等多个方面。例如，劳动者的议价能力受到市场结构、企业规模等因素制约，而其保留工资水平、失业再就业选择更与社会所能提供的劳动保障有关。市场力量在给定环境下影响工资的区间，而制度因素则决定了这一区间的范围和具体分配机制[1]。可见，注重公平、保障性的制度并不是对效率的侵蚀，而是为了劳动力市场长期平稳、有效运行而设计出来的。

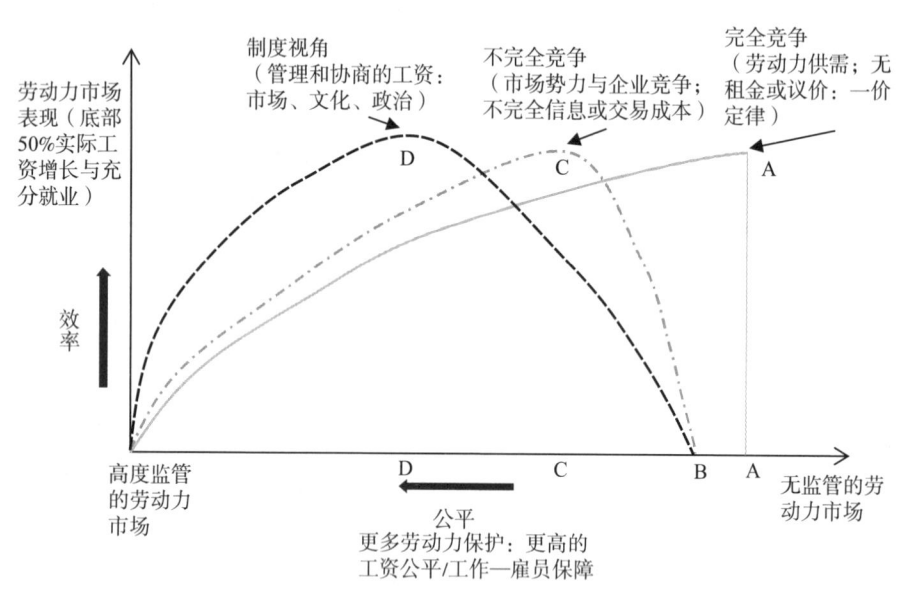

图 3-2　制度视角要求更具公平性的劳动力市场制度安排

资料来源：Howell & Kalleberg（2019）[2]，中金研究院。

其次，适当的监管有利于协调劳资双方，可以减轻调整对效率的损害。劳动力市场均衡的调整是一个缓慢的摸索过程，完全无监管的市场对劳资双方而言都是混乱和无效率的。过快的反应意味着劳动关系的剧烈波动，不利于劳资双方从稳定的经济关系中获利。而过慢的反应则意味着劳动关系陷入僵化，同样不利于劳动力的最优配置。适度的监管有助于平滑这一过程，提升劳动力匹配效率，避

---

[1] Lester, R.A., 1952. A range theory of wage differentials. Industrial and Labor Relations Review, 5（4），pp.483-500.
[2] Howell, D.R. and Kalleberg, A.L., 2019. Declining job quality in the United States: Explanations and evidence. RSF: The Russell Sage Foundation Journal of the Social Sciences, 5（4），pp.1-53.

免劳资双方的谈判因信息不对称、信任等问题而陷入僵局。

最后,注重公平的制度和监管能够提升经济的长期表现。制度和监管带来的相对公平稳定的收入使得个体能够承受与教育投入、创新创业相关的风险,为人力资本提升提供了路径。通过向劳动者提供金融、教育或培训等协助,则可帮助他们走出短期困境,实现劳动力资源动态有效配置,从而帮助整体经济持续演进。特别是在全球化和科技高速发展时代,注重公平性的保障体系也有利于减轻大众对保护主义政策的需求,这在长期同样有利于经济效率。

共享高质量发展要求劳动力市场兼顾效率和公平,这一目标与制度视角是一致的。从可操作性角度看,如何平衡公平和效率这一命题,又可拆解为可获得性、公平报酬、劳动保护机制和话语权等维度[1]。

第一,可获得性强调机会公平,强调的是劳动者工作、学习与职业发展机会的一视同仁,不因城乡、行业和年龄等因素受歧视,且劳动力跨区域、行业的流动保持相对畅通。

第二,公平报酬侧重结果公平,这意味着劳动者报酬仅基于工作表现,而非其他因素,具体体现在劳动与资本的分配关系,以及劳动者内部不同群体之间收入差距两个维度。

第三,劳动保护机制和话语权则关注长期公平和劳动力动态配置效率。由于劳动者面临搜寻摩擦[2]、收入不稳定与失业等多重风险,需在失业保险、职业搜寻等方面给予劳动者适当的保护。此外,从制度视角出发,劳动力市场制度需根据技术、偏好和供给的最新发展做出适时调整,而工会、集体协商等机制所带来的劳动者话语权则有助于满足这一需求。

---

[1] El-Ganainy, A., Ernst, E., Merola, R. and Rogerson, R., 2021. Inclusivity in the Labor Market. IMF Working Papers, 2021(141).
[2] 搜寻摩擦理论认为失业和职位空缺现象同时并存的原因在于供需双方的需求异质性,诸如双方对于工资、工作时间和地点等因素的不同预期,从而造成匹配失败。参见 Mortensen, D.T. and Pissarides, C.A., 1999. New developments in models of search in the labor market. Handbook of labor economics, 3, pp.2567–2627。

从制度视角看中国劳动力市场的三大挑战

挑战一：劳动力市场存在多重二元结构，既影响效率也不利公平

劳动力市场中的就业和工资不仅与劳动者自身的能力特征有关，也会受其他外部因素影响，例如制度安排、产业特点、歧视等问题，导致劳动力因非自身能力问题产生区隔，进而呈现劳动力市场的二元分割。二元结构阻碍了生产要素的自由流动和生产效率的提升，也给工资性收入公平带来了挑战。

劳动力市场存在城乡、地域、所有制等分割，劳动力禀赋未被充分利用

我国劳动力市场的二元结构，阻碍了劳动力自由流转，降低了劳动力供给的利用效率，使得劳动力的体量优势难以充分转化为效率优势。

就我国城乡劳动力市场分割而言，存在两方面的问题。第一，农村劳动力向外转移仍面临流动障碍，限制了劳动力禀赋资源的充分利用。当前户籍制度给劳动力市场带来的硬性区隔已逐渐消失，但城镇公共服务主要提供给本地户口的城市居民，农村劳动力对住房、子女教育、医疗等资源的可获得性不足[1]，为农村劳动力进入城镇带来隐性的壁垒。城乡分割下资源可获得性的差距降低了流动意愿，导致农村仍保有相当数量的冗余劳动力。2019年我国农业就业人员占总就业人员的25.3%，但农业的GDP占比仅为7.1%[2]。相较之下，规模化农业的美国（农业就业人员占比1.0%，农业GDP占比0.9%），以小农经济为主的日本（农业就业人员占比3.4%，农业GDP占比1.1%）、韩国（农业就业人员占比5.0%，农业GDP占比1.7%）等国农业就业占比与农业GDP占比相对较为接近，说明我国的农村劳动力仍有进一步向非农转移的空间。第二，就业机会、公共服务以及制度壁垒等因素都使得乡村难以吸引城市劳动力下乡。一方面，城市务工的农村人口的回流意愿较低，这主要是源自城市（尤其是大规模城市）可以提供更丰

---

[1] 马晓河、胡拥军：《一亿农业转移人口市民化的难题研究》，《农业经济问题》2018年第4期。

[2] 通过世界银行数据计算得出：https://data.worldbank.org/indicator/NV.AGR.ToTL.ZS；https://data.worldbank.org/indicator/sL.AGr.empL.Zs。

富的就业机会、更健全的公共服务体系。另一方面，城市人口流入农村所面临的土地获得问题，导致住房问题难以解决[1]，也使得他们缺少对土地进行产业建设的投入意愿[2]。

区域方面，城市群发展的不平衡也导致了劳动力市场的区域分割，主要体现在东部沿海发达地区与其他地区的差异上。劳动力流动往往受到地域距离的限制，不同区域经济发展的不平衡使得产业结构的要求出现分化，并内生形成不同的就业生态，从而导致劳动力市场的分割。从城市群发展来看，东部沿海城市群与中部部分城市发挥了其区域龙头的作用带动发展，而西部发展缺乏大型城市带动。劳动力市场方面，我国近年的劳动力区域流动分割逐渐显现，劳动力自由流动的程度在区域间有所不同。研究显示，外地劳动力进入经济发达城市和地区如北京、上海、广东、浙江的壁垒越来越高[3]，一线城市的劳动力市场与其他地区的劳动力市场分化也越来越大。

所有制方面，相关的市场分割也影响着劳动力的配置效率。部分企业的工作拥有政策支持和资源倾斜，带来较高的声望、收入、福利和稳定性，受外部经济波动的影响小，不易发生工作单位转换。这为劳动力市场建构了进入壁垒，一方面，这使得体制内部的既有员工不愿流出；另一方面，体制外的就业者更难流进体制。这导致国有企业解雇的成本较高，难以淘汰效率低下的员工，而效率较高的员工无法进入体量大的国企获得施展的平台，造成劳动力资源错配[4]。

多重二元结构的存在，让工资性收入增长进一步分化

在劳动力市场城乡分割下，城镇私营、非私营以及农民工群体在工资收入和增长速度上出现分化。农村户籍劳动者可以区分为两类，一类为进城务工的农民

---

[1] 黎红梅、文杰：《基于农地视角的城乡人口双向融合阻碍及影响机制分析》，《西北人口》2019年。
[2] 钱文荣、郑淋议：《构建城乡人口双向流动与融合的制度保障体系———从权利开放理论到村庄开放实践的分析线索》，《南方经济》2021年第8期。
[3] 史珍珍：《我国岗位空缺持续时间及区域差异分析——基于网络大数据的研究》，《调研世界》，2016年第9期。
[4] 马草原、马文涛、李成：《中国劳动力市场所有制分割的根源与表现》，《管理世界》2017年第11期。

工群体，主要是青壮年和有一定文化水平的劳动力[1]；另一类是人力资本和自然资源都比较匮乏、仍留在农村的劳动者，主要为传统低收入小农户[2]。农民工的工资性收入水平与增幅都与城市户籍人员有明显的差距。国家统计局的数据表明，2020年农民工的年平均工资为48 864元，显著低于城镇私营职工（57 727元）与城镇非私营职工（97 379元）。农民工的工资增长疲软，近5年农民工平均工资的年均增速为5.8%，低于城镇私营（7.8%）与非私营（9.4%）的工资增速，城镇职工与农民工的平均工资逐渐分化（图3-3）。

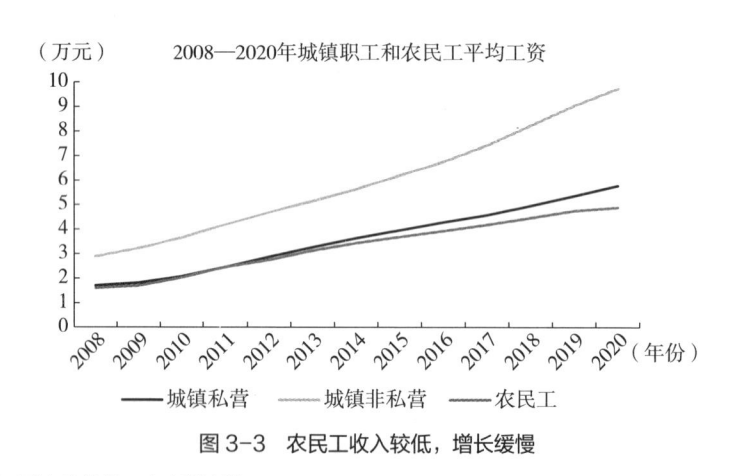

图3-3 农民工收入较低，增长缓慢

资料来源：国家统计局，中金研究院。

国有部门员工的工资存在明显的溢价。要素市场扭曲使得国有企业容易获得超额利润和市场份额，使其有更高的支付能力和较大的体量，倾向于通过高工资留住能力素质高的劳动力，从而带来较高的工资溢价。依靠国家特殊政策，带有垄断性质的国有企业与其他非垄断企业相比，无论是工资收入，还是收入增速，均有相当的优势。

进一步地，临时工、派遣工与正式工同工不同酬的现象依然存在。尽管《劳动合同法》规定劳务派遣人员享有与用工单位的劳动者同工同酬的权利，但

---

[1] 韩俊、崔传义、金三林：《现阶段我国农民工流动和就业的主要特点》，《发展研究》2009年第4期。
[2] 傅晨、任辉：《农业转移人口市民化背景下农村土地制度创新的机理：一个分析框架》，《经济学家》2014年第3期。

是由于缺乏制度的清晰解释和有力执行，劳务派遣人员仍会面临同工不同酬、工资被随意克扣等不公平待遇①。在部分省市，相同或相似的工作岗位和工作业绩，劳务派遣工与正式工收入差距少则 30%，多则达四五倍②。

挑战二：劳动力市场制度与新发展需求存在错配

中国劳动力市场制度与新发展需求存在错配，这主要体现在两个方面：第一，中国劳动力市场呈现出就业难与用工荒并存、劳动者年龄对收入差距影响加大的现象，反映了当前人力资本特征与产业结构存在错配，劳动力供需具有结构性矛盾，市场配置效率不高的问题；第二，新经济带来了新的就业形态，创造了新型劳动关系，但现有劳动法律体系及保障制度仍然是以传统"工厂制"为基础，对新业态的保障覆盖不足。这两方面的不适配分别从市场机制和制度建设对劳动力市场提出了新要求。

劳动力市场的供给和需求存在结构性矛盾

当前中国劳动力市场呈现就业难与用工荒长期并存的现象。一方面，大学毕业生就业难在过去 10 多年里持续存在，如何帮助这一群体就业成为亟待解决的问题。2021 年，全国普通高校毕业生总规模 909 万，但进入就业市场的年轻人远超于此，包括历年未就业的毕业生及海归等，青年就业压力持续加大③。另一方面，2010 年以来，我国制造行业特别是劳动密集型行业还出现了劳动需求得不到满足的局面，部分地区制造业企业"用工荒"问题尤为突出。作为劳动力资源禀赋大国，我国劳动力市场呈现出以大学毕业生为代表的年轻群体就业难和以传统制造业为代表的企业用工荒并存的现象。

这一现象的产生与年轻劳动者的就业观念、产业发展等因素有关，但从劳动

---

① 李伟阳：《一个企业、两种制度：用工体制演变及劳务派遣工的工作组织与管理》，《中国人事科学》2021 年第 6 期。
② 郭奕：《当前我国劳务派遣用工现状调查》，《中国经贸》2015 年第 21 期。
③ 新华网：《年轻人就业难在哪儿？怎么看？怎么办？》2021 年 5 月 21 日，http://www.xinhuanet.com/politics/2021-05/21/c_1127476487.htm。

力市场建设角度来看，结构性的供需矛盾实际上也反映了我国劳动力市场受到供给侧人口趋势性变动影响，与需求端产业结构存在一定错配。随着我国人口红利逐渐消失，劳动力数量下降、质量上升，但产业层面的转型升级与人口禀赋的量质转换并不同步，导致劳动力市场需求与供给结构并不适配，这使得当前的市场机制无法有效配置劳动力资源。

从供给侧看，劳动力"数量减、质量升"趋势明显。如前文所述，中国未来劳动力人口面临下降压力，而年青世代接受教育的年限越来越长。经济结构的调整强化了这一趋势。一方面，过去几十年农村剩余劳动力不断向城市转移，低技术工人供给增多，使相应行业的工资水平保持在相对低位，间接提高了教育的回报率。另一方面，人们更愿意投资在子女的教育上而不是子女的数量上[①]。根据 2019 年的调查[②]，新中产家庭的各项支出中子女教育和自我提升的开销占大头，其中子女教育更是以 31.2% 的占比在各项支出中高居首位。

但是从需求侧来看，我国的产业结构转型慢于人口禀赋变化，导致劳动密集型和知识密集型行业的劳动力供给需求出现错配。在中国劳动力禀赋由量转质的背景下（图 3-4），产业结构却并没有以同样的速度进行转化。从 2020 年城镇按教育背景的行业分布数据中可以发现，受教育程度越高的劳动者越聚集在知识密集型行业[③]，其中大学本科及研究生背景的劳动者分别有约 46%、64% 进入了知识密集型行业，而学历越低的劳动者越容易集中在一产或二产中。然而，高端产业对大学生的消纳能力无法跟上供给的增长速度[④]。随着中国人口受教育程度越来越高、农村劳动力流出增速放缓，低技术劳动力供给越来越少，高技术劳动力

---

① 请参考本书第十一章。
② 腾讯理财通、21 世纪经济研究院：《2019 新中产家庭消费与理财报告》2020 年 1 月。
③ 此处参考 Rozelle, S., Xia, Y., Friesen, D., et al., 2020, Moving Beyond Lewis: Employment and Wage Trends in China's High- and Low-Skilled Industries and the Emergence of an Era of Polarization, Comparative Economic Studies 的分类标准，劳动密集型行业包括：交通运输、仓储和邮政业，批发和零售业，住宿和餐饮业，租赁和商务服务业，以及居民服务和其他服务业；知识密集型行业包括：信息传输、计算机服务和软件业，金融业，房地产业，科学研究、技术服务和地质勘查业，教育业，卫生、社会保障和社会福利业，以及文化、体育和娱乐业。
④ 张明广、茹宁：《产业转型升级背景下高校毕业生就业的供需匹配研究》，《高教探索》2020 年第 9 期。

供给越来越多，这在一定程度上导致了高技术行业出现劳动力供大于求、大学生"毕业即失业"的情况。

除了产业结构变动外，劳动力技能培训体系不完善，也限制了劳动力市场的配置效率。当前中国教育体系以知识为重、缺乏技能培养，具有更高学历的人群受其经历影响，在职业选择中自然倾向知识密集型行业或岗位。2021年调查显示，应届毕业生最想从事的岗位是信息技术岗，其他热门类别包括财务/审计、市场/公关、设计、研发等领域[①]。在此背景下，即便面临就业压力，大学毕业生也较少主动进入劳动密集型行业解决就业问题，导致劳动力资源浪费。而对劳动密集型从业者而言，由于缺乏技能培训，向上流动至其他行业存在困难，不利于劳动力市场提升可获得性。研究显示，低技能劳动力基本固化在相同行业，尤其以技能要求偏低的农业和建筑业最为明显[②]。这在一定程度上是因为政府和企业对技能培训的投入严重不足。

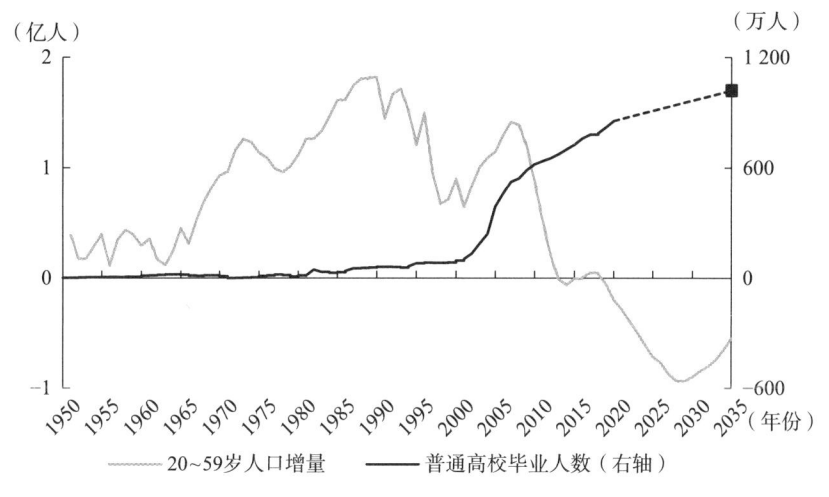

图3-4 中国劳动力量质禀赋大转型

资料来源：UN，万得资讯，中金研究院。

---

① 58同城：《2021年高校毕业生就业报告》2021年。
② 张鹏、张平、袁富华：《中国就业系统的演进、摩擦与转型——劳动力市场微观实证与体制分析》，《经济研究》2019年第12期。

代际差异也是造成中国劳动力供需不匹配的重要原因之一。改革开放40多年，在产业结构转变与新业态快速发展的背景下，中老年劳动者的知识与技能难以满足劳动力市场的新需求，增加了我国中老年劳动群体对新就业结构的适应难度。据统计，2020年从事薪酬较高的科研与技术服务、信息技术软件服务、文体娱乐等行业的中老年就业人员的占比不足1%[①]。并且随着数字经济的不断发展，中老年劳动者从事的重复性岗位更可能被自动化机器替代，导致其收入水平进一步下滑。另外，中老年劳动者一旦失业，重返劳动力市场的阻碍较大，导致他们只能找到零散的工作，而无法增加自身的人力资本累积。上述现象导致中老年劳动者工资收入随着年纪增大而呈现快速下滑的态势。相较之下，美国的工资收入年龄结构较为稳定，中老年劳动者收入水平相对可观。当前我国社会老龄化严重，如何合理提高中老年劳动者的技能水平使其适应经济发展的快速转型，并创造与其适配的就业机制，将是劳动力市场建设、实现共享高质量发展的重要命题。

灵活就业兴起对劳动力市场制度建设提出新要求

除了既有就业市场存在的供需结构性矛盾，劳动力市场制度还面临新就业形态提出的发展需求。当前，数字经济在国民经济中扮演着举足轻重的角色，催生了大量区别于传统经营模式的新职业。人社部统计，从2019年到2020年，我国共计新增38个新职业，其中与数字经济相关的职业达到23个。数字经济下的灵活就业规模也持续增长，2020年中国灵活就业从业人员规模已达2亿左右[②]，共享经济平台从业者为8 400万人，相较于2015年的5 000万人增长了68%，年均复合增长率为10.9%[③]。然而，我国灵活就业目前在配套法律体系、劳动保护机制等方面存在不足，这都将对现行劳动力市场制度提出挑战。

数字经济创造的新业态在雇佣关系、灵活程度上与工业革命以来形成的传统

---

① 根据2020年《中国劳动统计年鉴》，50~54岁城镇就业人口中，科研与技术服务、信息技术软件服务、文体娱乐行业就业的占比分别为0.9%、0.7%、0.8%；55~59岁城镇就业人口中，科研与技术服务、信息技术软件服务、文体娱乐行业就业的占比分别为0.9%、0.5%、0.9%。
② 《关于支持多渠道灵活就业的意见》，国务院办公厅，2020年7月。
③ 《中国共享经济发展报告》，国家信息中心，2015—2021年。

体系出现了明显的分化。如图3-5所示，传统劳动力市场制度发源于工业革命，在"机器的轰鸣声中"让劳动方式从分散转向集中，并塑造了以"工厂为中心"的现代雇佣劳动关系。但全球数字经济的蓬勃发展，催生出了与传统雇佣关系不同的经营模式，特别是以"零工经济"为代表的生产模式，让部分劳动者可以同时跨平台、跨企业工作，雇佣呈现出以"劳动者为中心"的特征，这与以"工厂为中心"的传统雇佣关系具有明显差异（图3-6）。

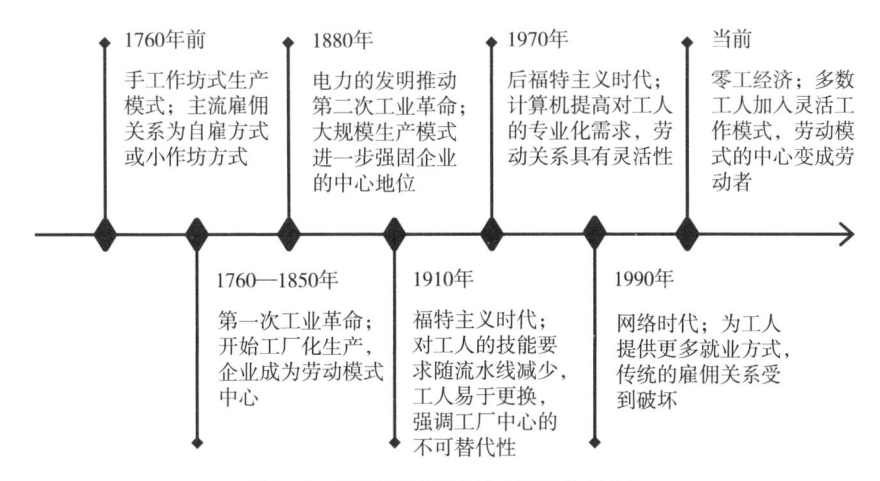

1760年前	手工作坊式生产模式；主流雇佣关系为自雇方式或小作坊方式
1760—1850年	第一次工业革命；开始工厂化生产，企业成为劳动模式中心
1880年	电力的发明推动第二次工业革命；大规模生产模式进一步强固企业的中心地位
1910年	福特主义时代；对工人的技能要求随流水线减少，工人易于更换，强调工厂中心的不可替代性
1970年	后福特主义时代；计算机提高对工人的专业化需求，劳动关系具有灵活性
1990年	网络时代；为工人提供更多就业方式，传统的雇佣关系受到破坏
当前	零工经济；多数工人加入灵活工作模式，劳动模式的中心变成劳动者

图3-5　雇佣关系从工厂中心到劳动者中心

资料来源：Tom Dahlstrom, A Brief History of Why Work Sucks, Medium.com，中金研究院。

数字经济时代"劳动者为中心"的就业模式，对传统的劳动力市场制度提出挑战。传统的劳动市场制度是基于"大工厂中心"雇佣关系建立的[1]，比如五险一金的缴纳、薪水和工作时间的规范、生产安全保障等都是以工厂或企业为单位。然而，灵活就业的劳动关系变得更加复杂，劳动者与雇主之间基于固定工作场所、定量工作时间的制度设计与灵活就业并不适配。根据世界劳工组织调研数据，2019年能够与平台建立劳动关系的从业者仅占平台从业者总数的8%[2]。而在当前制度安排下，所有针对劳动者的保障均需建立在对劳动关系的认定上，这就

---

[1] 林燕玲：《国际劳工标准与中国劳动法比较研究》，中国工人出版社，2015年。
[2] 周畅：《中国数字劳工平台和工人权益保障》，国际劳工组织工作报告，2020年11月。

导致众多平台灵活从业者缺乏相应的劳动保障，劳动者权益易受到侵害。

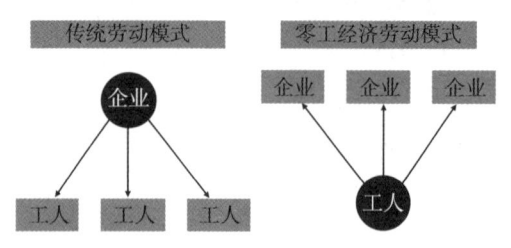

图 3-6　企业为中心与工人为中心的雇佣关系

资料来源：中金研究院。

此外，灵活就业还可能因平台的网络效应，加大从业者之间的收入差距。数字经济塑造的"劳动者中心"市场体系更具竞争性，尤其是数字平台带来的网络效应使竞争中的胜出者能够获得更多的资源和收入。以某短视频平台为例，在获得收入的 590 万人中，占据平台 93.3% 数量的普通创作者（即粉丝数量少于 1 万人的创作者）收入占比仅为 28%，平均每人年收入仅为 1 000 元；而占比 6.7% 的头部优质创作者收入占比高达 72%，人均收入超过 37 000 元[1]。数字平台一方面赋能头部赢家，为其提供资源及可观的收入；另一方面，由于赢者通吃，从业人员间收入分化的矛盾也可能加大。

同时，平台相较从业者能够通过对工作组织方式的管控，获得更强的议价能力，从而可能形成不平等的劳资关系。根据世界劳工组织研究，2019 年中国超过半数的外卖骑手工作时间在 8 小时以上[2]。超负荷工作与劳动报酬的计价方式不无关系。根据 2020 年对我国某市外卖员的调研数据，仅不足 10% 的劳动者有底薪，70% 以上为无底薪计件工资[3]。在议价能力方面，个体相较平台无论在资源、时间、法律支持上都处于弱势位置，而平台从业者相互间又存在较大的内部竞争，无形中更降低了个体与平台的议价能力，因此如何改善劳资关系中劳动者相对于平台的弱势地位，也是新劳动制度设计中需要考虑的问题。

---

[1] 清华大学社会科学学院经济学研究所、北京字节跳动公共政策研究院：《互联网时代零工经济的发展现状、社会影响及其政策建议》，2020 年 11 月。

[2] 周畅：《中国数字劳工平台和工人权益保障》，国际劳工组织工作报告，2020 年 11 月。

[3] 义联劳动法援助与研究中心：《新业态从业人员劳动权益保护 2020 年度调研报告》2021 年 1 月。

挑战三：建设有弹性的劳动保障体系，提高劳动者话语权

劳动力市场在面对经济、社会等变化时，能够利用完善的劳动保障制度快速调整劳动关系的"弹性"，对于帮助劳动者尽可能实现充分就业、维持劳动力市场供需均衡，乃至经济长期增长都十分重要。我国的劳动保障体系建设时间较短，机制尚不健全，但这也给予了我们利用后发优势，学习先进经验、完善体系的机会。

国际经验：僵化与弹性保障机制的利与弊

国际上，有两种劳动保障理念[1]，一种是通过提高失业门槛来保障劳动者权益，另一种是通过强化失业保险来保护劳动者权益。前者以 2007 年以前的希腊、意大利等南欧国家为代表，制度安排上遵循"高保护+低替代+低支出"的劳动保障模式，通过严格的裁员程序、较长的离职预告期、较高的裁员经济补偿等就业保护政策，在企业和员工间建立更为长期稳定的连结。由于失业难，所以失业保险金替代率较低、保险给付时长较短，财政支持如求职辅导和职业培训等也较少。后者以瑞士、丹麦等国家为代表，企业可相对自由地解除劳动关系，伴随着相当丰厚的失业保险金以及政府大力度施行积极的劳动力市场政策。不难看出，这两种模式的根本区别（表 3-1）在于由谁承担对劳动者的保障责任。

尽管希腊、意大利等国"高保护+低替代+低支出"的劳动保障政策对既有工作者最为有利，但从全社会的角度来看，效果并不理想。对于财政压力较大的政府而言，该政策组合意味着更低的财政支出和行政成本，可执行性更强。但从全社会来看，强就业保护在短期内保护了劳动者，但长期来看不利于劳动力资源有效配置，降低了经济运行效率，甚至会造成不同劳动者群体间就业机会的不平等。

而瑞士、丹麦等国的"低保护+高替代+高支出"表面上让劳动者个人面临更高的被解雇风险，但灵活的劳动关系有助于促进劳动力流动和匹配效率，从

---

[1] Boeri, T., Institutional Reforms and Dualism in European Labor Markets. Handbook of Labor Economics, 2011.

而提高整体经济的稳健性。尽管工作关系没有政府的强力保护，但丰厚的失业救济金为失业者收入提供了足够保障，降低了劳动者对失业的恐惧和抵触，对岗位流动和转换也就更易持开放态度。同时，积极的劳动力市场政策为失业劳动者提供了求职信息渠道、技能培训和就业协助，减少了摩擦性和结构性失业，提高了就业安全感和职业转换成功率[①]。当然，弹性的劳动保障政策也存在一些问题，如危机时可能导致弹性制度下企业大量裁员、失业率攀升，过于慷慨的失业保险金反而可能增加失业率[②]或延长失业时长[③]，但整体而言，弹性的劳动保障政策对于帮助劳动者实现尽可能充分就业，维持劳动力供需大致均衡，乃至经济长期增长十分重要。比如，丹麦、瑞士的劳动力市场长期表现更好，2000—2007年年均失业率分别为4.5%、3.6%，低于OECD（经济合作与发展组织）同期均值5.9%[④]。

表3-1 僵化与弹性劳动力市场制度的优缺点分析

	优点	缺点
僵化制度（高保护＋低替代＋低支出）	岗位稳定，有助于保障人才忠诚度和稳定性；政府财政和行政成本低	劳动周转不足，劣质匹配无法纠正，企业负担重；不利于技能升级和经济转型，可能阻碍经济发展；易造成不同劳动者群体就业机会不平等，如代际间、正式工和临时工等
弹性制度（低保护＋高替代＋高支出）	灵活性高，面对经济变化时快速调整和风险分担能力强，减少摩擦性失业；财政投入的劳动政策有助于增强就业安全感和提高职业转换成功率	稳定性不足，瞬时冲击弹性会产生大量失业；慷慨的失业保险政策可能会增加失业率或延长失业时长；需要政府大量工作和支出，脆弱的政府没有办法承担

资料来源：Boeri T., Institutional Reforms and Dualism in European Labor Markets[J]. Handbook of Labor Economics, 2011. 中金研究院。

---

① OECD, 2004, Economic Outlook.

② Layard, R., Nickell, S., Jackman, R., 2005. Unemployment. Oxford University Press, New York.

③ Krueger, A., Meyer, B., 2002. Labor supply effects of social insurance. In: Auerbach, A., Feldstein, M.（Eds.）, Handbook of Public Economics. Elsevier, Amsterdam.

④ 数据来源：OECD, https://data.oecd.org/unemp/unemployment-rate.htm。

国内发展：共享高质量发展要求"低保护 + 高替代 + 高支出"的弹性保障制度

在计划经济时代，"高保护 + 低替代 + 低支出"既能保障劳动者的"铁饭碗"，又减轻了财政负担，但经济整体运行效率降低。随着改革开放，国企改革不断深入，劳动保障的政策组合逐渐转变为"低保护 + 高替代 + 高支出"。虽然财政支出上对劳动项目的支持增加，但覆盖率低、资金利用率不高等问题依然比较突出。

从低保护角度看，对于辞职的规定应该覆盖更大的人群，"低保护"不是"不保护"，相反需要把更多的劳动者纳入弹性保障体系范围内。然而目前我国尚未对非正式劳务关系进行明确的机制设计，劳务合同关系的解除不适用《劳动合同法》，而是依据合同约定的具体内容以及《民法典》对合同关系的规定。另外，即便是按照《劳动合同法》被辞退或者辞职，我国仍然缺少对这部分失业人群后续再就业的支持体系。

从高替代角度，我国社会保险特别是失业保险不够完善，不利于对劳动者的保障。当前我国大多数省份的社会保障基本由地级政府管理，城乡居民基本养老保险基金和城乡居民基本医疗保障基金则主要由县（区）级政府管理，基金管理呈现"碎片化"特征。社保体系仍存在统筹层次较低、便携性差等制度性摩擦，降低了特定人群的参保意愿和覆盖率。社保仅在地级市统筹导致其便携性较差，既降低了流动人口的缴费意愿，也导致企业端对社保执行不力，拖累了整体就业人群的社保实际覆盖率。人社部统计数据显示[1]，2017年农民工的城镇职工基本养老、城镇职工基本医疗、失业、工伤保险覆盖率仅为 22%、22%、17%、27%，低于城镇就业人口对应的 69%、51%、44%、54%。此外，不同地区间的社会保障信息系统由本地政府自行开发，没有统一的格式，难以实现有效对接。考虑到我国流动人口平均在城市停留时间仅为11年[2]，并在此之后返回户籍所在地，社保转移接续不便、企业缴费部分仅 60% 转入等特征降低了这部分人的参保意愿，也加大

---

[1] 中华人民共和国人力资源和社会保障部：《2017年度人力资源和社会保障失业发展统计公报》2018年5月。

[2] Meng, X., 2012, Labor market outcomes and reforms in China, Journal of Economic Perspectives.

了地区间社保负担的不平等，这些都将抑制社保体系对劳动者的保障作用。

我国的失业保障制度，整体存在瞄准度低、替代率低、使用效率低的问题。瞄准度方面，根据国家统计局数据，2020年我国失业保险金领取人数占全部失业人口的比重（失业受益率）为23.3%[①]，低于丹麦和瑞士48%和49%[②]的水平。替代率方面，我国失业保险金水平未考虑失业者的个人及家庭特征，且按规定必须低于本地最低工资水平。2018年，我国人均失业保险金为1 266元/月，替代率（失业保险金/就业人员平均工资）仅为18.4%。而国际上则综合考量失业者过往收入、家庭收支、年龄、婚姻状况等因素，比如2019年丹麦、瑞士单身无孩失业者的失业保险替代率分别达到52%和70%[③]。基金使用效率方面，2003—2018年，瞄准与覆盖不足导致中国失业保险基金连年大额盈余，不能起到逆经济周期调节的缓冲作用，失业保险功能弱化（图3-7）。尽管2020年失业保险基金支出大幅增加至2 110亿元，但实际失业保险金支出占比仅为20%。目前失业保险基金用途已拓展至医疗补助、困难企业的稳岗补贴、鼓励创业的小额贷款担保贴息等数十个项目，但支出目标过多可能带来基金管理困难、基本功能弱化、目标偏移等问题。

从高支出角度，我国政府支持力度有待提升，尤其在帮助劳动者获取就业信息等方面建设不足。就业难现象在缺乏工作经验的青年劳动者中尤为明显，2021年底中国青年失业率为14.3%[④]，高于瑞士（2%）和丹麦（10.8%）[⑤]。由于缺乏了解劳动力市场的信息渠道，"（大学生）对起薪的要求越来越高，而企业的工资基本没有变化"[⑥]，他们的就业预期过高、偏离市场实际情况，且不愿降低就业要

---

① 限于数据可获得性，用年末失业领取失业金人员除以城镇登记失业人员来计算失业受益率。由于城镇登记失业人员统计范围较窄，这种办法计算的失业受益率比按全部失业人员计算的结果偏大。
② 数据来源：OECD。
③ Net terms (after taxes and other benefits). Unemployment benefit for a single adult with no children and two months of unemployment, source: OECD Employment Outlook 2021 Navigating the COVID-19 Crisis and Recovery.
④ 数据来源：国家统计局统计数据。
⑤ 数据来源：EUROSTAT，https://tradingeconomics.com/switzerland/youth-unemployment-rate。
⑥ 根据智联招聘对2021届毕业生的调研观点。

求，宁愿冒着失业风险等待理想的薪水①，或仅短期暂时接受一份工作作为过渡。相较而言，丹麦"Work in Denmark""Jobindex"等线上平台具备查询企业过往招聘帖、员工评论、指导薪资协商等功能，供求职者参考。

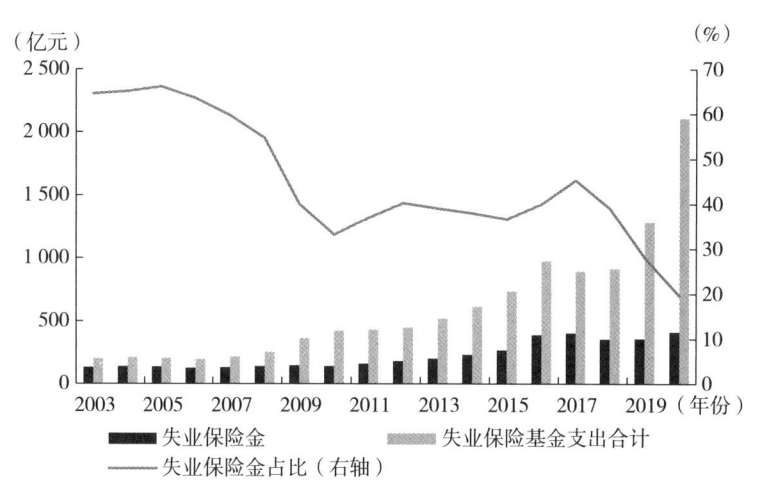

图 3-7 失业保险基金基本功能弱化

资料来源：国家统计局，中金研究院。

同时，国家和企业对失业人群的技能培训重视有待提升，项目需关注系统性和持续性。从覆盖面和强度来看，我国技能培训参与度较低：比如中国 2019 年共计 1 877 万人参与职业培训②，企业人均培训时长为 68.5 小时/年③，失业人员参与职业培训的比重只有 14%；而丹麦同期超过 60% 的雇员参与了职业培训，企业人均培训时长为 82 小时/年，还发放等额工资的补贴以弥补因培训导致的工作收入下降，且专门设置了针对失业人群和临时短工的职业培训，覆盖率分别达到 50% 和 70% 以上④。另外，从培训效果看，由于中国参与技能培训和技能评价等级与劳动报酬相关度不强，劳动者参与技能培训的积极性较差，阻碍了终身学

---

① 严鸿雁：《大学生就业信息不完全的市场不利影响与就业知情权保障》，《当代教育论坛》2015 年第 2 期。
② 人力资源和社会保障部：《2019 年度人力资源和社会保障事业发展统计公报》2020 年 6 月 5 日。
③ 《培训》杂志、安迪曼咨询：《中国培训行业研究报告 2016—2017》2017 年 6 月。
④ 参考 OECD Survey of Adult Skills (PIAAC, 2012 & 2015) 数据：https://www.oecd.org/skills/piaac/data/。

习的习惯养成和劳动力跨行业、跨职业的转移；而丹麦由于职业培训体系发达，雇员培训投入要求更高，职业教育与培训项目证书的含金量也更高。

保护不足也体现在劳动者话语权的缺失上

话语权对于劳动者权益的保护有着重要作用，同时也有助于劳动力市场公平的维护与效率的提升。劳动力市场规章的制定、工资待遇和工作环境的确定，需要在劳动者和雇主之间进行协商，话语权的多少决定了哪一方在决定的过程中占据主导地位[1]。一般而言，在成熟的劳动力市场中，劳动者能够通过集体协商、选举劳动代表等方式，表达自身诉求，避免其在劳动关系中受到雇佣方的倾轧。

国际上，部分国家通过扩大集体协商的受益范围以提高所有劳动者的话语权，即集体协商后的利益被包括工会成员在内的所有劳动者共同享有。亦有通过选举劳动者代表建设委员会（work councils）降低劳动者被辞退的可能，要求所有解雇、辞退的决定必须经委员会通过才可执行，提升了劳动者在公司决议中的话语权。

我国劳动者的话语权存在不足，不能给劳动者提供足够的保护。随着我国对劳动者权益保护重视程度不断提高，工会、职代会等代表劳动者声音的组织建设初步成熟。但我国工会在实际保护劳动者权益的职能上存在不足，表现出"设置不独立、说话不硬气、代表不充分"的问题[2]。有研究显示，职工对工会工作较为满意的方面集中在文体活动和扶贫帮困，而对调节劳动争议的满意人群仅有9.3%[3]。同时，集体协商是劳动者拥有发言权的一种方式，但以工会为代表的集体协商存在内部人员排挤外部人员的问题，通常只专注于工会内部人员的权益。此外，新就业形态的持续演化也对增强劳动者话语权提出了新挑战。由于新业态的用工模式与传统有较大差异，这部分用工模式存在工会建立缺失、覆盖不足等问

---

[1] El-Ganainy, A., Ernst, E., Merola, R., et al., 2021, Inclusivity in the labor market, IMF working paper.
[2] 乔健、钱俊月：《对民营企业工会建设问题的思考》，《中国人力资源开发》2010年第10期。
[3] 董淑芬：《我国企业职工体面劳动的实现状况及其影响因素研究》，《中国劳动关系学院学报》2018年第32卷第4期。

题，劳动者话语权难以得到保护[1]，这导致弱势劳动者的需求难以被社会所认知。

探索统一包容的劳动力市场发展之路

由中央统筹，有序推动建设统一、完善、公平的劳动要素市场

发挥我国大市场优势，破除市场分割。在我国人口红利"渐行渐远"的当下，需要进一步破除劳动力市场在城乡、区域、所有制层面上的分割，更有效地利用劳动力禀赋资源优势[2]。分阶段、分步骤，稳定推进不同人群在就业、社会保障和其他方面的平等，消除导致劳动力市场分割的障碍。推进城市基本公共服务对所有人群有序开放，使得劳动力跨城乡、跨区域可以"流得动、留得下"，提高劳动力的流动和空间配置效率。

加强我国劳动力的城乡双向流动，减少劳动力收入的差距。着力推动外地劳动力在城镇的生活保障，如加快落实外地劳动力子女义务教育后就地入学放宽，提高农村中小学教育质量，保障流动人员子女接受公平的基础教育；完善公租房保障制度，丰富公共租赁住房类型，建立租房匹配机制，依据流动人群的收入情况提供一定的租房优惠或补贴。

消除产业结构调整和制度差异形成的就业壁垒，进一步提高劳动者适应能力，深化企业制度改革并营造更加市场化的竞争机制。第一，对于低技能、重复性和替代性高的传统产业，可注重对劳动者就业能力的提升，结合数字经济的发展，推动利用移动平台、物联网等手段有效提高劳动效率，同时释放更多的劳动力至其他产业。第二，保证国企运行效率的同时防止其利用市场地位与同行业民营资本进行不公平竞争[3]。第三，对带有垄断性质的行业，应注重引入市场化的竞争机制并加强监管，防止垄断企业通过自身体量优势获取超额利润。

---

[1] 谢增毅：《充分发挥工会在维护新就业形态劳动者合法权益中的独特作用》，《工人日报》2021年8月。

[2] 孟昕：《如何更有效地利用中国未开发的劳动力供给》，Paulson Institute，2015年2月。

[3] 余晖、周耀东：《国有垄断企业问题研究》，《清华–布鲁金斯公共政策研究中心政策报告系列》，2013年6月。

结合劳动力禀赋转变，完善市场机制、提升供需匹配

适应劳动人口教育水平提高的趋势，加快产业转型，引导就业偏好，健全新业态发展。首先，充分利用我国高校毕业生的数量优势，促进产业转型升级，扩大知识密集型产业规模，进而创造就业需求、吸纳多余劳动力。其次，从社会层面转变"重学历、轻技能，重装备、轻技工"的认知，并在教育层面适度引入技能培养，避免高学历人群对劳动密集型行业天然排斥，导致劳动力资源浪费。最后，充分利用新业态创造的就业机会，健全灵活就业机制建设，加强新业态对高学历人群的吸引力。

针对低技能行业劳动力固化的问题，可通过加强技能培训、促进产业升级的方式提升其收入水平。从技能培训角度出发，我国可从政策层面引导和激励企业加大技能培训投入，并利用公共宣传，积极培养劳动者的技能培训意识。此外，注重中高端技能和长期培养机制建设，保障劳动力技能可持续提升。另外，加快制造业产业升级有利于企业扩大对高技能劳动力的需求，进而提升其投入技能培训的动力。

针对中老年劳动者劳动产出偏低导致收入不足的问题，可从建立中老年就业培训与匹配机制、弹性退休年龄、迷你工作制度三个方面提高中老年劳动者的劳动产出与收入。第一，利用数字经济优势，通过政府投入，针对性地建立面向中老年的知识技能培训，使其能更好地适应新经济形式下新的工作方式，利用好数字经济的广度和灵活度。同时，针对性地设立就业匹配平台，为其找到更加适合的工作环境。第二，实行弹性的退休年龄，根据行业特点进行退休年龄调整，对于部分产出与年龄无关的行业，鼓励退休人员返岗实现其对自身价值的追求。第三，推出迷你工作制度，让中老年劳动者得以通过时长灵活的工作更好地兼顾身体状况和工作效率，防止部分人员因隔代抚养或身体负担提早退出劳动市场。

建立与灵活就业形态相适配的劳动力市场制度

适应灵活就业发展需要，调整市场机制和劳动关系定义。首先，避免以正规就业衡量灵活就业并将其"正规化"的简单思路，可根据灵活就业特点进行市

和政策顶层设计。其次，与新就业形态相比传统灵活就业收入更高，且是从业者的自我选择，因此不应强行改变劳动者的就业选择而损害其福利水平。最后，转变以"大工厂中心"为基础的劳动关系和劳动立法理念，探索灵活就业劳动关系的认定办法和标准，例如根据是否存在指挥监督或劳动管理界定劳动关系。在具体操作上，可考虑借鉴美国"传统就业＋网络公司"的做法，采取"传统就业＋灵活就业平台"模式，将灵活就业纳入劳动法律体系的约束范围。

建设支持灵活就业长期发展的保障制度体系。我国劳动相关的社会管理可由单位制的"身份管理"逐步向以个人为基础转变，形成建立在个人管理体系基础上的就业服务管理体系。从技能培训角度入手，可加强公共培训体系建设，构建依托于劳动者个人的终身培训、全员覆盖的劳动技能培训网络，提升全社会的人力资本水平。从社保制度入手，可推行社保关系不与劳动关系挂钩的社保政策试点，打破现行将劳动关系作为社保关系的门槛标准，以劳动者为中心进行保障。例如，不论职业性质、就业方式如何，工伤保险应着眼于为劳动者因工作导致的伤害提供保障。另外，可扩大灵活就业人群的社保覆盖率，将失业保险、工伤保险等纳入这部分人员的社保体系中，通过灵活设计缴费方式、增加缴费补贴激励等手段吸纳灵活就业人员参保。

加强对平台企业在劳动力市场的反垄断监管。平台企业是灵活就业，尤其是新形式灵活就业的主要使用方之一。鉴于平台在产品市场供给端和劳动力市场需求端潜在的市场势力，可根据业务特性、工作安排、平台控制力等对劳动关系予以适当规范。此外，还可探索政府与平台协同监管、协同治理的模式，要求平台设定的交易规则满足劳动标准和监管标准的要求。

建立更为弹性的劳动保障体系

就业保护方面，增强劳动合同与离职裁员标准的灵活性。可参考丹麦对不同行业和工龄的职工设置差异化的预告期，以增强劳动合同的弹性；亦可参考瑞士将劳动力年龄等个体特征纳入补偿金支付标准中，统筹考量其在解除劳动合同后的市场竞争力，以更好地维护弱势劳动力的权益。针对临时工、派遣工、兼职等劳务关系，在法律上设计与正式工劳动关系并行的、明确且易于执行的完备框架。

社会保险方面，并行推进扩大覆盖范围和提升统筹水平两大工作。一方面，将尽可能多的劳动者纳入社会保障体系中，将社保缴费与收入水平挂钩，提高缴费累进性，降低不同就业群体的社保差距；另一方面，循序渐进地推动社保体系向省级、国家级统筹转变，进行社保关系属人化的改革试点，为社保跨地区转移接续提供便利，制定更合理的社保企业缴费部分转入流入地的比例，降低因流动人口返乡导致的地区间社保负担不平等。针对失业保险和失业救济，拓宽覆盖面和领取人群比例，借鉴国际经验，将失业保险金与平均工资水平挂钩，为劳动关系灵活调整和劳动力周转创造基础性条件。

财政支持方面，采取积极的劳动力市场政策为失业劳动者提供求职信息渠道、技能培训和就业协助。借助数字化健全求职信息平台，在保护个人隐私的基础上定期发布各行业、岗位的就业供需形势，为青年、大龄弱势劳动群体提供就业辅导，加速市场匹配，减少摩擦性失业。

话语权方面，加强发挥工会作用，扩大工会对新业态和弱势群体的覆盖。提高工会参与率、推动集体谈判与集体合同，有助于提高劳动者的议价能力，形成工资增长的常态化机制。进一步提升工会对弱势劳动力群体的覆盖，发展弱势群体工会组织和创新工会运行机制。以市场化为导向引导和拓宽弱势群体就业信息的获取途径，增加弱势劳动群体的发声渠道，促进社会发展更加公平有效。

第四章

数字经济：向善而行

数据的若干特有属性导致数字经济在提振效率的同时，也引起了关于"公平"的争议。本章从劳动者角度、消费者角度、企业角度讨论就业与收入、隐私保护与信息共享、垄断与竞争三大领域中广受关注的效率和公平问题。

以平台经济为代表的数字经济整体上给就业带来了正面影响，也有助于低技能群体就业和收入水平提升，但需关注潜在的结构性失业与收入分化，以及劳动保障问题。小微企业对数字经济岗位需求强劲，产业数字化快速发展，就业吸纳能力高于数字产业化。灵活用工发挥社会"稳定器"功能，平台经济推动新职业涌现，降低了技能要求。但数字经济的广泛发展将来也可能像传统技术进步那样带来"就业极化"[1]，不利于中等技能群体的就业。此外，与传统技术进步不同，数据要素本身可能会替代传统要素——资本和劳动力，而数字技术不仅会替代常规工作，也会替代非常规工作，因此要提升全社会的数字素养。劳动保障方面，初步估算表明在负担允许范围内，相关企业可以承担更多社会责任。

如何权衡隐私保护和数据流通是新的挑战，需要新的机制设计。产权制度安排是应对挑战的思路之一，但要考虑数据的非竞争性和社会外部性特点，数据确权更加复杂。同时，也需要在数据流通的机制安排中，增加对数据主体和数据处理者的激励，以免损失效率。现实中，通过改进技术促进数据要素流通，有助于兼顾效率与公平。比如，隐私计算技术可以保证在不泄露原始数据的情况下，对数据进行分析，实现流通过程中数据"可用不可见"。

数字技术的发展使得消费者福利的内涵发生改变，给垄断的界定带来挑战，而"创造性破坏"以及平台经济的自我优待现象更增添了相关问题的复杂性。在数字经济时代，既要保护技术进步，又要防止垄断，需要创造公平的竞争环境。这就需要降低行业的进入壁垒，打破人为设置的障碍，也需要打击腐败，提高不同企业的金融资源可获得性。在反垄断的过程中，也需要平衡公平与企业的国际竞争力，毕竟国际竞争力是效率的一部分。理论上，数字税是解决公平问题的一个手段，其收入可以用来补偿那些受损的群体，但要平衡税收和创新之间的关系。[2]

---

[1] 就业极化是指低端的职位和高端的职位在不断增加，而中间的职位在减少。
[2] 本章作者：张文朗、白洋、黄亚东、吴维佳、段玉柱。

笼统地讲，数字经济是指基于数字运算和信息通信技术的经济活动。2022年1月国务院在《"十四五"数字经济发展规划》中指出数字经济是"……以数据资源为关键要素……促进公平与效率更加统一的新经济形态"。那么，数字经济如何影响包容性增长呢？要回答这个问题，关键是要抓住数字经济的微观基础（即数据）的四个属性。一是非接触性，使用数据要素不依赖于物理意义上的接触；二是非竞争性，即单个使用者对数据的使用并不会限制其他使用者对数据的使用；三是低边际成本（甚至零边际成本），为数字经济带来了巨大的规模经济效应；四是外部性，随着数据量的增加，数据的边际价值会增加，给数字经济带来显著的网络效应，而网络效应会给数字经济带来显著的范围经济效应。同时，一个人分享的数据可能包含关于其他人的信息（例如个人的基因信息也包含了其家族成员的基因信息），这意味着数据的广泛使用会给消费者带来隐私暴露问题。

正是因为数据的这些属性，数字技术对效率和公平的影响与传统的技术进步有较大的不同，这也是我们分析数字经济与包容性增长的切入点，因为包容性增长本质上是要在提高效率的同时兼顾公平。从效率方面来看，数字经济对效率提升的潜能可能要高于传统经济。比如，传统生产要素不进行物理接触很难使用，使用的时间和地点也相对固定，而在使用数据要素的时候，时间、地点的限制相较传统要素明显宽松。数据要素带来的规模经济、网络效应和范围经济较传统要素更加显著，因此其产出能力可能更强。

但数字经济在提振效率的同时，也引起了关于"公平"的争议，这些争议无一例外也与数据要素的上述几个属性紧密相关。

第一个争议较多的议题是就业和收入问题，数字技术发展速度较传统技术更快，是否带来"技术性失业"（Technological Unemployment），导致收入分配失衡？不同行业的就业与收入分别受到怎样的冲击？与此相关的一个现象是，数字经济的劳动力市场自雇佣特征更明显。有文献指出，虽然劳动力形式上处于自雇佣的状态，但实际上受到平台企业更强的规制，由此带来的一个问题是如何保障劳动者权益。①

第二个争议较多的是大量信息掌握在少数企业，消费者隐私安全是否应该保障，如何保障？由于数据具有非竞争性，有时还具有非排他性，这就让数据某种程度上具有了公共品的属性，对个人而言意味着隐私更容易受到侵害。而由于数据要素本身的外部性，数字经济企业往往具有整合多种服务和产品的能力，意味着企业具备"生态化"的特点，沉淀了大量的用户隐私数据。数字经济发展对数据依赖越大，信息传递障碍越少，隐私泄露造成的伤害也就越大。从全球范围的实践来看，公权力介入数据监管以及隐私保护已是大势所趋，关键是公权力介入的时候如何实现效率和公平的平衡。

第三个争议较多的是大型科技巨头是否有损竞争公平？数字经济企业本身并不能独立地创造数据，但是可以几乎无成本地收集数据。一方面，由于数据本身存在很强的规模效应、网络效应和范围经济效应，在竞争中胜出的数字经济企业似乎天然有形成垄断巨头的倾向，享受"垄断"租金，也因此备受争议。但从另一方面来讲，熊彼特提出创新和垄断有着天然的联系，巨大的创新动力与垄断的超额收益是紧密相连的。因此，如何界定数字经济中的"垄断"，如何看待科技巨头的收益，都成为关注度极高、争议较大的重要问题。

我们试图结合相关理论与中外实践，对当下这几个热点问题展开分析与探讨，有些议题可能尚无定论，但这并不妨碍我们进行一些有意义的思考。上述第一个议题跟劳动者紧密相关，第二个主要涉及消费者权利，第三个则主要涉及企

---

① 国际劳动组织：中国数字劳工平台和工人权益保障，2020。

业的行为。因此，我们接下来就分别从劳动者角度、消费者角度、企业角度讨论与数字经济有关的就业与收入、隐私保护与信息共享、垄断与竞争领域中的效率与公平问题。当然，这三个视角并非割裂的，而是互相关联的。

劳动者：谁被赋能，谁被替代？

如果说数字技术进步对总体就业和收入的影响是效率问题，那么，它对就业和收入结构的影响更接近于公平问题。因此下面以中国比较发达的平台经济为例，首先分析其对总体就业与收入的影响，然后分析其对就业和收入结构的影响。

平台经济总体上增加了就业

数字经济可以划分成三个层次。第一层是核心层，包括硬件、软件以及信息与通信技术（ICT）等。第二层是狭义的数字经济，在第一层的基础上还包括基于数据、信息网络和数字技术应用的新商业模式，例如数字服务、平台经济，以及共享经济、零工经济等介于平台经济和传统经济之间的模式。狭义的数字经济中包含了最具代表性的平台经济，它也是数字经济目前最核心的商业模式。第三层是广义的数字经济，覆盖的范围涉及了与传统的制造业、服务业的数字化相关的电子商业，还包含了新出现的万物互联（IoT）、工业4.0、精准农业等，反映了经济生活的各个层面所参与的数字化转型。

美国在核心层和广义数字经济方面占据优势，但中国部分数字平台的发展更快，呈现"中间强、两头弱"的特征，因此讨论数字经济对包容性增长的影响，有必要重点分析平台经济的影响。技术进步至少通过两个渠道创造工作。一是生产率效应：技术进步通过使用相对便宜的资本品替代劳动，降低了生产成本，提高了生产率，扩大了市场，促进了经济发展，增加对劳动的需求。二是创造效应：技术进步创造新的、复杂的任务，而劳动力在完成这些新的、复杂的任务方面相对于机器具有比较优势。

平台经济的发展整体上对就业有正面影响，体现了技术进步创造就业的积极作用。根据《中国数字经济发展与就业白皮书（2019年）》，2018年我国数字经济吸纳的就业人数达到1.91亿人，同比增长11.5%，占总就业人数比例从2014年的15.7%上升至24.6%。其中，数字产业化就业岗位同比增长9.4%，达到1 220万个；产业数字化就业岗位同比增长11.6%，达到1.78亿个。

由于以平台经济为代表的数字经济对就业影响主要集中在低端技能群体，不是对中等技能群体的替代，整体上来看数字经济对我国的就业影响更偏正面。诚然，平台经济的发展也对一些行业产生了冲击，例如线上电商对传统零售、网约车对出租车的冲击，但对就业的负面影响比较有限。某种程度上，数字技术降低了职业的门槛，使得更多劳动者可以参与其中，扩大了就业范围。而且，在这个过程中，更加高效的模式替代了低效的模式，获得了经济增量，带来了技术发展的红利。

小微企业对数字经济岗位需求强劲

据信息通信研究院数据，2020年小微企业招聘岗位数占数字经济全部岗位的34.2%，平均每个岗位对应4.1个招聘人数，高于平均水平的3.3个和上市公司的1.4个，我们认为这可能与小微企业劳动力流动较快有关。[①] 此外，小微企业的入职门槛相对较低，其中92.4%的岗位工作年限要求低于3年。

产业数字化快速发展，就业吸纳能力高于数字产业化

据《中国数字经济就业发展研究报告（2021年）》，2020年我国产业数字化领域招聘岗位占总招聘人数的75.8%，对数字经济劳动力的吸纳能力明显强于数字产业化。在产业数字化中，第三产业占比最高为60.3%，更有利于低技能群体就业。

灵活用工发挥社会"稳定器"功能

平台经济相关领域对吸纳社会灵活劳动力起到了重要作用。平台经济提供了如外卖配送员、网约车司机、快递员、视频工作者等众多就业机会，同时这些业

[①] 中国信息通信研究：《中国数字经济就业发展研究报告（2021）》。

态从业者更多为灵活用工，因此作为就业蓄水池，发挥了社会稳定器的功能。下文以三种平台经济为例。

微信业态。根据微信数字化报告，2020年微信生态蕴含的就业机会达到3 684万个，微信小程序等数字化工具发挥了促消费、稳就业的作用，小程序相关工作机会超过780万个，同比增长45.6%（图4-1）。2020年上线的微信视频号在视频拍摄、直播带货等方面产生了334万个工作机会。此外，微信生态小程序、企业微信等服务商体系在2020年还带动了290万个工作机会。

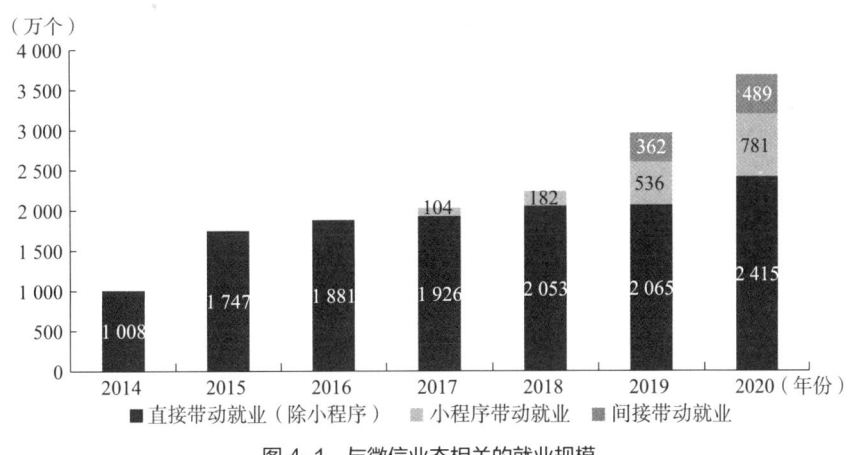

图4-1　与微信业态相关的就业规模

资料来源：中国信息通信研究院和微信：《数字化就业，新职业新岗位研究报告》，2021。

外卖。根据美团财报与《2020年骑手就业报告》，截至2020年末，共有950万名外卖骑手通过美团平台获得收入。2019年有398.7万名骑手从美团平台获得收入，2020年上半年美团有单骑手为295.2万人。2020年美团新增骑手来源中，排名第一的是工厂工人，占比为18.6%；其次是销售人员，占比为14.3%。可以看出，送外卖作为一项职业选择，为许多待业劳动力提供了中转的机会，有效吸纳了社会灵活劳动力。

网约车。据交通运输部官网消息，截至2021年12月31日，全国共258家网约车平台取得经营许可，全国共发出网约车驾驶员证394.8万本，车辆运输证155.8万本。根据滴滴出行2021年4月发布的公告，过去8年累计有超过3 100万名司机和车主在平台上获得收入，其中逾21%的司机以此作为家庭唯一收入来源。交通运输部公布的数据显示，截至 2021 年 12 月累计发放网约车驾驶员证的数量接近 400 万本。

平台经济推动新职业涌现，降低技能要求

数字生态就业岗位需求多元化，部分岗位对工作经验和学历要求相对更为宽松，对学历门槛逐渐放宽。众多知识与数字技能方面相对欠缺的人群在数字生态能力与数字化工具的赋能下，也能从事数字生态下的相较以往更高附加值的岗位。根据微信公布的数据，2020 年微信小程序个人运营者本科以下学历就业者占比达 47%，微信视频号个人运营者本科以下学历占比达到 46.8%（图 4-2）。相比传统计算机或信息服务业对学历的高门槛要求，数字经济为更多人带来了从事高附加值岗位的可能。

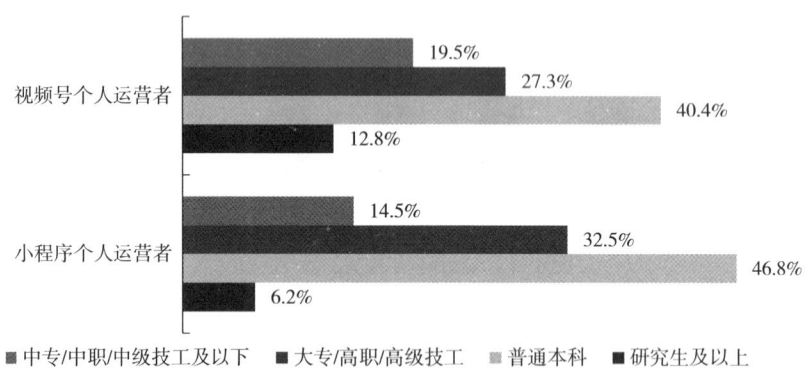

图 4-2　2020 年微信小程序与视频号个人运营者学历结构

资料来源：中国信息通信研究院和微信：《数字化就业，新职业新岗位研究报告》，2021 年。

平台经济总体上提高了劳动收入

根据中华全国总工会的调查，2017 年平台从业人员的收入高于全国同龄职工平均水平。[1] 以网约车为例，一线城市网约车司机近半月收入过万，高于所在城

---

[1] 李玉赋主编：《第八次中国职工状况调查》，中国工人出版社，2017 年 11 月。

市整体平均薪酬。2021年5月，在清华大学社会科学学院企业责任与社会发展研究中心对北上广三个城市的296位网约车司机和202位乘客的调研中，网约车司机平均获得月收入11 942元，其中45%的司机每月收入在10 000~20 000元，有38%的司机每月收入在6 000~10 000元（图4-3）。当扣除各类租金、油费以及平台抽成之后，网约车司机每月实际收入平均为7 711元，其中56.3%的网约车司机每月实际收入在6 000~10 000元。对比北上广的平均薪酬，2021年上海市平均月薪约为6 378元，北京市为6 906元，广州市为4 811元，一线城市网约车司机月收入高于城市整体平均水平。如果看外卖骑手的收入情况，2018年，三成收入在5 000元以上，近五成在4 000元以上。[①]

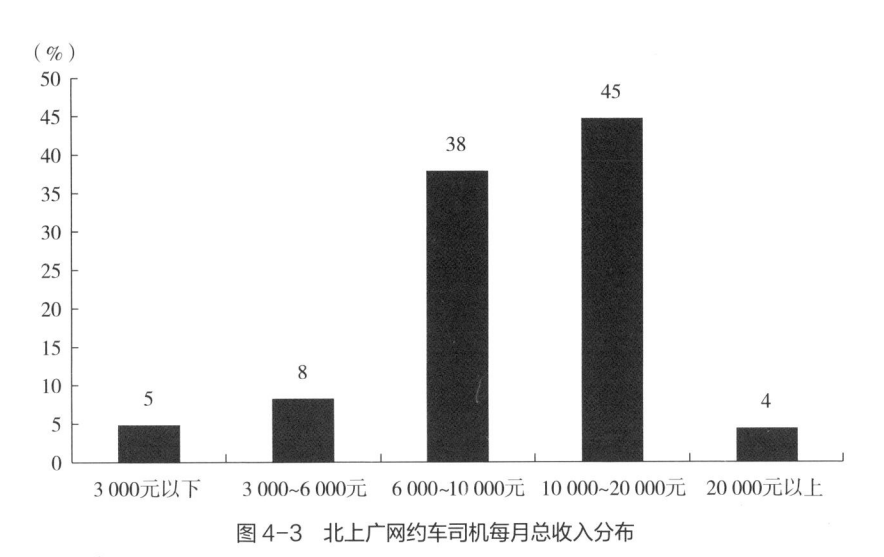

图4-3 北上广网约车司机每月总收入分布

资料来源：清华大学社会科学学院企业责任与社会发展研究中心。

平台经济对就业与收入结构的影响

上文的研究表明，平台经济总体上增加了就业与劳动收入，实际上也反映了平台经济对全社会经济效率的提升。接下来，我们看看平台经济对就业与收入结

---

① 美团研究院：《城市新青年：2018外卖骑手就业报告》，2019。

构的影响，类似于"公平"问题。在探讨平台经济对就业与收入结构的影响之前，我们不妨先探讨一下一般技术进步对就业与收入带来的结构性效应，因为平台经济是一种新的技术进步，其对就业和收入的影响跟一般技术进步有共性。一般而言，技术进步中短期可能会带来"结构性失业"，出现劳动力错配。

技术进步中短期内不利于中端技能就业，带来所谓的"就业极化"。美国的经验表明，过去40年，中等收入群体的就业规模下降，而高收入群体和低收入群体的就业规模上升，即"就业极化"。一般而言，技术进步比较容易替代常规性的工作，创造非常规的工作。而中等收入群体里面，常规工作的从业者较多。技术进步新创造的工作里面劳动具有比较优势，这些工作通常需要更复杂的技能，对应的收入也比较高。低技能工作，如个人服务，因为不容易标准化，技术替代的可能性较小。中国也出现了类似的就业极化现象。我们使用国家统计局的城镇非私营单位就业数据分析了劳动就业的增长，发现相比于高收入组和低收入组，中收入组的就业增长率相对较低，可能说明2010—2020年我国城镇就业群体的分布逐渐极化。[①]

"就业极化"带来收入分化。首先，替代效应带来劳动供给分化。当中技能劳动群体的就业被替代之后，他们更容易在低技能职业找到工作，而不容易在高技能职业找到工作。所以，从劳动力的供给来看，低技能的劳动力市场供给增加。如果需求不变，这会降低低技能劳动群体的工资收入。其次，创造效应带来劳动需求分化。因为技术进步创造的新工作一般需要更加复杂的技能，会增加对高技能劳动群体的需求。如果高技能的劳动群体供给不变，这会提升高技能劳动群体的工资收入。这两种分化结果是高技能和低技能群体的工资收入差别会越来越大，或者说"技能溢价"增加，导致贫富差距加大。

美国在20世纪80年代以后"技能溢价"开始上升。自20世纪80年代以来，美国教育程度高的劳动群体的实际工资收入保持上升，而教育程度低的群体实际工资收入增长放缓，男性高中以下教育程度群体的实际收入甚至是下降的。我国在2015年之后也有"技能溢价"分化。2015—2020年城镇非私营单位就业人员

---

① 首先，根据2020年的平均工资，我们将19个行业分成了3组，分别为低收入组、中收入组、高收入组。然后，我们计算了每个组别2010—2020年的就业增长率。

中，高收入行业的收入增长更快。例如，信息传输、计算机服务和软件业的收入较高而且增速也更快。我国收入分化与技术进步有关系。首先，高学历员工数量增长更快的行业技术进步快，工资增速也更快。通过分析上市公司的数据，我们发现在2015—2020年，高学历员工占比上升更多的行业工资增速也更快。其次，研发投入大的行业技术进步快，工资增速更快。数据也显示，2015—2020年研发投入与营业收入之比高的行业工资增速也更快。[①] 这两点都印证了技术进步导致的技能溢价的扩大。

与历史上的技术进步一样，未来平台经济发展也可能带来劳动替代，在中短期内带来结构性失业压力。以外卖骑手、快递员为例，在外卖骑手、快递员数量快速增长的同时，平台企业也在主动投入自动驾驶、无人机配送等技术的研发，将替代劳动力。

此外，数字技术广泛发展也可能从三个方面给劳动力市场带来新的挑战。第一，数字技术所依赖的数据要素本身可能会替代传统要素——资本和劳动力。在这个过程中，会减少对劳动力的需求。而且，数据具有非竞争性，边际成本为零，数据的相对价格比资本、劳动更低，发生替代的可能性更大。例如，通过大数据应用可以提高信贷审核的效率，替代了信贷审核员的工作。

第二，数字技术进步越来越快，导致劳动错配的可能性较传统技术大，更容易引起"结构性失业"。数字技术与其他技术的一个不同点是扩散快。达到5 000万用户，电话用了50年，ATM机（自动取款机）用了18年，手机用了12年，Facebook（脸书）用了4年，而微信只用了1年。[②] 研究表明，在过去两个世纪，技术在国家间的扩散越来越快，延迟越来越低。[③] 更快的技术发展速度意味着技术创造和替代劳动的速度也更快。但是，劳动力市场的转变会慢于技术发展的速度，意味着劳动力错配会更严重。

第三，传统的观点认为技术进步会替代常规工作，而对非常规工作有互补作

---

① 数据来源：万得资讯。
② https://www.visualcapitalist.com/how-long-does-it-take-to-hit-50-million-users/.
③ Comin, Diego, and Bart Hobijn., An Exploration of Technology Diffusion., American Economic Review 100（5）：2031–59, 2010.

用，但数字技术不仅会替代常规工作，也会替代非常规工作。[1] 例如，人工智能技术的发展可以替代图像识别、翻译等非常规的工作。自动驾驶技术的进步未来也有可能替代出租车司机。与以前的技术进步不同的是，非常规工作受到人工智能技术的冲击更大（图 4-4）。

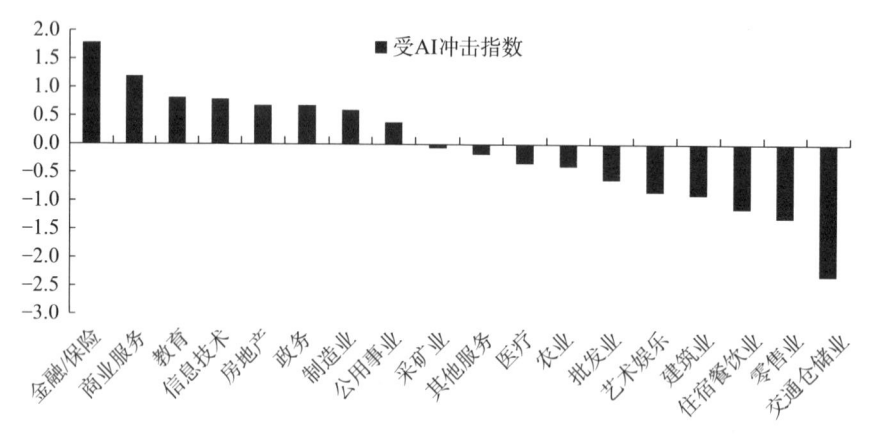

图 4-4　非常规工作也受到 AI 冲击

资料来源：Acemoglu, Daron, David Autor, Jonathon Hazell, and Pascual Restrepo., AI and Jobs: Evidence from Online Vacancies. NBER Working Paper. 2020.

注：受 AI 影响程度通过四步计算出来：首先识别出 AI 在不同技术领域中的应用，如图像识别；然后计算不同的职业技能受这些技术的影响程度；再根据每个职业的技能构成，计算这个职业受 AI 的影响程度；最后根据每个行业中的职业构成，构建受 AI 冲击指数。受 AI 冲击指数越大代表受 AI 影响越大。

长期来看，不必太担忧人工智能等数字技术对人的替代

虽然目前人工智能技术还在发展中，但 OECD 的研究认为人工智能是一种未来的通用目的技术，同蒸汽机一样会对社会产生方方面面的影响。[2] 也有研究认为，人工智能作为通用目的的技术的特点是能够做预测，这是以前的技术做不到

---

[1] Autor, D. H., F. Levy, and R. J. Murnane., The Skill Content of Recent Technological Change: An Empirical Exploration. The Quarterly Journal of Economics 118（4）: 1279–1333, 2003.

[2] OECD, Artificial Intelligence in Society, OECD Publishing, Paris. 2019.

的①，而且人工智能可以自我学习和进化②，是一种"发明方法的发明"。③在实证上，高技能职业受人工智能冲击更大也得到了支持。④

我们认为，人类相对于机器有比较优势，人工智能等数字技术难以完全取代人类。实际上，从长期视角来看，历史上的技术进步并没有带来明显的失业现象，这是因为在长期内，技术带来的工作替代和工作创造会不断地再平衡。技术进步与劳动的关系背后是资本与劳动的关系，技术替代劳动的过程也是资本替代劳动的过程。一方面，在技术替代劳动的过程中，会增加对资本品的需求，从而提高资本品的价格。另一方面，在劳动被替代之后，劳动的供给增加，需求减少，带来劳动的价格下降。所以，在技术替代劳动的过程中，资本相对于劳动的价格会不断上升。当资本的相对价格超过一定界限后，继续使用资本品替代劳动将不再是利润最大化的选择。这时候，因为劳动的价格更加便宜，生产会朝着使用更多劳动的方向发展，进而创造更多需要复杂技能的职业。从长期来看，替代工作和创造工作会不断地处于再平衡中，这意味着长期内技术不会带来显著的失业问题。

美国数据充分印证了上述观点。美国1940年存在的职业中一半以上到2018年已消失了；而2018年存在的职业中，60%在1940年不存在。其中，农业、采矿、生产相关的职业消失最多，而白领、职业人员、管理人员等职业增长最多。⑤中国的情况比较类似。人社部在1999年和2015年分别发布了《职业分类大典》，可以从中看出中国的职业变迁。2015年版中农林牧渔业减少了83个职业，

---

① Agrawal, A., J. Gans and A. Goldfarb, Artificial Intelligence: The Ambiguous Labor Market Impact of Automating Prediction, The Journal of Economic Perspectives, Vol. 33/2, pp. 31–50, 2019.

② Brynjolfsson, E. and A. McAfee, The Business of Artificial Intelligence – What it can and cannot do for your organization, Harvard Business Review, 2017.

③ Cockburn, I., R. Henderson and S. Stern, The Impact of Artificial Intelligence on Innovation, NBER, 2018.

④ Webb, M., The Impact of Artificial Intelligence on the Labor Market, Working paper, 2020.; Felten, E., M. Raj and R. Seamans, The Occupational Impact of Artificial Intelligence on Labor: The Role of Complementary Skills and Technologies, NYU Stern School of Business, 2019.; Brynjolfsson, E., T. Mitchell and D. Rock, What Can Machines Learn and What Does It Mean for Occupations and the Economy? AEA Papers and Proceedings, Vol. 108, pp. 43–47, 2018.

⑤ MIT. The Work of the Future: Building Better Jobs in an Age of Intelligent Machines. 2020.

制造业减少了 526 个职业，而专业技术人员和社会生产服务及生活服务人员中，分别增加了 11 个和 81 个职业，表明中国在第一产业和第二产业更多的是技术替代工作，而在第三产业更多的是技术创造工作。

平台经济的劳动保障问题

平台经济导致灵活用工快速发展，但劳动保障的责任分配比较难。灵活用工在中国并不是一个新的现象，非正规就业的群体，如农民工，在很长一段时间内都面临着类似的问题。但是，这一问题在数字经济不断发展的背景下，正在变得愈加突出。在平台经济下，以外卖配送员、网约车司机为代表的灵活用工，大多通过平台自主接单承接工作任务，准入门槛和退出门槛都较传统用工模式更低。与传统就业形式相比，新用工模式呈现关系灵活化、工作碎片化、工作安排去组织化等特征，其参与劳动的形式也多种多样。这种有别于传统"企业+雇员"模式的劳动关系形式，导致灵活用工人员难以被界定用工性质。

按照中国的劳动法律法规，确定劳动关系需要具备两个要素。一是用人单位和劳动者需要具备劳动关系的主体资格。二是这种劳动关系是基于劳动合同而建立的。然而，大部分的平台企业与从业者间并没有劳动合同关系，而是加盟合同、代理合同、劳动外包合同以及其他合同关系，不在劳动法律的涵盖范围内。[1] 但也有研究认为，虽然平台企业与从业者间没有法律上的劳动关系，但是平台可以控制从业者的工作时间、工作地点、工作方式，因此事实上仍然是劳动关系。[2] 虽然平台经济与平台从业者之间是否存在劳动关系可能还存在一定的争议，但毫无疑问的是，在平台经济快速发展的背景下，从保障劳动者权益出发的种种社会福利制度，如果继续按照既有的劳动关系确立原则，其覆盖的范围可能会逐渐缩小。

根据国际劳动组织 2019 年的调研，中国平台工作人员中 33.8% 没有任何

---

[1] 涂永前：《类 Uber 平台型企业与个体承揽人之间的法律关系界定研究》，《社会科学家》2017 年第 1 期，第 109~114 页。

[2] 常凯、郑小静：《雇佣关系还是合作关系？——互联网经济中用工关系性质辨析》，《中国人民大学学报》2018 年第 2 期，第 78~88 页。

保险。[①] 根据中国信息通信研究院和微信 2021 年发布的《数字化就业，新职业新岗位研究报告》中的数据，2020 年微信生态从业者中，18~24 岁人群有超过 50% 人群没有缴纳社保，视频号个人运营者中未缴纳社保人群比重达 61.9%（图 4-5）。根据快递物流信息服务商快递 100 发布的《2021 年中国快递员权益保障问卷调研》，71% 的受访快递员表示所在公司没有为其缴纳五险一金。虽然这些调研数据存在一定的局限性，在样本选择上可能存在一些偏差，时间上也不是最新的，在描述具体的劳动权益覆盖情况时可能不精确，但是其仍然能反映出劳动保障有待提高的问题，这也是政府部门和企业在共同努力的方向。

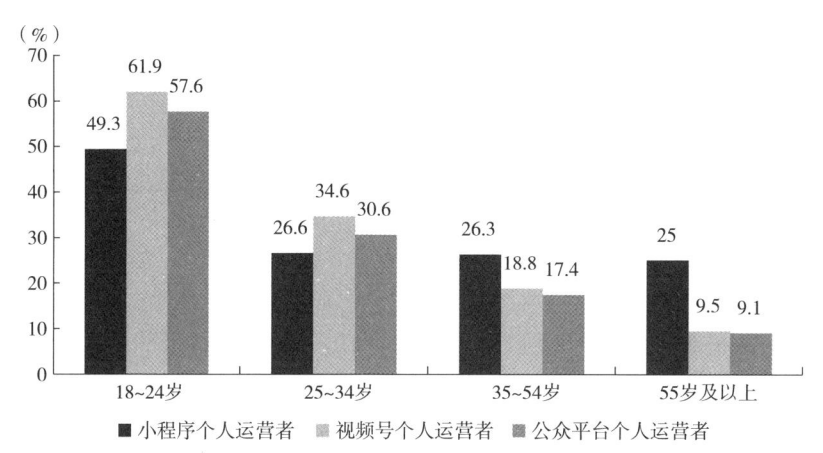

图 4-5 微信平台运营者未参与社保人员占比

资料来源：中国信息通信研究院和微信：《数字化就业，新职业新岗位研究报告》，2021 年。

为改进劳动保障不足，政府已经出台有关规定。以外卖骑手为例，为保障骑手权益，2021 年 7 月市场监管总局等七部门联合印发《关于落实网络餐饮平台责任 切实维护外卖送餐员权益的指导意见》（简称《指导意见》），督促平台及第三方合作单位为建立劳动关系的外卖送餐员参加社会保险，并按照国家规定参加平台灵活就业人员职业伤害保障试点。

初步估算表明，企业在负担没有大幅增加的情况下，就可以在劳动保障方面承担更多社会责任。此前美团只为外卖骑手缴纳了商业保险，且保费从骑手每天

[①] 国际劳动组织：中国在线数字劳工平台工作条件、政策问题和未来前景，2021。

的佣金中扣除。在上述《指导意见》要求下，根据我们乐观测算，若美团为所有全职骑手缴纳灵活用工工伤意外保险，以 100 万骑手为计算基数和 1.1% 的工伤保费率计算，美团全年需要额外支出的成本为 4.6 亿元，全年平均每单额外成本约为 5 分钱。中性情景中，若美团进一步为全职骑手支付全额社保，综合考虑骑手与平台的劳动关系，我们估计 2020 年美团具备实质稳定雇佣关系的全职骑手约为 35 万。考虑到大概率灵活用工的社保缴纳基数为当地最低社保缴纳基数，我们以上海最低缴费基数为基准，在上海缴纳金额上给予 70% 的折扣，算出全国骑手月均缴纳额为 951.9 元。在 35 万骑手的缴纳基数下，预计全年新增额外成本为 40 亿元，平均每单新增额外成本 0.39 元。

消费者：分享数据还是保护隐私？

分享数据带来效率改善

从效率方面来看，数据使用有助于市场机制完善，因其促进了市场的连接、信任、决策机制，也为企业创造了大量的价值。[1] 例如，线上平台的评价体系可以帮助建立消费者和企业间的信任。数据降低了搜索、复制、交通、追踪、验证的成本。[2] 比如，线上搜索的兴起提高了信息搜索的效率。数据给消费、生产、金融等领域也带来了普惠发展。[3] 比如，通过使用数据，银行可以更好地评估小微企业的风险，减少了信息不对称，向其提供信贷资源。

数据的价值链涉及数据收集、数据合并、数据分析、数据使用。有研究通过测算企业在数据相关业务的投资存量，来衡量数据的价值，发现数据驱动的商业模式带来了巨大的价值（表 4-1）。例如，对于亚马逊来说，2017 年数据驱动的

---

[1] Chen, Long and Chen, Long and Bolton, Patrick and Holmström, Bengt R. and Maskin, Eric S. and Pissarides, Christopher and Spence, A. Michael and Sun, Tao and Sun, Tianshu and Xiong, Wei and Yang, Liyan and Huang, Yadong and Li, Yong and Luo, Xuan and Ma, Yingju and Ouyang, Shumiao and Zhu, Feng, Understanding Big Data: Data Calculus in the Digital Era, February 2021.

[2] Goldfarb, Avi, and Catherine Tucker., Digital Economics., Journal of Economic Literature, 2019.

[3] World Bank, The Digital Dividends, 2016.

商业模式存量价值 1 250 亿美元，是其当年营业收入的 92%。从盈利角度来看，数据收集创造的价值一般比较低，而数据分析与使用创造的价值比较高。

表 4-1 若干个公司的数据价值（2017 年）

公司	数据驱动商业的价值（十亿美元）	营业收入（十亿美元）	比值（%）
亚马逊	125.0	136.0	92
缤客	15.7	12.7	124
易贝	16.0	9.6	167
谷歌	48.2	110.9	43

资料来源：Li 等, Value of Data: There's No Such Thing as a Free Lunch in the Digital Economy. 2019，中金公司研究部。

保护隐私才能兼顾公平

数据的使用一方面改善经济效率，但另一方面也会带来公平问题。消费者既想通过数据分享获得效率的改善，同时也希望隐私得到保护。例如，研究发现对隐私更加担心的用户使用了更多数字服务，而且对隐私事件更加敏感，说明用户会权衡分享数据的风险和收益。[1]

随着数据的大量积累和集中，隐私保护成为一个越来越重要的话题。从 2013 年到 2020 年，我国移动互联网接入流量从 9 026 万 GB/月增长到 161 亿 GB/月。月户均接入流量从 2015 年 0.28GB 增长到 2021 年的 14GB。2021 年，我国移动互联网的用户数量已有 14 亿，与我国总人口数量接近。我国的大数据市场规模从 2012 年的 34 亿元增长到了 2020 年的 677 亿元。[2]

在数据越来越多的同时，隐私保护也更加重要，凸显出公平的重要性。美国的数据泄露次数从 2005 年的 157 次增加到 2020 年的 1 001 次（图 4-6）。2022

---

[1] Chen, Long, Yadong Huang, Shumiao Ouyang, and Wei Xiong,.The Data Privacy Paradox and Digital Demand., NBER Working Paper, 2021.

[2] 数据来源：万得资讯。

年央视3·15晚会对骚扰电话产业链进行了曝光，用户通过浏览网站而泄露个人信息，个人隐私受到了侵犯。①在大数据时代，数据泄露对用户的隐私造成了伤害，是影响包容性增长的新渠道。

是否需要保护隐私，学术界有两种观点。以芝加哥学派为代表的观点认为，隐私保护会阻碍数据流通，降低效率。个人能够权衡数据分享的利弊。另一种观点认为，如果不保护隐私，企业可能利用数据对消费者进行价格歧视，售卖消费者数据，而消费者并不能从中得到收益。因此，对个人隐私保护有助于提高经济效率和福利水平。有观点认为隐私是消费者使用数字服务过程中，付出的一种不可观察的价格。缺乏隐私保护，消费者将付出更高的价格，损害消费者剩余。②

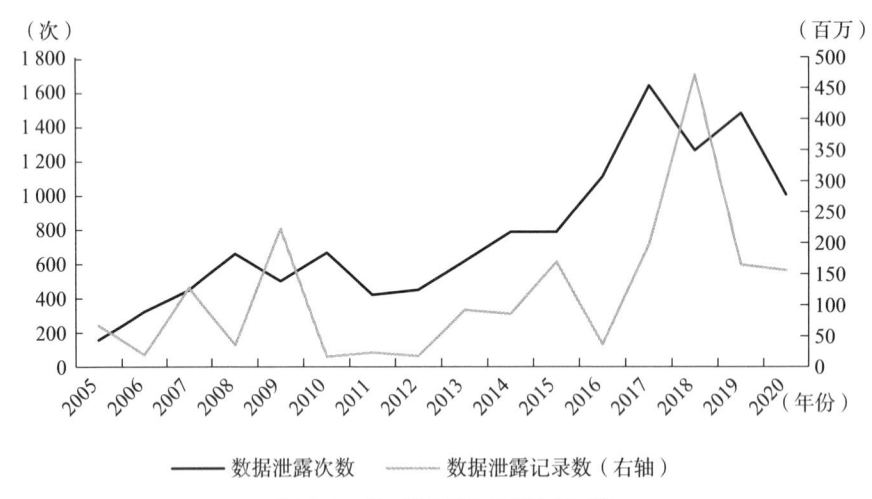

图 4-6　美国数据泄露次数和记录数

资料来源：Statista。

注：2020 年的数据泄露记录数为受影响的个人数量。

为应对数字经济时代的隐私挑战，各国都在积极立法以加强隐私保护。其中，比较有代表性的是欧盟制定的《通用数据保护条例》（GDPR），通过强化知

---

① https://new.qq.com/omn/20220316/20220316A09GH100.html?msclkid=fec7eb39af4611ec8e9a313824ac251d.

② https://voxeu.org/content/antitrust-orthodoxy-blind-real-data-harms#.YkK_XLC-tsw.wechat.

情同意规则的要求，新增被遗忘权、数据可携权等新权利，增设数据泄露通知、数据影响风险评估、数据保护专员等义务，加大违规处罚力度，提升了个人数据保护水平。我国在 2021 年制定实施了《个人信息保护法》和《数据安全法》，以加强隐私保护。

欧盟在数据领域的立法有三个特点。[1] 一是重视个人数据保护，抑制个人数据交易。GDPR 将个人数据权利提升到人权高度予以保护。对于个人数据交易，欧盟虽未立法禁止，但是高标准的个人数据保护实际上给数据交易设置了很高的障碍，而欧盟制定的一系列促进公共部门、私人部门数据共享的法律法规仅限于非个人数据。二是重视非个人数据有效利用，提升非个人数据的开放与共享。促进数据的再利用是欧盟数据法律的一个重要目标。三是尚未明确"数据所有权、数据权属"等概念。

与欧盟相比，美国在数据领域的监管偏松。一是重视创新，放松监管。相比于欧盟强调数据保护，美国更加重视数据的使用。二是有限适用同意原则，提升交易透明度。在适用同意规则方面，欧盟更多适用事前的同意，而美国更多适用事后的退出，即给予用户选择不分享数据的权利。三是美国立法也尚未有明确的数据产权或者数据权属的有关规定。对于数据权属和保障，主要通过行业自律或者合同等予以解决。

有研究表明，欧盟高标准的个人数据保护规则，对企业经营产生了负面影响，这意味着如果过度强调公平，可能会影响效率提升。例如，GDPR 减少了数据的流通，导致网页浏览和访问减少了 10%。[2] GDPR 首次亮相后，欧盟的风险投资相比于美国减少了 26%。[3] GDPR 降低了企业 8% 的盈利和 2% 的收入，对

---

[1] 公安部第三研究所网络安全法律研究中心：全球数据交易实践、行业规范现状与政策法律问题研究，2021。

[2] Goldberg, Samuel, Garrett Johnson, and Scott Shriver, Regulating Privacy Online: The Early Impact of the GDPR on European Web Traffic & E-Commerce Outcomes. SSRN Electronic Journal, 2019.

[3] Jia, Jian, Ginger Zhe Jin, and Liad Wagman, The Short-Run Effects of the General Data Protection Regulation on Technology Venture Investment. Marketing Science 40（4）: 661-84, 2021.

中小企业的不利影响更大。①GDPR 也给中小企业带来了更高的合规成本。根据调查，2017 年在英国员工数量为 100~249 人的企业，为应对 GDPR 的合规成本平均达 94.7 万英镑，而对于超过 1 000 人的企业，合规成本平均达 230 万英镑。②因为对小企业的负面影响更大，GDPR 实施后提升了市场的集中度。③

因此，隐私保护与促进数据流通某种程度上需要做权衡。更强的隐私保护会增加数据流通的成本，更多的数据流通更有可能发生数据泄露，侵犯消费者的隐私。但是，最终的目的是在保护隐私的前提下，促进数据的流通，提高数据市场的公平与效率。

现实的挑战：如何打破数据孤岛

在平衡数据流通与隐私保护方面，数据孤岛是一个值得关注的现象。数据如果分散地存储在不同的地方，并不能充分发挥其价值。只有将不同的数据流动起来，结合实际的应用场景，才能创造价值，促进高质量发展。但是在实际过程中，由于隐私保护的规制，数据自由流通受限，因此就形成了"数据孤岛"。一个分割的数据市场，既无效率，也不公平。

那么，如何在保护隐私的前提下，促进数据流动，建设更好的数据市场？有两种不同的看法。一种看法认为应该像土地、资本等要素一样，对数据赋予所有权。例如，有研究认为应该将数据的所有权赋予消费者。④另一种看法认为数据难以确定所有权，数据市场的建设并不需要借鉴产权安排。⑤综合来看，相比其他要素，数据的三个特点使得数据市场产权安排机制更加复杂，需要有想象力的

---

① Chen, Chinchih, Carl Benedikt Frey, and Giorgio Presidente, Privacy Regulation and Firm Performance: Estimating the GDPR Effect Globally, 2022.
② Alex Marthew and Catherine Tucker, Privacy policy and competition. Brookings Working Paper, 2019.
③ Johnson, Garrett, and Scott Shriver, Privacy & Market Concentration: Intended & Unintended Consequences of the GDPR, SSRN Electronic Journal, 2019.
④ Jones, Charles I, and Christopher Tonetti, Nonrivalry and the Economics of Data, American Economic Review 110（9）: 2819–58, 2020.
⑤ Stepanov, Ivan, Introducing a Property Right over Data in the EU: The Data Producer's Right – an Evaluation, International Review of Law, Computers & Technology 34（1）: 65–86, 2020.

新机制设计。

一是其非竞争性可能提高产权交易成本。数据和思想的特点比较接近，都具有非竞争性。保护思想的专利制度是一种财产权规则。建立财产权的经济学理由是防止"公地悲剧"，即个人为了自身利益而忽视社会福利。专利制度通过将信息私有化和授予财产类型的权利保证将来创造信息的动力。由于数据和思想都具有非竞争性，在数据市场使用财产权规则有一定的合理性。但是，不同的是，专利的开发周期长、投资大、使用次数有限，而数据更新快、边际成本低、使用次数多，与数据的非竞争性有关。因此，在产权规则下，数据的交易成本可能会比较高。对于数据市场的财产权规则要注意"反公地悲剧"，即财产权持有人的数量和关系过于庞大、过于复杂、过于昂贵，使得交易成本过高而导致数据无法被成功利用。对此，契约理论著名学者帕特里克·博尔顿认为在数据市场也可以考虑使用责任规则。[1] 隐私保护可以视为一种责任，即数据处理者有义务保护数据主体的隐私权，而无论所有权是否存在。财产权规则是一种事前规则，而责任规则是一种事后规则，哪一种规则更能够促进数据的流通值得更深入的探讨。

二是数据的社会外部性意味着，在产权安排下，对用户分享数据的行为可能带来正反两方面影响。数据的社会外部性是指个人分享的数据会带有其他人的信息。在产权安排下，数据的社会外部性是导致更多的数据分享还是更少的数据分享？一种观点认为数据的社会外部性导致更多的数据分享，更低的数据价格。[2] 因为个人的数据已经被他人分享出去了，所以即使拥有数据产权，用户会不在乎再分享一次，结果导致过度分享数据。数据的外部性也可能导致用户不在意隐私，因为分享数据会带来社会成本，而个人并没有承担这部分的成本。[3] 另一种观点认为数据的外部性会减少数据分享。如果通过已经分享的数据可以推断出更

---

[1] https://www.luohanacademy.com/media/podcasts/Podcast:-Thinking-Beyond-Consent-to-Protect-Data-Privacy.

[2] Acemoglu, Daron, Ali Makhdoumi, Azarakhsh Malekian, and Asuman Ozdaglar, Too Much Data: Prices and Inefficiencies in Data Markets., NBER Working Paper, 2019.

[3] Garratt, Rodney J., and Maarten R. C. van Oordt, Privacy as a Public Good: A Case for Electronic Cash, Journal of Political Economy 129（7）：2157–80, 2021.

多用户的数据，数据中介会减少数据的获取，用较小的成本获得数据。①

三是建设数据市场要兼顾多方产权主体激励。数据和其他要素的不一样在于，数据需要多方参与才能生产出来，可以分为数据主体和数据处理者。其中，数据主体决定是否提供数据，数据处理者将数据处理为信息和知识。数据主体会权衡数据分享的成本与收益，是数据的供给方，比如消费者。数据处理者挖掘数据的价值，同时负有保护隐私的义务，是数据的需求方。所以数据的产权主体可能并不只有一个。在数据市场的设计中，要兼顾多方主体的权利诉求，既要确保数据供给，也要给予数据处理者激励，支持数据需求。

企业：垄断 VS 竞争

数字平台企业规模增长迅速，带来了对垄断的担心，这与数据的网络效应紧密相关。网络效应的存在，使得平台规模越来越大。在技术革新的推动下，全球化进一步强化了平台企业的扩张能力，如谷歌、亚马逊、微软等跨国企业兴起。2021年底，美国标普500中市值排名前10的公司，以苹果、微软、谷歌、亚马逊、Meta②为代表的平台企业占据其五。中国电商平台的交易量从2017年6.2万亿元增长到2021年15.7万亿元。中国线上平台的广告收入也增长迅速，从2017年1 704亿元增长到2020年4 077亿元。③

关于垄断，也有效率与公平两个视角。从效率方面来看，熊彼特提出创新和垄断有着天然的联系，巨大的创新动力与垄断的超额收益紧密相连。同时，科技创新企业本身就存在巨大的风险，因此其要求的风险补偿也更高，这种风险补偿的一部分就来自垄断的超额收益。而芝加哥学派认为市场集中并不一定会导致效率损失，集中也有可能提升效率，是对消费者更有利的。比如沃尔玛市场集中度上升降低了消费价格，对消费者有利。从公平方面来看，垄断企业有动力提高消费价格，攫取更多的利润，使得消费者受到伤害。垄断也会扩大劳动力市场不平等。垄断意

---

① Bergemann, Dirk, Alessandro Bonatti, and Tan Gan, The Economics of Social Data, 2021.
② 由Facebook更名而来。
③ 数据来源：万得资讯，公司公告，Latepost，36氪。

味着企业的议价能力变强，劳动者的议价能力变弱，所以劳动者的收入占比会下降。如果市场集中是因为非公平竞争因素带来的，既损害效率，又不利于公平。

数字经济对传统反垄断理论带来挑战

目前的主流反垄断理论基于芝加哥学派，其核心观点是企业是否使用市场地位对消费者造成了伤害。但数字技术的发展使得消费者福利的内涵发生改变，给垄断的界定带来新的挑战。数字经济的很多产品都是"零价"商品，难以测算对消费者福利的影响，挑战了基于价格理论的芝加哥学派理论。例如，在脸书上进行社交是免费的，在谷歌上搜索是免费的。但是，数字经济对消费者的可能伤害不仅是价格的高低，还包括隐私侵害、价格歧视、诱惑性消费等。所以，随着数字经济的发展，消费者福利的内涵也有必要适时扩展。例如，如前所述，有的学者将隐私保护视为一种"价格"，成为衡量消费者福利的一部分。

此外，传统反垄断理论未考虑平台经济的自我优待问题。例如，有研究认为亚马逊会更多地推荐自营产品[1]，会利用其平台上的商家数据，进而选择在其自营产品中更多地销售畅销商品。[2] 因为这种自我优待会对平台上的中小商家产生不公平竞争，所以美国正在制定《美国选择和创新在线法案》以加强平台经济领域的公平竞争。

中外反垄断的进展

在美国，拜登政府上台之后，对大型科技公司的反垄断活动逐渐加强。2021年3月，拜登任命哥伦比亚大学法学教授吴修铭（Tim Wu）为白宫国家经济委员会总统特别助理。2021年6月，拜登任命哥伦比亚大学副教授莉娜·汗（Lina Khan）为联邦贸易委员会（FTC）主席。美国参议院在2021年11月任命乔纳

---

[1] Chen, Nan, and Hsin-Tien Tsai, Steering via Algorithmic Recommendations, SSRN Electronic Journal, 2019.

[2] Zhu, F., & Liu, Q., Competing with complementors: An empirical look at Amazon.com., Strategic Management Journal, 39（10），2618–2642, 2018.

森·坎特（Jonathan Kanter）为美国司法部反垄断部门的负责人。吴修铭、莉娜·汗、乔纳森·坎特都以主张加强对大科技公司的监管和反垄断而闻名。反垄断领域的诉讼也逐渐增多，特别是针对大科技公司的反垄断诉讼。例如，2020年，美国司法局对谷歌提起诉讼，指控其在线上搜索领域的垄断地位（表4-2）。

表4-2 国外对大科技公司的反垄断诉讼增多

时间	诉讼理由
2020/5/27	印度指控谷歌不公平地推广自家移动支付服务
2020/3/21	美国集体诉讼指控亚马逊强加于第三方卖家"价格平价协议"，违反《谢尔曼反垄断法案》
2020/10/26	印度信实工业起诉亚马逊阻碍其收购未来零售
2020/10/20	美国司法部起诉谷歌占据搜索领域垄断地位
2017/12/18	法国竞争、消费和反欺诈总局认定亚马逊滥用其市场主导地位打压其供应商
2015/4/15	欧盟指控谷歌在欧洲互联网搜索市场滥用支配地位，谷歌可能面临最多66亿美元罚款
2014/5/4	法院指控谷歌"非法垄断"美国物联网搜索和移动搜索市场，打压市场预装协议
2012/4/12	美国司法部起诉苹果电子书垄断定价
2021/11/13	美国多个州共同对谷歌提起修正诉讼，指控其在本已占主导地位的广告业务中采取胁迫策略，违反了反垄断法
2021/8/19	美国联邦贸易委员会指控Facebook挤压或并购竞争对手，要求法官判处令Facebook出售Instagram（照片墙）和WhatsApp（瓦次普）
2020/11/11	欧盟指控亚马逊利用其规模、垄断地位破坏零售业竞争

资料来源：万得资讯，中金公司研究部。

在中国，2021年2月7日国务院反垄断委员会制定发布《国务院反垄断委员会关于平台经济领域的反垄断指南》（简称《指南》）[①]，主要内容涉及垄断协议，滥用市场支配地位，经营者集中，滥用行政权力排除、限制竞争等方面，旨在化解平台经济现今发展阶段中的突出矛盾，推动平台经济规范健康发展。《指南》以《反垄断法》为依据，以"坚持保护市场公平竞争、依法科学高效监管、激发创新创造活力、维护各方合法利益"为原则，是总结了近年来平台类公司尤

---

① http://www.gov.cn/xinwen/2021-02/07/content_5585758.htm。

其是互联网领域的相关情况以及执法经验后，出台的更健全的规定。

禁止"二选一"行为

"二选一"行为一度被公司尤其是平台类公司当作排斥竞争对手、巩固自身壁垒的手段，但实质是一种违反《反垄断法》的滥用市场支配地位的行为，被多次立法予以禁止。除了《指南》，此前的《电子商务法》《反垄断法》《反不正当竞争法》《网络交易监督管理办法》均对"二选一"行为进行禁止，随后国家市场监管总局2021年8月发布的《禁止网络不正当竞争行为规定（公开征求意见稿）》也再次强调"经营者不得利用技术手段，减少其他经营者之间的交易机会，实施'二选一'行为"。[1] 反垄断执法活动并不是否定平台经济的价值，而是促进我国数字经济的健康和可持续发展。

2021年4月，市场监管总局针对美团在中国境内网络餐饮外卖平台服务市场滥用市场支配地位行为立案调查。据市场监管总局调查，2018年以来，美团与商家签订独家合作协议，并利用自身的流量和议价能力，采用包括差别费用率、暂停营业、关店下线、调整配送范围和调整优惠活动等方式确保"二选一"的有效实施。其中仅2018—2020年，美团向163万商家收取共达12.9亿元的独家保证金。2021年10月，市场监管总局公布了调查结果，认定美团"二选一"行为成立，并对其进行行政处罚。

反不正当竞争

互联网行业的不正当竞争行为相比传统线下行业，通常建立在公司对于流量和数据控制的基础上，更具有隐蔽性和复杂性。同时因为互联网企业用户覆盖范围较广，容易对更大范围消费者的权益造成损害。依据《反不正当竞争法》，其具体表现形式包括对其他经营者合法提供的网络产品或者服务实施不兼容行为、虚构商品的销售状况和用户评价误导和欺骗消费者、插入链接和强制进行目标跳转等流量劫持行为等。

以社区团购为例。社区团购起步于2015年，2018年资本开始涌入，社区团

---

[1] http://www.moj.gov.cn/pub/sfbgw/zlk/202108/t20210817_434868.html.

购发生融资案例 23 个，融资金额高达 40 亿元。[①] 大型互联网企业为了抢占市场份额，对用户端和团长端进行了大规模的补贴，运用自身的资金和流量优势大量"烧钱"打价格战吸引用户，通过"闪电战"快速抢占市场，形成寡头市场后再逐步提升价格以实现盈利。在这个过程中，社区团购平台补贴频次多、金额大、范围广，甚至存在采用不正当的竞争方式过度让利甚至亏本出售的情况，对农贸市场、集贸场所和小商贩等传统线下商家有挤压。为了制止社区团购行业的野蛮生长、维护市场秩序，2020 年 12 月市场监管总局召开规范社区团购秩序行政指导会，对社区团购行业提出了"九个不得"的要求。主要包括禁止以下行为：低价倾销、垄断、欺诈、利用技术手段侵害消费者权益等。

总体看来，中国对于互联网行业及相关行业的监管是从自上而下的角度出发，较为全面地对企业的经营规范进行一定的约束，同时进行宏观上的指引，更多强调社会性与公平性。相反，欧美的监管大多数从保护消费者和用户个人的角度出发。从反垄断的角度，国内的监管方式倾向于对互联网巨头的扩张方式和方向进行引导，而国外监管往往以诉讼与和解罚款的方式解决。从消费者利益的角度，国内监管会对公司的经营方式，例如直播内容、线上打赏方式等方面进行规范，而国外的监管倾向于对虚假、欺骗性信息的限制。

数字经济时代如何防止垄断

面对内外竞争，中国的数字平台企业市场份额变动较快（图 4-7、图 4-8）。2017 年，阿里巴巴占据了电商平台 72.1% 的市场份额，到了 2021 年，其市场份额下降为 51.5%。随之而起的是拼多多、抖音、快手等新进入的平台企业。2017 年，中国线上广告收入中百度占据了最大的市场份额，为 41%，而到 2020 年百度的市场份额下降到 18%。

从"创造性破坏"的角度看，上述的变化是创新的结果，是新企业替代旧企业的过程，是高效企业替代低效企业的过程。如果市场有足够的竞争力量，低效企业即使暂时占有比较高的市场份额，也难以长期维持其地位，最终会被创新更

---

① 数据来源：QuestMobile 研究院。

快、更高效的企业替代。而在数字经济时代，这种情况似乎发生得更快。

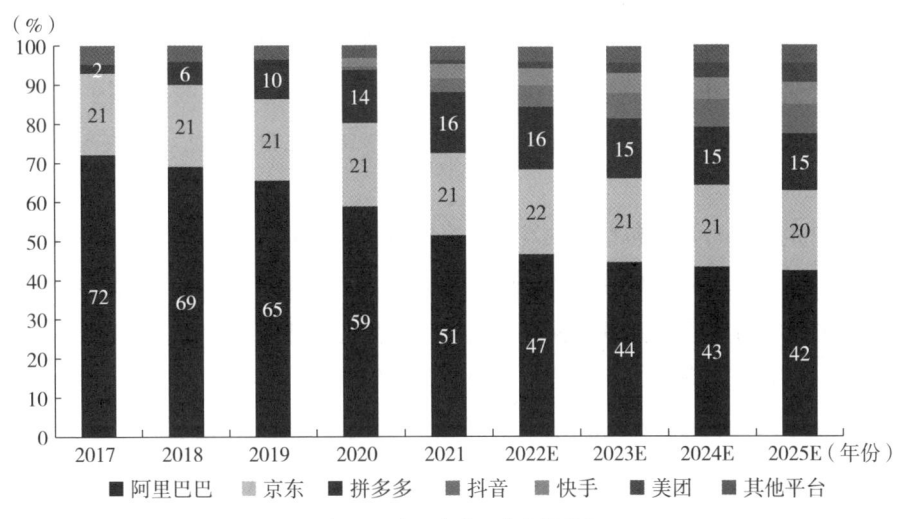

图 4-7 中国电商平台市场份额

资料来源：公司公告，Latepost，万得资讯，中金公司研究部。

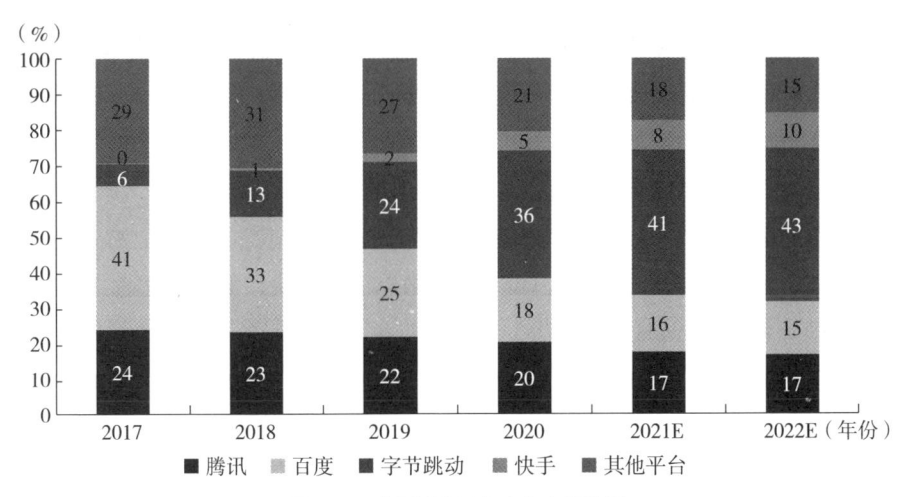

图 4-8 中国线上平台广告市场份额

资料来源：公司公告，Latepost，万得资讯，中金公司研究部。

发展数字经济，既要促进技术进步，又要防止垄断，公平的竞争环境是一个重要条件。虽然数字技术带来新的挑战，但是公平的竞争环境可以保障新企业不断进入，使得在位企业难以利用在位者优势行使垄断权利，反而需要保持创新动力来维持龙头地位。在营造公平的竞争环境方面，需要阻止在位企业实施反竞争的手段。例如，有研究发现行业的 Tobin Q 增加（即单位投入带来的收益增加），而美国企业的自由进入在减少，说明竞争在下降。[1] 也有研究发现美国"游说"活动越密集的州，其顶层 1% 群体的收入份额越高，说明游说活动与收入不平等之间有正向关系。[2]

公平的竞争环境既包括国内竞争，也包括国际竞争。对于前沿科技领域，外国企业的竞争可以促进本国企业的创新能力。[3] 因此，促进公平的国际竞争环境可以促进技术进步和防止垄断。同样，在本国企业进入外国市场时，维护本国企业能获得公平的竞争环境，可以维护本国企业的创新能力。在反垄断的过程中，也需要权衡本国企业的国际竞争力与国内的公平，国际竞争力也是效率的一部分。

在中国对平台经济监管加强后，有一些变化正在发生。一是经营模式的变化。终止"二选一"行为，创造更公平的竞争环境。某些平台部分业务出现了比较明显的亏损，创新业务的投入整体有所收敛。例如，2021 年京东新业务亏损额近 100 亿元，亏损率达 40%，主要由新设立的社区团购业务京喜拼拼导致。二是企业更注重社会责任。例如，腾讯成立可持续社会价值创新事业部，建立两期共计 1 000 亿元的社会可持续价值投资。阿里巴巴也公布了投资 1 000 亿元助力包容性增长，美团推动骑手的社会责任保障，等等。

二是投资模式的变化。通过资本出清赛道的模式被叫停。例如，腾讯整合虎牙、斗鱼的尝试失败。其他中小规模的投资仍然在比较正常地进行。海外投资有所加速。2021 年 12 月，阿里巴巴设立海外数字商业板块，整合速卖通、ICBU（阿里巴巴国际站）、Lazada（来赞达）等海外业务。从收入来看，增速较快的全球零售商业中 Lazada 占比逐年扩大，我们预计未来 Lazada 和阿里系其他海外电商平台对全球零售收入的贡献将继续上升。

---

[1] Gutiérrez, Germán, and Thomas Philippon, The Failure of Free Entry. NBER Working Paper, 2019.

[2] P. Aghion, U. Akcigit, A. Bergeaud, R. Blundell, and D. Hémous., Innovation and Top Income Inequality, Review of Economic Studies 86, no. 1: 1–45, 2019.

[3] Aghion, P., N. Bloom, R. Blundell, R. Griffith, and P. Howitt., Competition and Innovation: An Inverted-U Relationship, The Quarterly Journal of Economics 120（2）: 701–28, 2005.

探索向善之路

提升数字素养，增强劳动保障

要缓解技术进步带来的"结构性失业"问题，需要加快劳动技能的转变。技术进步是长期增长的来源，是促进经济发展的核心要素。技术进步带来的短期负面效应需要政府、企业、社会、个人一起合作来消除。加快劳动技能转变可以赋能劳动者，适应新技术条件下的工作技能要求，实现劳动和职业更好地匹配。加快劳动技能转变的方式包括各种职业培训，加强终身学习的理念等。

数字经济的发展需要提升数字素养。2022年1月国务院印发《"十四五"数字经济发展规划》，提出要实施"全民数字素养与技能提升计划"，推进中小学、职业院校、企业培养数字技能人才。在提升数字素养方面，数字技术可以发挥出普惠作用，为偏远地区、低收入人群提供更广范围、更低成本的触达方式。

相比于发达国家，我国目前仍有大量的劳动者从事非正式就业，劳动保障有待进一步提升。如果缺乏公共政策协同，企业难有动力提高劳动保障。因此，有必要加强劳动领域的保障，包括最低工资、失业保险、医疗保险等。通过加强劳动法的执行，建立社会安全网，保护低技能劳动者的权益。对于新业态下的新就业模式，需要推进劳动领域立法，来明确平台与劳动者间的权责边界。

要保护隐私，但也要增强数据要素的流动性

通过合理的机制安排，增强数据要素的流动性，有助于数字经济的健康发展，实现公平与效率的统一。首先，数据要素流动可以发挥增长作用，提高生产率。其次，数据要素流动可以减少新企业的进入门槛，促进市场竞争。最后，数据具有非竞争性，数据要素流动可以实现要素增值。

在数据要素流通方面，可以对不同的数据类型设置不同的机制安排，更能够促进数据市场的流通，实现数字经济的可持续发展。不同类别的数据涉及不同的数据主体和数据处理者，其交易成本、数据分享的动机、数据分享的激励可能都不一样。因此，建立数据分级分类机制，根据数据主体和数据处理者不同，为个

人数据、企业数据和公共数据等分别设置合理的机制安排，可能有利于实现数据流通的公平与效率。例如，为企业数据和公共数据确定所有权来促进流通，而个人数据因为涉及隐私保护，可能需要新的机制安排。对于个人数据，给予个人更多的控制权，如被遗忘权，允许用户删除在平台上的信息，可以加强隐私保护。

除了机制安排，通过技术进步来促进数据要素流通，也有助于兼顾公平与效率。例如，隐私计算技术可以保证在不泄露原始数据的情况下，对数据进行分析，实现流通过程中数据"可用不可见"。隐私计算技术包括联邦学习、同态加密、差分隐私、多方安全计算等。这些技术进步可以实现在不降低隐私保护程度的前提下，促进数据流通，从而提高效率，达到帕累托改进的效果。

营造公平的竞争环境

公平的竞争环境既可以提升效率，也可以促进公平，是包容性增长的重要组成。根据世界银行的营商环境数据，我国营商环境的世界排名从2017年的第78名上升到2019年的第31名，说明我国在优化公平竞争环境方面进步较大。虽然数字经济的发展带来了对垄断的担心，但是公平的竞争环境在数字时代仍然是打破垄断、促进创新的手段。促进国内企业间的公平竞争，以及国内和国际企业的公平竞争，将有助于包容性增长的实现。在营造公平的竞争环境方面，可以降低行业的进入壁垒，打破人为设置的进入障碍，也需要打击腐败，提高不同企业的金融资源可获得性。

有观点认为，平台企业虽然和公用事业一样具有网络效应，但由于其较强的创新能力，而且创新周期短，容易被后来者替代，所以不宜像公用事业一样设置较高的进入壁垒，应该允许更多的企业发挥创新能力。[1] 由于数字经济时代的技术更难定义清楚，所以通过专利许可进行技术转移更难。有观点认为对于数字技术的并购行为的监管不应过严，因为很多时候并购是为了技术转移，而不是为了

---

[1] Tobias Kretschmer and Sven Werner, "Platform regulation: What policymakers can and cannot learn from utility industries", VoxEU, 2021.

更大的市场份额。①

权衡数字税的利弊

数字技术的发展既促进了效率也带来了新的公平问题，理论上，数字税是一个解决公平问题的途径，其收入可以用来补偿那些受损的群体。对于消费者来说，数据并没有带来直接的收益，但是获得了更方便的服务、更多的产品选择等间接收益。对于企业来说，通过数据获得了更多的营业收入。总的来说，数字技术的进步使消费者和企业都获得了收益，问题在于这种收益如何分配。有观点认为应该将数据看成一种"劳动"，给予数据主体足够的补偿。②诺贝尔经济学奖得主保罗·罗默认为应该给大科技公司征收额外的税收，以实现公平。③也有观点反对征收数字税。诺贝尔经济学奖得主迈克尔·斯宾塞认为征收数字税并不会带来好处。④另有观点认为是企业创造了数据的价值，而用户并没有为数据创造价值，所以不应该征收数字税。⑤

数字税不仅是一国内部的问题，也涉及跨国业务。数字技术的发展使得跨国企业无须在市场国设立实体即可提供服务，并获得来自市场国的经营收入。在现行国际税收体系下，这种模式使得跨国企业无须向市场国缴纳税收，对于市场国来说不利于劳动者。因此，部分国家开始单边征收数字服务税。例如，2020年4月，英国政府对全球数字服务年收入超过5亿英镑，而且在英国至少有2 500万英镑收入的科技公司征收2%的数字服务税，主要针对搜索引擎、社交媒体平台和在线市场等领域。

---

① Cabral, Luís, Merger Policy in Digital Industries. Information Economics and Policy 54（March）, 2021.
② Arrieta-Ibarra, Imanol, Leonard Goff, Diego Jiménez-Hernández, Jaron Lanier, and E. Glen Weyl, Should We Treat Data as Labor? Moving Beyond 'Free.', AEA Papers and Proceedings 108（May）: 38–42, 2018.
③ https://www.nytimes.com/2019/05/06/opinion/tax-facebook-google.html.
④ 中国金融四十人论坛：刘珺对话诺奖得主迈克尔·斯宾塞：数字时代如何有效反垄断, 2021。
⑤ Joe Kennedy, Digital Services Taxes: A Bad Idea Whose Time Should Never Come, 2019.

为了解决国际税收分配问题，从 2017 年起，OECD 开始推进制定应对数字化税收挑战的多边方案。2021 年 10 月，G20/OECD 税基侵蚀和利润转移包容性框架 140 个成员中的 136 个成员发表声明，正式就新的国际税收规则（"双支柱"方案）中的重要参数达成一致。[①] 其中，支柱一方案放弃了过去以营业场所的物理存在定税基的方式，转而采用以营业收入来定税基，对国际税收的基础带来了重大改变。支柱一方案要求各国取消单边数字税措施。2021 年 10 月，美国与奥地利、法国、意大利、西班牙和英国就"从现有单边税收措施向支柱一生效实施的过渡期安排"达成一致协议。

总体来说，数字税方案需要平衡税收和创新之间的关系。对大科技公司施加更多的税收，会起到再分配的效果，但也会降低企业的创新能力，削弱其在国际市场的竞争力，从而损害效率。在这两者间如何平衡，是数字税设计中需要考虑的问题。对于中国大型科技企业而言，如果征收数字税，是在现行的税收体系里面解决（如增加企业所得税）还是需要开征新税种，是中央征收还是地方征收，也是值得讨论的问题。从国际视角来看，国外大型科技企业，如谷歌、Meta、亚马逊在我国提供的数字服务并不多。因此，OECD 支柱一方案对中国的参考意义相对有限。

[①] "双支柱"方案中，支柱一主要解决的是征税权的重新划分，使得跨国企业向市场国缴纳税收；支柱二通过设定企业所得税的全球最低税率，侧重解决利润转移和税基侵蚀问题。

第五章

碳约束下平衡区域发展

未来30年，中国需要在碳约束下实现高质量发展，面对的一个重要挑战是区域发展不平衡可能进一步加剧。本章主要就此回答以下三个问题。

第一，碳约束是否会加剧中国区域发展不平衡？尽管中国越来越多的地区经济发展正与碳排放脱钩，但是由于各地碳脱钩进展差异较大，甚至个别地区还出现了反向脱钩。"十一五"以来，在相关节能减排政策约束下，中国高碳与低碳欠发达地区人均GDP差距出现了一定程度的扩大。未来，随着碳约束力度的进一步增强，区域发展不平衡是否会持续加剧？我们利用CGE模型进行了多情景分析，研究结果显示，如果按照减排效率优先的方式推进碳中和，可能给中国带来严重的区域发展失衡问题，对高质量发展形成巨大挑战。

第二，碳约束为什么会加剧中国区域发展不平衡？回答这个问题首先要了解谁承担了主要的减排成本。处于产业链中游的高耗能行业，由于对上游的能源部门和下游消费部门的议价能力都处于弱势，或将承担大部分减排成本。高耗能行业由于本身转型升级的需要，且边际减排成本相对其他行业较低，现阶段承担更多的减排成本具有一定合理性。但是，由于欠发达地区的经济发展对这些行业的依赖程度更高，统一施加碳约束将加剧区域发展的不平衡。

第三，未来如何消除碳约束下的区域发展不平衡？一方面，要通过碳排放"双控"、碳市场、碳税和差异电价实现较为合理的减排成本分摊，在追求效率的同时适当考虑公平；另一方面，建立公平转型的补偿机制，通过转移支付和转型金融支持高碳欠发达地区公正转型。我们利用CGE模型比较了各类政策情景，结果表明：在实现碳中和的过程中，碳排放"双控"、碳市场和碳税将在更公平分摊减排责任方面发挥主要作用；转移支付是消除区域差距的最有效手段，根据转型进展动态确定转移支付资金流入地区将降低全国GDP损失，消除区域发展不平衡；转型金融亦可在一定程度上以GDP潜在损失为代价，促进区域发展公平。[①]

---

① 本章作者：聂伟、徐磊。其他重要贡献者包括王帅（实习生）、蒋姝睿（实习生）等。

共同富裕与碳中和是影响中国未来数十年发展的重大国家战略，实施过程中，如何相互协调、识别并化解相关矛盾，防范由此带来的发展风险具有十分重要的现实意义。本章试图回答以下问题：碳中和约束下的高质量发展之路，是否以及为什么会进一步拉大区域发展差距？如何构建有效政策体系，消除碳约束下的区域发展不平衡？

为回答这些问题，本章分四部分进行了论述：第一部分通过现状分析认为，碳中和给高质量发展带来的重要挑战之一是区域发展不平衡的进一步拉大；第二部分通过分析在现行体制下减排成本在产业链及供需两侧的传导，找到碳约束加剧区域不平衡的原因；第三部分提出，为防止碳约束带来的区域不平衡进一步扩大，要建立包括合理减排成本分摊和公平转型补偿两方面功能的政策体系；第四部分利用CGE模型构建了到2060年的未来情景，分析了在碳约束下实现区域平衡发展的政策路径，并就此进行了一些思考。

聚焦碳约束下的区域发展不平衡

回顾过去40年，中国经济经历了快速推进工业化的过程。2000年以来，各地经济发展总体上进入与碳排放持续脱钩的阶段，但各地脱钩进展存在较大差异。北京、上海、天津等发达地区脱钩进度明显快于山西、内蒙古、新疆、宁夏等高碳地区。尤其是"十一五"之后，持续加强的能耗和碳减排政策对各地经济发展的约束日趋显现，脱钩进展相对迟缓的高碳地区可能面临更大的转型压力，加剧了区域发展不平衡。

展望未来40年，随着碳中和战略的实施，在碳减排约束不断加大的情况下，经济发展水平低且碳排放高的地区可能承担更多减排任务。因此，降低全国减排成本的方式是让减排成本较低的地区多减排，直到各地碳减排成本趋同，然而，这或将进一步拉大地区间经济发展差距。我们利用CGE模型构建了成本最低的碳中和实现情景，分析结果显示，如果只追求减排效率，将进一步加大区域经济发展的不平衡程度。

碳排放脱钩节奏差异加剧区域发展不平衡

工业革命以来，化石能源消费成为支撑经济发展的主体能源，化石能源高碳排放的特性推动形成了"碳排放权＝发展权"的底层发展逻辑。回顾发达国家完成工业化过程不难发现，化石能源消费的强度在工业化完成前不断上升，但在完成工业化后通常会"自然"下降，朝脱钩方向发展。当前中国正在经历这一过程，碳中和的约束要求各国进一步加速化石能源消耗与经济发展深度脱钩。对中国而言，这一过程既涉及产业结构的进一步调整，也涉及能源的清洁化，而这两方面需要相当长的时间同步完成。因此，从短期来看，"碳排放权＝发展权"的逻辑短期内还将适用，碳减排将形成对短期经济发展的新约束。

尽管过去20年中国绝大部分地区一定程度上实现了经济发展与碳排放脱钩（图5-1），但总体而言"碳排放权＝发展权"的逻辑在区域经济发展中并没有发生本质变化。我们参考孙耀华等[1]和Gao等[2]的研究方法测算了各省（自治区、直辖市）1998—2019年的Tapio脱钩指标。结论显示，北京、天津、上海等地的经济增长和碳排放脱钩程度比较高；河北、内蒙古脱钩程度相对比较低；新疆没

---

[1] 孙耀华、李忠民：《中国各省区经济发展与碳排放脱钩关系研究》，《中国人口·资源与环境》2011年第5期。

[2] Gao C, Ge H, Lu Y, et al. Decoupling of provincial energy-related CO_2 emissions from economic growth in China and its convergence from 1995 to 2017, Journal of Cleaner Production, 2021, No. 297.

有脱钩，宁夏不仅没有脱钩反而挂钩程度更高。上述指标测度结果基本反映了过去 20 年各省产业结构、能源结构以及节能增效进展的差异。

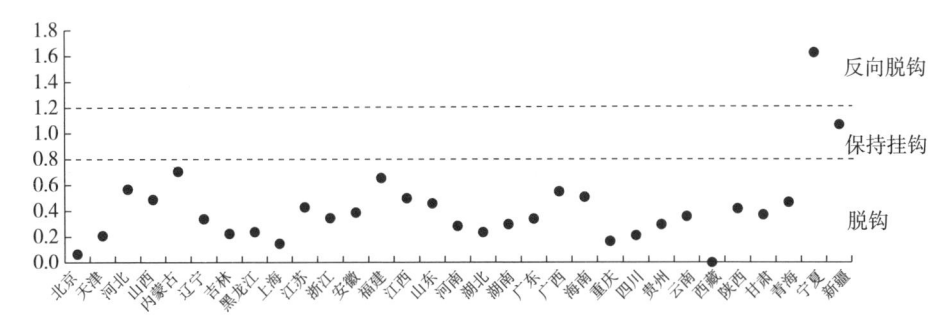

图 5-1 1998—2019 年中国各省（自治区、直辖市）经济与碳排放 Tapio 脱钩指标

资料来源：《中国统计年鉴》，CEADs，中金研究院。

注：脱钩指数等于碳排放变化百分比除以 GDP 变化百分比。在碳排放变化百分比和 GDP 变化百分比都大于零的情况下，脱钩指数越小意味着 GDP 增长产生的碳排放越少，脱钩程度越高。该指标值在 0~0.8 表明脱钩，0.8~1.2 表明挂钩度基本不变，1.2 以上属于反向脱钩（进一步挂钩）。

由于中国各地的经济发展阶段、产业体系和能源结构存在差异，不同地区经济发展对碳排放的依赖程度也不尽相同。2019 年中国碳排放强度最高的宁夏与最低的西藏相差了 120 倍，与北京、上海等发达低碳地区也差了 20 倍左右。值得关注的是，过去 20 年各地区碳排放强度的差异并没有发生根本性变化。我们将全国 31 个省级行政区划分为发达、低碳欠发达和高碳欠发达三组地区[①]，研究了三组地区 1998—2019 年碳排放强度的变化趋势，发现三组地区碳排放强度基本保持了相似的下降节奏（图 5-2）。

---

① 我们按 2004 年人均 GDP 中位数将全国内地 31 个省级行政区划分发达与欠发达地区，再按 2004 年碳排放强度中位数将欠发达地区划分为高碳欠发达地区（实验组）与其他非高碳欠发达地区（对照组）。之所以选择 2004 年是因为我们在下文中要研究三组地区受能耗和碳排放强度控制政策的影响，而 2004 年正是能耗强度控制政策实施的前一年。按照这样的划分，发达地区包括北京、天津、河北、内蒙古、辽宁、吉林、黑龙江、上海、江苏、浙江、福建、山东、湖北、广东；高碳欠发达地区包括山西、安徽、河南、四川、贵州、陕西、甘肃、青海、宁夏、新疆；其他欠发达地区包括江西、湖南、广西、海南、重庆、云南、西藏。

第五章 碳约束下平衡区域发展

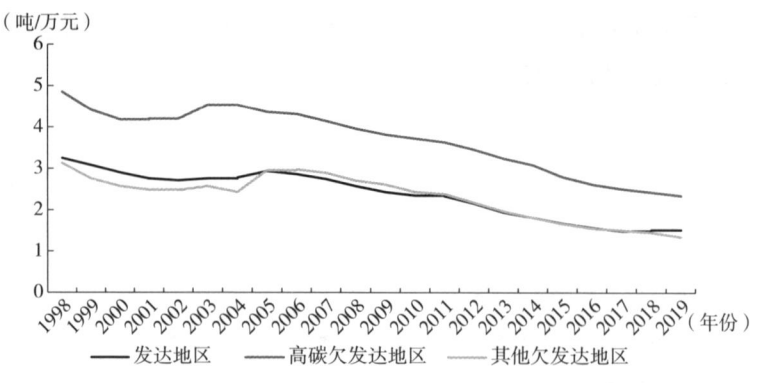

图 5-2　中国不同地区碳排放下降强度趋势

资料来源：《中国统计年鉴》，CEADs，中金研究院。

注：根据 2004 年碳排放强度和人均 GDP 中位数，将中国各省划分为发达地区、高碳欠发达地区和其他欠发达地区。其中，高碳欠发达地区包括山西、安徽、河南、四川、贵州、陕西、甘肃、青海、宁夏、新疆，其他欠发达地区包括江西、湖南、广西、海南、重庆、云南、西藏；按照 1998 年不变价计算 GDP。

尽管各地经济发展对碳排放的依赖程度差距没有发生本质变化，但是碳减排措施对地区经济发展约束的差距明显加大。中国分别于"十一五"和"十二五"提出了能源强度和碳排放强度下降目标。我们针对两个目标对两类地区人均 GDP 的影响做了对比分析。结果显示，中国高碳欠发达地区与其他欠发达地区人均 GDP 差距从 2006 年开始逐步拉大，2006 年开始实施能耗强度约束目标及 2011 年开始实施碳排放强度约束目标或对其有重要影响（图 5-3）。

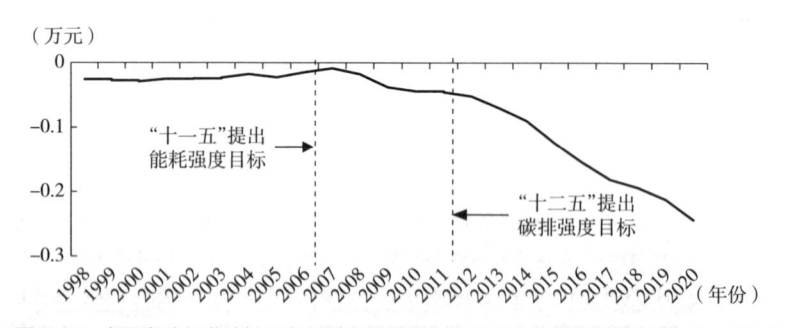

图 5-3　中国高碳欠发达地区与其他欠发达地区人均 GDP 差距（1998—2020 年）

资料来源：《中国统计年鉴》，CEADs，中金研究院。

注：地区分类同上图；1998 年不变价计算 GDP。

未来区域减排成本快速趋同带来公平挑战

减排效率最高的方案是尽可能让减排成本低的排放主体承担更多的减排责任，当边际减排成本在各个主体都相等时，所实施的减排政策是最优的，因为此时总成本最小[1]。

边际减排成本表示减少一单位碳排放需要付出的经济成本，可以使用减少单位碳排放对应的 GDP 减少量来衡量。边际减排成本与经济发展水平密切相关。大多数文献通过实证分析发现欠发达地区的减排成本往往比发达地区更低[2]。例如，Liu 和 Feng 利用 2000—2014 年全球 165 个国家的面板数据，分析得出发达国家的边际减排成本普遍高于发展中国家[3]。IPCC（联合国政府间气候变化专门委员会）和 OECD 的研究报告均认为欠发达地区的减排成本通常低于发达地区[4]。

中国的情况和全球类似，各地减排成本差异较大，主要是因为各地处在工业化不同阶段。已有研究表明，宁夏、新疆、辽宁、内蒙古、山西等经济发展水平不高且脱钩进展不佳的地区边际减排成本较低，且成本上升速度相对较慢；北京、天津、广东和河南等边际减排成本较高且上升速度较快。由于碳减排具有规模效应，初始碳排放量越高，边际减排成本越低，但随着节能和提高能效、产业结构调整等减排成本相对较低的手段被尽可能多地应用，越来越多的碳排放需要通过大规模应用创新技术甚至被迫减产等高成本手段实现。这意味着未来脱钩进度快的地区边际减排成本上升更快，过去脱钩进展不佳的地区边际减排成本低的特性将不断强化，因此后者可能将承担更大的减排责任，导致区域发展差距一定

---

[1] IPCC, The Synthesis Report of the Third Assessment Report, 2001.

[2] Wu 和 Chen 等发现中国开放程度高、三产占比高的东部沿海地区具有更高的边际减排成本，潘勋章分析了多种全球减排责任分担情景下各国的减排成本，发现非洲、中国、印度、拉丁美洲、中东地区、东南亚地区等发展中国家经济体的减排成本占 GDP 比例普遍低于大洋洲、欧洲、日本、韩国、北美洲等发达经济体。参考：Wu L., Chen Y., Feylizadeh M. R., Study on the estimation, decomposition and application of China's provincial carbon marginal abatement costs, Journal of Cleaner Production, 2019, No.207: 1007–1022。

[3] Liu J. Y., Feng C., Marginal abatement costs of carbon dioxide emissions and its influencing factors: A global perspective, Journal of Cleaner Production, 2018, No.170: 1433–1450.

[4] OECD：Economic Outlook 1998.

程度上加剧。

为量化分析碳中和战略对中国地区间经济发展的长期影响，我们利用CGE模型构建了不实施碳中和的基准情景和效率最优（减排成本最低）情景，并对两个情景进行对比分析。

在基准情景下，我们假设人均GDP较低的地区未来增长率较高，欠发达省份与发达省份的差距逐渐缩小。中国各省人均GDP的基尼系数将从2020年的0.19逐渐下降至2060年的0.08。但是，由于没有碳排放管控，在2040年前后才能实现碳排放达到峰值133亿吨，之后缓慢下降至2060年的125亿吨，高于当前水平。与基准情景相比，效率最优情景导致各省发展不平衡，不平衡程度在2030年进入快速减排阶段后更为显著。具体来说，从人均GDP基尼系数看，效率最优情景始终比基准情景更高（图5-4），意味着区域经济发展更不公平，且在人均收入和人均消费方面的发展不公平更明显。另外，与基准情景相比，效率最优情景下，碳约束使2030年和2060年的中国GDP分别下降1%和10%（图5-5）。

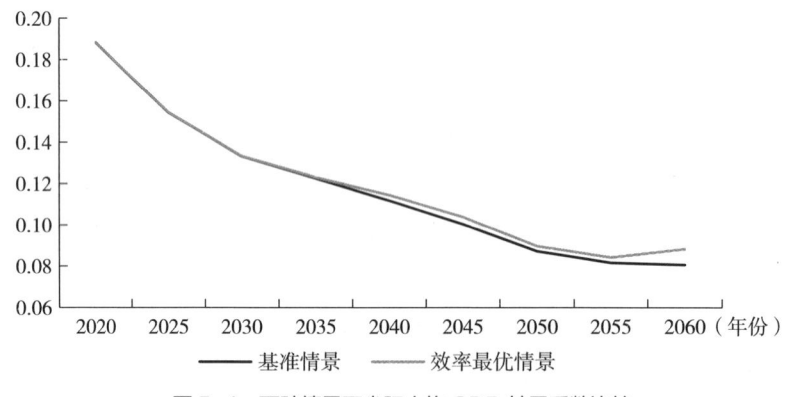

图 5-4　两种情景下省际人均GDP基尼系数比较

资料来源：中金研究院。

分地区看，与基准情景相比，效率最优情景下欠发达省份的人均GDP下降幅度比发达省份更大，意味着仅追求减排效率会使欠发达地区发展权受到更严重的负面影响。2030年，效率最优情景下发达省份、欠发达省份的人均GDP比基准情景低0.5%、0.6%，2060年分别为7.6%、11.5%，这与欠发达省份碳排放强度通常较高和边际减排成本通常较低有关,同时表明,欠发达省份比发达省份承担了更多的减排成本。具体到单个省份,与基准情景相比,效率最优情景下 2060 年西藏、云南、河南、江西等欠发达省份的人均 GDP 下降幅度较大(超过 15%),而上海、广东、浙江等发达省份的人均 GDP 下降幅度较小(不超过 1%)。

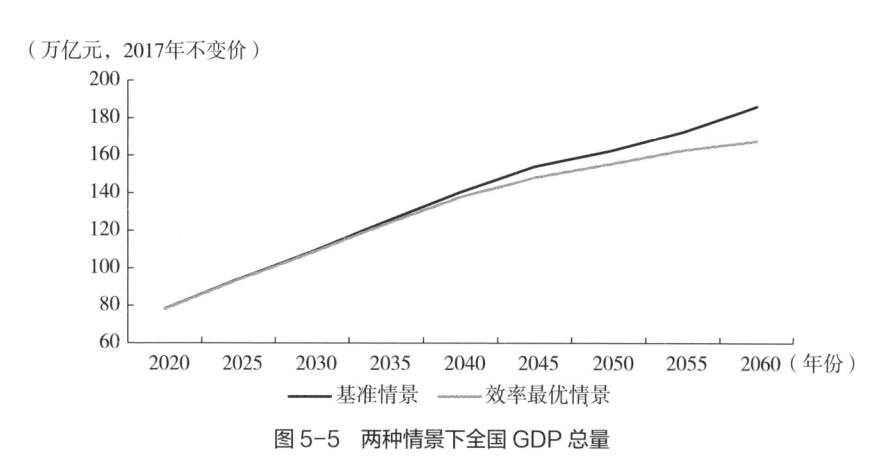

图 5-5 两种情景下全国 GDP 总量

资料来源:中金研究院。

在效率最优情景下,边际减排成本低的地区将率先减排,其边际减排成本随减排量上升而上升,直至达到高减排成本地区的水平。因此,在减排成本被赶上前,边际减排成本高的地区受碳减排约束较少,甚至在减排初期由于单位碳排放的产出较高而增排增产,其边际减排成本在减排初期或略有下降,各地区边际减排成本快速趋同。

探究不平衡加剧缘由:谁在承担减排成本

高碳中游行业成本传导能力弱,承担了大部分减排成本

高碳行业成本传导能力将影响减碳成本的最终分配效果。由于能源、工业部门贡献了绝大多数碳排放,减碳将主要通过能源、工业部门结构优化或行业内技术升级等手段来实现。一般而言,减碳成本由生产端先分担,进而逐级传递至下

游消费端，部分环节传导能力不足，可能会出现减碳成本分担不均衡情况。因此，生产端各行业间的初始责任分摊和产业链成本传导能力将影响减碳成本的最终分配效果。

行业的成本传导能力主要取决于市场供需关系、行业集中度、政府价格管控等因素。供应紧张时，供给侧成本传导能力更强；同时，高行业集中度也意味着对下游的议价能力更高。进一步聚焦高碳重点行业，煤炭、石油、电力等能源部门处于产业链上游；化工、钢铁、有色、建材等高耗能工业部门大多处于中游。利用投入产出表并参考Wu等[1]的分析框架得出了2016—2019年各行业成本传导能力指数。从图5-6可见，处于上游的煤炭、石油开采行业的成本传导能力明显高于中游高耗能工业部门。

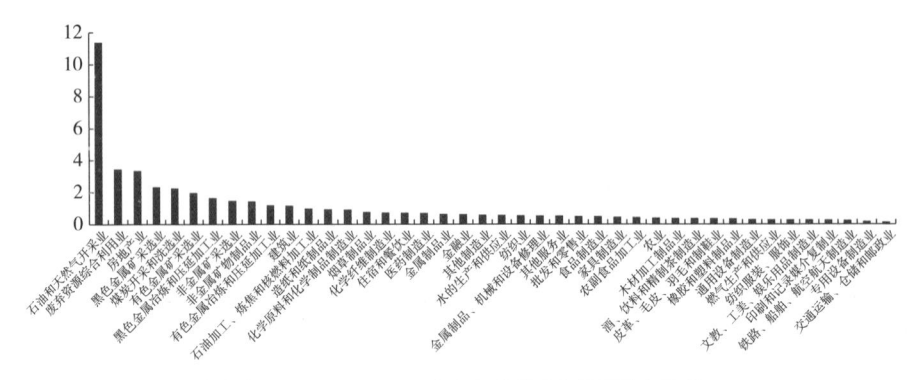

图5-6 2016—2019年各行业的成本传导能力指数

资料来源：2018年度中国投入产出表，国家统计局，中金研究院。

注：成本传导能力为行业（企业）对成本上涨的向下传导能力，以某段时间内价格涨幅/成本涨幅测算。

上游能源部门对中游工业部门的成本传导相对顺畅。我们以电力行业为例简要说明。在供需方面，电力近年来保持紧平衡状态。一方面，由于清洁转型中可再生能源绝大部分需要通过电能形式被终端利用，以电代煤、以电代油的清洁化替代场景不断推高电力需求；另一方面，数据中心、5G（第五代移动通信技术）

---

[1] Wu L., Li J., Zhang Z. X., Inflationary effect of oil-price shocks in an imperfect market: A partial transmission input–output analysis, Journal of Policy Modeling, 2013, 35（2）: 354–369.

基站等新领域耗电量高，电力消费弹性系数近年来出现反弹趋势，体现出经济增长对电力依赖程度增加。行业集中度方面，两大电网公司覆盖了全国90%以上的供电业务，行业集中度很高，向下游议价能力相对较强。价格疏导方面，随着电力、油气等能源领域市场化改革深入推进，能源价格向中下游传导将更加顺畅，这将有利于能源部门的减碳成本更多向中下游传导。

中游工业部门传导成本能力弱，将面临减碳成本淤积。考虑中国当前产业结构及经济发展现状，中游高耗能工业对下游消费端成本传导难度较大。以钢铁、水泥行业为例，由于城镇化、工业化发展高峰已过，粗钢、水泥等建材需求走低，近年来水泥产能利用率不及70%，2022年一季度利用率下降至50%以下，产能过剩情况较为明显。同时，水泥、钢铁等产品还面临着进出口贸易竞争，在产能过剩情况下向下游传递成本能力更低，面临利润被挤压的困境。也就是说，虽然碳成本初始施加在生产端，理论上可以通过产业链传导至消费端，但在当前产业结构及供需环境下，大量碳成本将淤积在中游的高耗能工业环节。

高碳行业多承担减排成本具有合理性但缺乏公平性

碳成本的自由传导将加速高耗能产业转型升级。现阶段中国高耗能工业已进入存量竞争时代，可以预见，面对能耗双控、电价成本提高以及即将纳入碳市场等减排压力，高耗能工业将加速淘汰过剩产能、低效技术，并增强产业集中度。头部企业通过节能降耗技术升级争取行业内部优势，利润率将提升；腰部企业面临较严重的互相挤压，在减碳约束下可能实施减少输出、自我减排、购买碳配额等决策，利润率降低；居于行业尾部的落后产能将被迫出局。显然，这符合产业优化升级和与碳减碳相互促进的双重逻辑。

各行业供需环境、竞争格局差异造成了碳成本在产业链上下游传导不均衡，而不同地区产业结构差异又将造成地区间减碳成本分担不均衡。从成本分担的绝对量来看，山东、江苏、广东等高耗能制造业增加值高的省份将承担更高的减碳成本；而从成本承担能力看，河北、宁夏、江西、河南、山东等地高耗能制造业增加值占地区生产总值的比重高，负担能力较弱（图5-7）。

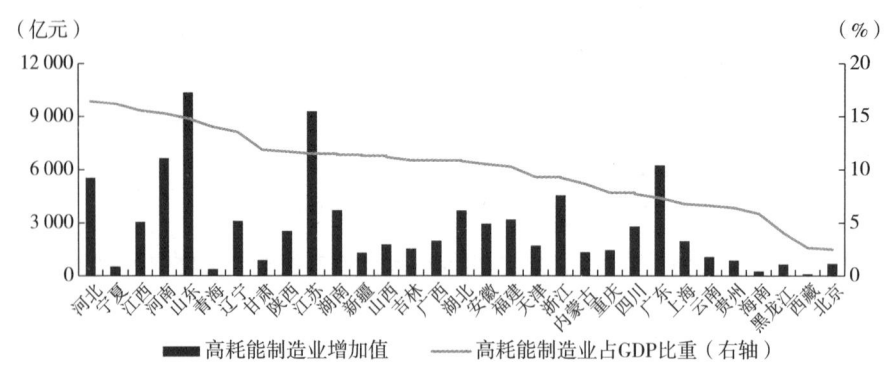

图 5-7　各省高耗能制造业增加值及占地区生产总值比重

资料来源：中国碳核算数据库，中金研究院。

中国从实施降碳政策约束之初就已经纳入了缓解区域不平衡的考虑。2016 年国务院发布的《"十三五"控制温室气体排放工作方案》提出的省间碳排放强度分解方案综合考虑了各省"发展阶段、资源禀赋、战略定位、生态环保"等因素。将 31 个省级行政区分为五组承担约束程度不同的碳强度下降目标。通过与赵巧芝等[①]测算的各地边际减排成本对比，可见这一目标分解方案并没有完全追求效率，而是更多地让减排成本已经较高但经济能力较强的地区承担更多的减排责任（图 5-8）。

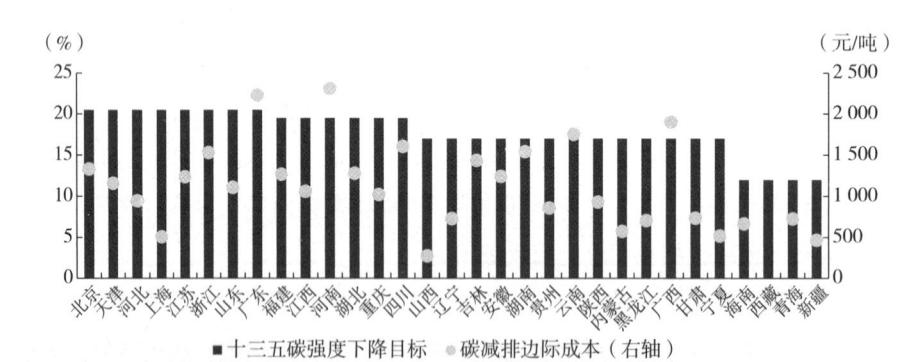

图 5-8　"十三五"碳强度下降目标分解与各省碳减排成本对比

资料来源：国务院《"十三五"控制温室气体排放工作方案》，赵巧芝等，中金研究院。

---

① 赵巧芝、闫庆友：《中国省域二氧化碳边际减排成本的空间演化轨迹》，《统计与决策》2019 年第 14 期。

缩小碳约束下区域差距的政策体系

在碳约束下，高碳行业承担了大部分减排成本，导致高碳行业较为集中的地区承担更多的减排成本，可能引发区域发展不平衡问题。什么样的政策体系能够有效兼顾效率和区域间发展公平？我们认为，有效的政策体系应该包含两方面：一是合理的成本分摊，我们的分析聚焦在成本分摊政策实施中如何考虑公平；二是补偿公平转型，公平转型补偿的政策工具在缓解甚至避免碳约束下区域差距拉大方面可以发挥更大的作用。

合理的成本分摊政策工具

合理的碳减排成本分摊主要靠碳排放"双控"、碳市场和碳税等政策工具实现。其中，碳排放"双控"和碳市场已经进入实施阶段，并将在未来发挥主要作用。

碳排放"双控"：从区域间分配到行业间分配

目前的碳排放"双控"政策在一定程度上照顾了低收入高排放的地区。面向未来，可以进一步优化碳减排分配：一方面应保持对高排放行业的碳约束力度，另一方面应该让更多的部门承担更大的减排成本。例如，欧盟将碳排放权[1]先分配给发电、高耗能工业和其他（居民生活和交通运输为主）三个部门，三部门再将各自部门的碳排放权在各成员国间分配。对中国而言，地方被分配到目标后，往往为了方便管理，将目标进一步分解到能耗或碳排放达到一定规模的企业。这样的企业往往又集中在少数高耗能行业。因此，我国的能耗双控体系在实际运转中倾向于让高能耗行业内的大型企业承担减排任务。

---

[1] 实际是确定碳减排目标，在不同环节确定的具体内容有所差异。比如，电力行业确定发电增长率等。为方便读者理解，我们统一简化表述为碳排放权。

碳市场：迎接多行业间配额分配挑战

碳减排责任通过碳配额来实现初始分配。中国已于2021年7月启动全国碳市场，首先纳入发电行业。随着后续钢铁、建材、石化、有色、造纸、航空等更多高碳排放行业纳入，碳市场将面临多行业间合理分配碳配额的问题。这主要是由于不同行业间存在着复杂的生产关系，在技术水平、减排潜力、能耗强度等方面都存在较大差异，行业间减排责任的分配会对相关产业平衡发展、转型升级等方面产生影响。参考国外碳市场运行经验及国内外学界研究成果，行业间减排责任分摊时，考量因素主要包括减排效率、责任、能力、潜力以及对国家/区域产业结构和经济发展的影响等。

碳税：区域间税率是否差异化

碳税主要采取价格干预的方式，引导纳税主体优化生产经营方式实现碳减排[1]。统一税率理论上是给出全国统一的碳价，碳排放总量大的地区将承担更多的减排成本。相对于差异化税率，统一税率实现的减排规模更大，即减排效率更高。差异化税率可以综合考虑不同地区和行业的碳排放量、减排成本、税负能力等因素，更具可行性，更多照顾了公平。目前，在相对成熟的中国环境类税收体系中，主要还是体现差异化的税率设计思路。环境保护税自2018年1月起正式开征，主要由中央划定统一税额区间，并在各省实行差异化的征收税额。环境保护税充分体现了差异化征税的特点，尤其是发达省份与欠发达省份之间的税额差异较大，可以有效缓解地区间由于征税带来的发展公平问题（表5-1）。

表5-1 中国环境保护税征收现状

省份		税额
低税率	黑龙江、辽宁、吉林、浙江、安徽、福建、江西、山西、甘肃、青海、宁夏、新疆	大气、水污染税额分别为每污染当量1.2~1.4元

---

[1] 姚昕、刘希颖：《基于增长视角的中国最优碳税研究》，《经济研究》2010年第11期。

续表

省份		税额	
中等税率	山西、内蒙古、山东、湖北、湖南、广东、广西、海南、重庆、四川、贵州、云南	大气污染税额分别为每污染当量 1.8~6 元	水污染税额分别为每污染当量 2.1~3.5 元
高税率	北京、天津、河北、上海、江苏、河南	大气污染税额分别为每污染当量 4.8~12 元	水污染税额分别为每污染当量 4.8~14 元

资料来源：唐明等[1]，生态环境部，中金研究院。

电价：阶梯电价与市场化进程

阶梯电价和电价市场化进程都会影响减排成本在产业链中的分摊。自 21 世纪初，中国针对高耗能行业就逐步实施差别电价、阶梯电价、惩罚性电价等，并于近期统一为阶梯电价[2]。阶梯电价通过规定高电耗将适用更高的电价水平，引导高耗能企业节能提高能效。但是，与其他电力用户相比，这也意味着让高耗能行业承担更多的减排成本。随着电力市场化改革的推进，高耗能行业上游发电部门的减排成本也将更顺畅地往下游传导，而在成本传导的过程也存在区别对待高耗能行业的可能性。现阶段中国电力市场化正在加速推进，工商业用户电价完全市场化是比较明确的长期趋势。在这个过程中，基于工业经济稳定、可持续发展等考虑，需要逐步解除工商业电价波动幅度范围的限制。因此，高耗能行业在这个过程还将被"区别对待"，直到其他工商业用户电价实现完全市场化。

---

[1] 唐明、明海蓉：《最优税率视域下环境保护税以税治污功效分析——基于环境保护税开征实践的测算》，《财贸研究》2018 年第 8 期。

[2] 国家发改委等 12 个部门于 2022 年 2 月 18 日联合发布《关于促进工业经济平稳增长的若干政策的通知》，提出"坚持绿色发展，整合差别电价、阶梯电价、惩罚性电价等差别化电价政策，建立统一的高耗能行业阶梯电价制度，对能效达到基准水平的存量企业和能效达到标杆水平的在建、拟建企业用电不加价，未达到的根据能效水平差距实行阶梯电价，加价电费专项用于支持企业节能减污降碳技术改造"。

公平转型补偿的政策工具

转移支付：有效的财政补偿手段

高碳产业受碳约束而衰退将给所在地区经济发展带来巨大的转型挑战。对于高度依赖高碳产业的地区，这种挑战将更显著地反映到地方财政收入上（图5-9）。以资源税为例，2020年资源依赖型省份的地方财政中资源税收入占比显著高于其他省份，部分资源严重依赖型省份达两成以上。资源税征收占比最高的山西省，2020年煤炭行业（包括焦炭）总税收收入占比更是高达44.6%[①]。然而，在经济转型的过程中，由于新兴产业发展一开始初始投入大、回报周期长、回报率低，地方财政需要发挥重要的支撑作用。另外，转型过程中的大量失业也需要财政支持解决，提供基本保障和再就业培训等必要支出。总之，碳约束下的转型地区将面临税收下降、支出增加的双重挑战。中央政府的转移支付将是助力地方绿色转型的最有效的方式，这也体现了对高碳地区的公平补偿。

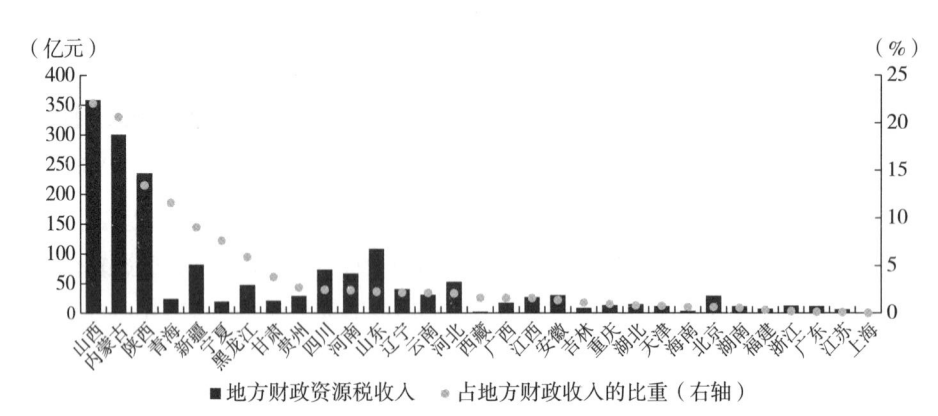

图 5-9 2020年地方财政中的资源税收入及其占比

资料来源：国家统计局，中金研究院。

碳中和转移支付应促进地区的公平转型：一方面助力新产业的引进和发展，另一方面减少传统行业转型带来的社会和经济负面影响。尽管我国的转移支付体系已经较为完善，但与碳中和直接关联的转移支付机制尚未落地。当前节能环保

[①] 张宝林：《2020年山西省煤炭企业经营情况及对地方经济的影响》，《山西财税》2021年第11期。

领域以专项转移支付为主，但并没有纳入碳中和考虑。生态环保专项转移支付包括节能减排补助资金、清洁能源发展专项资金和生态环保转移支付资金三个方面，目的是有针对性地解决生态环境治理和能源利用可持续问题，对缓解因碳约束造成的区域不平等作用非常有限。

转型金融：公正转型的金融手段

对高碳行业进行公平补偿的另一种方式是大力实施转型金融（transition finance）。转型金融主要聚焦在给予清洁低碳转型的原高碳企业必要的金融支持，避免形成过多的搁浅和不良资产。研究表明，过快抑制传统能源密集和高碳产业的正常资金供给，会导致它们难以获得技术创新和转型升级的必需资源[1]。

中国的碳减排成本主要由高耗能行业承担，转型金融在中国的主要任务是提供高耗能行业公平转型的机会。对公平转型的金融支持具体可包括金融债和优惠的货币政策（如定向降准、定向再贷款）等形式，为当地金融机构提供低成本资金，从而降低当地发展经济的融资成本，满足资金需求。相比于财政转移支付，运用转型金融支持政策的优点在于市场化地配置资金，让金融机构而不是政府来选择项目、提供支持，同时让有能力、有意愿的企业和个人都有机会向金融机构申请信贷。在实施转型金融的过程中，应做好支持转型和防止"漂绿"的平衡，着力避免金融支持流于形式的情况。为此，需要进一步规范转型金融支持项目的准入标准和信披制度，建立商业银行机构定期自查与监管机构核验抽查相结合的绿色项目监管体系。

碳约束下实现区域平衡发展

如果成功构建了上述兼顾减排与发展公平的政策体系，中国能否在碳约束下实现高质量发展？在这一过程中，中国要付出多大的经济发展代价？各项政策工

---

[1] Wen, H., Lee, C.-C., & Zhou, F, Green credit policy, credit allocation efficiency and upgrade of energy-intensive enterprises. Energy Economics, 2021, No.94.

具将发挥怎样的作用？为回答这些问题，我们利用CGE模型①，具体分析了八个政策情景，包括不考虑碳约束实现高质量发展的"不减碳发展情景"、仅追求碳减排效率不考虑公平的"碳减排效率优先情景"、将电力和高耗能行业纳入碳市场的"碳市场情景"、将电力和高耗能行业纳入碳市场且其他行业征收统一碳税的"碳税情景"、持续实施碳排放"双控"政策的"碳排放双控情景"、给予高碳低收入地区转移支付的"碳转移支付情景"、在"碳转移支付情景"的基础上动态调整转移支付地区的"动态转移支付情景"，以及给予高碳低收入地区转型金融支持的"转型金融情景"②。

上述八个情景中，"不减碳发展情景"是唯一不实现碳中和的情景，作为与其他七个政策情景进行比较的基准情景。在后面的分析中，可以看到我们基于与此情景比较，衡量各政策情景实现碳中和的GDP损失，以及各政策情景实现公平的效果；其他七个情景都实现了碳中和，且设定了同样的碳中和实现路径。"碳减排效率优先情景"设置了一个在现实中不可能出现的极端追求减排效率情景，只是为了测度其他政策情景相对于此情景在多大程度上改善了区域经济发展不平

---

① 我们利用清华大学环境学院王灿教授、张诗卉博士团队CGE模型构建本章所有情景分析。CGE模型是基于一般均衡理论、宏观经济结构关系和国民经济核算数据建立的描述经济系统运行的数量模拟系统，现已成为全球宏观经济、环境政策分析的标准模型工具。具体而言，本文使用的模型选择2017年作为基准年，模型包含了中国31个省级行政区（因数据受限，不包括港澳台地区）和11个部门（农业、煤炭、原油、采矿、天然气、电力、高耗能制造业、其他制造业、建筑、交通、服务）。主要数据来源包括：第一，社会核算矩阵，依据CEADs数据库中的2017年中国多区域投入产出表构建；第二，外生给定的替代弹性，包括生产函数中和效用函数的替代弹性，来源于现有文献研究；第三，能源消耗和碳排放数据，以CEADs数据库中的2017年分省分行业能耗与碳排放数据作为基准。此CGE模型的详细信息可参见 http://cheer.nsccwx.cn。

② 关于不同情景下人口、经济和技术进步等关键参数的设定，我们借鉴了国际气候变化经济学领域对于全球未来社会经济系统发展的最新情景设置：共享社会经济路径情景（Shared Socioeconomic Pathways，SSPs）。SSPs包括5个SSP情景，分别描述了不同人口、经济、技术、贸易和地缘政治因素下未来社会面临的减缓与适应挑战。基础情景（BAU）下，人口、经济和技术进步参数（表示为自发能源效率改进效率AEEI，Autonomous Energy Efficiency Improvement）参考SSP2的假设设定。数据来源于清华大学环境学院开发的中国分省的SSP情景数据集。其中，GDP增长根据全要素生产率（TFP）、劳动力供给和AEEI等参数求解得到。

衡；"碳市场情景"和"碳税情景"本质上体现了在不同行业间推动碳减排成本趋同，更多体现了在一定范围内对减排效率的追求；碳排放双控情景以及基于此情景叠加实施的转移支付和转型金融（包含动态调整转型金融支持地区）体现了更追求公平的减排责任分摊以及对公平转型的财政和金融补偿。

政策路径：不同减排阶段的政策角色

如图 5-10 所示，实现碳中和需要经历三个阶段。碳达峰阶段（2030 年前）：在碳达峰前，碳排放政策的主要目标是实现碳排放达峰，达峰前碳排放总量还将增长，但增速随着接近峰值而下降，因此对经济发展的碳约束将经历由弱渐强的过程。快速减排阶段（2030—2045 年）：该阶段对经济发展施加的约束最大，且力度加速变强，是由于脱碳技术需要在这个阶段大规模部署，相关投资力度需要持续加强，且传统能源的相关产业也需要加速转型，对经济发展贡献逐步减弱。深度脱碳阶段（2045—2060 年）：创新的脱碳技术及其相关产业已经成熟，大规模部署完成或接近完成，各地的经济发展与碳排放脱钩程度加速完成，碳约束逐步变弱。

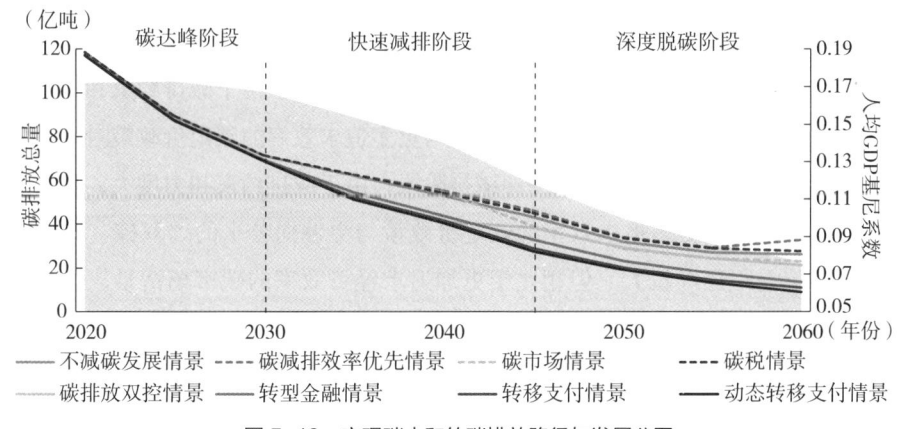

图 5-10 实现碳中和的碳排放路径与发展公平

资料来源：中金研究院。

注：灰色阴影大小代表 BAU 情景下的碳排放总量。

碳排放"双控"在合理减排责任分担环节可持续发挥重要作用。我们在"碳排放双控情景"下，将"十三五"时期以来实施的碳排放强度下降目标省间分解方案延续到了2060年：仍然将全国分为5组，各省所在分组不变，按照2015—2034年、2035—2044年和2045—2060年的时间跨度，分阶段提升了未来各组地区的碳排放强度下降率①。总体而言，这延续了在省间减排责任分摊环节对公平性的考虑，让排放强度较小但经济条件好的省份承担更高的碳排放强度下降目标。从省间人均GDP基尼系数来看，在碳达峰阶段，"碳排放双控情景"的人均GDP基尼系数下降速率与其他情景非常接近，均呈较快下降趋势，这表明由于碳减排压力相对较小，各政策之间兼顾地区减排效率和发展公平的效果差异无法明显体现出来。进入快速减排阶段，由于碳减排压力陡增，"双控"政策抑制地区间差距的作用显现出来，这也可以从基尼系数曲线明显低于其他情景看出；进入深度脱碳阶段，"双控"情景的省间发展差距又逐渐接近其他情景，这也反映了深度脱碳阶段，各省经济发展与碳排放脱钩程度进一步加强，"双碳"政策干预的效果逐步减弱。总体而言，兼顾各省减排效率和经济发展的碳减排"双碳"政策如果能够持续有效实施，对碳约束相关区域发展不平衡风险的抑制作用可以延续到2050年前后。

碳市场在抑制区域间发展不平衡方面的作用将在实现碳中和的中后期逐步强化。"碳市场情景"模拟将电力和高耗能行业纳入碳市场，这些行业在统一碳市场内通过市场交易实现减排效率最大化。在碳达峰阶段，由于减排约束和力度较小，更多追求公平的碳排放"双控"政策与更多追求效率的碳定价政策对发展公平方面的影响差距很难显现；在快速减排阶段，由于减排约束和力度大，且减排与发展尚未脱钩，更多追求效率的碳定价政策与更偏向公平的"双控"政策对公平的影响差距逐渐拉大。但相比于更加追求经济效率的碳市场情景，"双控"政策对经济的约束作用更强，两个情景的全国GDP差距在2030年后逐步拉大

---

① 第一组（北京、天津、河北、上海、江苏、浙江、山东）碳排放强度年下降率为4.5%、5.5%和8.2%；第二组（福建、江西、河南、湖北、重庆、四川）碳排放强度年下降率为4%、6.2%和7.8%；第三组（山西、辽宁、吉林、安徽、湖南、贵州、云南、陕西）碳排放强度年下降率为3.8%、4.6%和7.1%；第四组（内蒙古、黑龙江、广西、甘肃、宁夏）碳排放强度年下降率为3.5%、4.4%和6.5%；第五组（海南、西藏、青海、新疆）碳排放强度年下降率为3%、3.7%和5.1%。

（图 5-11）。在深度减排阶段，全国已基本实现产业结构转型，碳排放和发展趋于脱钩，因此两种减排工具对地区间发展公平的影响趋同。这一阶段，由于各地碳排放总量已经不大，寻找更低的减排成本将成为更主要的任务，相较于碳排放"双控"这一较为粗放的行政命令手段，碳市场作为较为柔和与精准的手段，应发挥更大的作用。

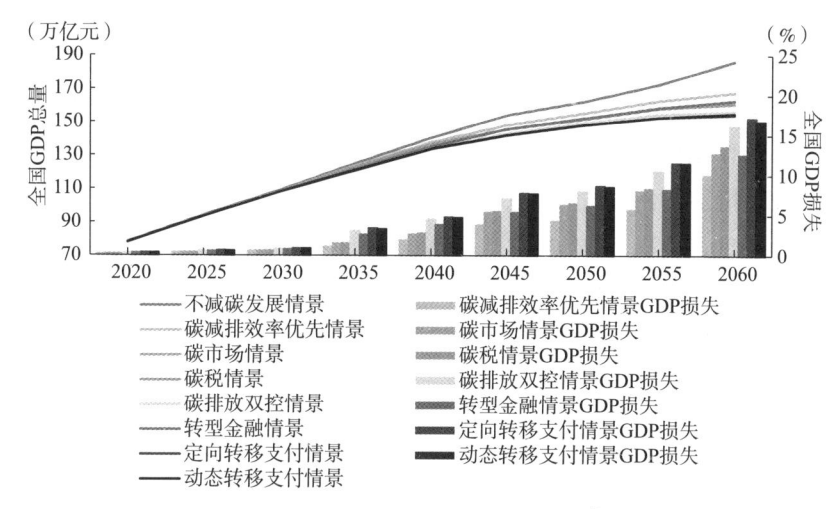

图 5-11　各情景经济发展及损失对比[①]

资料来源：中金研究院。

差异化碳税政策具有抑制碳约束下区域不平衡加剧的潜力。在碳税情景下，我们假设碳税政策将在碳市场运行到较为成熟的阶段（2030 年后）开始实施并发挥减排作用。从国际上已征收碳税的国家来看，税率范围在 80~800 元/吨，普遍采用初期设定较低税率并不断提高的做法。我们因此设置如下税率：2030—2034 年为 100 元/吨；2035—2044 年为 300 元/吨；2045—2060 年为 500 元/吨。从模型输出的结果看，省间人均 GDP 基尼系数下降速率均没有其他情景明显，统一碳税没有显示出调节公平性的作用。当前中国碳税政策尚未出台，未来可参考环境税的设计标准设置地区差异化税率。

转型金融的公平补偿作用将在碳中和进程中的中后期逐步显现。我们在差异化

---

① 全国 GDP 损失指的是某一情景与不减碳发展情景的 GDP 差值。

省级碳强度指标的基础上,降低欠发达省份的融资利率[①],通过CGE模型检验定向转型金融政策支持的效果。结果显示,为依赖传统化石能源的欠发达地区转型提供低成本的资金,在2040年后"转型金融情景"的省间人均GDP基尼系数下降趋势更加明显,显示地区经济发展结果更平等。值得注意的是,尽管2040年之后的定向金融支持效果才显现出来,但金融政策仍然应该前置实施。原因有两点:第一,减轻地方绿色转型的初期阻力,让低碳转型尽早启动;第二,定向金融支持的目标在于使地方能低成本投资于技术转型升级、基础设施改造等,积累固定资本,而资本积累本身需要时间(例如建设周期、专利审核等),对经济增长的作用存在一定时滞。另外,根据模型测算,相比于单纯的分省碳减排"双控"情景,金融政策情景下的GDP水平更高,且随着时间的推移,差距越来越大。2020年,后者GDP比前者高0.02%;2060年的差距拉大到4.15%(图5-11)。

转移支付公平补偿的作用最为显著,动态确定转移支付流入地的公平调节作用更佳。如图5-11所示,转移支付的两个情景在整个碳中和过程中的省间人均GDP基尼系数始终低于其他情景,表明转移支付是最有力的公平补偿工具。在"定向转移支付情景"和"动态转移支付情景"中,我们设定转移支付资金主要流向受碳约束影响较大的资源型大省,分别采用固定和动态确定转移支付省份名单。在"转移支付情景"中,以2019年万元GDP能耗高低作为标准,选取排名

[①] 据估计,中国2022年初始利率约为4.5%,2060年自然利率约为1.6%。假设中国对绿色转型的欠发达地区按支农支小再贷款利率提供资金(约为2%,比正常市场利率低了约2.5个百分点),并考虑到欠发达地区逐渐转型成功,欠发达地区利率与正常市场利率之间差距会逐渐收敛,我们在模型里分三段时间区间设置欠发达地区的优惠融资利率:2022—2030年的欠发达地区融资利率要比其他地区低2%,2031—2040年低1.5%,2041—2060年低1%。这样设置的理由有两点。一是目前中国1年期支农支小再贷款利率约为2%,相比正常市场利率低了约2.5个百分点。假设中国对绿色转型的欠发达地区按支农支小再贷款利率提供资金,那么比正常地区低2%是一个合理的初始设定。二是考虑到欠发达地区逐渐转型成功,欠发达地区利率与正常市场利率之间的差距应该有所收敛。正常市场利率的水平在逐渐下降,2060年可能降到1.6%,为避免出现负利率,二者差距在2060年前设置为1%较为合理。为了模型的简洁性,我们就设置2%、1.5%和1%的三档差距,按时间逐渐下降。

前10的省份[①]。动态转移支付情景是在"转移支付情景"设置的基础上，根据每个阶段各省能耗强度预测结果，对下一阶段转移支付名单进行动态调整。与固定转移支付资金流入省的情景相比，动态调整转移支付资金的流入地不仅可以更好地抑制区域经济发展差距拉大的风险，带来的全国GDP损失也更小，确保有限的转移支付资金被更有效地应用。

转移支付在公平补偿方面优于转型金融，但后者的全国总经济代价更小。在对区域公平的促进方面，转移支付和转型金融的长期政策效果均优于短期，两者人均GDP基尼系数从2040年后才开始显著低于其他情景。政策对公平的改善效果具有滞后性，这说明相关政策需要提前部署，通过充足的时间、资金积累，才能逐步实现政策效果。相较转移支付，转型金融具有显著经济效率优势。根据CGE模型结果，转型金融情景的全国GDP损失显著低于转移支付情景。但是，相比转型金融，转移支付可以更有效地缩小地区公平差距。转移支付情景在人均GDP、人均收入和人均福利三个指标下的基尼系数均低于转型金融情景。这是因为，转移支付是将财政资金直接分配给欠发达地区，相较于实施金融利率优惠政策，弥补经济损失的效果更加直接，所以在解决区域公平的问题上起效更快、效果更优。但也需注意到，该情景的经济发展损失最大。

思考与启示

碳中和给中国各地区经济平衡发展带来新挑战，仅追求碳减排效率或将不断拉大区域差距，最终导致"公平困境"。当前我国已在探索兼顾减排效率和区域发展公平的政策工具，评估和处理好这些政策以及将要面临的挑战，构建既能促进地区间合理分担碳减排成本又能公平补偿高碳地区转型损失的政策体系，是保障中国碳中和与高质量发展顺利实现的重要举措。我们建议可根据碳中和约束在不同发展阶段所表现出来的不同特征，动态调整政策工具的力度。

坚持发挥碳排放"双控"省间减排责任分摊主渠道作用，适时调整分摊方式。如上所述，现阶段分省来分摊碳减排责任的方式，既能通过给高碳欠发达地

---

① 包括宁夏、内蒙古、青海、新疆、山西、辽宁、河北、甘肃、黑龙江、贵州。

区较低减排目标,防止它们与低碳发达地区拉开经济差距,又能实现在省内减排责任分摊时让边际减排成本较低的高碳行业多减排。对于抑制由于碳约束带来的区域不平衡而言,在碳约束加速强化的"快速减排阶段"(2030—2045年)坚持这样的责任分摊方式尤为重要。随着各地经济发展与碳排放的持续脱钩,特别是碳中和战略进入"深度脱碳阶段"(2045—2060年),各地减排成本基本趋同,应逐步过渡为先在部门间分摊减排责任,让所有地区的更多部门共同承担碳减排责任。

碳市场纳入更多的行业后,碳配额分配应由强度原则逐步过渡到总量原则。目前,中国碳市场只纳入了发电这一个行业,并基于碳排放基准线分配碳配额,即按照行业平均的碳排放强度分配。在碳市场纳入更多行业后,需考虑行业间碳减排成本的差异,避免造成让减排成本低的行业过快承担过多的减排责任。从实操层面看,由于电力行业已经采用了基于碳强度的分配,建议在纳入其他行业时延续这种分配方式,但随着进入"快速减排阶段"(2030—2045年)直至"深度脱碳阶段"(2045—2060年),应逐步推动碳配额分配由强度过渡到"强度加总量",最终实现总量分配。

碳税可作为碳市场的有效补充,并在各地实施差异化税率。中国目前已经启动碳市场,并将不断纳入更多的高碳行业。其他非高碳行业的边际减排成本相对较高,从经济效率和监管成本角度考虑更适合运用碳税手段。因此,可考虑在碳市场覆盖不到的行业实施碳税。为了减小碳税对区域间平衡的影响,建议参考目前中国运行较为成熟的环境税体系,由各地综合考虑自身经济发展和有效完成碳减排目标等因素设定税率,体现各地的差异性。

转移支付和转型金融共同发力,建立公正转型的高效补偿机制。碳中和约束推动地区经济发展加速转型,但为了让转型更公正,应该对碳约束相关的损失和地区经济转型面临的发展不确定性进行有效的公平补偿。建议建立和完善财政和金融结合的公正转型补偿机制:财政补偿以转移支付为主,可以考虑以转型地区高碳资产相关税收损失(例如资源税及地方获得部分增值税)为参考,确定转移支付的规模,并在碳市场或碳税产生碳收入后,将其作为主要转移支付资金来源;金融补偿以转型金融为主,针对转型地区的项目和企业,配合现有碳减排支持工具等绿色金融手段,加强对相关地区的转型金融支持。

第六章

双支柱金融体系与好的社会

金融作为现代经济的核心，是中国改革开放的重点领域之一。过去几十年，中国金融业发展有了长足进步，金融增加值占 GDP 的比重超过日本和德国，接近美国，有效支撑了中国的经济增长。从结构上看，中国银行系统商业化改革推进速度较快，建立了最后贷款人、存款保险等政府担保机制，但资本市场仍有较大发展空间，造成了中国金融业一定程度上存在美国式"不公平竞争机制"的同时，却没能够像美国金融市场那样有效支撑创新发展。

所谓的不公平竞争机制问题，是指金融业拥有"市场逐利+政府担保"的不合理竞争优势。从美国金融业的百年发展历史来看，政府对银行系统的担保会弱化市场的自发约束机制，如果没有严格监管的配套措施，则银行会利用政府担保来过度扩张自身的资产负债表，由此形成的尾部风险由全社会承担，由此形成银行业的不公平竞争优势。混业经营意味着政府担保延伸至资本市场，整个金融业将共同分享这样一个政府担保"红利"。如果此时还存在产融结合，则会扭曲实体经济的公平竞争，加剧全社会的不公平问题。

应对这种不公平竞争大致有四种方式：一是彻底消除政府担保，例如哈耶克主张取消央行、拉詹主张取消存款保险制度；二是彻底消除市场逐利，例如改革开放前的计划经济模式；三是美式中间路线，即通过严格监管降低金融业的逐利能力；四是德式中间路线，即构建整体不以盈利最大化为目标的银行体系，降低银行系统的逐利意愿。对当下的中国而言，"好的社会"意味着既要公平，也要创新。因此，中国需要走出一条新的中间路线，即构建"双支柱金融体系"。

新中间路线的前提是产融分开、分业经营，尤其是应推动房地产和平台经济领域的产融分开，金控公司应加强对混业经营的严格监管，强调银行与非银子公司的隔离，限制业务、人员等微观层面的交叉。在"双支柱金融体系"下，银行需要通过整体非盈利最大化改革弱化不公平竞争机制，大力发展可以兼顾机会公平与结果公平的普惠金融；资本市场应以支持创新发展、促进机会公平为导向，关键在于加强对中小投资者保护，以集体诉讼等法制手段来防范大股东的违法违规行为，通过优化居民投资渠道、丰富机构投资者类型等方式来破解"基金赚钱，基民不赚钱"、民企发债难等机会不公平问题。[①]

[①] 本章作者：谢超、陈健恒、张帅帅、姚泽宇、许艳、洪灿辉。本文其他贡献者还包括：李彤玥、蒲寒、侯德凯、黄月涵、李亚达、林英奇。

货币是资本的化身，资本积累是经济增长的重要源泉。金融作为从事货币创造与资本配置的行业，是现代经济的核心。1978年以来，持续推动金融业改革开放也是成功推动中国经济高增长的经验之一。在这一过程中，我们主要是参考美国金融体系的经验重塑了中国金融，尤其是对国有银行的商业化改造，以及建立最后贷款人等担保机制，为中国金融深化打下了基础。在金融结构方面，《商业银行法》(1995年)、《证券法》(1999年)基本上确立了"分业经营、分业监管"体制。

在美国推出《金融服务现代化法案》(1999年)后，主要发达国家纷纷放松了对金融分业经营的严格限制，许多大型金融机构转型为金融控股公司。伴随着分业经营向综合经营的转变，全球金融创新与自由化浪潮明显加速。受此影响，2000年后中国金融行业也出现了混业经营、产融结合等金融自由化现象。除了银行持有券商牌照这种传统的混业经营方式，还出现了两个值得关注的新现象：一是"金融控股""金控"等企业快速扩张，通过交叉持股、关联交易等手段，实现了多种业态的混业经营；二是平台企业利用数字经济的规模经济和范围经济优势进入金融行业，形成新型产融结合问题。形形色色的金融自由化，"成功"刺激了中国金融业资产负债表的快速扩张。截至2016年，中国金融业增加值占GDP的比重达8%，超过同样是间接融资为主的日本和德国，接近美国（图6-1）。问题是，如何看待这样一个"成绩"？

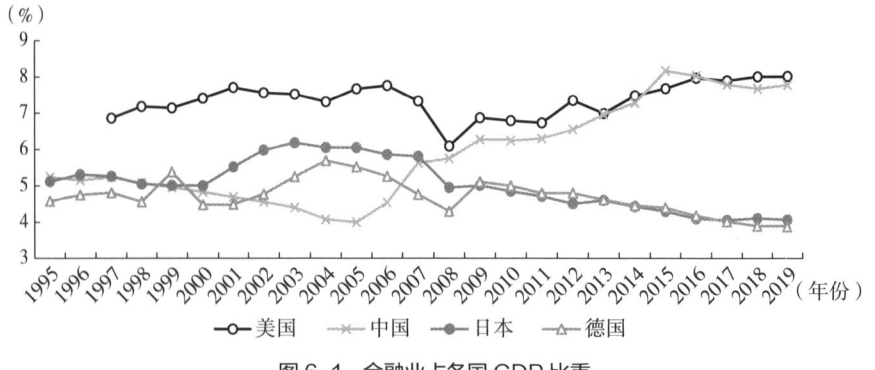

图 6-1　金融业占各国 GDP 比重

资料来源：OECD，中金研究院。

2017 年第五次全国金融工作会议召开，对此前的金融自由化进行了反思，明确要求规范金融综合经营和产融结合，加强互联网金融监管。2018 年，《商业银行股权管理暂行办法》《关于加强非金融企业投资金融机构监管的指导意见》推出，以规范产业资本持有银行等金融机构股权的行为。2020 年，《关于实施金融控股公司准入管理的决定》和《金融控股公司监督管理试行办法》发布，标志着金控监管政策框架初步形成。2022 年 1 月，国家发展改革委等九部门联合发布《关于推动平台经济规范健康持续发展的若干意见》，要求严格规范平台企业投资入股金融机构和地方金融组织，督促平台企业及其控股、参股金融机构严格落实资本金和杠杆率要求。近些年比较重要的金融监管政策，还有财政部于 2020 年 12 月印发的《商业银行绩效评价办法》，在新的国有商业银行绩效评价指标体系中，盈利性指标退居第二位。虽然过去几十年的金融改革基本上是将市场化等同于追求利润最大化，但这个新的评价办法应当被看作对市场机制的完善，而不是反过来理解。为什么这样认为？为什么要对国有银行进行非盈利最大化的目标导向改革？更进一步地说，为什么要对银行乃至整个金融业进行严监管？因为这样做不仅有助于化解过去累积的金融风险，也有助于构建公平竞争的金融市场环境。在本章中，我们将从共享高质量发展的角度对上述问题进行探讨。

具体分为如下几个部分：首先，通过对美国金融业百年历史变迁的梳理，归纳出金融业存在不公平竞争的机制，即"市场逐利＋政府担保"；其次，总结应对金融业这种不公平竞争优势的四种方式，并从"好的社会"要求出发，提出中国需要走出兼顾创新与公平的新中间路线；再次，提出基于"产融分开、分业经营"的双支柱金融体系，尤其是应推动传统经济中的房企产融分开与新经济中的平台产融分开，发展金控应该定位为对混业经营的严监管机制；又次，推动银行业整体非盈利最大化改革，发展兼具结果公平与机会公平的普惠金融；最后，加强对中小投资者的保护，构建有效支撑创新的资本市场，探讨如何破解"基金赚钱，基民不赚钱"、民企发债难等机会不公平问题。

金融业的不公平竞争机制：市场逐利 + 政府担保

2008 年次贷危机的教训表明，金融风险的过度累积是美式金融自由化的一个重要负面结果。不过，金融风险只是表象，其内在的根本逻辑在于"市场逐利 + 政府担保"机制赋予了金融业不合理竞争的地位，导致市场自发的约束机制因为政府担保而弱化，自由化的浪潮又意味着政府严监管缺位，在过度强调盈利最大化的商业逻辑作用下，混业经营将政府对银行的担保延伸至资本市场乃至整个金融行业。这样一个"市场逐利 + 政府担保"机制，激励着金融业过度扩张资产负债表，由此获得的超额收益归金融行业所有，一旦尾部风险暴露却由全社会买单。因此，对于 20 世纪 80 年代后的美式金融自由化而言，金融风险过度累积是结果，其根源在于金融业存在不公平的竞争机制。不过，值得注意的是，美国金融系统也并非一直如此。

美国金融系统的改革发展大致可以分为古典经济学、凯恩斯主义、新古典综合派三个阶段，前述观察即是发生在新古典综合派成为主流经济学的时代，伴随着金融增加值占比的上升，贫富差距也呈现加剧的态势，两者显著正相关。然而，从更长的时间序列来看，如果将此理解为金融占 GDP 比重上升造成贫富差距，这种因果性并不必然成立。例如，二战之后到 20 世纪 70 年代末是凯恩斯主义主导的时期，当时金融占 GDP 比重持续上升，但贫富差距一直处于较低的水平。另一个金融占 GDP 比重上升与贫富差距加剧同步上升的时期，是经济大萧条之前的古典经济学时代（图 6-2）。综合来看，金融占 GDP 比重上升是否会造成社会贫富差距，可能和主导理念的变化有关，下文将通过对美国近百年经济金融史的梳理来尝试探讨这个问题。

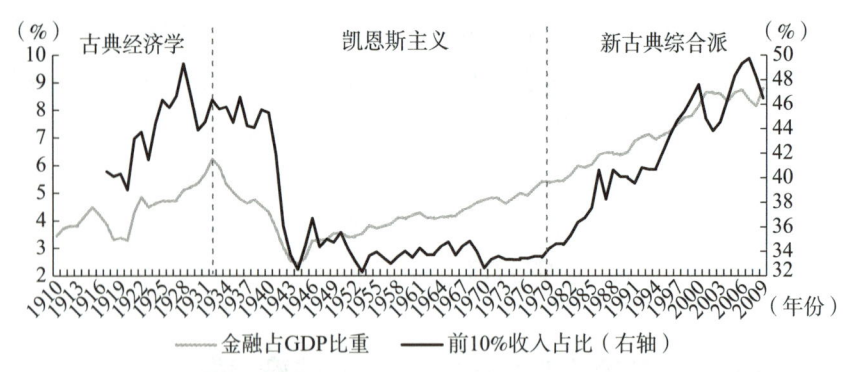

图 6-2　美国金融业占 GDP 比重与税前收入前 10% 占总收入比重

资料来源：Philippon（2015），Piketty & Saez（2003），中金研究院。

古典经济学：损不足以奉有余

19 世纪后半叶被称为美国的"镀金时代"，以银行信贷存量与实际 GNP（国民生产总值）之比所衡量的美国金融化程度在 30% 以下（大萧条期间接近 100%），金融尚未成为影响社会矛盾的主要因素。这一时期，推动美国贫富分化的主要因素是第二次工业革命。以 1870 年为例，美国农村基尼系数大约为 0.77，同期城市基尼系数大约为 0.89，工业化以及随之而来的快速城市化，意味着贫富分化加剧。古典经济学自由放任的市场理念对加剧这一时期的贫富差距起到了火上浇油的作用。市场经济实现资源有效配置，是通过激烈竞争下的优胜劣汰实现的；如果没有外部干预或者外生事件的冲击，赢家的竞争优势有望得到不断累积，在竞争中获胜的概率进一步上升。自由放任的环境下，竞争中的优胜劣汰，最终难免演变成人群中的贫富差距。

从金融的角度看，1914 年是一个重要的分水岭，此前严格的市场风险约束限制了金融深化的速度。无论是银行资本，还是实体资本，其本质都是追逐利润最大化，而风险与收益成正比则是市场经济实现公平交易的一个基本规律。如果银行甲要获得超过行业整体的超额收益，就需要通过过度增加负债，或者将更多资产投放到高风险领域的方式，去承担更多的尾部风险。当尾部风险没有暴露的时候，银行甲的冒险行为所带来的超额收益，将会激励银行乙等银行纷纷效仿，会导致整个市场的风险累积超过市场风险约束线，最后以危机的方式来惩罚这些

迈向橄榄型社会

过度追逐尾部风险的激进行为，从而限制银行的过度负债、不当放贷等冒险行为（图6-3），这大致是1914年前美国银行业的情形。以银行被迫宣布暂停存款支付为标志，在1845—1914年大约出现了四次比较大的银行危机，时间间隔在15~20年，银行暂停支付的期限一般是2~3个月。这些较频繁发生的银行危机，可以视为市场自发地对金融业过度追逐尾部风险的惩罚。

1914年美联储成立，作为面向银行的担保机制，在降低了金融危机发生概率的同时，也弱化了市场惩罚过度冒险的自发机制。美联储成立的初衷是作为"最后贷款人"来防范银行危机，随后的数据表明确实在一定程度上起到了这个作用。美联储成立之后发生的第一次银行暂停支付事件是在1933年，距离美联储成立前的最后一次银行危机，即1907年的"富人的恐慌"，过去了26年，比之前最长20年的危机间隔显著拉长了；而且此次暂停支付的时间也只有两周，比此前危机中的暂停支付时间也显著缩短了。因此美联储的成立实际上是把原本的"市场风险约束线"推到了"具有担保的市场风险约束线"位置，原本会遭受市场自发惩罚的银行甲，因为受到政府的担保而免受惩罚（图6-3）。

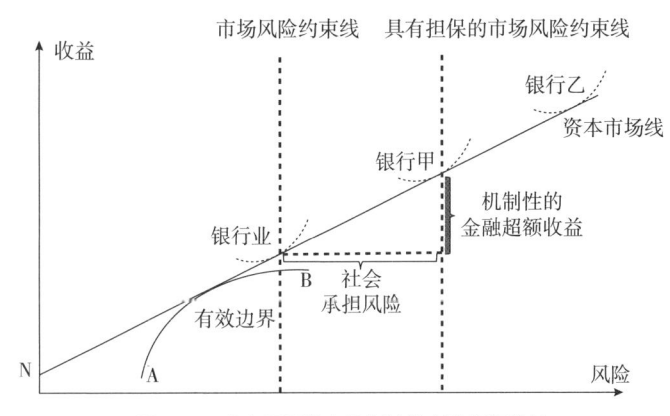

图6-3 政府担保带来机制性的金融超额收益

资料来源：中金研究院绘制。

注：该图借用马科维茨资产组合理论，以图示化的表示对银行体系的担保如何带来机制性的金融超额收益。

这会从资产端和负债端两个方面激励银行提升风险偏好。在负债端，政府担保可以增强储户信心，给银行带来更稳定和低廉的负债，激励银行持续扩大负债规模。此外，美联储的建立还带来一个值得关注的新渠道，即贴现窗口套利。以 1917 年到 1920 年为例，银行从贴现窗口的借款占美联储信用类资产的比重由 30% 上升至约 80%，金额由 1.34 亿美元上升到 27.8 亿美元，年化增长率为 174.8%，远超同期 12.5% 的商业银行信贷年化增速。更严重的问题出现在资产端。自由放任的阶段，存在比较严重的混业经营问题。以直接导致美联储成立的 1907 年的危机为例，起因是一些银行的实控人利用银行资金去投机股票交易失败，引发储户恐慌[1]，随后的银行挤兑可以看成是市场对银行投机股票交易的自发惩罚。美联储成立之后，银行恐慌概率的下降直接助长了金融系统的投机风气，一个重要表现是证券贷款占比过高。

证券类贷款作为古典时期银行资金进入股市的重要通道，本身并非因美联储而产生。早在 19 世纪，追求利润最大化的投资人就往往会向证券经纪人寻求更多的融资，而经纪人会向银行和其他机构借入"通知贷款"（call loan），是资本市场上证券经纪人以证券作为抵押向银行借入的可随时归还的证券贷款[2]。这一机制形成了以股票为抵押物的古典金融周期，即股票价格与证券贷款相互促进、银行信用与股票市场深度绑定。更重要的是，混业模式下银行既可以经营信贷业务，也可以经营证券承销业务，还可以通过证券类贷款将银行资金借给自己下属的证券承销机构，这样一种深度绑定意味着银行"成为投机于股票价格上升的多方"[3]。"混业经营+政府担保"的组合极大强化了银行更多放贷给股票投机的意愿，也将投行业务事实上纳入了政府担保的安全网，投行过度举债的激励也增加了，进一步加剧了银行的顺周期行为[4]。

总之，美联储建立的初衷虽然是为了防范银行挤兑，但客观上加剧了贫富差距的社会问题。1907 年"富人的恐慌"促成了美联储的成立，但主导性的政策理念仍然是自由主义，导致银行业获得了政府担保的同时却没有受到与之相匹配的严监管。这意味着全社会通过政府担保的形式，为金融业过度冒险行为承担了风险，由此产生的超额收益却归银行系统所有，再加上当时的混业经营模式将政

---

[1] https://www.federalreservehistory.org/essays/panic-of-1907.
[2] Peter Fortune, Security Loans at Banks and Nonbanks: Regulation U, 2002.
[3] 弗里德曼、施瓦茨：《美国货币史（1867—1960）》，北京大学出版社，2008 年。
[4] Peter Fortune, Security Loans at Banks and Nonbanks: Regulation U, 2002.

府对银行的担保延伸到了包含资本市场在内的整个金融行业，由此形成了整个金融行业的不公平竞争优势。更为严重的是，政府担保的银行与实体产业形成了产融结合，进一步扩大了垄断资本的竞争优势，也导致整个社会贫富差距迅速拉大[①]，接近80%的人落入贫困线以下（图6-4）。

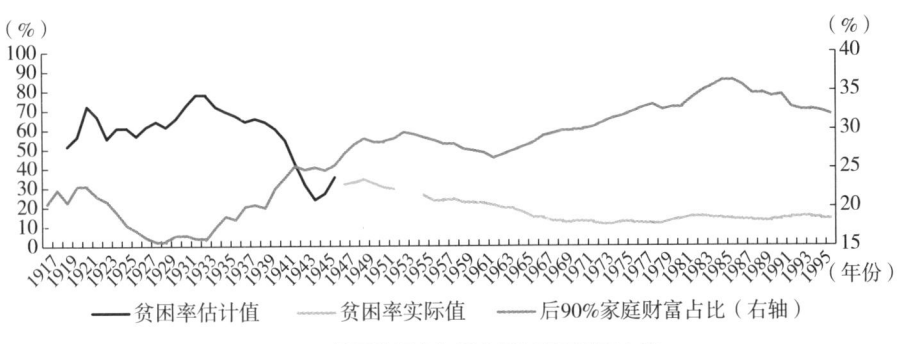

图 6-4 美国贫困率与后 90% 家庭财富占比

资料来源：《剑桥美国经济史（第三卷）》，Saez & Zucman（2016），中金研究院。

凯恩斯主义：损有余而补不足

在 20 世纪 30 年代之后，无论是贫富差距、金融占 GDP 比重（图 6-2），还是金融业的不公平竞争优势都出现了见顶回落，看起来比较符合库兹涅茨的倒 U 形曲线假说。不过，美国的这样一个逆转并非自然而然达到的，而是政府大力干预的结果，根本性变化出现在 1933 年的《格拉斯-斯蒂格尔法案》之后。这部法案设立了联邦存款保险公司（FDIC），将几乎所有银行的存款纳入保障，同时扩大美联储贴现窗口的覆盖范围，为银行提供紧急流动性支持[②]。这些措施都表明，政府对银行的担保机制进一步增强了。但是，金融占 GDP 比重却出现了下降，很大程度上是因为该法案也对商业银行的资产负债表进行了严格监管，明显弱化了金融业的不公平竞争优势。在负债端，对银行定期存款所能支付的利率上

[①] 列宁：《帝国主义是资本主义的最高阶段》，人民出版社，2014 年 12 月。
[②] Gorton，Metrick. The federal reserve and panic prevention: The roles of financial regulation and lender of last resort. Journal of Economic Perspectives, 2013.

限进行了严格限制（即所谓的 Q 条例），极大约束了银行利用政府担保扩张自身负债的能力。在资产端，确立分业经营体制，在对银行和证券进行严格的区别定义后，规定金融机构不得同时从事这两项业务，并严格限制人员兼任、关联公司交易等行为以防范监管规避，确立了影响后续 50 年的分业经营体制。

总之，罗斯福新政的实践表明，政府强化对银行的担保，并不必然导致银行资产负债表过度扩张与金融行业不公平竞争优势的持续强化，这取决于金融监管程度。所谓的金融严监管其实就是政府加大对于经济的干预，也标志着美国在实践上开始否定自由放任的传统。不过，真正的思想革命来自凯恩斯。1936 年，凯恩斯出版了《就业、利息和货币通论》一书，在思想的层面完成了对古典经济学的革命，尤其是边际消费倾向递减、资本边际效率递减以及流动性偏好三大假说颠覆了作为古典经济学基石的"萨伊定律"，总供给和总需求无法自动平衡，决定了要实现经济健康运行就必须要抛弃自由放任的理念，实施政策干预。此后，凯恩斯主义取代古典经济学成为主流经济学，政府干预取代自由放任成为主导的政策理念。

罗斯福新政中，有关治理贫富差距更重要的干预可能在于财政。1935 年美国推出了《社会保障法案》，着重为失业群体、老弱病残等弱势群体提供财政支持，这在一定程度上促进了美国此后贫困率的下降。二战后到滞胀危机前的这段时间，1945 年之后美国金融占 GDP 的比重持续上升，既反映出二战后的经济恢复，也意味着经济中的不平等正在持续累积。不过，这 20 年财政干预后的基尼系数实际上是下降的。进一步拆分来看，由于二战后的美国所得税最高档边际税率是下调的，意味着税收对于这期间贫富差距缩小没有起到太大的作用，主要是通过转移支付、一般性支出等支出政策来干预贫富差距的。也就是说，金融作为市场机制的典型代表，其作用主要是提高效率、促进增长，而能够发挥"损有余而补不足"作用的主要靠财政政策。从美国的财政干预实践来看，转移支付等支出侧政策的重要性可能要高于收入侧政策。

新古典综合派：自由主义为主，凯恩斯主义为辅

在 1930—1980 年的近 50 年中，虽然贫富差距或是大幅下降，或是保持在较

低水平，但这并不意味着凯恩斯主义一定有助于降低贫富差距。政府干预是凯恩斯主义的核心理念，财政政策和信贷政策是政府干预宏观经济的两个基本工具。根据维克赛尔的自然利率假说，实现经济平衡的关键在于推动政策利率与自然利率相等，但不同政策工具实现两个利率相等的方式并不一样。财政政策主导意味着政府对于资源配置具有较大话语权，信贷政策本质上是通过商业银行发挥作用，由市场决定资源配置。如果仅仅是为了实现总供给和总需求的平衡，无论是财政政策，还是信贷政策都可以实现这个目的。以应对市场利率高于自然利率的总需求不足为例，如果只用扩张性财政政策解决这样一个不平衡，则意味着赤字率上升、总需求增加，将会推动自然利率上行到市场利率的水平，以实现供求新的平衡；如果用扩张性信贷政策解决这个问题，通常意味着央行降准降息、银行信贷增加，将会推动市场利率下降到自然利率的水平，以实现供求新的平衡。

20世纪80年代后，随着新古典综合派成为主流经济学，宏观政策也实现了财政主导转向信贷主导的转变。滞胀危机之后，新古典综合派虽然部分继承了凯恩斯主义的政策干预理念，但更多的是恢复了古典经济学的自由放任倾向，是"自由主义为主，凯恩斯主义为辅"。反映在宏观政策上，财政主导转向信贷主导的同时，政府对于银行系统的担保并没有弱化，但监管却大为放松了，出现了以混业经营为特点的金融自由化。1980年《存款机构放松管制与货币控制法案》和1982年《存款机构法》，打破了美国不同金融机构之间的业务限制，放宽了金融监管，取消利率上限管制的Q条例；1999年的《金融服务现代化法案》进一步加速了金融自由化的进程，废除了1933年《格拉斯－斯蒂格尔法案》，并允许通过金融控股公司的方式发展混业经营。

前文有关美国古典经济学时期的分析表明，"市场逐利＋政府担保"机制将会给金融业带来不公平竞争优势。这一次也不例外，取消Q条例意味着银行可以利用政府担保来积极扩张负债，恢复混业经营意味着银行可以通过资本市场来提升资产端的收益率，而且资本市场也受益于混业经营带来的政府安全网扩围与银行资产负债扩张。伴随着"市场逐利＋政府担保"机制的回归，房地产价格和信用扩张相互促进，形成了现代金融周期，凯恩斯主义时代一度消失的金融行业不公平竞争优势重新出现了。也就是说，在20世纪80年代前后，虽然金融业占GDP比重上升的趋势没有变化，但金融业回报的构成发生了变化。同时，由于美国社会保障支出力度出现显著弱化，贫富差距也再次加剧。滞胀危机后，美国在 1981 年《综合预算调整法案》和 1983 年《社会保障法修正案》两份法案中，取消了福利国家名称，缩减了联邦政府的社会保障责任。没有了"损有余而补不足"的有形之手来对冲"损不足以奉有余"的无形之手，贫富差距加剧也就在所难免了。

不过，就贫富差距的表现形式而言，20 世纪 80 年代后与 20 世纪 30 年代前并不一样。20 世纪 30 年代以前，美国主要矛盾是资本家与无产阶级的严重对立、贫困率高达 70% 以上。相比之下，20 世纪 80 年代之后美国贫困率并没有明显上升，而是稳定在 15% 的较低水平，也就是说整个社会的贫富差距并没有体现为贫困者占比的增加。同时，美国 90% 家庭财富占比在 20 世纪 80 年代见顶回落，结束了此前近 50 年的持续上升态势。两者综合起来看，意味着"中产塌陷"是 20 世纪 80 年代后美国贫富差距的主要表现[1]。对于美国"中产塌陷"的成因有多种解释，过于倚重信贷政策干预总需求是一个重要原因。对这个问题的理解，依然可以从银行资产负债表两端来考察。

从资产端来看，20 世纪 80 年代后宏观政策理念的转变，体现在货币投放的方式上即以财政渠道为主，转向了信贷渠道为主。如果按照货币中性论的观点，货币只是蒙在实物上面的一层面纱。那么货币投放方式的差别不应该产生贫富差距的结构效应。然而，由于信息不对称、交易成本等因素的存在，银行存在现金流和抵押物偏好，这决定了信贷投放有先有后、有易有难，货币并非中性。对于容易获得信贷的行业而言，其资本所有者和从业人员的收入增长快，而其他部门的实际收入则可能因信贷扩张而下降，导致收入分配差距扩大；银行贷款要求借款人有抵押品等信用"凭据"，这有利于财富积累较多、有较高与稳定收入或者较强的社会关系的个人和企业[2]。因此，从资产端来看，靠信贷来投放货币有"济富"的效果。

从负债端来看，信贷政策主导意味着主要通过压低市场利率到自然利率的差

---

[1] 参见美国华盛顿州众议院民主党网站：https://housedemocrats.wa.gov/blog/2014/11/04/the-tale-of-americas-middle-class-collapse-in-three-charts。

[2] 彭文生：《渐行渐近的金融周期》，中信出版社，2017 年。

距来实现供求平衡，这会带来负债端成本下降。研究表明，富裕家庭将财富更多地配置在资本市场，低收入家庭则以银行资产为财富主要配置方式[1]。这意味着，如果过度依赖压低银行负债端利率的方式来干预供求不平衡，即是通过压低普通家庭资产回报的方式来"补贴"富裕家庭。更严重的是，20世纪80年代后自由主义回归大幅弱化了财政政策的作用，转移支付、福利开支占GDP比重下降，导致美国无法通过再分配有效干预贫富差距。随着收入分配差距不断扩大，中低收入阶层为维持其消费水平不得不增加负债，短期内虽然缓解了贫富差距对总需求的负面影响，但是信贷扩张也进一步增加了原有的贫富差距问题[2]，最终导致了贫富差距与信贷扩张相互促进的循环。

新中间路线：双支柱金融体系

应对不公平竞争优势的四种方式

综上所述，在美国20世纪30年代前的古典经济学时期和20世纪80年代后的新古典综合派时期，全社会贫富差距显著加剧。虽然金融并非这两个时期加剧贫富差距的唯一原因，但因为金融业拥有"市场逐利+政府担保"机制的不合理竞争优势，可以利用政府担保过度扩张资产负债表、加速金融深化，由此形成的尾部风险由全社会承担，超额收益却归金融业所有。要应对这样一个不公平竞争机制，大致有四种方式。

第一种方式是彻底消除政府担保。哈耶克认为央行的存在弱化了市场约束，会导致货币过度投放，因而提出废除央行、恢复市场对货币投放的约束[3]。国际货币基金组织前首席经济学家拉詹，在反思次贷危机时明确提出逐步淘汰存款保险制度[4]。这些主张从某种程度上讲，有点类似于让金融系统退回到自由放任的

---

[1] Vitols S, The origins of bank-based and market-based financial systems: Germany、Japan and the United States, 2001.
[2] 拉古拉迈·拉詹：《断层线——全球经济潜在的危机》，中信出版社，2015年。
[3] 弗里德里希·哈耶克：《货币的非国家化》，新星出版社，2007年。
[4] 拉古拉迈·拉詹：《断层线——全球经济潜在的危机》，中信出版社，2015年。

古典经济学时代，即让过度追逐尾部风险的银行去接受市场的惩罚。这种思路明显过于理想化，各国基本上没有实践过。对于资本市场欠发达的中国而言，这种思路尤其不适用。资本市场的大发展是拉詹认为可以取消存款保险机制的重要理由之一①。这一理由对于美国而言可能是有一定道理的，因为在主要大国里面，美国是典型的以资本市场为主导的金融结构，而中国、日本、德国是典型的以银行系统为主导的金融结构。

第二种方法是彻底消除市场逐利。列宁在1917年《帝国主义是资本主义的最高阶段》中，针对产融结合和混业经营所造成的社会后果提出："私有经济关系和私有制关系已经变成与内容不相适应的外壳了……最终不可避免地要被消灭。"②中国在改革开放前的计划经济时代，试图在彻底消除市场逐利机制的基础上推动经济发展，但实践结果表明计划经济是不可行的。

第三种方式是通过严格监管降低市场逐利能力。虽然拉詹认为存款保险制度在银行获得不公平竞争优势方面发挥着重要作用，但1933年美国建立FDIC（联邦存款保险公司）之后，金融业不公平竞争优势反而是被弱化的。即使到了1945年二战之后，虽然金融业占GDP的比重上升，但金融行业不公平竞争优势却没有同步上升，而是一直维持在比较低的水平。这是因为罗斯福新政下的严监管措施，有效抑制了金融业将政府担保"红利"据为己有的能力。例如，负债端的Q条例，削弱了银行把政府担保转化为激进负债的能力；资产端的分业经营，既有效防止了资本市场不当分享政府安全网的机制性"红利"，也有效约束了银行资产端的过度扩张。

第四种方式是构建整体非盈利最大化导向的银行体系，降低市场逐利意愿。与美国资本市场主导的金融结构不同，德国是一个典型的银行系统主导型金融结构。德国的商业银行资产与GDP之比是美国的2.7倍，基尼系数却远小于美国，也是中、美、日、德四大国中最低的③。如前所述，政府对银行系统的担保，会带来金融行业的不公平竞争优势，进而加剧贫富差距。那为什么银行资产占

---

① 拉古拉迈·拉詹：《断层线——全球经济潜在的危机》，中信出版社，2015年。
② 列宁：《帝国主义是资本主义的最高阶段》，人民出版社，2014年12月。
③ 根据世界收入不平等数据库（WIID），2014年中、美、日、德四国基尼系数分别是43%、41%、33%、31%。

GDP比重远高于美国的德国，贫富差距水平却远小于美国呢？这是一个复杂的问题，不可能有唯一的解释。从金融的角度看，德国银行业整体不以盈利最大化为目标可能是一个不容忽视的原因。德国银行业主要由商业银行、储蓄银行、信用社和政策性银行构成。其中，储蓄银行作为公共银行，在监管制度上明确不以盈利最大化为导向；政策性银行也不以盈利为目的；信用社的客户也是其社员，过度逐利的动机并不强。综合来看，明确以利润最大化为目标导向的商业银行总资产占德国银行体系总资产的比重不到一半，这大大降低了德国银行业整体的过度逐利动机，也降低了金融业将政府担保红利"据为己有"的可能性。

好的社会需要新的中间路线

上述四种方式中的前两个过于理想化，要么没有被实践过，要么被实践证明行不通。目前看，比较成功的是美国和德国的两个中间路线。不过，美国的中间路线一度是中断的。在20世纪30年代之后，虽然美国确立了对金融系统的严监管体制，但是并没有要求银行弱化盈利最大化的目标。也就是说，在1930年后的相当长时间内，对于美国金融业而言，存在着银行追逐利润最大化和对银行进行严监管之间的矛盾，为放松监管埋下了伏笔。最终，在滞胀危机后，支持银行追逐利润最大化的力量占据了上风，20世纪80年代后监管放松带来新一轮不公平竞争优势问题。

因此，虽然美国和德国的中间路线都有助于弱化金融业的不公平竞争优势，但德国由于构建了整体不以盈利最大化为目标的银行体系，因而在路线的可持续性上可能是优于美国的。从这个角度看，2021年中国财政部对国有商业银行绩效评价指标体系中盈利性指标权重的调整，并不是市场化的倒退，而是完善中国市场公平竞争机制的重要举措，既有利于防止金融系统过度累积尾部风险，也有利于增进公平。不过，这也并非意味着我们要照抄德国的金融体系。德国银行体系的整体非盈利最大化，虽然有助于弱化金融业的不公平竞争优势，但存在产融结合的问题，不利于创新的发展。

相比于美国对产融结合的严格限制，德国对于产融结合明显是一个更宽容的态度。一方面是因为包括德国在内的欧盟，在反垄断理念上与美国不同，没那么重视保护市场的自由竞争机制[1]；另一方面是因为产融结合有助于提升德国经济金融系统的稳定性。由于银行可以通过产融结合成为实体企业监事会成员乃至重要股东，甚至可以行使代管股票的表决权[2]，这意味着深度产融结合实际上让德国银行成为企业的内部人，好处是有利于稳定银企关系，尽可能避免"雨天收伞"的顺周期性，进而增强金融业乃至整个经济系统的稳定性。

但代价是德国资本市场的发展严重滞后，因为这样一个银行居于优势地位的产融结合，对于实体企业而言实际上意味着更为严苛的融资条件，也意味着企业面临被银行控制的风险。根据德国复兴信贷银行的调查问卷，52%的受访中小企业完全同意公司独立性比获得银行贷款更重要，高居所有调查问题"认同率"的首位，超过80%的受访企业完全同意公司独立性更重要，也居于首位[3]。事实上，企业家大多存在企业独立性的偏好，或者说对企业的控制权激励着企业家为该公司奋斗的意愿。也正因为这个原因，美国资本市场才率先推出了同股不同权的制度安排，吸引了大批新经济企业在美股上市融资。相比于严格限制产融结合且允许同股不同权的金融环境，如美国资本市场，对于德国企业尤其是德国的中小企业而言，在德国资本市场上市，意味着将自己对企业的控制权暴露在随时可能被全能银行"夺走"的风险中，这将会抑制企业上市的意愿。这意味着在银行主导的金融结构下，全能银行的产融结合方式会抑制资本市场的发展。

在这样的金融环境下，德国企业的理性做法是，致力于不断增强企业经营稳定性与内源融资能力，以避免一旦遭遇意外冲击而被迫被银行控制。当然，这有利于进一步夯实宏观经济稳定的微观基础，但也意味着抑制了企业进行冒险活动的意愿，而激进式创新的本质就是冒险。最终，在全能银行主导的产融结合的"威慑"下，即使德国企业看起来似乎并不依赖银行贷款融资，也倾向于从事风险较小的渐进式创新，这在一定程度上解释了为什么德国在传统经济中仍占据着重要地位，但其新经济的发展不但落后于美国，也落后于中国。

然而，对于当下的中国而言，支撑创新对中国金融业而言有着特殊且重要的

---

[1] Werden G. J., Froeb L. M., Antitrust and Tech: Europe and the United States Differ, and It Matter. SSRN 3442798, 2019.

[2] 张晓朴、朱鸿鸣等：《金融的谜题——德国金融体系比较研究》，中信出版社，2021年。

[3] 张晓朴、朱鸿鸣等：《金融的谜题——德国金融体系比较研究》，中信出版社，2021年。

意义。党的十八届五中全会提出"五大发展理念",其中创新是第一位的。要实现创新驱动,无外乎两个方式:一个是以渐进式创新为主的方式,即对外学习,进行消化吸收再创新;另一个是加速自主创新,这个模式下有可能产生更多的激进式创新。在当前国际竞争背景下,中国面临的技术封锁态势十分严峻,从国外吸取先进科技成果越发困难。事实上,国际竞争是由双方实力此消彼长的客观态势决定,不以人的意志为转移,意味着科技竞争是大国竞争的关键所在,这进一步决定了寄希望于美国主动缓和对中国的科技封锁是不现实的,或者说如果期望美国缓和对华科技封锁,除非中国能够加速自主创新、降低美国封锁的必要性[①]。

也就是说,在国际竞争的背景下,中国需要尽快补足创新尤其是激进式创新能力不强的短板。研究表明,相比于间接融资而言,资本市场在促进创新,尤其是在激进式创新方面更为有效。资本市场由一级的股权市场和二级的股票市场构成,资本市场促进创新尤其是激进式创新的内在机制,主要是通过一、二级市场的互动实现的。与股票市场相比,股权市场金融资源有限,更适合支持小企业,小企业比大企业更有动力推动激进式创新。IPO(首次公开募股)后企业能够获得更多金融资源,渐进式创新能力得到增强。更重要的是,股票市场是VC(风险投资)等一级市场投资者最重要的退出渠道,繁荣的股票市场有利于增强股权市场的投资活跃度,显著提升资本市场促进创新的效率[②]。从这个角度讲,不利于资本市场发展的德国金融模式,并非中国应该照搬照抄的对象。

综上,从应对金融业不公平竞争机制的角度看,我们似乎应该更多地向德国的金融模式学习,因为受担保的美国银行业逐利动机太强。但考虑中国所面临的国际竞争背景,我们似乎应该更多地向美国的金融模式学习,因为德国的产融结合抑制了经济的激进式创新与资本市场发展。事实上,对于当下的中国而言,"好的社会"应该是一个兼顾公平与创新的社会,因为从内部的共享高质量发展看,金融体系要能够促进公平,但从外部的国际竞争背景看,也需要金融体系能够有效支持创新。我们认为,这意味着美国和德国的金融模式都不是完全要仿照的对象,中国可以考虑走出一条与美国、德国都不同的新中间路线,即双支柱金融体系。

---

① 谢超、李根、彭文生:《科技创新促进产业链安全与效率》,2021年9月。
② 谢超、李瑾、彭文生:《创新金融:并非资本市场的独角戏》,2021年9月。

基于产融分开、分业经营构建双支柱金融体系

所谓双支柱金融体系，主要是指在产融分开、分业经营的前提下，构建受担保的银行体系和不受担保的资本市场并行发展的金融结构。其中，资本市场的主要使命是促进机会公平、支持创新发展；银行系统则需要通过整体的非盈利最大化改造，来削弱"市场逐利＋政府担保"机制的不合理竞争优势，并大力推动普惠金融发展。实现这一构想的前提是产融分开、分业经营。

应推动房地产和平台经济中的产融分开

需要强调的是，中国目前所面临的产融结合问题，与德国的产融结合问题并不一样。德国式的产融结合更多的是全能银行控制实体企业，进而抑制实体经济的创新意愿。但对当下的中国而言，更多的是一些实体企业反向进入金融行业，进而造成实体经济的不公平竞争问题。这一点突出体现在传统经济中的房企产融结合问题，以及新经济中的平台产融结合问题。

避免房地产行业的产融结合导致资本无序扩张，维护公平竞争

2002年之后，"招拍挂"成为土地有偿出让的主要方式，随后"土地财政"模式愈演愈烈。事实上，这并非土地财政，而是土地金融，是地方将土地资产变现或以土地为抵押品进行加杠杆的金融活动。在土地金融模式下，地价的高低直接决定了地方自主财源的大小，而地价能够涨到多少又取决于房价。土地金融化意味着房地产通过决定地价，事实上"绑定"了地方的资产负债表，土地金融化进而也演变为地方对房地产行业提供的隐性担保，赋予了房企相对于其他实体企业的不公平竞争优势。

与此同时，房企通过产融结合，进一步分享了政府对金融业的担保红利，这个问题在城商行领域尤为突出。83家较大城商行的股权结构分析显示，房企在其中的58家位列前十大股东，作为第一大股东的有4家，作为第二大股东的有1家，作为第三大股东的有11家，房企在个别城商行的持股比例高达30%。除了成为银行的大股东，个别房企还通过发行理财产品的方式涉足金融业务。由于政府对银行进行着显性担保，房企产融结合意味着房企事实上也进入了政府的金融安全网。对于具有产融结合优势的房企而言，叠加土地金融化赋予房企的隐性

担保，将会进一步增强这类房企对其他房企和实体企业的不公平竞争优势，也让这些企业获得了远超同行业的加杠杆能力，助力其资本无序扩张，直至造成"大而不能倒"的问题。在未来构建双支柱金融体系的过程中，或需推动房企的产融分离，限制房企的跨领域扩张，以维护公平竞争的市场环境。

针对平台经济的新型产融结合，有必要考虑结构拆分的干预方式

在SCP（结构—行为—绩效）的结构主义框架下，拆分是传统反垄断理论与实践中应对巨头的常见方案，当前欧美针对平台的反垄断行动中也不乏拆分呼声。从新制度经济学的角度看，平台企业普遍的巨头化主要是受益于数字技术带来的两个效应：一是搜寻、生产、运输、跟踪和识别等交易成本的大幅下降，极大拓展了双边市场的边界；二是双边市场结点数目增多，意味着由结点互动而产生各种"意外"的概率可能越大，在线实时交易对处理各种意外的时效性要求也越高，及时、有效应对信息不对称下的不完全契约问题正是平台企业存在的价值之一。因此，平台企业巨头化具有一定的经济合理性，不应仅看企业规模或市场地位就将拆分作为平台反垄断的重点。

不过，需要说明的是，上述分析都是基于实体经济范围，并不涉及金融。之所以做这种区分是因为"金融是特许行业，必须持牌经营"[1]。从产业组织的角度看，所谓特许经营是指这个行业的进入壁垒是由行政权力授予的。之所以在金融行业搞特许经营，是因为金融行业存在显性或者隐性的政府担保。因此，对于产融结合的平台企业而言，由于其涉足获得政府特许经营和担保的金融业务，平台市场势力在一定程度上并非自然竞争的结果，自发的市场机制也很难突破非市场因素构筑的行业壁垒。因此，为应对平台企业新型产融结合造成的不正当竞争问题，需要进行反垄断干预，可能也需要一定的结构拆分干预[2]。

金融控股公司应定位为对混业经营的严监管方式

在20世纪30年代之前自由放任的年代，世界各国普遍都是混业经营的方式，即商业银行可以从事投资银行业务。但在大萧条暴露了混业经营的弊端后，美国

---

[1] 易纲：《再论中国金融资产结构及政策含义》，《中国人民银行政策研究》2020年第1期。
[2] 彭文生、谢超、李瑾：《企业边界、萨伊定律与平台反垄断》，2021年2月19日。

于 20 世纪 30 年代之后严格禁止了这种混业经营方式。中国的商业银行目前仍存在这种传统的混业经营方式，例如中国的商业银行普遍可以从事债权类的承销业务，还有部分商业银行通过持有香港券商牌照，或多层嵌套的方式间接持有内地券商牌照，事实上实现了混业经营。不过，按照我国的《商业银行法》(1995 年)、《证券法》(1999 年) 的规定，在法律层面上我国基本还是一个"分业经营、分业监管"体制，这意味着由商业银行作为主体进行混业经营很难作为一种主要方式大规模推开。事实上，目前的这种传统混业经营方式大多是通过"国家另有规定的"例外方式实现的。

当下最值得关注的，是作为混业新形式的金融控股公司。如前所述，在滞胀危机的影响下，美国在 20 世纪 80 年代之后重新回归自由主义，这样一种思潮也影响了美国的金融监管取向。1987 年，美联储重新阐释了《格拉斯－斯蒂格尔法案》的第 20 条，允许银行通过成立子公司从事部分证券业务[1]。根本性的改变出现在 1999 年美国《金融服务现代化法案》，这个法案部分废除了《格拉斯－斯蒂格尔法案》，在银行控股公司基础上，允许组建金融控股公司，以加强银行、证券和保险等业务之间的联系，并放开了交叉销售金融产品的限制。此后，金控成为美国混业经营的主要方式，并出现了爆炸式增长。从微观角度看，具有混业载体性质的金控无疑提高了单个金融机构的效率，在 2008 年次贷危机爆发前也通常被看作有效促进了经济增长。在这种背景下，2002 年中国有关部门批准了中信集团、光大集团和平安集团成为综合金融控股集团试点[2]。

此后，"金融控股""金控"等企业出现了快速扩张，很多并没有得到有关部门批准或授权，但是事实上实现了多种业态的混业经营。面对中国金控的无序扩张的乱象，2017 年全国金融工作会议明确要求规范金融综合经营。2020 年 9 月，《关于实施金融控股公司准入管理的决定》和《金融控股公司监督管理试行办法》正式颁布，标志着中国已初步搭建起金融控股公司监管政策框架。但总的来看，中

---

[1] 包括市政收益债券、抵押贷款证券、消费应收账款证券和商业票据的承销和交易，此类证券被统称为"第 20 条"证券，而从事此项业务的子公司则称为"第 20 条"子公司。这部分证券业务盈利占比不得超过 5%，这一限制最终于 1997 年被放松至 25%。

[2] 2022 年 3 月 17 日，中国人民银行官网披露，人民银行批准了中国中信金融控股有限公司（筹）和北京金融控股集团有限公司的金融控股公司设立许可。

国对于如何监管金控的探索仍处于起步阶段，未来还有两个问题需要明确。第一，明确金控公司的产融分开。中国的金控公司不仅有美国金控的混业经营，还有美国金控没有的产融结合问题。如上所述，产融结合存在不公平竞争以及不利于资本市场发展等问题，金控公司也应该坚持产融分开的原则，促进公平竞争。第二，明确金控作为对混业经营进行严监管的载体。如何看待金控公司的定位，究竟是用来推进混业经营大发展的工具，还是对混业经营进行规范的载体？这是构建双支柱金融体系需要回答的。应该说，无论是在美国，还是在中国，2008年次贷危机前，金控确实是用来促进混业经营发展的。但是2008年次贷危机再次暴露了混业经营的内在风险，资产证券化等业务层面的混业模式，帮助银行将政府担保红利再次转化为金融行业的不公平竞争优势，由此所过度累积的尾部风险却由全社会承担。

有鉴于此，美国于2010年推出《多德-弗兰克法案》，美联储的宏观审慎监管权力得到了极大增强，对金控由此前的自由放任态度转向严监管，对于金融系统过度混业经营的问题也试图进行纠正。主要内容是：在美国，所有具有系统重要性的金控公司，均需向美联储注册并接受统一监管；美联储有权对金控和其他金融公司实施更严格的审慎标准，包括对资本、杠杆、风险管理、并购和压力测试等方面实施更严格要求；赋予美联储更多权力审查金控子公司，并在必要时采取相应的法律行动；成立金融稳定监督委员会，负责协调和沟通各监管机构。针对业务层面的混业经营，推出"沃尔克规则"，要求限制商业银行的规模、对银行利用自身资本做自营交易进行限制、禁止银行拥有或资助对私募基金和对冲基金的投资。这些措施本质上与《格拉斯-斯蒂格尔法案》的严监管取向类似，都是限制银行利用政府担保过度追逐尾部风险的能力，有利于弱化金融系统将政府担保红利转化为行业不公平竞争优势的能力。从该法案的实施效果上看，2010年后，无论是美国金控公司的数目还是单体规模均没有再出现2008年前那种极速增长的态势。

即使是具有悠久全能银行历史的德国，在2013年8月也通过了《银行分离法案》。该法案的核心内容是要求信贷机构及金融集团[①]将银行核心业务（储蓄业务）

[①] 除信贷机构外，该法案还针对信贷机构集团下的机构、金控集团下的机构或金融联合企业下的机构（只要这些集团公司旗下有信贷机构）。此外，这些机构需要满足以下条件：一是在过去一年中，持有交易资产规模超过1 000亿欧元的机构；二是在过去三年中，总资产超过900亿欧元，并且持有交易资产规模超过其总资产20%的机构。本段中"信贷机构及金融集团"均指以上定义。

和高危业务分离开来。其中高危业务包括金融工具的自营交易、自己账户下的高频交易（一些做市交易除外）以及为特定高杠杆另类投资基金或是这些基金的投资管理公司（如对冲基金和对冲基金的母基金）发放信贷或担保。与"沃尔克规则"相似，德国的《银行分离法案》本质上也是限制银行利用自身资本进行自营交易，以及限制银行资助高杠杆、高风险的投资基金。德国法案留下了一个"合法分离"的口子，即允许信贷机构或金融集团将高危业务分离至专门的"金融交易机构"，这个机构依旧可以是原企业的成员，但需要保证该机构在经济上、组织上以及法律上均与原本的信贷机构或集团保持严格分离。

总之，1929年大萧条和2008年大衰退两次危机表明，在政府对银行进行担保的情况下，混业经营容易造成银行系统过度追逐尾部风险，由此形成金融系统的不公平竞争优势，但成本却由全社会承担。对中国而言，这种方式既不利于金融系统防范风险，也不符合共享高质量发展的要求。因此，中国构建双支柱金融体系应基于分业经营的前提。在当前的国际、国内金融环境下，回到20世纪30年代后那种体制层面的严格分业已经不太现实，但可以在业务的层面进行严格的分业经营、分业监管。具体到中国的金控公司的未来定位，不应将其视为促进混业经营大发展的工具，而是应成为对混业经营进行严监管的载体。在对金控资本金等指标进行审慎监管的同时，银行业务与非银行业务可考虑分别采取独立子公司的方式存在，并实现银行与非银子公司的分离，尤其应限制业务、人员等微观层面的交叉。

银行系统重在推动普惠金融：兼顾机会公平与结果公平

在产融分开、分业经营的前提下，作为双支柱之一的银行系统应考虑整体以非盈利最大化为目标。这并非要求所有商业银行都进行非盈利最大化改造，而是通过部分银行的非盈利最大化导向的改造，实现多层次银行体系的构建，避免全行业一致的盈利最大化导向造成不公平竞争优势问题。具体而言：对于同时享受了政府隐性担保和显性担保的国有银行（尤其是国有大行）应当以服务国家战略为导向，降低其追逐利润最大化的动机；对于城商行、农商行等区域性中小银行而言，降低逐利动机有利于规范竞争秩序，减少盲目的跨区域扩张行为。

除了弱化不公平竞争优势，银行还可以通过普惠金融的方式来助力共享高质量发展。

普惠金融兼具结果公平与机会公平。例如，格莱珉银行作为普惠金融的标杆，一方面以贫困阶层为目标人群，具有明显的结果公平导向；另一方面，在发放贷款的过程中，以团体贷款、顺序借贷等制度为基础，通过合理的机制设计，在低收入人群中"筛选"出相对有能力的人，给予贷款支持，助其脱困。对此，格莱珉银行收取的贷款利率约为20%，算不上低利率，但有助于格莱珉银行在不借助于外部援助的基础上实现商业可持续性，又具有明显的机会公平特点。值得说明的是，美国的教训表明如果只追求结果公平，不注重机会公平，反而可能会给低收入群体带来"债务陷阱"。1995年，美国克林顿政府提出"居者有其屋"战略，即帮助无力购房者实现买房梦。在克林顿政府看来，对于潜在购房者来说，无力支付高额首付款和交易费用是限制购房的主要原因[①]。为了增强银行对无力购房者的放贷意愿，克林顿政府通过调查和罚款威胁来执行1977年《社区再投资法案》，以促进银行对低收入人群和少数族群投放更多贷款。1995年，美国住房和城市发展部制定的两房低收入者住房贷款占比目标为42%；2000年，即克林顿政府的最后一年，该目标提升至50%。2004年，小布什在其美国总统第一个任期的最后一年，进一步将两房对低收入者的贷款占比目标提升至56%。结果是，在2002—2005年，美国次级贷款人占比过多的地区，信贷增长是优级贷款地区的两倍多。

也就是说，单纯从数据上看，美国当时的贷款数量与家庭收入确实是呈现负相关性，看起来似乎是一种结果公平。但问题是，这些政府支持下的商业贷款依旧是需要偿还的，而且银行利用政府担保的支撑，甚至向原本不存在贷款买房需要的低收入人群进行了过度放贷。一旦利率开始上行，在下行时期被掩盖的问题纷纷开始暴露，低收入群体经历的房屋价格波动幅度高于高收入群体，低收入群体实际上落入了"债务陷阱"中，很多原本没有购房欲望的贫困家庭赔掉了本来就少得可怜的积蓄[②]，最终结果难以称得上结果公平。

---

① The National Homeownership Strategy: Partners in the American Dream, May 2, 1995.
② 拉古拉迈·拉詹：《断层线——全球经济潜在的危机》，中信出版社，2015年。

第六章　双支柱金融体系与好的社会

当然，以低收入群体为目标但不注重机会公平的贷款，违约后如果无须偿还，那这样一种明显带有再分配性质的贷款某种程度称得上结果公平。以印度为例，其国有银行会在大选年期间增加对贫困农民的贷款，在非选举年和私人银行发放的贷款中却并未发现这种情况。这些农民虽然相对贫困，却具有重要的选举价值。在印度选举势均力敌的地区，这种现象尤为突出。由于这些贷款发放时并不考虑偿还能力，因此农业产出并没有明显提高，而且违约率非常高[1]。对此，印度联合进步联盟政府在 2009 年大选之前，将中小型农户所拖欠的债务一笔勾销[2]。因为债权人是国有银行，享受到债务豁免的人主要是社会中的贫困阶层，因此这样一种豁免实际上是一种准财政行为，可以看成是全社会通过国有银行对贫困阶层的一种转移支付。

不过，如果仅仅是着眼于再分配的结果公平，信贷进行再分配的负面效果可能要大于财政。以财政转移支付为例，包括美国里根政府的去福利化改革在内，很多对财政转移支付进行再分配的诟病在于，可能会导致贫困阶层的劳动意愿降低，带来"不勤劳的人"。但是，如果通过商业银行的准财政行为来进行再分配，不但会带来"不勤劳的人"，还会带来"不诚信的人"。如果常态化通过商业银行做准财政性质的再分配，叠加"债务豁免"的隐性承诺，等于告诉接受贷款的贫困债务人"欠债可以不还"。如果仅仅是"不勤劳的人"变多了，还可以通过技术进步来弥补由此带来的劳动力供给不足问题；如果再叠加"不诚信的人"越来越多，则有可能侵蚀整个市场经济的信用基础，由此造成的交易成本可能是难以估计的。

总之，普惠金融应是介于更注重机会公平的资本市场，与更注重结果公平的财政政策之间的一种形式。兼具机会公平与结果公平色彩，既以低收入群体为目标客户，又注重从中"筛选"出具有潜在还款能力的贷款人。对于中国国有控股大型商业银行而言，尤其应该加大普惠金融力度。首先，国有银行做普惠金融，本质上是一种准财政行为，可以在一定程度上弥补财政政策在推动共享高质量发

---

[1] Cole, Shawn. Fixing Market Failures or Fixing Elections? Agricultural Credit in India. American Economic Journal: Applied Economics, vol. 1, no. 1, American Economic Association, 2009.

[2] 拉古拉迈·拉詹：《断层线——全球经济潜在的危机》，中信出版社，2015 年。

展方面力度不足的问题。其次,财政部发布的国有银行新考核办法将服务国家战略放在第一位,共享高质量发展也是国家战略,普惠金融理应成为国有银行的重点业务之一。更重要的是,相比于格莱珉银行等非国有银行所做的市场化普惠金融,中国的国有银行所做的实际上是一种政策性普惠金融,有能力以更低廉的价格来服务小微客户。一方面,受益于国有产权的隐性担保,国有银行能够吸引到更低廉的负债,以支持普惠金融实现结果公平;另一方面,新的国有商业银行考核办法将盈利性要求放在第二位,为金融让利普惠客户打开了空间。

更重要的是,中国的国有银行具有非国有银行难以企及的人群、地域和业务覆盖面,在形成小微客户精准画像、实现机会公平方面具有较大的信息优势。将信息优势转化为普惠金融优势的关键,可能在于金融科技的发展。需要加快全国性征信数据基础设施建设,推动银行合规运用科技手段解决信息不对称问题。长尾客群抵押物和征信数据缺失是推进普惠金融过程中的痛点,需要自上而下的政策推动予以解决。2021年底国务院发布《加强信用信息共享应用促进中小微企业融资实施方案》,核心内容在于打通全国与地方、各个部委之间的小微企业相关数据壁垒,丰富完善统一可使用的小微企业征信体系。全国性征信平台建设工作可借鉴部分较为成熟省份案例,比如浙江的小微信贷数据库和深圳"政府+市场"的新模式。除了金融产品服务的可获得性和贷款定价,B端(企业端)、C端(用户端)客群的获得过程体验也是普惠金融的重要方面,包括申报流程简易程度、金融机构响应速度、金融服务丰富度等。为此,银行机构可考虑加速数字化转型,以确保组织架构和金融供给能力能够快速响应普惠客群诉求,解决普惠目标客群的痛点和难点。

资本市场重在保护中小投资者:既促进效率,也促进公平

如第一章"正确曲线"所刻画的,共享高质量发展并非只要公平不要效率,而是要兼顾公平与效率,这才是当下中国所需要的"好的社会"。在双支柱金融体系下,资本市场兼顾效率与公平主要体现在促进机会公平和支持创新发展两个方面。根据研究,1987—1996年,在资本市场更发达的国家,白手起家的富豪人数比例增加幅度最大,而资本市场的发达程度对继承而来的亿万富翁的人数却

没有太大影响①，这在一定程度上体现了资本市场可以有效地促进机会公平。从创新的角度看，促进创新的关键在于资本市场，内在的逻辑主要是一、二级市场有效互动。初创的小企业在激进式创新方面的意愿远高于成熟的大企业，因而一级市场是促进激进式创新的主战场；二级市场虽然在促进激进式创新的效率方面下降，但充足的金融资源有利于提升企业的渐进式创新能力；二级市场是一级市场股权投资者退出的最重要渠道，繁荣的二级市场可以有效提升股权投资者的投资能力和意愿，进而通过一、二级市场的良性互动共同促进激进式和渐进式创新②。

不过，无论是对于促进机会公平而言，还是对于支撑创新发展而言，都不是命名为"资本市场"就可以实现的。以作为资本市场基础制度的有限责任制度为例，如果没有合适的政策干预，其结果可能是既不公平也无效率的。早在1824年，英国《泰晤士报》就曾发表社论称：这是最不公平的事情，少数的富翁拿出自己的一点零钱来建立一个企业，一旦企业的经营出现问题，资不抵债的时候，他们几乎可以毫发无损地退出，而被欺骗的则是那些普通的公众③。现代资本市场的研究也表明，大股东可能会利用控制权，通过资金占用、关联交易、兼并收购等方式掏空上市公司资产，实现利益输送④。也就是说，有限责任制度导致大股东和中小投资者处于天然的不公平交易地位，如果没有严格的中小投资者保护制度，资本市场将会是一个天然的不公平市场，这也不利于资本市场支持创新发展。养老金等长线机构投资者在创新金融中发挥着关键性作用⑤，因为它们通常不需要在短期内面对大额意外兑付压力，具备长期属性和投资耐心，更有能力和

---

① 拉古拉迈·拉詹、路易吉·津加莱斯：《从资本家手中拯救资本主义》，中信出版社，2004年。
② 谢超、李瑾、彭文生：《创新金融：并非资本市场的独角戏》，2021年9月。
③ Paul Halpern, Michael Trebilcock, and Stuart Turnbull, "An Economic Analysis of Limited Liability in Corporate Law," University of Tornoto Law Review 117（1980）：30.
④ Stijn Claessens, Disentangling the Incentive and Entrenchment Effects of Large Shareholdings, The journal of Finance, December 2002。Randall Morck, Management ownership and market valuation: An empirical analysis, Journal of Financial Economics, March 1988. 白重恩等：《中国上市公司治理结构的实证研究》，《经济研究》2005年第2期。李增泉、孙铮、王志伟：《"掏空"与所有权安排》，《会计研究》2004年第12期。
⑤ 谢超、李瑾、彭文生：《创新金融：并非资本市场的独角戏》，2021年9月。

意愿投向试验期长、回报不确定的创新活动。然而即使是对于这些资金实力雄厚的长线机构而言，在具有实控地位的大股东面前依旧是处于中小投资者的地位。从这个角度看，没有严格的中小投资者保护制度，不利于提高长线资金入市意愿，不利于资本市场支撑创新发展。

当前，我国大股东持股占比过高的问题比较突出，如何保护中小投资者的问题尤为重要。以 G20 国家为例，虽然我国大股东持股过半的公司数目占比低于德国、俄罗斯等资本市场发展落后的国家，但最大股东持股超 50% 的公司数量占比是美国的 4.2 倍，前三大股东持股超过 50% 的公司数量占比是美国的 3.4 倍（图 6-5）。在这种情况下，要防止大股东滥用自身的优势地位，保护中小投资者利益，无外乎两个方式，一个是加强内部治理，另一个是加强外部约束。过去几十年，中国公司在治理体制方面取得了巨大进步，既学习了美国董事会和独董制度，也学习了德国的监事会制度，建立了很多国企还有职工代表大会等中国特色治理机制，但这些内部治理机制的效果似乎还有待检验。2021 年，作为中国第一起集体诉讼案，"康美药业案"宣判后，引发了一波独董辞职潮。从这个案例中，我们似乎可以进行这样一种反思，对于有效制衡大股东而言，究竟是内部治理重要，还是外部约束重要？美国安然事件能够给我们更多的启示。

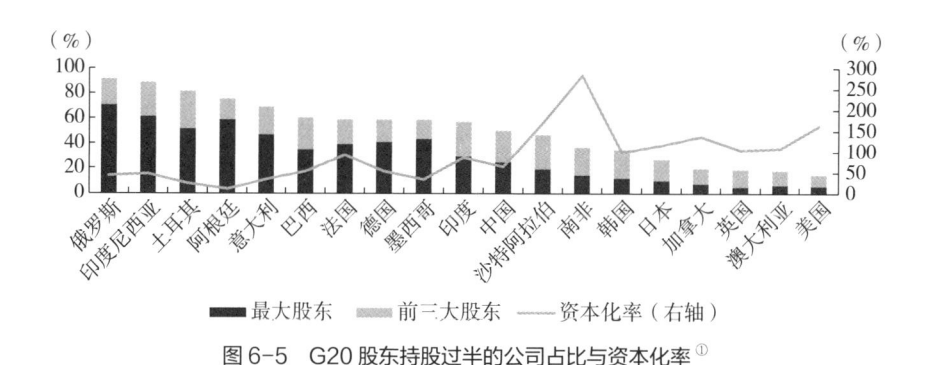

图 6-5　G20 股东持股过半的公司占比与资本化率[①]

资料来源：OECD，世界银行，CEIC，中金研究院。

---

① 资本化率为 2016—2020 年 "股市市值/GDP" 的 5 年均值。其中意大利、英国股市市值分别使用意大利证券交易所、伦敦证券交易所市值，数据来源 CEIC；阿根廷为 2015—2019 年的均值，数据来源世界银行；其他国家数据均为该国上市公司总市值，5 年均值为 2016—2020 年的均值，数据来源世界银行。

第六章　双支柱金融体系与好的社会

即使是在美国这样一个公认企业内部治理机制比较健全的国家，依然不能完全避免安然这类丑闻的出现。但是，美国投资者并没有丧失对于美国资本市场的信心，关键在于严格的外部约束机制，而且这个外部约束并不是来自会计师事务所等和企业有直接利益往来的市场中介机构，而是来自严格执法的威慑。2001年安然丑闻曝光后，时任CEO（首席执行官）被判刑24年并罚款4500万美元，时任CFO（首席财务官）被判6年监禁外加2380万美元罚款，曾位列全球五大会计师事务所之一的安达信也因此倒闭，安然投资者则通过集体诉讼获得了高达70多亿美元的和解赔偿金。更大范围的实证研究也表明：一个经济体保护中小投资者的法律体系越完善，越可能拥有融资更便利、更发达的股票市场；在中小投资者受到较好保护的市场中，投资者会有更大意愿给予企业更高的估值，企业通过股票市场进行融资也会更容易，上市公司的研发强度通常也更高[1]。需要强调的是，所谓保护投资者的完善法律机制，不仅要立法，更要严格执法，否则法律难以发挥应有的威慑作用。实践表明，这些法律得到过执行的经济体，其资本市场有更大的可能性获得更好的发展[2]。

对于促进中国资本市场机会公平而言，除了完善以保护中小投资者为核心的基础制度，还有两个突出的具体问题亟待解决。一个是社会各界普遍关注的"基金赚钱，基民不赚钱"。造成这个问题的原因主要有三个。费用端，当前居民产品触达渠道不足、成本较高。传统财富管理体系中，客户触达方式有限、人力成本高昂，金融机构主要聚焦服务单客体量较高的中高净值客群。中国基民所面对的主要基金销售渠道为银行主导，基金产品的各类费率较海外市场偏高，压缩投资者获利空间。服务端，投资者非理性行为下，"基民不赚钱"现象突出。在基金卖方销售为

---

[1] Djankov, Simeon, et al. "The law and economics of self-dealing." Journal of financial economics 88.3 (2008): 430–465. Maury, Benjamin, and Anete Pajuste. "Multiple large shareholders and firm value." Journal of Banking & Finance 29.7 (2005): 1813–1834. Brown, James R., Gustav Martinsson, and Bruce C. Petersen. "Law, stock markets, and innovation." The Journal of Finance 68.4 (2013): 1517–1549.

[2] Utpal Bhattacharya, Hazem Daouk, The World Price of Insider Trading, The Journal of Finance, 2002.

主的模式下，容易促进基民的非理性行为以提升买卖频率[①]。追涨杀跌、频繁交易、过早止盈止损是造成基民收益与基金收益存在缺口的重要原因。资金端，中国居民养老储备不足、长期资产配置意识不足。美国企业基金账户主要投向的基金产品为配置型基金，具有共同基金中最小的收益率缺口。中国当前养老金保障体系仍以第一支柱为绝对主力，第二、第三支柱规模较小、覆盖面窄，居民难以通过第二、第三支柱在资本市场实现长期投资。为此，我们提出如下思考和启示。

一是强化管理人主动管理能力，完善产品及考核机制，提升资管产品收益水平。首先，加大开放，提升管理人主动管理能力。外资机构具备先进的投研能力、跨境投资能力、创新产品体系、技术能力及管理激励机制，能够增加行业内良性竞争，倒逼本土资管机构业务能力提升。进一步深化金融业对外开放，强化功能监管体系，持续动态完善监管框架，避免不同机构间的监管套利，引导资管行业强化主动管理能力。其次，进一步丰富产品线，满足多元投资需求。资管机构应把握投资者需求及资本市场发展趋势，积极打造更多覆盖多资产、多策略的资管产品，满足客户多样化投资需求。最后，延长业绩考核周期，引导长期投资。引导管理人形成或实践长期价值投资理念，降低波动率，提升产品实际持有收益。

二是优化居民投资渠道，使更多投资者获得与资管产品相匹配的投资收益。费用端，依托数字技术触达长尾客群，市场化竞争降低费用门槛。鼓励传统金融机构加速数字化转型，借助数字科技扩大客户触达范围。鼓励更多合规、专业的第三方平台持牌发展，与传统金融机构形成互补。通过加大良性市场化竞争，促进整体渠道费率降低。服务端，推进买方投顾业务模式，压实渠道投教责任。进一步扩大基金投顾试点范围，推进基金销售由卖方销售模式转向买方投顾模式，渠道将从客户资产增长中获益，与客户利益更一致，提升客户获得感，减少非理性行为。积极引导渠道压实投教责任，对于放任甚至促进投资者频繁交易行为的渠道采取监管措施。资金端，建议推进建设养老金第二、第三支柱，引导居民优化资产配置。通过税收优惠等政策鼓励更多居民通过养老金账户优化资产配置，

[①] 据景顺长城、富国、交银施罗德和《中国证券报》联合发布的《公募权益类基金投资者盈利洞察报告》，2006—2021年一季度，上述三家公司旗下的主动股票方向基金业绩累计涨幅达910.7%，而同期62%的客户盈亏在±10%之间，仅11.2%的客户获得30%以上收益，获得翻倍以上收益的客户占比仅为2.3%。

通过长期投资提升居民养老储蓄回报。

另一个是民企的发债难问题。从中国境内信用债投资结构来看，银行自营资金占18%左右，广义基金占62%左右[①]，而广义基金主要以银行理财为主，银行自营和广义基金合计占80%左右，也就是说银行体系资金在信用债投资中居于绝对主导地位。由于银行间接融资模式，当信用风险提升，容易朝着风险低的领域进发，造成资金流向国企、央企和经济发达地区，民企发债越发困难。与此同时，美国的经验表明，规模高达2.3万亿美元的高收益债基金，是支撑高收益债市场的重要力量。

有鉴于此，为解决民企发债难问题，建议以培育多层次债券投资者为重点，继续完善相关交易机制，为债券市场提供风险偏好多样化的流动性支持。首先，对于现有的主要投资者群体，可以在提升其自身风险管理和控制能力的基础上，逐步放松投资评级、区域、行业等方面的"一刀切"限制。其次，吸引多种类型、不同风险偏好的机构投资者进入债券市场，特别是具有较稳定的负债端，同时具有较强风险识别能力，愿意承担较高风险以获得更高收益的投资者入场（如民营的公募、私募基金和资产管理人），进一步完善和丰富债券市场的投资者结构，促进债券交易和流动性提高。最后，鼓励证券公司或不良资产管理公司等金融机构参与高收益债做市或报价，为市场提供流动性。

---

① 数据来源：2021年12月，中债登网站。

第七章

房地产：
回归民生保障，走新发展模式

住房是满足"人民日益增长的美好生活需要"的基本保障。须恰当平衡其"消费"与"投资"双重属性,这也是"房住不炒"的应有之义。然而,历史上中国房地产市场在加速推动经济发展与城市现代化建设的过程中过度金融化特征日益凸显,较大偏离了必需消费品属性,对民生保障、经济增长和金融稳定产生负面影响,制约了宏观逆周期调节政策的有效性,或一定程度阻碍了发展成果的共享。

土地金融化与住房过度商品化是导致房地产过度金融化的根本原因,是中国房地产市场需求与供给的两个核心问题。一方面,地方政府通过土地资产变现与抵押融资来筹措财政资金,"地价—房价—信贷"的金融循环不断深化。地方政府资产负债表与土地市场"绑定",在推高地价的同时,还导致隐性债务与地产泡沫持续增加。另一方面,自1998年"房改"以来,中国形成了商品房爆发、保障房与长租房不足的失衡供给局面,绝大多数的居民家庭依赖于抵押贷款等金融手段,在商品房市场中满足"安居"需求。与此同时,土地金融化与住房商品化相互促进,强化地方政府土地依赖,激励开发商举债加杠杆,引导银行贷款配置向住房贷款倾斜。

房地产领域共享高质量发展的核心是降低其金融属性,重返民生保障。住房首要属性应是必需消费品,在坚决抑制投机性需求的同时,发力供给侧改革。从土地端出发,落实人地挂钩和增加租赁的供地制度,成立全国统筹的土地基金归集与再分配机制,尝试以知识产权等无形资产代替土地作为抵押,加快推进"窄税基、高累进"的房地产税,重构地方政府资金来源,试点挂钩房地产税的金融安排以缓释过渡期地方财政压力;到住房端,扩大有质量的保障性住房供应,构建多层次阶梯化供应体系,大力发展租赁市场,加强立法保护;针对债务问题及潜在经济影响,坚持不以房地产作为短期刺激经济的手段,加强财政、货币政策协同,在政府引导下有序推动城投和房企债务重组。

房地产问题由来久、牵扯广、影响大,改革难以一蹴而就,应当循序渐进,兼顾长中短期,逐步探索并实现新的发展模式,促进包容性的高质量增长。[①]

---

① 本章作者:张宇、张文朗、邓巧锋、郑宇驰、李昊。

房地产领域共享式发展的内涵

住房市场化改革以来，城镇居民家庭在居住品质上实现了大幅快速提升，但"住房商品化"与"土地金融化"相互促进的现象愈演愈烈，尤其近十年来催生了整个房地产市场的"过度金融化"特征，高房价开始明显挤压消费、抑制创新，弱化了经济增长潜力，城乡土地价格与居住水平间的差距也在不断扩大，成为推动共享式高质量发展的主要障碍。

作为特殊的生产要素，土地的垄断属性和金融属性突出。在城乡二元土地制度下，城镇建设用地由城市地方政府垄断供应。土地批租制下政府一次性收取未来70年居住用地使用权租金，高额的地租成为房价当中最主要的构成部分。高地价、高房价互为因果，也使信贷成为刚需，触发了房地产的金融属性。一方面，金融的顺周期性容易掩盖问题，或导致房地产价格泡沫和市场的非理性繁荣；另一方面，存量市场上房地产的增值部分主要由购房购地者、开发商以及提供融资的金融机构等少数群体获取，增加了全社会不同主体在房地产市场上的投资动机，进一步推升地价与房价。

土地金融化传导至住房市场，引起房价过快上涨，脱离实体经济支撑。这个过程中普通家庭购房支付能力被持续削弱，而高净值群体住房投资投机动力却不断得到强化，进一步加剧了住房资源分布的不均衡。与此同时，住房市场供给结构单一，商品房一家独大，保障房供给不足，租赁市场及配套机制仍有待发展。尤其在大城市，新市民、青年人普遍存在"购房难、租房亦难"的问题。此外，政策性住房金融体系仍显薄弱，对保障和租赁端的供给及对中低收入家庭的支持均有不足，房地产开发企业融资结构股性弱、债性强，"高负债、高杠杆、高周转"运营之下累积了较大的金融风险。这些旧发展模式下存在的种种问题，都是我们在思考如何推动中国共享式高质量发展话题时必须直面并回答的。

推动中国房地产领域的高质量、包容性发展，本质上是降低房地产过度金融化的过程，实现与民生保障挂钩、回归必需消费品属性。具体含义可以从土地、住房两个层面解读。

在土地层面，土地天然的金融属性和垄断属性，使得土地市场难以成为充分竞争和有效率的市场，因此加大公共政策干预，避免人为加剧土地的金融属性和垄断属性成为必然。这就要求推动财税体制改革，减弱基建资本化现象，同时推行房地产税，降低政府对土地批租收入的依赖；土地规划方面，尽量使得新增建设用地总量及结构与人口需求适配，降低土地的垄断属性。而突破城乡二元壁垒，优化土地不同用途差异，构建城乡统一的建设用地市场，也有助于促进高质量、包容性发展。

在住房层面，保障居民家庭基本住房权利，满足合理住房消费需求。住房关乎着广大群众的基本利益，保障居民的必需住房消费，实现"住有所居、住有所享"是推动房地产领域高质量、包容性发展的应有之义。每个家庭在可负担范围内能够享受到稳定、有质量的住房服务，包括居住质量达到一定标准（如住房面积、配套设施等）与平等享有住房所带来的相关社会公共服务权益等。

土地市场：抑制土地金融化，缓解地租分配不均

分析土地要素对包容性、高质量发展的意义，可以从地租及其分配的视角出发。根据地租理论，地租可分为绝对地租、级差地租和垄断地租三类。其中绝对地租源于对土地的垄断以及所有者与使用者的分离，归于土地所有者；级差地租 I 源于土壤肥力、区位因素等，多应归于土地所有者，在中国，城乡土地地租应分别归于国家和集体所有；级差地租 II 源于土地投资的追加，或者城市化过程

中基础设施改善、人流量增加等带来的土地增值，应在土地所有者和使用者／经营者之间合理分配；垄断地租则是指，在城市供地稀缺背景下，土地所有权的垄断属性不断增强，供需失衡推升土地价格和租金。

在土地垄断的背景下，土地所有者与使用者分离，必然会形成土地租金；而有限的土地供应更提升了土地所有者在生产分配中的话语权。因此，要探讨地租及其分配问题，我们首先要认识土地要素的特殊性。

土地要素的特殊性

土地作为生产要素，与一般的生产性资本存在较大差别。第一，土地的供给并非人造，而是自然界给定的，不会再生产，也不会折旧或损坏。而一般的生产性资本是人类储蓄、投资的结果，可以再生产，同时也会因折旧或摊销而发生贬值，且往往具备特定的用途。第二，土地在空间上不可移动。人对空间的占有具有排他性，导致反规模效应，即人群聚集度越高的地方人均空间占有越小，单位空间租金越高。因此，土地的超额收益并不能通过竞争来消化，而是反映在土地价格和租金的增长上，即以隐含成本的上升来消化。与此对照，某地对资本的需求上升，可以通过跨区域的资本流动来满足，甚至劳动力也可以跨国移民。第三，土地在时间上不可转移。人类不能把土地提供的服务储存起来在未来使用，也不能把土地在未来提供的服务提前到现在用。土地对于个人而言是资产和储值手段，但对全社会而言其并不具备储值功能，如果大家都想变现，地价便会大幅下降。以上描述的是土地作为生产要素的特殊性，有两个延伸的含义：一是土地所有者在经济活动的竞争中占有优势，主要反映土地的垄断属性；二是土地价格受利率变动影响大，金融属性强。

土地的垄断属性

土地的垄断属性首先体现在所有权的确定上，不同于一般资本品，土地所有权更多地受政治、法律甚至军事的影响。在和平年代、市场经济环境下，土地产权和使用权的变更主要通过市场交易来完成，但也不同于其他资本品，由于土地买卖涉及大笔资金（实际上是把土地未来长期的收益折现为当前的现金流），只有少数有足够资金或者能够筹集大量资金的人或企业才能购买土地。

土地的垄断属性使得土地在竞争中占有优势，同时地价上升越多对经济的负外部性就越强。在劳动力、资本、土地要素中，土地的持久性最强，使得其所有者在经济活动的谈判中处在有利地位，而劳动力和产业资本往往处于劣势。但是，地价较快上涨可能会对经济产生负外部性。对一般性资本而言，如果某地或某行业的资本回报率上升，资金会从其他区域或行业流入，新增资本使资本回报率逐步回归至平均水平，这个过程促进了全社会生产能力的扩张；但土地不一样，地租或地价是企业生产和商业运营中固定成本的一部分，其上升不仅不能促进产业资本的形成，反而会挤压投资并降低经济供给能力，加大财富与资本的分化。

土地的金融属性

正因为土地作为生产要素的特殊属性，其估值没有客观基础，对利率也极为敏感。一方面，土地并无特定用途，未来现金流的不确定性使得地价估算缺乏客观基础，更多地由人们心理预期决定（如羊群效应）；另一方面，土地的存续期远长于其他生产性资本，也使得其交易价格对利率极为敏感。此外，购买土地的资金门槛较高，往往需要借助外部融资，融资获得方则会在土地交易和分配中占有优势。影响融资条件的因素包括信用评级和抵押品的价值，而土地本身就是优质抵押品，导致现实中大企业和拥有土地的个体在融资购地中占有优势，结果是土地的集中度越来越高。

融资便利了土地交易，土地作为抵押品也促进融资的扩张。抵押品虽有助解决融资过程中信息不对称问题，但也降低了借款人尽调贷款人投资项目的意愿和动力。融资更加依据抵押品的可得性和价值来进行，而不是项目可行性和产出效率。这会进一步导致信用和实体经济的脱节，债务可能过度扩张并带来不能偿还的问题，并形成"地产—信贷"的金融深化循环。

地租金融化以及分配不尽合理加大财富分化

中国实行土地的社会主义公有制，即全民所有制和劳动群众集体所有制。其中，城市建设用地属于国家所有；农村和城市郊区的土地，除由法律规定属于国家所有的以外，属于集体所有；宅基地和自留地、自留山，也属于集体所有。土地可依法给单位或者个人使用，土地使用权可依法转让，国家为了公共利益需要可依法征收土地并给予补偿。此外，中国城乡土地使用制度也存在差别，根据2004年版修正的《土地管理法》，"任何单位和个人进行建设，需要使用土地的，必须依法申请使用国有土地[①]"，农村土地必须经过政府收储才能进入城市土地市场，这直接导致了近20年来中国土地市场的城乡二元结构格局[②]。

一图看懂土地流转全过程

中国土地流转全过程涵盖征地、政府收储、土地使用权出让、土地使用权市场交易等环节（图7-1），具体如下：

征地环节中，政府征用城市土地和农村宅基地、集体经营性建设用地的基本原则是按照重置成本补偿，而农地征用的基本原则是按照土地产值倍数补偿。具体而言，重置成本原则对城乡土地补偿差距大，原因在于城市地价较高；而农地征用的补偿项包括土地补偿费、地上附着物及青苗补偿费、安置补助费和社会保险费用等，其中土地补偿费归农村集体经济组织所有，集体组织决定是否分配和如何分配，地上附着物和青苗补偿费归承包经营权人所有，安置补助费和社会保险费用是对失地农民社会保障性质的补偿。随着城市化推进，城市未开发用地逐步减少，政府对农村土地的征收占比上升。

政府收储环节中，政府对土地收储主要通过土储中心和城投公司来完成。由于土储中心无融资功能，在城市化快速发展的背景下，过去一段时间城投公司承担着一定的土地储备职能。城投以未来土地使用权出让收入返还为担保进行融资，并开展土地整理和基建投资，2016年以来城投土储职能被逐步剥离，但在新老划断原则下城投仍负责已有账上的土地的开发整治。

---

① 兴办乡镇企业和村民建设住宅经依法批准使用本集体经济组织农民集体所有土地的，或者乡（镇）村公共设施和公益事业建设经依法批准使用农民集体所有土地的除外。

② 不过近年来有关农地直接入市的试点改革在持续推进中，如2014年底中办国办印发《关于农村土地征收、集体经营性建设用地入市、宅基地制度改革试点工作的意见》，2020年初新修正的《土地管理法》，明确允许集体经营性建设用地直接入市，改变了过去农村的土地必须征为国有才能进入市场的问题。

土地使用权的一、二级交易环节中，政府首先将开发好的熟地在一级市场出让，其中商业用地主要通过招拍挂方式出让，价格相对较高，而工业用地在 2006 年之前更多采用非市场化方式出让，供应量大且价格低；二级市场中，房产与地产通常被合并交易和定价，而在缴纳交易和增值税费后，房地产出售净收益多归土地使用权原购入者所有。土地的垄断和金融属性推升地价，地价上涨会进一步提高政府土地出让净收益，但土地征拆成本占比也逐步上升，近年来地方政府"拆不动"中心区老房的现象越发增多。

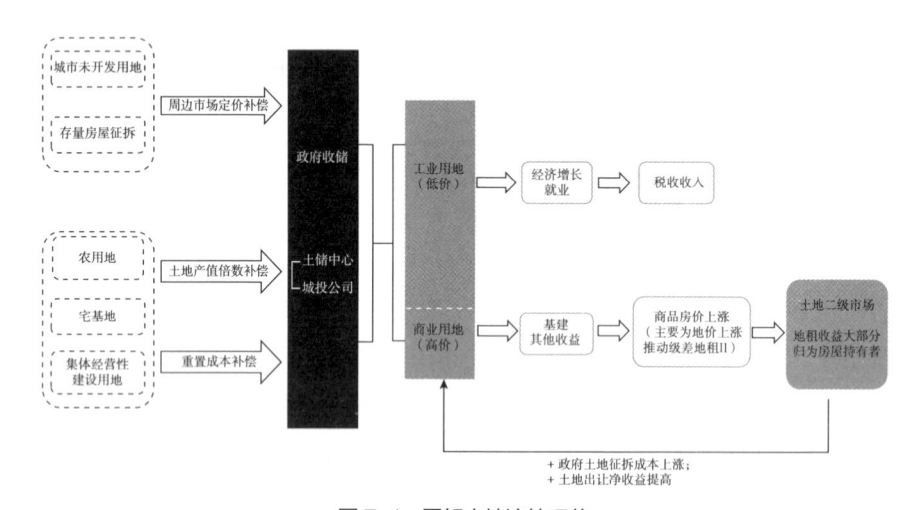

图 7-1 图解土地流转环节

资料来源：中金公司研究部。

地租的征收和分配

土地市场有以下两种貌似不合理的现象比较常见。

一是被征地农民"获取超额补偿收益""补偿不足"的现象同时存在。两者差异取决于其被征地的性质和区位，如前所述，土地征用补偿标准主要与土地原用途和周边地价挂钩。以集体土地中的宅基地为例，如其位于"城中村"，则补偿标准参考城市周围地价会较高；若位于城市郊区，则农民获取的补偿费较低。近年来中国城市征用土地中耕地占比超过 40%[1]，多为城市远郊土地，因此后者

---

[1] 数据来自《2020 年城市建设统计年鉴》。

情形或更为普遍。而按照2004年修正的《土地管理法》的补偿标准[①]，对被征地农民的30倍补偿上限不尽合理，2019年农业农村部指出[②]，第二轮土地承包到期后坚持延包并不得打乱重分，保持绝大多数农户的土地承包关系长期内基本稳定，同时2019年版《土地管理法》已删除上限规定，补偿标准有所改善。

从地租理论看，按照土地原用途来补偿土地征用费并无不合理之处，因为土地用途变更带来的级差地租Ⅱ上涨跟农民并无太大关系，不应该归农民所有，否则也是"不劳而获"。对于现行征地规则导致被征地农民补偿不一进而加剧分配不均衡的现象，其关键是为何部分土地的高价格导致一些农民获取超额补偿收益，而不是部分农用地征收价格低带来所谓的"补偿不足"问题。不过，由于土地对农民而言具有一定的社会保障功能，农民在失地后其社会保障问题需得到妥善解决。

二是工业用地和商业用地价格相差甚大。从国际对比看，各国均存在工业用地低于商业、居住用地价格现象，但中国不同用地价格差异更大（图7-2）。由于资本的流动性强，企业可以"用脚投票"选择落户地区，地方政府多通过低价方式大量供地吸引企业入驻，短期内地方利益似乎受损，但企业提供的就业机会可有效促进地方经济增长，吸引人口流入，改善中期税收状态。因此地方政府会自然地有扩大工业用地供给（国际比较来看，中国城市的供地结构偏向工业）、压缩居住用地供给的冲动。

政府低价出让工业用地，从长远看，招商引资创造了就业和税收，属于理性选择。不过，大量低价出让工业用地会产生一定负面影响，比如引发地方政府间的过度竞争与重复建设、用地效率下降和资源浪费、挤占城市生活和生态空间。中国工商业地价差别甚大的关键在于商业用地（尤其是宅地）价格过高。

---

① 耕地土地补偿费为该耕地被征收前三年平均年产值的6~10倍；农业人口的安置补助费标准，为该耕地被征收前三年平均年产值的4~6倍，每公顷被征收耕地的安置补助最高不得超过被征收前三年平均年产值的15倍；土地补偿费和安置补助的总和不超过土地被征收前三年平均年产值30倍。该上限表述在2019年修正《土地管理法》删去。
② 信息来源：http://www.jjckb.cn/2019-11/27/c_138585779.htm?from=groupmessage。

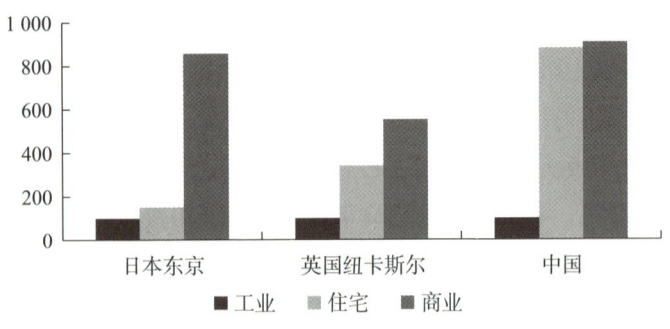

图7-2 中国的居住用地价格相对工业地价偏高

资料来源：CEIC，UK HM，中金公司研究部。
注：图中各国工业地价为100；日本与中国数据为2020年，英国为2019年。

前述这两种现象均指向了中国住宅用地价格过高，进而加剧居民财富分化，背后的原因在于以下几个方面。

一是地租过度金融化，土地批租制下政府一次性收取未来70年居住用地使用权的地租，在土地拍卖形式下很少有人可以一次性付清，大多需要通过贷款来购买，进而加剧了土地金融属性，而金融的顺周期性掩盖了问题，或导致房地产价格泡沫和市场的非理性繁荣。

二是地租分配不尽合理，土地在二级市场的增值部分主要由购房购地者和房地产开发商等少数群体获取，而提供土地融资的金融机构也从相关业务中受益，这进而增加了投资性购房动机，进一步推升地价与房价。城市房价的上升主要来自地价推升，其中主要是级差地租（尤其是级差地租 II）的提高；而级差地租 II 提高主要反映周边公共服务改善，如教育、交通（尤其是地铁）和医疗设施等改善，这是政府投入的结果，与私人部门关系不大。按照地租理论，公共设施改善带来的地租上涨部分应归政府部门，但房地产持有环节税收的缺失，使得土地使用权存续期间级差地租 II 上涨的净收益多归于房屋持有者。这加剧了居民部门内财富分化，居民买房与否和早晚都会影响居民部门内部财富分配。

三是城市化进程下的基建投资热潮，可能压缩居住用地供给。在政府举债规模受限的情况下，不排除少数地方政府重工业用地供给、轻商业用地供给，进一步导致垄断地租走高的可能。此外，2003年以来中国在区域供地上偏重中西部，东部土地紧张程度加剧，推升东部居住用地价格。近年来中国在协调区域间供地、强调市场化方式供应工业用地、提高居住供地占比等方面开始推行相关改革与优化。

此外，以往期房销售模式下房地产开发商经营呈现"高杠杆、高周转、高盈利"的特征，既助推了地价上涨，也埋下了房地产领域的风险隐患。

如果要解决地租分配不尽合理的问题，最重要的是降低土地金融属性、征收房地产税。如果将土地出让金看成一种税，在城市居住用地价格持续上涨的过程中，累退属性会进一步深化，加剧社会财富分化，当前政府对房地产持有环节征税力度并不足（图7-3）。引进房地产税不仅有助于打破土地和银行信用的金融深化循环，更是纠正税收结构扭曲、合理化城市公共服务成本征收的重要举措，土地使用者需要根据政府提供的公共服务在当期缴纳对等的成本，不会出现公共服务享有者与支付者之间不匹配的问题。与此同时，还要减少基建资本化现象。鉴于中国基建资金需求比较大，仅凭房地产税并不能有效解决基建资金来源问题。因此，通过提高地方政府或中央政府债务来开展基建可能是一种选择，而地价持续上涨也会推升土地整治成本。2015年财政部数据显示[①]，土地征拆补偿和开发占收入比例约为72%，用于基建和农业农村支出的比例较为有限。

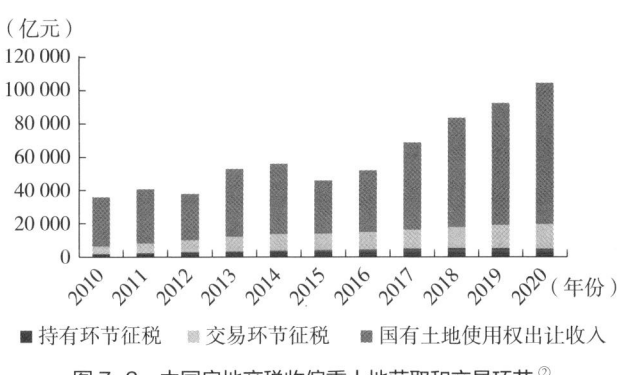

图7-3 中国房地产税收偏重土地获取和交易环节[②]

资料来源：万得资讯，中金公司研究部。

[①] 信息来源：http://zhs.mof.gov.cn/zonghexinxi/201604/t20160401_1934261.htm。

[②] 当前国内政府对地租的征收主要包括三个方面。土地使用权获取环节（土地一级市场）：土地出让金。交易环节征税：土地增值税、契税、耕地占用税。持有环节征税：房地产税（税基主要是经营性房地产，住宅类仅有沪渝试点）、城镇土地使用税。

第七章　房地产：回归民生保障，走新发展模式

土地市场特殊性，呼唤公共政策干预

如前所述，土地要素的特殊性要求房地产尤其是土地市场必须要有政府的公共政策干预。摒弃土地金融化、以地养基建的思路，调整土地税制，通过增加对持有环节征税，将政府提供公共服务带来的土地增值主要部分收回，并通过再分配减轻居民间的财富分配不均衡现象；而针对农村土地对于农民特殊的含义（发挥一定的社会保障职能），注重土地增值收益在政府、集体和农民之间的合理分配，探索更多农民以土地权益方式来持续享受经济社会发展的成果。具体措施可以包括以下几个方面。

一是降低土地金融属性，通过开征房地产税，降低地方政府对土地批租收入的依赖，避免地租过度金融化。这需要进一步完善央地财权与事权分配，并培养地方税源，妥善化解地方隐性债务，适度扩大显性债务。在增量改革上推行房地产税，将地租一次性集中支付改为分年度支付，削弱地租金融化属性，同时也可避免地价上涨私人化的现象；但房地产税征收还需考虑存量问题，如先前购房群体已一次性缴纳数十年地租，对其已缴纳金额应做相应抵减以保障公平。针对区域间发展不均衡的现象，需改革土地出让金收入全部归地方政府所有的制度安排，成立全国统筹的土地基金，将地方土地出让金的较大比重甚至全部纳入该基金以用于全国范围内的转移支付。

二是降低垄断地租，推动土地供给更多与民生挂钩。通过规划与使用评价相互促进，考虑新发展阶段对生产、生活和生态空间的需求变化，科学设置国土空间利用规划和土地利用总规划，体现在新增建设用地分配上更多倾向生活与生态空间；盘活存量土地，提高土地利用效率；保证保障性租赁住房的用地供给等；放开中小城市落户限制，引导人口合理流动。

三是致力于建设城乡统一的土地市场，针对农地征收和农地流转中利益分配，予以法律和制度上的保障，推进农村集体经济组织的职能完善和行为规范；允许符合条件的地区探索城乡建设用地增减挂钩节余指标跨省域调剂使用机制，既提高土地利用效率，也有助于缩小区域发展差异。

四是解决地价上涨的措施，既在土地之内，也在土地之外。如农村居民社会保障制度的进一步完善，减少土地抵押在银行信用创造中的作用（如减少土地作为抵押品的独特性，适当扩大信用贷款，借助税收、现金流等大数据为银行提供企业画像，发展针对知识产权等无形资产的抵押融资制度），削减金融周期的振幅，等等，这些均依赖于一揽子改革政策的配合。

住房市场：构建阶梯化供给体系，加速财税金融改革

中国住房市场现存主要问题

在房地产金融化背景下，中国住房市场问题主要体现在四个方面：住房拥有和使用情况在不同收入群体之间分布失衡、租房群体权益难获保障、老城区基础居住和服务功能衰退、房地产金融体系发展相对滞后。

住房分布失衡

住房是居民家庭的必需消费品，是满足"人民日益增长的美好生活需要"的基本保障。受土地过度金融化影响，住房价格过快上涨，导致普通民众住房支付能力被持续削弱。在大城市新市民、青年人等群体较难通过市场化途径解决居住困难，而资深一代则占有较多房产资源，房价上涨致使失衡现象不断加剧。与此同时，高房价扩大了城乡居民住房资产差距，根据中金公司研究部测算，2019年城镇居民人均享有房屋价值为农村居民的6.3倍[1]。住房资源在居民家庭间分布情况是度量住房不平等程度的最重要指标，2017年中国家庭金融调查与研究中心[2]的测算显示出以下几个特点。

首先，从套数看住房资源分布的不平衡程度似乎不高。以城镇居民家庭在全国城镇范围内拥有的住房套数来看（图7-4），城镇家庭13%无自有住房，69%拥有1套住房，18%拥有2套或多套房。平均套户比为1.10（与海外成熟市场

---

[1] 2019年城镇和农村居民人均拥有房产价值分别为37万元和5.9万元。
[2] 中国家庭金融调查与研究中心是西南财经大学于2010年成立的集数据采集与数据研究于一身的公益性学术调研机构，包含中国家庭、小微企业和城乡社区治理三大数据库。2017年第四轮调查样本覆盖全国29个省（自治区、直辖市），355个县（区、县级市），1 428个村（居）委会，样本规模为40 011户。

近似），套数基尼系数为0.27，分布的不均衡程度尚可。若仅分析现居住地住房，分布集中度则有所提升，约14%无自有住房，72%拥有1套住房，14%拥有2套或多套房；套户比为1.03，以成熟市场10%~15%的合理空置率下房价相对平稳的经验来看，住房资源略显紧张。

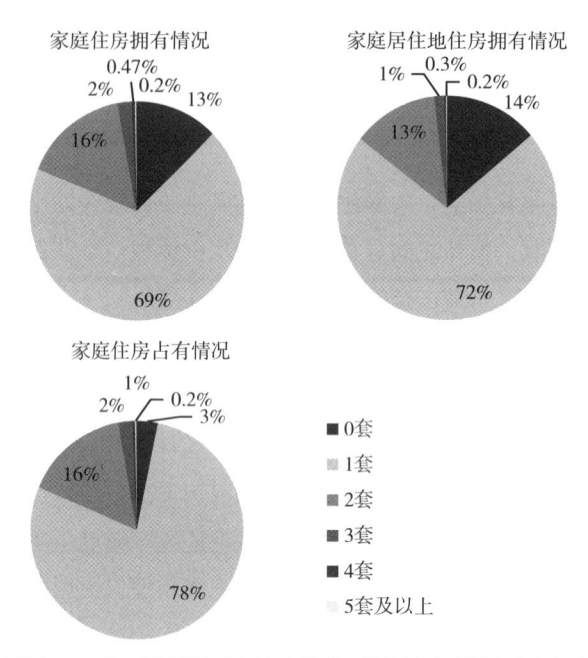

图7-4 超一成城镇家庭无自有住房，约两成家庭拥有多套住房

资料来源：2017年CHFS调查，中金公司研究部。

其次，住房面积和价值分布更为不均。经测算，家庭自有住房建筑面积、市场价值以及可支配收入基尼系数分别为0.48、0.72和0.54（图7-5）。其中，前10%的家庭拥有全部存量住房建筑面积的1/3以及全部居民部门收入的四成，而后50%家庭的三项占有比例均约为两成。

与此同时，居民家庭占有住房资源（及购房杠杆）与家庭收入水平高度相关。由于近十年来房价不断上涨，而持有环节无税负，住房成为高收入家庭保值、投资的重要手段，"以房养房"、囤积房源导致住房资源不断向高收入家庭汇集。我们分别测算了2017年不同收入组别家庭住房资源占有情况，其中收入位列前1%和10%的家庭平均拥有住房3.1和2.1套（图7-6）。从购房家庭的杠杆水平看，收入最低的 20% 家庭购房借贷余额占住房总价值的 46%，收入最高的 20% 家庭为 14%；与此同时，借贷偿付压力（借贷余额/平均可支配收入）与家庭收入也呈明显负相关关系，最低和最高收入组的偿付压力分别为 4.5x 和 1.5x。

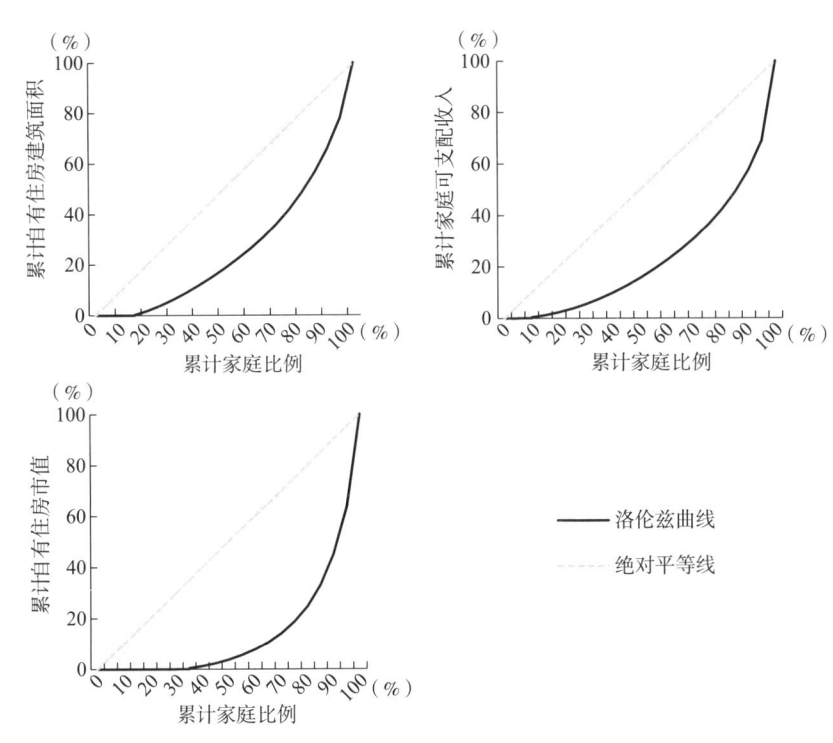

图 7-5 累计家庭自有住房建筑面积、价值以及累计可支配收入洛伦兹曲线

资料来源：2017 年 CHFS 调查，中金公司研究部。

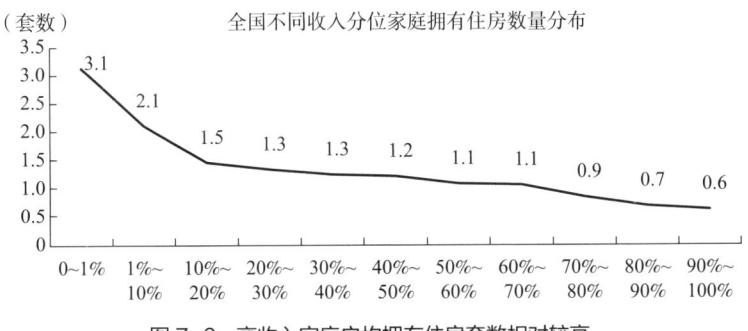

图 7-6 高收入家庭户均拥有住房套数相对较高

资料来源：2017 年 CHFS 调查，中金公司研究部。

第七章 房地产：回归民生保障，走新发展模式

租住难获保障

中国大城市租房需求旺盛，但市场较难满足其实现有质量的、稳定居住的需求。根据中金公司研究部测算，截至2021年末城镇租房群体突破2亿人，集中分布于东部沿海城市群与区域型枢纽城市，其中前10、30、50大城市集中度分别为31%、49%和59%。但从供给端看，市场培育与配套制度建设相对落后，尤其体现于大城市新市民、青年人等群体的住房困难。

一是居住环境拥挤，房屋质量堪忧。一方面，总供给量绝对不足，导致租房家庭难以"体面地"居住生活。根据2015年统计普查数据及中金公司研究部测算，城镇租房家庭人均居住面积不足27平方米，仅为购房家庭的60%；对于租房需求越旺盛的城市，租、购群体居住环境差异性越大。另一方面，现有供给房龄大、缺少生活配套，质量水平堪忧。一线、新一线城市租赁住房平均房龄分别为18年和12年，其中一线城市2000年前建成房屋占比超四成；三成外来务工群体所住房屋缺少电冰箱、洗衣机、独立厕所等生活基础配套设施。

二是承租人权益得不到有效保障。受供需关系影响，租赁住房市场呈现出一定卖方市场特征，租客普遍缺乏议价能力且承担诸多被违约风险，权益侵害事件频发，典型的包括随意上调租金、提前终止合约、到期后不退或少退押金、室内设施损坏无人修理维护，因此难以安心、稳定地长久租住。根据2020年安居客研究院统计，约四成租房群体遭遇过侵权事件。

三是不能享受同等的社会公共服务。住房价格不仅包括居住使用价值，也涉及教育、医疗等公共服务权利的资本化。户籍制度挂钩社会公共资源，导致多数租房群体不能享受与购房者相同的公共服务（即"同住不同权"），其子女教育、基本医疗、社会保障问题比较突出。

老房功能衰退

随着基础功能衰退（包括居住、就业、消费等），早期开发片区或难以满足当地居民日常工作生活需求。住建部公布[①]2020年全国待改造老旧小区约17万

---

① 信息来源：http://www.gov.cn/xinwen/2019-07/03/content_5405506.htm。

个，总建筑面积约 40 亿平方米，涉及家庭数 4 200 万户；根据国家统计局 2015 年小普查数据测算，城镇范围约五成存量住房建成于 2000 年之前，其中又以居民自建物业和原有公房为主，考虑近年新建商品房与老旧房屋拆除规模，2021 年末房龄超过 20 年的存量面积占比仍有三成，为 80 亿~100 亿平方米，其中"旧村""旧厂""旧商业街区"为载体的老旧房屋规模在 30 亿~40 亿平方米，关系 3 000 万~4 000 万户家庭住房权益。老房质量问题主要体现在以下两方面。

首先，老旧房屋存在居住隐患，住房配套设施不全。一方面，由于建筑标准低、设计欠合理、选材质量低，加之缺少专业物管公司的运营养护，部分早期建成住宅已暴露出质量与安全隐患，如围护脱落、管线老化、主体结构沉降等。另一方面，由于城市建设以片区为单位展开，因此旧城问题不仅是单个社区住房质量下降，而且是所在片区基础功能的整体性衰退，如居住环境恶化、市政设施损坏、工厂商街废弃、公共设施（如教育、医疗等）迁移，降低片区宜居程度。

其次，早期建成的社区适老化程度不足。居家层面，室内门槛多、空气不流通、缺少助老设施；社区层面，未安装电梯、楼前空间存在障碍物（如地锁、飞线），以及对于单身长者或身体残疾的老人，缺少居家护理、社区食堂等服务。

金融相对滞后

中国房地产金融体系建设与住房市场化改革同步启动，为解决住房供给和支付能力双不足问题，住房开发贷款与抵押贷款应运而生，但时至今日相关金融服务的层次和金融产品的品种均仍显单薄。房地产金融体系发展相对滞后的问题在市场供需两端均有体现。

从需求端看，缺少对夹心层家庭[①]的购房支持。出于防范住房价格风险，住房抵押贷款首付门槛较高，受抵押贷款额度等因素影响，平均实际首付比例 50%~60%。中等及中低收入家庭不得不在有限的公积金贷款额度之上进一步寻求成本、风险更高的民间借贷以支持其购房，而高收入家庭在该信贷环境下更具优势，客观上加剧了住房资源分布不均。根据中金公司研究部测算，2017 年住房资产处于 0~20%、20%~40% 分位数借贷购房家庭中均超七成使用民间借贷，

---

① 在提供一定的购房信贷支持下，可以实现在商品房市场自主购置房产的中低收入家庭。

形成了 36% 和 18% 的住房杠杆；相比之下，最高住房资产组（80%~100%）中使用民间借贷占比仅为 19%，对应杠杆约 1%。

从供给端看，政策性住房金融支持不足，同时企业融资结构股性弱债性强。保障性住房是住房供给体系中支撑中低收入家庭住房需求的主要类别。目前围绕保障性住房融资的政策性住房金融体系仍显薄弱。此外，对房地产企业而言，由于股权融资渠道窄，对债务融资的依赖度逐年增高。借短久期的钱投资中长久期的生意，这种"短债长投"特征的经营模式缺陷，使企业走上了高负债、高杠杆、高周转的"三高"之路，也决定了其面对行业放缓、偿债压力增大时的脆弱性。

推动住房回归必需消费属性的改革举措

针对上述问题，改革举措可以如何推动住房重回必需消费品属性为出发点，重点包括以下几个方面：实现"供给分层"以构建"住房阶梯"、构建房地产实体资产持有环节税收制度体系、大力发展租赁住房市场并出台配套法律保护、加速开展可持续城市更新改造、进一步加速推动中国 REITs（房地产信托投资基金）市场发展、强化政策性房地产金融体系建设。

实现"供给分层"以构建"住房阶梯"

住房不平等现状很大程度反映的是多样化需求与以商品房为主导的单一供给结构之间的矛盾。随着新型城镇化的深入，人口重分布所导致的大城市新市民、青年人群体"买房难、租房亦难"问题亟待妥善解决，在弥补供需缺口的同时，应深化住房供给结构改革，实现供给端充分分层以构建"住房阶梯"，保障居民住有所居的基本权利，是住房供给改革的思路主线。有两个方面值得关注。

一是注重供给体系"多层次"与"连续性"。"多层次"体现为两个维度。一是形成均衡发展的"租房"与"购房"子市场，二是兼顾"市场化"与"保障性"产品，共同构成住房供给结构四象限；"连续性"反映的是无论租房还是购房，住房产品应足够丰富，能实现由"完全保障"到"完全市场化"的连续过渡。二是充分分层的供给体系须满足不同个体、时点的住房需求：从静态看，完备的供应体系应当能满足不同支付能力、租购偏好的家庭合理住房需求；更重要的是，从动态看，随着住房消费能力提高，家庭可以自主选择不同住房产品升级路径。

构建实体资产持有环节税收制度体系

　　海外主要发达国家在住房持有环节均设有房地产税，提供财政收入来源的同时也有抑制住房投机的效果。基于中国现存土地、住房问题，构建持有环节税收制度具有其必要性，是长效发展机制的重要一环。

　　一方面，房地产税可以改善住房持有结构，实现财富二次分配。目前中国房地产调控政策基本从需求端出发抑制投资、投机行为，可能会损害部分合理的刚性及改善性需求，未能从套利空间上消除"炒房"预期。持有环节增设税收可建立房地产运行中的"压舱促稳"机制[①]，削减炒房套利空间，使多房产家庭逐步释出多余住房，改善住房持有结构。此外，根据前文所述住房资源分布情况，以价值为基础征税可以有效促进社会财富的二次分配。另一方面，房地产税有助于推动地方政府财税制度改革，降低土地财政依赖度。随着城市发展重点逐步由增量开发向长期的更新维护转移，大规模出让土地来维系财政的持续性有待商榷，房地产持有环节税收具备难藏匿、抗周期、税基大的特点，可以成为地方政府可靠收入来源，并推动财税制度改革、降低土地财政依赖度，相关详述见第九章。

　　住房持有环节税收主要包括房地产税、空置税和遗产税，其中房地产税最普遍、最受关注且在经济学界争议最少。那么应当如何公平、稳妥地推行中国房地产税？

　　首先，择城、择机开展试点工作，吸取海外及早期试点实践经验。一方面，选取新房供给潜力相对弱（即人口净流入大、新增用地不足、房价管理压力大）、需求结构亟待完善、经济相对发达、基础条件好（产权清晰、信息完备）的城市开展试点工作，并在城市房价平稳或上涨时推出。另一方面，借鉴海外市场通行原则，包括"房地一体"征税、地方政府独立征管、以住房价值为税基、

---

① 虽然房地产税不会在长期内平抑房价，但去除投资、投机性需求会使房地产市场运行更加平稳，降低基本面指标（包括房价）的波动性。

对特定群体提供减免，同时吸取上海、重庆早期房产税试点效果未及预期的原因，将征税范围从增量住房扩展至存量住房市场。

其次，合理设定征税方案以充分发挥"调结构、促分配"积极作用。中国房地产税税制设计基本原则应包含两个层面：一是保持税收横向、纵向公平，二是尽量避免损害普通家庭基本住房需求并发挥调节住房持有结构，促进转移支付的作用。基于上述原则，我们利用2017年CHFS数据进行测算，分别从税率水平、税率累进性与免征方式展开分析。

税率方面，作为典型直接税，合理设定税率以避免家庭产生较重"税负感"。以美国为例，人均房地产税占可支配收入比重为3%~4%。我们从收入、消费支出、家庭财富及现金流量四个维度计算房地产税负担能力，发现在不同免征起点设定下0.5%~1.0%税率为宜，税负为家庭年收入的3%~4%。

税率累进性角度，"房地产税采取累进还是单一税率"备受学者与社会各界关注，尚无定论。需要说明的是，一方面，累进税率（尤其"基于价值的累进"）更利于住房结构调节、财富二次分配，但复杂税率体系会降低执行效率、提升征税成本，而海外仅有韩国实行过税率累进的房地产税。另一方面，单一税率同样能对不同收入家庭产生差异化税负感，若征收0.5%比例税，拥有1套、2套和3套及以上家庭缴纳税额占收入比重为3.3%、4.0%和6.5%。综合看，可以在部分试点城市试行高累进税率，待实践经验丰富后进一步商榷。

就减免而言，主要包括首套免征、基础面积免征与基础价值免征，前两种方法在实践中存在避税漏洞，而基础价值免征可以使高收入、多房产家庭承担更多税负，充分发挥二次分配效果。根据中金公司研究部测算，若征收0.5%房地产税，前10%高收入家庭在首套、面积、价值三种免征方式下承担税负占比分别为48%、53%和67%。在房地产税设立伊始，不宜采取"宽税基"方式，通过合理设定较高的免征起点来豁免普通住房消费，随着总体税收结构改革的推动，再逐步扩大房地产税的税基。

再次，尝试给予地方政府根据家庭收入、房价等"因城施税"的自主权。中国城市间房价、购房支付能力已逐步分化，若全国统一征收相同税率的房地产税，城市间家庭"税负感"会有显著差异性，导致税收不公平。海外成熟市场亦有类似安排，如日本市町村政府可在中央规定税率标准上下浮动1个百分点、美国地方政府在州政府设定的上限下自主调节税率。

最后,税收使用宜重点用于当地公共服务。以美国为例,房地产税是地方政府最主要的收入来源,占税收、本级收入和总收入的71%、46%和30%,主要用于地方公共服务开支。据纽约市财政局披露,2020年全市房地产税占本级财政收入的28%[①],投入教育、行政、医疗和市政维护占比为31%、28%、19%和22%。此外,房地产税征管规范化将促进地方政府的职能转变——为获得充足税基,将资源投入提升公共服务质量、维护基础设施,而"房地产税—公共支出—人口迁入"正反馈将使具有优秀运管能力的城市政府脱颖而出。需要关注的是,这或将加剧城市间财政、经济差异,是否建立城市间房地产税"再分配"机制以缩小区域差异,有待实践经验丰富后再深入探讨。

大力发展租赁住房市场并出台配套法律保护

大城市租赁住房供给短板的本质是总量不足下的供给结构问题。租赁住房供给渠道包括个人散租、非正规住房(如城中村、工棚)、市场化长租公寓、政府提供的保障性质住房,目前市场中超八成供给依赖于以家庭为单位将购房市场闲置资源输送至租房市场。该结构会产生"涓滴效应",即家庭满足自住需求后,才将质量、区位较差房源释放到租房市场,这会放大住房资源短缺大城市的租赁住房供给不足问题。"十四五"及更长期的"存量时代",租赁住房市场持续扩容是中国住建工作重点方向,在补充供给的同时注重调整结构,通过发展长租房(包括保障性租赁住房与市场化长租公寓)提高机构渗透率与公共部门存在性。

赋予租赁住房更多公共色彩是符合国情的选择,但在实际中也要积极引入社会资本和专业机构以建立多住体供给机制,避免公共部门全责包办,以更"轻巧"的方式来发展长租房市场。主要有三个方面原因。

其一,长租房总投资额7万亿~9万亿元,完全由公共部门承担将产生较大财政压力。根据中金公司研究部测算,2020年租房群体Top50(前50)的城市存在4 500万~6 000万人租房困难,隐含2 000万套保障性租赁住房需求,考

---

① 纽约市房地产税占本级财政收入比重显著低于全美平均水平,主要是因为个体所得税和销售税占比显著高于其他城市。

虑已建成的公廉租房，静态视角下①需求缺口至少1 500万套。以套均60平方米、单方工程造价3 000元计算，建安成本总计2万亿~3万亿元，涵盖土地成本后总投资达7万亿~9万亿元。2019年地方政府保障性安居工程支出为2 930亿元②，占一般公共预算支出1.4%。若由公共部门全责包办式供应，将严重影响地方政府财政系统的正常运转。

其二，缺少社会资本和专业机构参与，容易形成"无效"资产，导致大量公共资源沉淀。一方面，如果对租赁住房做简单总量（如在城郊成片式建设），将会形成无效或低效资产。另一方面，公共部门缺乏专业的开发、运营能力，较难形成具有持续经营价值与资本化潜力的有效资产。

其三，仅依靠地方政府提供低成本土地或将加剧住房不平等与社会贫富分化。对于土地资源紧俏地区，如果采用对建设私人住宅的用地征收高地价的方式来平衡租赁住房用地产生的土地出让损失，可能导致租赁住房的供给使市场化（或私人）住房购房力门槛"向上收敛"。从房屋质量或价值的分配上看，扩大了居民家庭间的住房不平等。

公共部门可充分利用土地、财税、金融政策工具以吸引社会资本参与长租房建设及运营。根据长租房类型，有以下几个方面需要思考。对于市场化产品，"供地"端更易发力。结合制度优势，地方政府设法以低价提供土地，有助于解决社会资本参与租赁住房的"痛点"。在具体执行层面，有两个方面值得注意。一方面，按需配给适量的租赁住房用地，同时对于大城市须注重存量土储挖潜，如盘活集体经营性用地、闲置工商业用地建设长租公寓。另一方面，将区位、配套设施纳入供地考核标准，保障租房群体能便利地实现消费、医疗、教育等日常活动。

对于保障性产品，"间接出钱"比"直接出钱"更易。美国低收入住房税收抵免政策通过对私人部门提供税收补贴，激励其建造、运营面向中低收入家庭的租赁住房。政策优势在于不仅避免了当期财政开支，私人企业还可以利用税收抵

---

① 不考虑中短期内前50城市新增常住人口所引致的保障性租赁住房需求。
② 需要强调的是，保障性安居工程支出分为保障性住房建设、棚户区改造和农村危房改造、游牧民定居工程，其中用于建设具有保障性质的租赁住房支出不足800亿元。

免额实现资本退出并获取合理回报。结合中国现状,"间接出钱"方式包括两个方面。一方面,广泛地运用土地、财税、金融"政策包",如根据新市民、青年人等群体规模匹配低成本用地,提供低息政策性贷款,减免相关税费,同时给予社会资本退出渠道,包括 REITs、房地产私募股权基金等资本市场工具,以及准许达到特定运营年限的租赁住房转为可流通的普通住宅。另一方面,避免高举高打、自上而下分配建设任务,宜由各地政府摸排实际需求来确定供给规模;同时,落实供给主体责任与监管责任,并纳入地方官员考评机制,在评测中"不以数量论英雄",更加关注保障房供应对解决新市民、青年人等群体住房困难所取得的实际成效。

长期视角下,保障租房群体权益与补充有质量的供给同样重要,是影响租赁住房市场发展成败的关键一环。基于行业现状,导致租房"乱象"对承租人权益保障不力的主要原因可归结为:住房租赁领域的现行法律仍缺少对承租人合理的倾斜性保护,公共部门尚未建立支持租房市场健康运转、保障承租人权益的系统性长效制度。为实现承租人"住得起""住得稳",一方面通过特殊立法调整当事双方的权利义务关系,另一方面推动市场配套制度建设,探索主管部门相关职能,以保障租房群体权益。具体有如下几个方面的思考。

首先,构建调控体系以稳定市场租金,并适当规管业主的涨租权利。中国租房市场尚处在发展阶段,且地方管理部门在现有数据、技术支持下或难以科学、准确地观测出当地"合理"租金水平,因此租房合约的初始租金可以由市场机制决定,并对个别畸高情形辅以适当的行政调控。在租约存续期间,承租人受迁居成本影响在租金谈判中处以绝对弱势,仅凭市场机制无法保障其合法权益。适度制约业主调租权利有利于提高租金稳定性,包括设置两次上调租金的最短间隔(如不少于 12 个月)、限定同一物业在一定期限内的涨租上限、支持承租人以业主未(完全)履行义务为由申请全部或部分减免租金等。

其次,合理限制业主的合同终止权,以提高租房关系的稳定性。出于利益最大化,业主有滥用终止权的倾向,尤其是房价、租金快速上涨的城市,严重影响租房合约的稳定。可以从三个方面合理制约业主终止合约。一是改革现行合同续期制,成立"以优先续租合同为主、以固定期限合同为辅"新制度,即租约届满前,除非业主能提出法律规定的"正当理由",否则无权提前终止合约或拒绝承租人优先续约请求。二是规定终止合约的"正当理由"兼顾租赁双方权益。"正当理由"可归为两类：一类是承租人存在实质性违约且无法补救，如长期拖欠租金、损坏房屋、擅自转租；另一类是业主使用房屋的必要性高于承租人，如业主及家庭成员有居住需求、对房屋进行重大、必要修缮。三是规范住房租赁关系的终止流程，以书面形式告知承租人，并为其预留足够时间来搜寻合适新居，或采取补救措施以修复租约关系。

最后，调整与户籍"挂钩"的社会保障体制，同时增加大城市的公共服务投入。在如何推动"租购同权"上，一方面，渐进地实现社会公共服务获取与房产、户籍"脱钩"。在大城市公共资源相对有限的背景下，采取分区域、分批次或设置一定门槛方式，使部分承租人先获得享受基础公共服务的权利。随着供给端跟进，逐步扩大惠及范围，降低准入门槛。另一方面，改善公共资源供不应求现状，缩小城区间供给差异。"租购难同权"本质是公共资源总量不足下的分配不均问题，仅改变分配方式而不弥补需求缺口，会损害本地家庭原有福利水平。因此，大城市需要增加公共服务投入，构建多主体、多层次的供给体系，强化相关人才队伍建设，并以教师、医生交流轮岗等方式缩小城区间差异。

加速开展可持续的城市更新改造

城市更新（City Renewal[①]）是"存量时代"提升城市可持续发展能力的必答题。城市更新是对无法适应现代化生产、生活的城市片区进行必要、有计划的改造、改建活动，是"存量时代"下城市更新机能、持续造血的重要模式。有别于过去棚改政策的"大拆大建"，城市更新需要根据治理区域的衰败程度、原有城市功能、与周边片区关联度、居民社会构成、历史记忆等，设计相应方案以实现老旧城区"复兴"。对于城市更新的分类，国内城规领域已与国际达成共识，包括如下两种[②]。

---

① 现代化"城市更新"定义最早源自二战战后重建美国颁布的 1954 年住房法案（Housing Act of 1954），对应官方用词正式由"City Redevelopment"（城市再开发）调整为"City Renewal"；一些文献与国家官方文件也采用"City Regeneration"，多常见于英国和部分西欧国家。
② 海外分类定义源自 1954 年住房法案，国内分类来自《深圳经济特区城市更新条例》（2021年版）。

第一种是整治改善（Rehabilitation）或综合整治类更新。在维持当前建设格局基本不变的前提下，采取修缮、加建、改建、扩建、局部拆建或者改变功能等一种或者多种措施，以防止治理区域的继续衰败，并全面改善旧城地区的生活居住环境。根据是否涉及"拆除"工程，可进一步分为"综合整治"与"有机更新"，其中后者以原房屋建筑的保留为主、少量拆建，主要涉及商业不动产领域。第二种是再开发（Redevelopment）或拆除重建类更新。通过综合整治方式难以改善或者消除建筑、公共服务设施等质量的全面恶化，如果不进行全面拆除，会阻碍正常的经济活动。拆除后，根据最新的城市规划进行重建，属于完全更新方式。

虽然城市更新阻力大，但海外、国内均已出现较为成功的城市更新改造案例。

国内老旧城区改造企业（如愿景明德）已初步探索出可持续的盈利模式。实现错配空间的价值归位：将废弃物业、存量空间改造为便民设施并持有经营，如某公司以3 000万元综合治理投入，换取北京某社区的物业管理权以及社区内特定物业（商铺、服务点等）的20年经营权。实现错配人群的需求匹配以赚取租金价差：将老旧小区的老年群体安置在城郊的适老社区中，对原社区改造并转租。整合片区资源以平衡盈利：对于低利润项目，通过与政府协商以"肥瘦相间"的方式实现整体盈利。

对于公共部门如何推动城市更新，英国城市发展基金具有重要借鉴意义。英国政府于2001年成立专项基金支持城市更新，并定期通过财政预算向其注资。根据项目盈利能力与实施必要性，专项基金分别提供无偿补助、低息贷款和参股等多种方式，以吸引社会资本。同时，构建"社区居民—社会资本—公共部门"多主体合作模式，竞标阶段将居民参与程度、公私合作程度等作为重要评选指标。

进一步加速推动中国REITs市场发展

从海外市场看，REITs以及不动产私募基金本质上代表一种应对房地产市场风险的资本市场方案，典型案例是美国REITs改制和日本REITs创设。虽然中国REITs的诞生并非为了直接应对经济危机，但从本质上讲其基本内涵与海外市场无异，即推动房地产金融体系改革以解决实体市场存在的问题。

一是探索实体资产"投融管退"模式。以传统的债务融资的方式来继续驱动实体资产建设并非可持续路径，通过 REITs、不动产基金等股权工具的创设可实现投融资闭环，从海外市场看依循资本市场路径探索实体资产投融资创新是必然选择。同时，资本市场机构投资人利用上述工具对房地产的增量配置部分取代开发商的举债职能，同时清晰退出路径将鼓励开发商做持有型物业生意的能力和意愿。二是盘活存量资产，改善资产负债表。无论是房地产企业还是城投平台，过去 20 年高速建设所积累的债务风险在行业放缓的当下已显现出来，以基金出表方式可以充分盘活资产、降低财务风险。三是建设并完善实体资产定价标准。REITs 等工具在二级市场建立起收益率定价法则，为一级市场资产定价设立合理参照标准，有助于去除资产价格泡沫，改善低租金收益率问题。若将来中国 REITs 扩容至商业地产领域，该原则或将更加重要，届时便可能体现为对整体房地产价格上涨的合理制约。

中国 REITs 作为新兴的资本市场产品，其整体制度框架和市场管理仍需要不断进行创新完善，值得关注的风险点主要包括：产品质量风险，尤其是把握好发行产品质量和数量的关系；运营质效风险，需着眼于基金管理人和资产管理人是否有效协作，资产管理人是否尽责等；基金治理风险，主要在于理顺基金股东、基金管理人、原始权益人之间的关系，在影响 REITs 治理的重大问题上能否形成良好的协商和决策机制；投资者管理风险，REITs 的投资者结构可能一定程度上影响中国 REITs 的定价逻辑和价格表现，其中长期和短期资金的平衡，机构投资者和个人投资者参与的平衡都可能是未来需要持续考虑的问题；市场运行风险，其中投资者教育、公共引导都是重要的方面，中国 REITs 自 2021 年四季度以来在价格端呈现较大波动，这可能也是市场参与者相对不成熟的体现，未来需要依靠各方共同努力维护价格平稳运行。

随着基础设施公募 REITs 试点项目陆续上市及有序扩容，中国 REITs 正在朝着更宽广的蓝海进发。中长期视角下推动 REITs 市场健康发展的重要抓手有以下几点。

首先，合理的税收安排是 REITs 立足之本，对 REITs 实行系统性税法确立有助于市场长期健康发展。海外市场普遍对 REITs 运营环节和分红环节制定额外的税收优惠，目前中国针对原始权益人发行环节资产转让、自持升值已给予一定税收优惠，但进一步的政策（尤其是运营与分红环节）有待落地，将有效提升REITs作为投资工具的吸引力。

其次，根据中金公司研究部测算，中国广义商业地产总规模40万亿~50万亿元，若合理规管切断募资所得用于反哺住宅开发主业，向商业地产扩容将有助于对资产价格的合理引导、管理人团队的能力进阶。此外，商业地产中的零售、仓储、长租、养老等业态为未来内需成长提供了必要基础设施，通过REITs市场支持其发展，为居民家庭消费和经济长期发展提供更好服务。

再次，市场数据可得性和企业信息披露质量是长期健康发展的基础。成熟市场官方机构与第三方均对底层物业市场数据有较好统计跟踪；美国不动产信托投资协会以日/月/季/年为频率对上市REITs关键指标进行截面整理和时序跟踪；海外REITs企业每半年聘请第三方估价师对物业进行公允价值评估，并披露资产收购和处置信息。综合看，中国实体市场整体透明度有待逐步提升。

最后，对于原始权益人，简单出让部分优质资产权益并不具备实质意义。管理权归属以及管理费多寡决定了原始权益人是否愿意持续出让资产，以及REITs市场的长期扩容。针对当前公募REITs和原始权益人在管理职能上明确分立的现状，建议系统性考虑如何将原始权益人有效地嵌入管理环节。同时，REITs初创阶段出于绑定各方利益的考量，设定原始权益人20%最低持股比例具有合理性。借鉴海外经验，宜逐步降低比例并取消该规定，以实现原始权益人的完全退出，使REITs成为资产运营平台。

强化政策性房地产金融体系建设

在推动住房供给结构分层的同时，配套建立起多层次住房金融体系，以满足不同收入家庭的合理购房需求。中国住房金融框架应是开放式的商业性住房金融与封闭运转的政策性住房金融相结合，且"商业性为主、政策性为辅"的多层次体系，兼顾市场化与保障性。可从以下三个方面着手。

首先，尝试通过改革对住房公积金制度予以优化完善。一方面是推动机构改革，建立由中央政府直接管辖的新组织机构，实现公积金与地方政府人事行政资金往来"脱钩"，同时尝试区域间转账、信托存款，逐步实现全国范围流动，提高公积金使用效率。另一方面，对中低收入家庭给予差异化的信贷支持，并探索公积金其他使用方式，如贷款担保、租房补贴等，使缴纳公积金但无力购房的家庭获得合理利益。

其次，推动公共部门与市场化并行的住房贷款保险担保制度，通过增加贷款安全性、缓释风险，来调动借贷双方积极性，推动银行业与住房市场的同步良性发展。当前中国保险业几乎没有住房贷款的承保经验，可以先由公共部门牵头组建由政府信用背书的住房贷款担保机构，以免费或低费率形式为中低收入家庭住房贷款提供担保。随着实操经验积累，可逐步引入营利性保险机构。此外，也可以成立专门的政策性住房金融机构（包括中央及地方），负责住房公积金管理以及向中低收入家庭提供低息支持性贷款。

最后，健全、完善的二级市场是住房金融市场的核心，通过将抵押贷款与资本市场嫁接（即证券化），实现分散风险、增加流动性的目的，支持一级市场更好地向购房家庭提供金融服务。若中国尝试践行住房抵押贷款支持证券（RMBS），需坚持下以下定位。一是精准服务"夹心层"，即有一定偿付能力且在给予一定金融支持下可实现购置的家庭。对于最低收入群体，利用 RMBS 支持其购房会制造大量高风险抵押资产，可以以实物配租、住房补贴解决阶段性居住困难。二是坚持计划导向，将 RMBS 发行额置于信贷供给的宏观管理框架，防止完全由资本市场需求驱动导致的风控失灵。三是以政府信用对 RMBS 产品收益作担保，降低其风险水平，足够低的收益率能支持底层抵押资产利率，做到尽可能优惠，也防止 RMBS 劣后级被市场当作投机、投资品。

与此同时，针对前述的土地、住房各项改革举措，也需要提供专项、低成本信贷支持。长租房、城市更新等项目存在"前期投入高、后期运营资金回笼慢"的问题。为吸引专业化私人企业参与，国际上普遍的做法是由中央及地方财政拨款成立专项基金，通过降低资金成本来弥补社会资本要求回报率与项目收益率间的差距。根据项目必要性、盈利能力，专项基金选取不同参与方式，比如无偿资助高必要性、低回报率的公共工程，提供优惠利率贷款或部分参股以支持具有稳定现金流的经济性工程。

探索房地产市场"新的发展模式"

总结前文,面对和解决房地产领域问题、推动共享高质量发展的过程,本身也是探索房地产市场"新的发展模式"的过程。二者核心本质相同,遏制房地产过度金融化,回归必需消费品属性;思路方案一致,理顺土地定价机制,施行房地产税,构建住房供给阶梯,推进金融领域改革。不同的是,"新发展模式"的建立应路径依赖、循序渐进,原因在于房地产问题由来久、牵扯广、影响大,改革不能一蹴而就,须区别并把握好长期制度建设、中期风险化解与短期政策协同。

从长期制度建设的角度,要从根本上扭转房地产过度金融化的问题,需要在坚决遏制投资投机需求的同时,发力供给侧改革,包括改善住房供给结构、土地市场去金融化、加快房地产税落地三个主要方面。

一是以加速培育租赁住房市场为重点,构建阶梯化的住房供应体系。"阶梯化"的内涵是兼具"多层次"与"连续性",均衡发展租房与购房子市场、市场化与保障性产品的同时,丰富居民家庭的住房选择方案,实现由完全保障到完全市场化的连续过渡。着眼于当下,加速发展大城市租赁住房市场是改善供给结构的重点。聚焦新市民、青年人的居住需求,积极增加租赁住房用地供应,广泛引导政策性金融、社会资本等参与长租房供给。与此同时,通过立法加快推进租购平权,使租户在基本公共服务方面与购房者享受同等权益,并在租金涨幅、租期设定等方面保护承租人。

二是推动土地供给与金融"脱钩",回归民生保障。为实现土地去金融化,须成立全国统筹的土地基金,将大比例甚至全部的土地出让金收入纳入该基金,用于全国范围的转移支付;同时,银行利用大数据分析工具生成企业信用画像,在此基础上逐步发展知识产权等无形资产抵押,降低土地抵押在信贷融资中的作用。另外,土地供给应与民生"挂钩",根据新发展阶段的需求变化科学制定土地利用总规划,提高生活与生态空间的建设用地供给比例,来协调居住与生产的关系;将土地供给量与常住人口(存量及流量)、人均居住面积等指标挂钩,保证人地间的适度配套,尤其在大城市加大租赁住房用地的有效供给。

三是加速推进"窄税基、高累进"的房地产税落地,重构地方政府资金流量表，缓释土地去金融化对其财政的约束。相比顺周期的土地金融，房地产税才是稳定、可持续，且同样根植于土地的财政收入来源。高累进税制既可以显著提高住房投机、投资者的持有成本，同时能发挥"压舱促稳"的逆周期调节功能。在房地产税创设伊始，不宜采取美国"宽税基"模式，避免加重中等收入家庭的负担，而是通过对合理住房消费广泛豁免的"窄税基"方式，来引导住房重返消费属性；随着增值税调降等其他总体税制结构改革的实施，逐步扩大房地产税征税范围。需要强调的是，土地去金融化过程或对地方政府财政造成压力，可以借鉴日本经验，通过增加中央代发地方政府债券规模，来逐步缓解地方对隐性债务的依赖；同时，加速推动房地产税落地以充实地方财政收入来源，并尝试发行房地产税支持的金融创新产品。

中期维度，房地产市场正面临如何化解"过度金融化"所累积的债务风险的挑战。中国家庭部门的宏观杠杆处于合理水平，与美、日、德等国差异不大，但受房企与城投公司的影响，企业部门杠杆率过高[1]。探索"新发展模式"，引导房地产回归消费属性，就需要摸索出有效方法，以便加速解决房企和城投的债务问题。

一是在政府引导下，稳步推动债务的有序重组。通过持续宽松信贷的方式来维持房价上涨预期、吸引投资投机需求，会加剧房地产泡沫与社会贫富分化，最终在经济增速放缓时触发"明斯基时刻"。相反地，完全由市场自发实现去杠杆过程（如 2008 年美国次贷危机），虽然能短期内实现市场出清，但房价下跌与信贷塌缩形成的负向循环会触发系统性金融风险。综合看，"走老路"与完全市场化都不是解决房企与城投债务问题的有效方案。考虑到累积债务压力过大，在不触发危机与拖累实体经济的前提下，单纯依靠债务当事双方自行化解已无可能，政府有必要主动介入来促使当事人做出让步、共担损失。与美国家庭部门高杠杆不同，中国杠杆问题集中于企业部门，政府引导债务有序重组的交易成本更低，介入空间与干预有效性也会更高。

二是中央政府以债务置换方式引导城投债务重组。由于企业业务和信用级别

---

[1] 2021 年中国、美国、日本和德国的居民部门杠杆率分别为 61%、79%、66% 和 58%，企业部门杠杆率分别为 157%、113%、82% 和 72%。

同质性较高，个别城投公司信用事件所产生的市场恐慌情绪会快速波及其他地区的城投公司，或最终导致整个信用债市融资功能瘫痪。对于这类区域间关联度高的金融风险事件，需要中央政府统筹管理、干预。对于自身化解存量债务有困难的地区，推动新一轮债务置换——将原有高利率、短期限的隐性债务重组为低利率、长期限的显性债务，削弱地方债务的区域关联度，避免触发系统性金融风险。

三是地方政府在严格惩处相关责任人的前提下推动房企债务重组。地方政府承担起化解房企债务风险的责任，同时作为直属监管者，地方政府可以发挥信息优势，加速推动辖区内重点房企的风险排查并形成债务问题清单。对于财务较为健康的房企，进一步提高其资本充足率以满足处置成本（即"生前遗嘱"）；对于已显现信用问题的房企应加速启动债务重组计划，并适时引入地产央企参与。值得强调的是，债务重组应在严惩相关责任人的前提下进行，既防范道德风险以避免负面舆论进一步扩散，也有助于降低债务重组的实施阻力，并以儆效尤来引导房企谨慎、稳健经营。

短期来看，要有坚持"不把房地产作为短期刺激经济的手段"的定力。房地产市场从旧模式向新模式的转型，必然带来阵痛，甚至是持续的剧痛。行百里者半九十，不能前功尽弃。应对经济面临的"需求收缩、供给冲击、预期转弱"的三重压力，还是要力争在消费、科技、制造、出口等领域增长，加强财政、货币政策协同，充分发挥财政稳增长的关键作用。

第八章

全球化：迎难而上，共享红利

全球化是超越国界、市场化的制度安排。全球化促进生产要素流动，影响收入分配，进而与共享发展产生联系。过去100多年，世界经济经历了两轮全球化：第一轮发生在19世纪末至20世纪初，主要特征是人口流动；第二轮始于二战后，主要特征是商品和资本流动。中国是第二轮全球化的参与者，依靠的是劳动力要素禀赋和对外开放的制度安排。从共享发展的角度看，全球化对中国利大于弊。中国通过全球化实现了国民收入提升，缩小了与发达国家的差距，而全球化并非中国收入分配问题的主要原因。

过去的全球化让中国受益，未来会怎样？从要素禀赋看，中国劳动年龄人口增长转负，人口老龄化加剧，劳动力成本上升，这意味着过去参与全球化的优势将减弱。未来国际资本或向其他有人口红利的国家流动，而随着各国对人力资本的争夺更加激烈，人口流动也可能再次成为全球化的主要特征。

从制度安排看，尽管中国坚持对外开放，但发达国家内部收入不平等加剧，民粹主义势力抬头，使逆全球化思维形成气候。西方主流政策取向从强调自由市场转向政府干预，也为逆全球化提供了合理性。回顾历史，逆全球化并非偶然，而是全球化发展到极致后的自然结果。展望未来，全球秩序将加快重构，一种可能是全球化走向区域化和"圈子化"。其中特别需要关注西方国家可能主动与中国"脱钩"，对中国高质量发展形成阻碍。

人口趋势逆转，全球化面临百年未有之变局，中国如何应对？以史鉴今，一个启示是要迎难而上，坚持对外开放，以开放促发展，在开放环境下共享发展成果。我们提出三点政策思考。一是更大力度吸纳海外人才和移民。突破传统思维，既要吸引高技术人才，也要引入中低技能劳动力，还要鼓励留学生来华。二是发挥中国大规模市场优势吸引外资。重视外资的担忧和顾虑，加强监管政策的渐进性和可预测性，降低因制度不确定性带来的投资风险。三是推动以"共享发展"为导向的全球化。在推行"一带一路"倡议中兼顾效率与公平，突出贸易和投资的减贫功能，以减贫为纽带联结沿线国家。[①]

---

① 本章作者：刘政宁、张文朗、肖捷文。

全球化与共享发展

前述各章阐释了各类生产要素（劳动力、技术、金融、土地等）在共享高质量发展中的作用，这一章我们聚焦全球化。我们首先要回答两个问题：什么是全球化？全球化与共享发展有何联系？

根据新古典经济学，全球化是超越国界、市场化的制度安排，是引导资源配置的"无形的手"。全球化将不同国家的生产要素进行再配置，配置的过程由市场主导，无须政府干预。大卫·李嘉图的比较优势理论认为，各国可以依据自身的生产要素禀赋，发展有相对优势的行业，并与他国进行贸易。其内在逻辑是各国以自身丰裕的生产要素交换相对稀缺的生产要素。但多数情况下，我们看到的是禀赋条件相似的国家之间就同一类商品进行贸易，即产业内贸易。对此，克鲁格曼等人提出"新贸易理论"，认为国家之间相互贸易不在于发挥各自的优势禀赋，而在于利用贸易带来的规模效应和报酬递增效应。

全球化促进要素流动，影响收入分配，进而与共享发展产生联系。全球化的载体是生产要素流动，要素流动会带来三个结果。一是效率提升，经济总体收入增加。根据新古典经济学，开放贸易能优化资源配置，促进创新，这有利于生产率提升，有助于国民收入改善。二是劳动力与资本的分配发生变化。一般来说，要素流动性越强，议价能力越高，在分配中的话语权越大。过去40年的全球化增强了资本的流动性，资本在收入分配中的占比上升，劳动者报酬占比下降（图 8-1）。三是劳动力内部的收入分化。全球化带来的技术进步具有技能偏向型特征，对高技能劳动力有利。劳动力市场出现技能溢价（skill premium），在一些国家甚至出现低技能劳动力被技术替代、就业极化（job polarization）的情况。

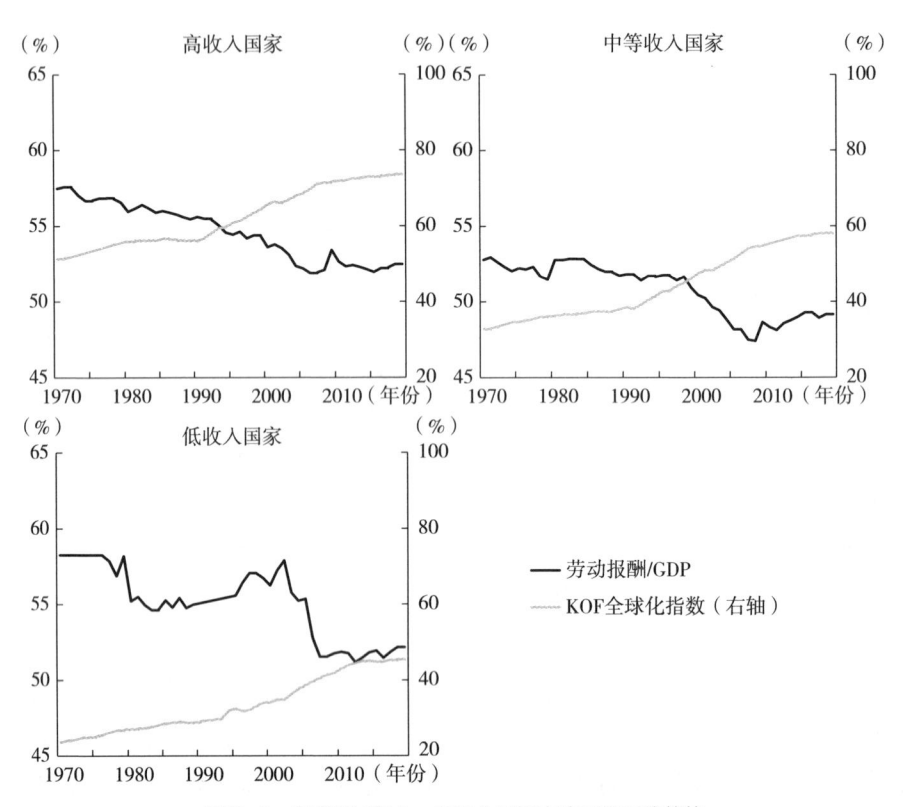

图 8-1 全球化过程中，劳动力报酬占比呈现下降趋势

资料来源：Penn World Table，KOF Swiss Economic Institute，中金公司研究部。

是什么决定要素流动呢？对一个国家而言，一是要素禀赋，二是制度安排。根据新古典经济学，如果一个国家的丰裕要素是劳动力，那么在开放贸易过程中，劳动力应当被更加密集地使用，劳动者报酬将得到提升。这是一个比较理想的状态，现实情况下，要素的使用还取决于政策。如果一个国家市场化程度不高，政府对要素流动设置重重障碍，那么资源配置效率就会下降，对收入分配的影响也会变得不一样。

接下来，我们从要素禀赋和制度安排两个视角出发，回顾过去两轮全球化与中国经济。在此基础上，展望未来全球化的趋势和挑战，并探讨中国共享高质量发展的应对之策。

两次全球化与中国经济

过去100多年，世界经济经历了两轮全球化（图8-2），第一轮发生在19世纪末至20世纪初，主要特征是人口的流动。第二轮开始于二战后，主要特征是商品和资本的流动。中国是第二轮全球化的参与者，从共享发展成果的角度看也是受益者。中国在全球化中实现了整体收入水平提升，缩小了与发达国家的差距，而全球化并非中国内部收入分配问题的主要原因。

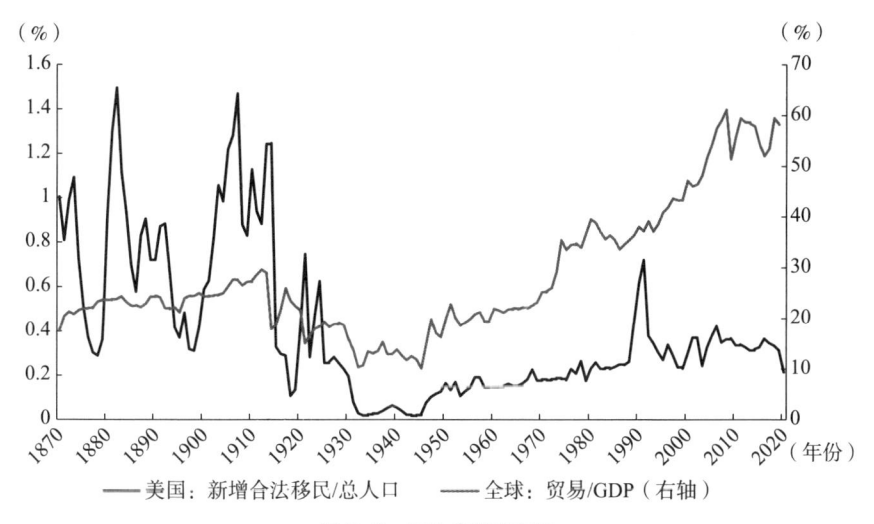

图8-2 两次全球化比较

资料来源：Our World In Data，中金公司研究部。

第一轮全球化发生在1870—1910年，以人口流动为主要特征。随着航海技术日趋成熟，海运成本下降，大量移民开始从欧洲和亚洲向美洲和大洋洲国家转移。这些国家被称为"新世界"（New World）国家，这一时期也被称为"大移民"（Mass Immigration）时期。①从要素禀赋看，"新世界"国家资源丰富但人口匮乏，具有冒险精神的劳动者前往这些国家，往往能获得更高的回报。从制度安排看，"新世界"国家对移民持欢迎态度，有利于人口流动。比如美国向移民敞开大门，1870—1910 年美国每年新增合法移民占总人口的比例平均在 1% 左右，而二战后该比例多数时间都不到 0.3%。②相比于对人口的开放，各国政府对商品流动大都加以限制，一个原因是关税是许多国家财政收入的主要来源，政府不愿降低关税。商品难以流通，反而促进了人口流动，推动了第一轮全球化。

第二轮全球化始于 20 世纪 50 年代，主要特征是商品和资本的流动。二战结束后，新的国际秩序得以建立，全球贸易重新扩张。1991 年苏联解体、1995 年 WTO 成立后，全球化加快推进，商品贸易大幅增加，FDI（外商投资）比例显著提升，许多发展中国家开始加入全球贸易网络。从要素禀赋看，发展中国家拥有大量低成本的年轻劳动力，也就是"人口红利"，为吸引资本流入提供了条件。从制度安排看，许多发展中国家的政策思维从强调政府干预转向自由市场，对商品和资本流动带来促进作用。20 世纪 80 年代后，不仅关税税率大幅下降，对资本跨境流动的限制也大大放松，一些发展中国家为了吸引外资还制定了专门的财政税收优惠政策。与此同时，前期移民带来的诸多问题（如就业竞争、福利负担、社会不稳定）迫使发达国家开始限制移民。人的移动能力下降，反而促进了商品和资本流动，加快了第二轮全球化。

中国是第二轮全球化的重要参与者。自 20 世纪 80 年代以来，中国与全球各国的贸易往来加深，2001 年中国加入 WTO，标志着全球化进入了新的阶段。经过改革开放以来 40 多年的发展，中国已跃升为全球第一大出口国和第二大进口国。中国 GDP 占全球的比重也从 1978 年的 1.1% 上升至 2019 年的 17.3%。

中国参与全球化也有资源禀赋和制度安排两个方面的因素。资源禀赋方面，中国人口红利得到释放。20 世纪八九十年代，中国劳动年龄人口充裕，劳动力近乎无限供给，但由于大部分人口集中在农村，劳动力激励机制不足，工资收入

---

① Chiswick and Hatton, International migration and the integration of labor markets, IZA Discussion Paper No.559, 2002.

② https://www.dhs.gov/immigration-statistics/lawful-permanent-residents.

和劳动生产率都比较低。[①]但正是这些未得到充分利用的过剩劳动力，成为中国吸引海外资本的最大优势。跨国公司为寻求低成本的劳动力来到中国，劳动密集型制造业从日本、韩国和东南亚国家向中国转移。

制度安排方面，中国坚持对外开放，推行市场化改革。为了加入WTO，与国际接轨，中国在生产标准、交易规则、产权保护等领域进行了大量改革；在户籍制度、城市发展方面出台政策，促进劳动力从农村向城市转移；在招商引资、财政税收方面推出优惠举措，吸引跨国企业来华投资建厂，鼓励海外技术流向中国。这些政策促进了资源优化配置，对效率提升起到了关键作用。

从共享发展的角度看，全球化对中国利大于弊。首先，中国实现了整体国民收入水平提升，缩小了与发达国家的差距。全球化带来的市场化、工业化和城镇化变革促进效率提升，使中国人均GDP在较短时间完成了翻倍增长。中国在制造业、技术进步、科技研发方面突飞猛进，拉近了与西方发达国家的距离（图8-3）。中国与发达国家居民收入的差距不断缩小。1980—2021年，美国人均收入中位数相比于中国人均收入中位数的倍数，从12.7倍缩小至2.9倍；美国收入中位数相比于中国前20%人群收入的倍数，从7.8倍缩小至1.3倍。

其次，全球化并非中国内部收入分配问题的主要原因。全球化影响收入分配的一个渠道是影响劳动者与资本之间的分配。1992—2017年，中国劳动报酬占比（Labor share）经历了先上升、再下降、再上升三个阶段。20世纪90年代初期，中国劳动力相对丰裕，而资本相对稀缺，开放贸易使劳动力被更加密集地使用，劳动力报酬相对于资本上升。随着市场化进程推进，资本议价能力得到提升，劳动报酬占比自2001年开始下降，但到2010年后，劳动报酬占比再次上升。对于后者，一个解释是中国劳动年龄人口增长放缓，劳动要素稀缺程度上升，提高了其议价能力。在此过程中，全球化趋势并未发生重大变化，因此中国劳资分配的变动并非主要因为全球化。

---

① 蔡昉：《全球化, 趋同与中国经济发展》，《世界经济与政治》，2019年。

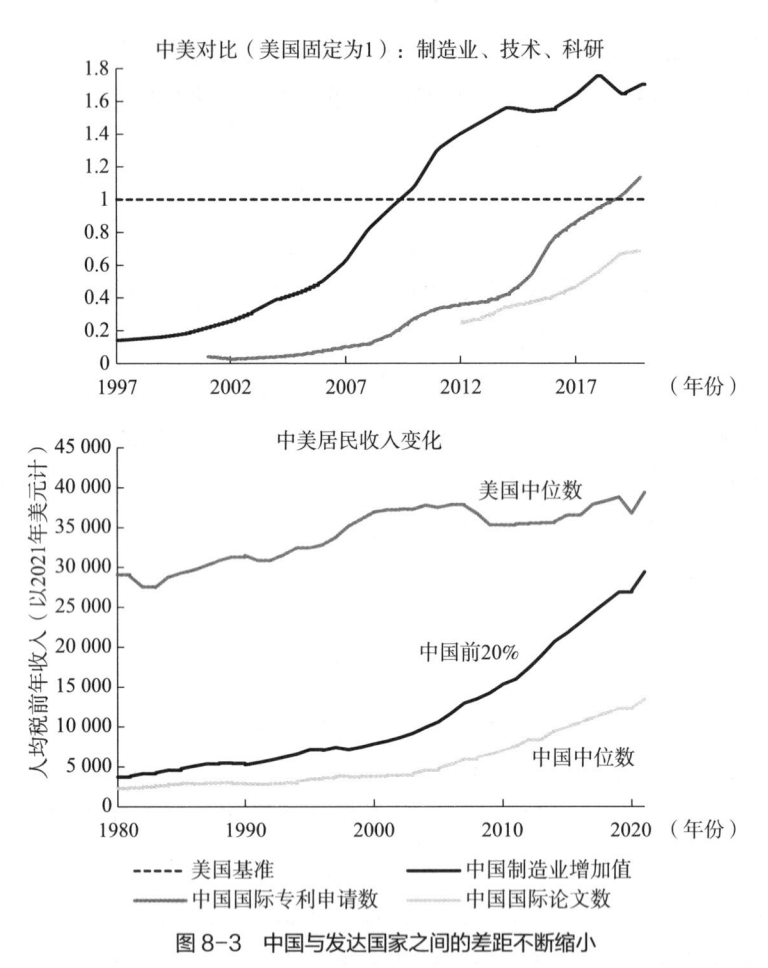

图 8-3　中国与发达国家之间的差距不断缩小

资料来源：《置身事内：中国政府与经济发展》，兰小欢；World Inequality Database；中金公司研究部。

全球化影响收入分配的另一个渠道是技能溢价。研究表明，中国在全球化过程中的确存在技能溢价扩大的情况，但很难说是全球化本身所致。根据 Han 等人（2012）[①] 的研究，1992 年"南方谈话"前，开放程度较高和较低地区的大学生技能溢价都较低，"南方谈话"后，大学生技能溢价显著提升，而到 2001 年"入世"后，技能溢价进一步提高。但该研究也显示，开放程度较高和较低地区

[①] Jun Han, et al. Globalization and wage inequality: Evidence from urban China[J]. Journal of International Economics, 2012.

的技能溢价差距并没有在开放过程中明显拉大，这说明导致技能溢价提升的原因可能不是全球化，而是全球化带来的其他变革。

但也有研究表明，开放贸易会增加出口企业高管的收入，进而加大高级管理人员（高管）与普通员工之间的收入不平等。根据 Ma 和 Ruzic（2020）的研究[①]，出口企业高管的工资与企业规模成正比，而普通员工的工资由全国劳动力市场决定，这意味着出口带来的利润将更多被高管获得，从而导致高管与员工收入比扩大。高管与员工的收入不平等在美国等发达国家较为普遍，这在中国虽不是一个主要矛盾，但也是未来需要关注的一个趋势。

人口逆转与逆全球化挑战

过去的全球化让中国受益，未来会怎样？从要素禀赋看，中国劳动年龄人口增长转负，人口老龄化加剧，过去参与全球化的优势将逐渐消失。从制度安排看，尽管中国坚持对外开放，但发达国家内部收入不平等加剧，民粹主义抬头，"逆全球化"形成气候。这些变化将加快全球秩序重构，一种可能是全球化走向区域化和"圈子化"。其中特别需要关注西方国家尤其是美国可能主动与中国"脱钩"。

人口趋势走向逆转

人口红利曾是中国参与全球化的重要抓手，但未来的人口趋势将发生深刻变化（图8-4）。一是人口总量增速放缓。联合国预测[②]，2020—2030年，我国人口年均增长率将从过去十年的0.5%下降至0.2%，人口总数将在2030年达到顶点，预计在14.6亿人左右，然后开始下降。按照布莱克人口转变"五阶段"模型[③]，中国已经进入低位静止阶段，主要特征是出生率与死亡率达到低位均衡，人口总量见顶。

---

① Lin Ma and Dimitrije Ruzic. Globalization and top income share, Journal of International Economics, 2020.
② https://population.un.org/wpp/.
③ 英国学者布莱克（C.P.Blacker）提出的人口转变"五阶段"模型分为五个阶段：高位静止阶段、早期扩张阶段、后期扩张阶段、低位静止阶段和减退阶段。

二是劳动年龄人口转为负增长，人口老龄化加速。根据联合国的预测，2020—2030年，劳动年龄人口（年龄在15~64岁）的年均增长率将从过去十年的0.1%下降至-0.3%。老年人口（65岁以上）占总人口比重将从1990年的5.6%上升至2020年的12%，预计到2030年进一步增加到17%。

三是农村剩余劳动力逐渐减少，劳动力成本上升。研究表明，中国的"刘易斯拐点"已经发生，未来农村向城市人口转移更多是消费者（儿童与老人）而非生产者。与此同时，劳动力成本不断上升，在一些沿海地区普遍存在招工难问题，对很多年轻劳动力而言，制造业的工资水平已经不具备吸引力。

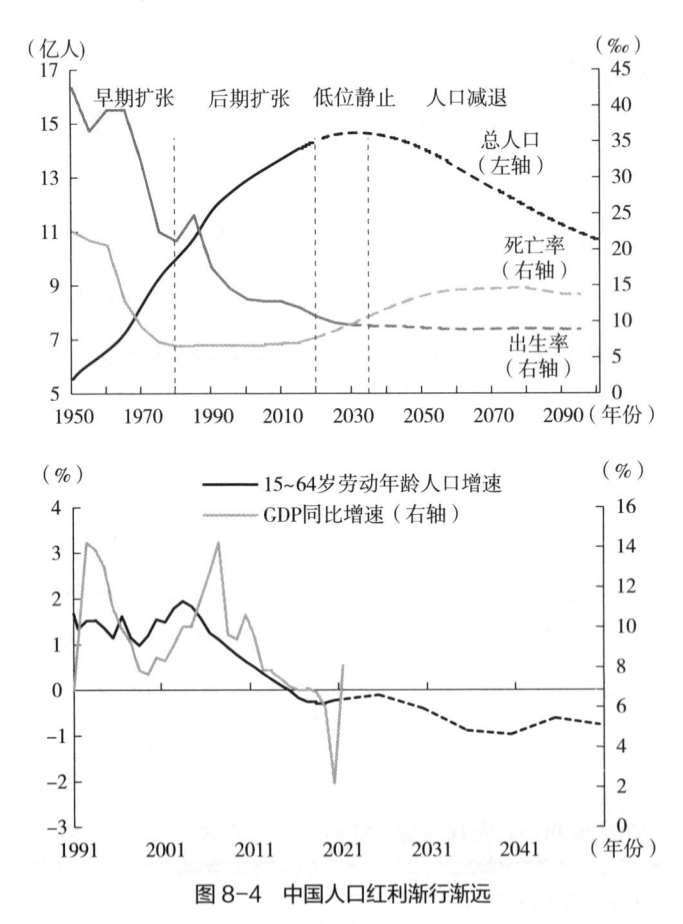

图8-4　中国人口红利渐行渐远

资料来源：联合国《2019年世界人口展望》，万得资讯，中金公司研究部。

迈向橄榄型社会

放眼全球，未来的人口红利将来自哪里呢？联合国预测[①]，世界人口将从 2020 年的 78 亿人增加到 2050 年的 97 亿人，到 21 世纪末达到近 110 亿人的峰值。分地区看，非洲将成为劳动力增长的主力。2020—2050 年，非洲人口占世界总人口比重将从 17.2% 上升至 25.6%，其中 15~64 岁劳动年龄人口占世界劳动年龄人口比重将从 14.8% 上升至 25.3%。分国家看，从现在到 2050 年，全球人口增长的一半将来自九个国家：印度、尼日利亚、巴基斯坦、刚果、埃塞俄比亚、坦桑尼亚、印度尼西亚、埃及和美国（按增长降序排列）。[②] 撒哈拉以南非洲的人口或将翻倍，而欧洲的人口可能会减少。

人口趋势变化的同时，人也在移动。过去十年全球移民数量和比例均有所上升，背后的原因有几个方面。一是劳动力回流。一方面受 2008 年全球金融危机影响，一些发达国家经济进入低迷期，工作机会减少，排外情绪上升。另一方面，许多发展中国家出于经济发展的需要出台吸引国际人才的政策，过去从发展中国家迁移到发达国家的劳动力开始回流到来源国。二是迁徙型移民。随着信息技术发展和交通成本下降，人口流动越发便利，由此激发了多种多样的迁移现象，如临时性移民、往返性移民、季节性移民。比如一些海湾国家和东南亚国家已经形成了较为完善的国际劳工迁移模式，这些国家为外国劳动力提供循环的工作机会，少则几个月，多则数年。三是家庭移民。家庭移民是指由组建家庭和家庭团聚产生的移民。2018 年 OECD 国家新增家庭移民规模为 190 万人，占新增永久移民的 41%。四是难民。世界各地的人道主义危机导致难民数量大增，2020 年全球被迫移民的人数为 3 400 万人，是 2000 年的两倍。

上述人口趋势变化对全球化有深远含义。其一，中国过去参与全球化的优势将渐行渐远，依靠低成本劳动力吸引外资的模式难以持续。其二，资本将向有人口红利的国家流动，这些国家或成为未来全球经济增长的重要一极。其三，人口流动可能再次成为全球化的主要特征，对人力资本的争夺或变得更加激烈。

---

① https://population.un.org/wpp/.
② https://www.un.org/en/un75/shifting-demographics.

逆全球化暗流涌动

2008年全球金融危机后，发达国家参与全球合作的意愿明显减弱，自由贸易协定谈判举步维艰，国际组织改革停滞不前。近几年，英国通过脱欧公投，美国修建边境墙，颁布"禁穆令"，对进口商品加征关税。全球化遭遇重重阻碍，"逆全球化"暗流在世界各地涌动。

为什么会这样？根本原因在于过去的全球化过度关注效率，忽视了公平，使得发达国家内部收入不平等加剧，激发了民粹主义势力。过去40年的全球化没有让所有人的收入都提升，甚至还加剧了不平等，这在发达国家内部已达成共识。经济学家米兰诺维奇在《全球不平等》一书中描绘了著名的"大象图"，该图显示发达国家中产阶级的实际收入在1988—2008年几乎没有增长，全球化的红利大都被"全球富豪"和"新兴全球中产阶级"获得，而这些人群大部分生活在发展中国家（图8-5）。也就是说，全球化虽缩小了发达国家和发展中国家之间的收入差距，但加大了发达国家内部的贫富分化。

对于不断加大的贫富差距，发达国家民众普遍表示不满。根据皮尤研究中心于2019年的一项调查，在34个发达国家中，65%的受访者对降低贫富差距持悲观态度，这一比例高于对所在国政治体系、工作机会和教育体系持悲观态度的比例。这说明贫富分化已成为发达国家社会最主要的矛盾（图8-6）。

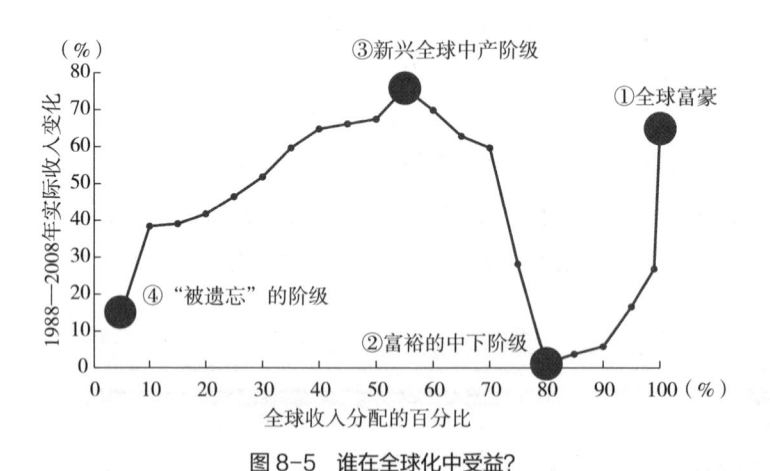

图8-5 谁在全球化中受益？

资料来源：《全球不平等》，米兰诺维奇，中金公司研究部。

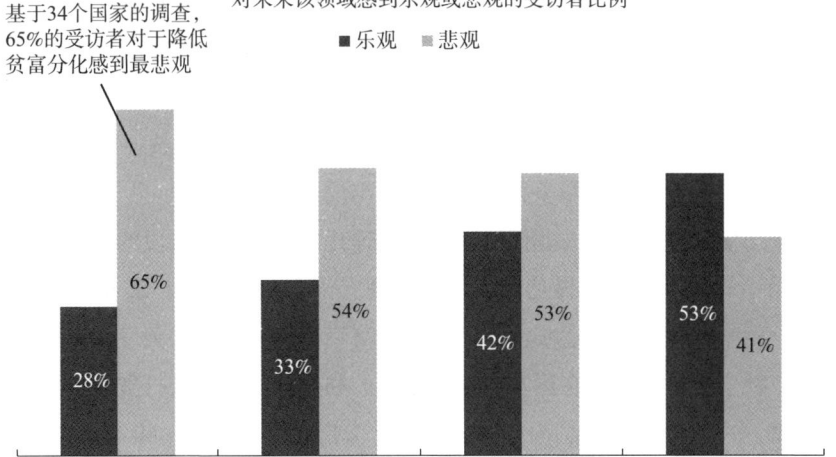

基于34个国家的调查，65%的受访者对于降低贫富分化感到最悲观

对未来该领域感到乐观或悲观的受访者比例
■ 乐观　■ 悲观

贫富差距进一步缩小	所在国家的政治体系	高薪工作的可获得性	所在国家的教育体系
28% / 65%	33% / 54%	42% / 53%	53% / 41%

图 8-6　贫富分化成为西方社会的主要矛盾

资料来源：Pew Research，中金公司研究部。
注：调查时间为 2019 年。

民众的不满通过选票反馈给政治力量，一是导致民粹主义势力抬头，二是引发公共政策调整。在欧洲，支持民粹主义的选民数量不断增加，反移民、反全球化的声音此起彼伏。在美国，政治两极化越发凸显，分化程度达到 19 世纪末以来最高水平。极右翼政治团体将贫富分化的原因归咎于"外来者"，提出反贸易、反移民的政策主张。极左翼政治团体则将矛头指向跨国公司，批判它们在全球化过程中汲取太多利益。

政策调整也反映了经济思潮从强调自由市场转向政府干预。从 20 世纪 80 年代开始，新古典经济学兴起，经济市场化和金融自由化成为主流，但随着时间推移，资产泡沫、金融危机、贫富分化成为困扰经济社会的主要问题。以 2008 年全球金融危机为转折点，政策制定者重新转向强调政府干预，比如加强金融监管，更加关注社会公平，这在一定程度上为"逆全球化"提供了合理性。

中国等新兴市场国家崛起也使发达国家感到忧虑，并使其开始反思过去的全球化。40 年前，发达国家之所以愿意"接纳"中国，一是看中了中国广阔的市场，二是因为发达国家有较强的创新能力，允许它们在不断创新的基础上，把落后的技术和生产力转移至中国。但在 2008 年全球金融危机后，发达国家生产率增速放缓，而中国在科技研发上加大投入，与发达国家差距不断缩小。在通信技术、大数据、互联网服务、电子元件等方面，中国已具备一定优势，发达国家不再是唯一的主导者。当发达国家无法再像从前那样引领科技创新时，出于产业竞争和国家安全的双重考虑，它们不再希望与中国合作，而是选择强化其在价值链、供应链、产业链上的竞争力，从而表现出反全球化的特征。

回顾历史，逆全球化并非偶然，而是全球化发展到一定阶段的必然结果。将当前与第一轮全球化末期做比较，不难发现有许多相似之处。20世纪初的十几年，第一轮全球化的红利逐步消失，加上经济衰退和恶性通胀频发，导致贫富差距拉大，社会矛盾激化。在国家内部，原有的利益分配格局被打破，引发革命和政权更替。一些国家为平息内部冲突，将矛头指向外部，使民粹主义势力抬头。在国家外部，矛盾体现为全球化变革下，新兴国家与传统强国差距缩小，原有的国际秩序变得不稳定。最终，矛盾发展到不可调和的地步，第一次世界大战爆发，全球化走向终结。以史鉴今，全球化初期的红利主要体现在效率提升方面，但随着时间推移，资源配置格局发生变化，利益冲突接踵而至，分配不平衡越发凸显。当全球化发展到极致时，不安全和不稳定因素出现，如果政策制定者应对不当，可能会让全球化发生更大倒退。

全球秩序加快重构

逆全球化趋势下，特别需要关注西方国家尤其是美国主动与中国"脱钩"的可能。2018年以来，西方国家政府采取的贸易保护措施明显增多，包括但不限于：对从中国进口的商品加征额外关税；将中国企业列入"实体清单"，禁止向中国出售科技产品；阻止华为等中国企业进入海外市场，不让华为参与5G网络建设；加强对中国留学生和科技人员的签证限制，阻碍民间社会的正常交流往来。

西方国家还加强了对产业链和上市公司的审查。2021年6月，美国白宫发布"百日产业链审查"报告，对半导体、电池、关键原材料、药品制造等多条产业链进行审查。根据我们的统计，审查报告共提及中国341次，远高于日本（70次）、韩国（58次）、加拿大（37次）、德国（18次）、俄罗斯（7次）等美国主要贸易伙伴或竞争对手。2020年12月，美国国会通过《外国公司问责法案》。该法案规定，如果外国公司未能通过美国公众公司会计监督委员会（PCAOB）的审计，将禁止这些外企在美国的任何交易所上市。在该法案影响下，中国企业赴美上市面临更多困难，一些已上市的中国企业选择从美国退市。这些措施阻碍了劳动力、资本、技术要素的正常流动，不仅有损效率，还可能使中国与西方国家渐行渐远，形成事实上的"脱钩"。

在此基础上，2020年的新冠肺炎疫情加剧了"脱钩"的风险。疫情冲击下，许多国家被迫采取社交隔离措施。社交隔离导致全球生产停滞，供给收缩，一些必需品库存出现短缺。这让西方国家深刻意识到其供应链的脆弱性，它们开始要求供应链近岸化和多元化。比如上述提到的美国"百日产业链审查"报告中明确指出[1]，"对供应链安全的担忧来自对海外原材料供应和他国制造业生产的依赖"。对此，美国政府试图制定政策促进产业链回流，一些跨国公司也开始制订"去全球化"计划，希望将生产线布局在更加安全可靠的地方。

2022年的俄乌事件也会加快全球秩序重构。俄乌事件发生后，西方国家对俄罗斯进行了一系列制裁，范围涵盖贸易、金融、能源、科技等领域。俄罗斯的外汇储备和私人部门在海外的资产也遭到西方国家冻结。未来，无论俄乌事件结果如何，俄罗斯可能都将长期处于西方国家的制裁与封锁之下。长远来看，俄乌事件或促使西方国家构建新的同盟，这种同盟以意识形态为基础来划分，带有鲜明的"冷战"思维。一种可能的情形是，未来的全球化将走向区域化和"圈子化"，圈子内的国家相互开放，加强联系，对圈外的国家则进行排斥，让它们被切割、被孤立。

事实上，在俄乌事件之前，西方国家就已经对未来可能的"脱钩"情形做了设想。美国国家情报委员会在2017年的报告《全球趋势2035——进步的悖论》中设想了未来全球格局的三种模式，分别是"岛屿""轨道""社区"模式（图8-7）。岛屿模式下，各国将目光转向国内，采用更具有防御性和保护主义的政策，全球贸易减少，各国就像海洋中的岛屿那样相互孤立。轨道模式下，全球社会体系将以若干大国为核心，分别在其区域内展开合作，就像行星围绕恒星，在轨道上运

---

[1] White House, 100-Day Reviews under Executive Order 14017, June 2021.

转那样。社区模式下，全球社会将不再以国籍作为身份认同的基础，而是通过共同的价值观念、思想意识、背景经历建立联系，国家边界将被弱化，取而代之的是"你中有我，我中有你"的跨国社区。由此可见，西方国家对重塑全球秩序已经有所准备，外部环境复杂多变将是中国必须面对的一个现实挑战。

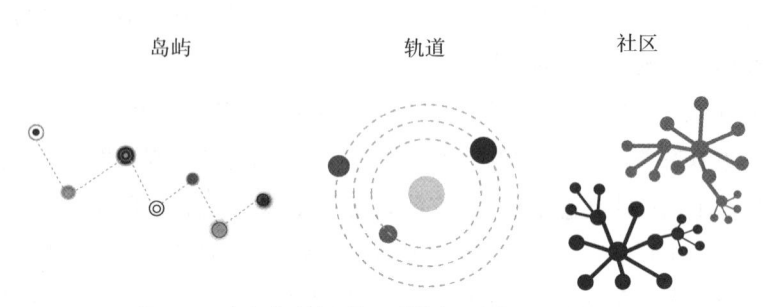

图 8-7 未来全球格局的三种模式：岛屿、轨道和社区

资料来源：美国国家情报委员会《全球趋势2035——进步的悖论》(2017)，中金公司研究部。

探索大变局下的发展路径

人口趋势逆转，全球化面临百年未有之变局，中国如何应对？以史鉴今，一个启示是要迎难而上，坚持对外开放，以开放促发展，在开放环境下共享发展成果。

我们提出三个方面的政策思考。一是更大力度吸纳海外人才和移民。突破传统思维，既要吸引高技术人才，也要引入中低技能劳动力，还要鼓励留学生来华。二是发挥中国大规模市场优势吸引外资。重视外资的担忧与顾虑，加强监管政策的渐进性和可预测性，降低因制度不确定性带来的投资风险。三是推动以"共享发展"为导向的全球化。推行"一带一路"倡议，兼顾效率与公平，突出贸易和投资的减贫功能，以减贫为纽带联结沿线国家。

更大力度吸纳海外人才和移民

发达国家经验显示，移民是补充人力资本的重要途径。2020年，全球移民总人数约为 2.8 亿人，其中 60% 以上生活在 20 个高收入国家。[①] 这些国家通常劳动力人口缺乏、人口老龄化严重，吸纳移民是其维持人口增长的重要途径（图 8-8）。不仅如此，移民对经济发展也有促进作用，移民既是生产者也是消费者，既增加劳动力供给，也拉动消费需求。其中，技术型移民还能促进创新，有助于生产效率提升；投资移民有利于资本积累，有助于投资增长。

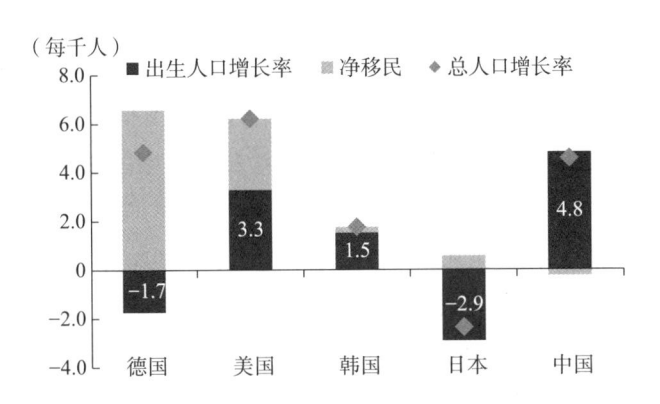

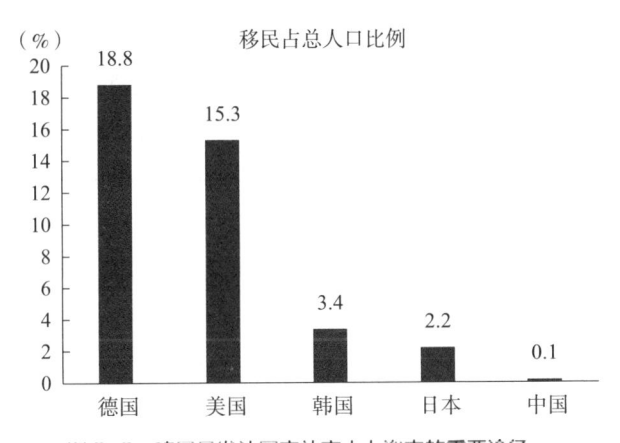

图 8-8　移民是发达国家补充人力资本的重要途径

资料来源：UNDESA，中金公司研究部。
注：上图数据分别取自 2015—2020 年，2020 年。

研究表明，移民相对而言更有可能从事创业工作，对企业家精神和科技创

[①] 联合国经济社会事务统计局。World Migration Report 2020。

新有颇多好处[①]。在美国，移民占总人口的 13%，但移民企业家却占企业家总人数的近 30%[②]。根据美国创业者中心于 2017 年的调查，有近 43% 的财富 500 强企业的创始人是移民或者移民的子女，这些企业大多集中在科技、零售和金融领域。在科技创新方面，移民也发挥了很重要的作用。在美国 STEM（科学、技术、工程、数学）工作者中，有 23% 是移民[③]。而在 2000 年以来美国的 104 位诺贝尔化学、医药和物理奖的获奖者中，有 40 位为移民，占比高达 38%[④]。

中国作为移民目的地的吸引力在近几年有所增加，但移民占总人口比例仍然较低。根据联合国移民署发布的《世界移民报告 2020》估算，2020 年，中国移民总人数为 104 万人，呈现持续增长态势。但 2020 年中国移民占总人口比例仅为 0.07%，而美国、英国、德国等发达国家的移民占比均在 10% 以上。相较于发达国家，中国的移民占比和经济体量是不匹配的。2020 年，中国 GDP 占全球的比重约为 17%，而移民人数占全球总移民的比重只有不到 0.4%。中国移民比重低有多重原因，比如语言的因素（美国、英国、新加坡移民大部分因为其母语是英语），但也有制度原因，比如移民的门槛高，接纳度不够。

中国应该吸引什么样的移民呢？首先，建议加大力度吸引高技术移民。科技创新是经济长期发展的根本动力来源，科技人才是创新的基础。许多迹象表明，当前各国对科技人才的争夺十分激烈，中国目前移民门槛相对较高，建议降低移民准入门槛，为引入海外人才尤其是华裔人才提供更多便利。根据联合国于 2019 年对全球 111 个国家的移民政策进行的分析，有 54% 的国家制定了有序、安全和负责任的移民政策。对于联合国可持续发展目标下的移民政策条件（SDG 10.7.2），许多国家都已齐备，但中国目前尚未完全满足（表 8-1）。其中，较为不足的方面是移民权益，如公共教育、社会保障、医疗保障，而这些恰恰是移民最关心的问题。因此，建议针对移民政策加以补充和完善，为移民提供良好保障。

[①] Cato Institute: Effects of Immigration on Entrepreneurship and Innovation, 2021；联合国移民署的《世界移民报告 2020》。
[②] 考夫曼基金会（Ewing Marion Kauffman Foundation），2017。
[③] 美国社会调查（American Community Survey），2016。
[④] National Foundation for American Policy, 2021.

表 8-1 中国移民政策有待补充完善

中国移民政策现状（基于可持续发展目标指标，SDG 10.7.2）

分领域	序号	政策描述	是否有相关政策	是否符合SDG 10.7.2标准
整体指标				部分符合
领域1：移民权益	1	基本医疗保障和紧急医疗救助	未提供相关信息	有待进一步改进
	2	公共教育	未提供相关信息	
	3	同工同酬	未提供相关信息	
	4	社会保障	未提供相关信息	
	5	司法保障	未提供相关信息	
领域2：政府机构和国家政策	6	专门执行国家移民政策的政府机构	是	完全符合
	7	为包括劳工移民在内的正常移民制定的国家政策或战略	是	
	8	促进移民融入社会的国家政策或战略	是	
	9	确保移民政策关注性别平等的正式机制	是	
	10	确保移民政策制定基于具体的移民数据的正式机制	是	
领域3：国际合作与伙伴关系	11	关于移民的国际区域级别协调机制	是	符合
	12	关于包括劳工移民在内的移民政策双边协定	是	
	13	促进劳动力流动性的区域协议	是	
	14	与其他国家在移民返回和重新接纳方面的合作协议	是	
	15	推动民间社会和私营部门参与移民政策制定和执行的正式机制	否	
领域4：社会经济福利	16	定期评估，使劳工移民政策与实际和未来的劳动力市场需求保持一致	是	符合
	17	推进社会保障福利在国家间的可转移性	未提供相关信息	
	18	促进对海外取得的技能和证书的认可度	是	
	19	促进汇款流动	是	
	20	促进公平、道德地招聘移民	是	
领域5：难民政策	21	国际难民接收、处理和识别系统	是	部分符合

续表

中国移民政策现状（基于可持续发展目标指标，SDG 10.7.2）

分领域	序号	政策描述	是否有相关政策	是否符合SDG 10.7.2标准
领域5：难民政策	22	在粮食、卫生、教育和医疗等基本需求方面为难民制订应急计划	未提供相关信息	部分符合
	23	为居住在危机国家或危机后国家的海外公民提供具体援助措施	未提供相关信息	
	24	应对危机、减少危机带来的风险的具体方案	未提供相关信息	
	25	给予难民临时停留或临时保护的许可	是	
领域6：安全、有序、正常迁移	26	检测签证逾期逗留的系统	是	符合
	27	到达前的国家授权	否	
	28	对无人陪伴的未成年人或失散儿童的规定	是	
	29	提供移民信息和主题培训	是	
	30	针对人口贩卖和偷渡问题的解决政策	是	

资料来源：联合国移民署，中金公司研究部。

其次，应尝试吸收中低技能劳动力来华工作。一方面，中国劳动年龄人口转向负增长，劳动力供给下降；另一方面，服务业快速发展，对劳动力需求增多，两股力量叠加，或带来劳动力供需缺口。对于此类劳动力短缺，中国可以借鉴海湾国家和新加坡的经验，引入以有时限的就业为目的的临时性移民、季节性移民、项目移民。比如针对某一项建筑工程的移民，在消费旺季提供家政护理、餐饮休闲服务的移民等。

在吸引移民方面，邻国日本的政策变化值得关注。日本也经历过从人口红利释放到消失的过程，自2011年起，日本总人口数量已经连续9年负增长。日本的老龄化问题也在不断加剧，2020年日本65岁及以上老年人口高达3 640万人，占总人口比例为29%，排名全球第一。

为应对人口问题，日本不断放松移民政策（表8-2）。2012年，日本政府推出新的高技能外国专业人员（HSFP）签证，为吸引科学家、研究人员、工程师等专业人才提供便利。2016—2017年，政府增加了"技术实习生"计划的人数和可居住时间，增加了留学生签证数量。2019年，新的《出入国管理及难民认定法》修正案生效，在已有的"实习签证"和"留学签证"以外，新设两种"特定技能工作签证"，对象是护理、建筑、农业等14个行业的中等技能工人。这一法案被认为是日本在接纳外籍劳动者方面的历史性变革。2021年，日本政府宣布将调整外国人"特定技能工作签证"的在留资格，允许从事农业、餐饮、建筑等14个"特定技能"行业的外籍劳动者无限期地在日本工作。这相当于在事实上对特定技术工人开放了永久居民资格，标志着日本移民政策的进一步放松。

表8-2 日本放松移民政策，鼓励引进海外人才

日本移民政策变迁

1952年	《出入国管理及难民认定法》颁布，对移民进行了严格限制
19世纪80年代	开启吸收留学生的大门，大批外国学生来日学习并打工
1990年	新《出入国管理及难民认定法》颁布，移民政策进一步收紧，只允许高技能工人和家庭移民签证。但允许巴西、秘鲁等国的日裔外国居民回迁日本，补充非熟练劳动力
1993年	推出技能实习制度：允许外国人非技术劳动者，以实习生的身份学习并从事生产性工作，却不享有劳动保险及其他任何福利。2009年被废除
2010年	推出新的技能实习制度，制造业和建筑业的技能实习生人数大幅度增长
2012年	实施高技能外国专业人员签证，吸引高技能专业人才
2016年、2017年	增加技能实习生的人数和居住时间，增加留学签证数量
2019年	《出入国管理及难民认定法》修正案实施。新设两种"特定技能工作签证"。计划在5年内最多引进34.5万名外籍劳动者
2021年	允许持有两种"特定技能工作签证"的外籍劳工无限期地在日本工作

资料来源：Migration Policy Institute, https://www.migrationpolicy.org/article/its-population-ages-japan-quietly-turns-immigration，中金公司研究部。

鼓励更多留学生来华也是引进人才的重要渠道。中国对留学生的吸引力日益增加，2019年，来华留学生总数为49.2万人，相较于2013年的32.8万人增加约60%[1]。从来源地看，来华留学生主要来自亚洲邻国，其中，来自韩国、泰国、巴基斯坦、印度和美国的留学生人数最多。从留学生占高等教育总人数的比重看，中国仍有较大提升空间。2020年，在华留学生占高等教育总人数比例仅为1.2%，而澳大利亚、加拿大和英国占比均超过20%，美国、日本占比也超过5%（图8-9）。

---

[1] Project Atlas Infographics 2020 release.

尽管移民可以补充劳动力，但也要看到移民可能带来的问题。在经济层面，移民会加剧本地劳动力市场竞争，可能会对低技能者形成较大压力。在税收与公共服务提供方面，不同移民收入群体对于当地医疗、教育等公共服务的压力也不同。[1] 在文化层面，由于习俗差异、宗教信仰等原因，移民背景的多样性让他们较难融入移民接收国的文化和生活，许多移民存在身份认同的问题，[2] 可能会导致社会不同群体之间的沟通障碍。

(%) 　　　　　留学生占高等教育总人数的比例，2020

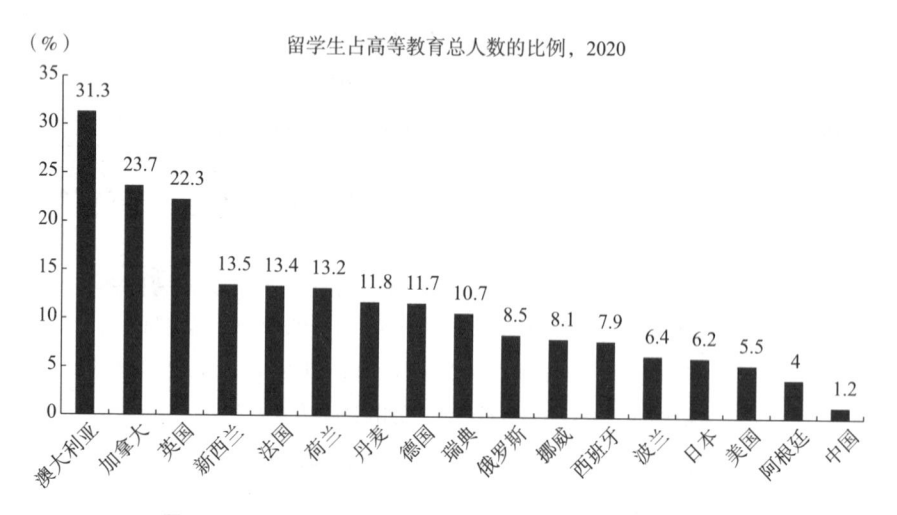

国家	比例
澳大利亚	31.3
加拿大	23.7
英国	22.3
新西兰	13.5
法国	13.4
荷兰	13.2
丹麦	11.8
德国	11.7
瑞典	10.7
俄罗斯	8.5
挪威	8.1
西班牙	7.9
波兰	6.4
日本	6.2
美国	5.5
阿根廷	4
中国	1.2

图 8-9　中国的留学生占高等教育总人数比重有较大提升空间

资料来源：Project Atlas Infographics 2020 release，中金公司研究部。

发挥大规模市场优势吸引外资

对于中国与西方国家"脱钩"风险，学界存在两种不同的观点。一种观点认为，应该增加中国在经济、金融、技术等领域的独立自主性，降低对外部市场和资源的依赖，以此确保安全。另一种观点认为，应该加大开放，加强与西方国家的联系，因为只有"你中有我，我中有你"才能避免相互制裁和封锁，进而保障

---

[1] Borjas, G. J.（2016）. We Wanted Workers: Unraveling the Immigration Narrative. WW Norton & Company.

[2] Abramitzky, R. and L. P. Boustan（2017）. Immigration in American economic history. Journal of Economic Literature 55（4）.

安全。两种观点各有道理，但总的来看第二种观点更具说服力，对中国而言，坚持对外开放更重要。

未来应该如何开放？过去中国依靠劳动力优势吸引外资，未来靠什么？古典经济学认为，资本跨境流动的驱动力除了追逐更低廉的成本，还有寻找更大的市场。马克思的总结最为精辟："不断扩大产品销路的需要，驱使资产阶级奔走于全球各地。它必须到处落户，到处创业，到处建立联系。"中国拥有超大规模且统一的市场，对跨国公司仍具有极大的吸引力。在未来的对外开放中，建议牢牢抓住这一优势，继续吸引海外资本流入。

从新古典经济学角度看，超大规模且统一互联的市场会带来规模效应，有利于企业摊薄前期的固定成本，有助于形成竞争优势。对于研发投入多、收益不确定性大的科技型企业，足够大的市场能帮助它们同时试错多种技术路线，从而提高成功的概率。对于消费行业的企业，中国庞大的消费市场和持续升级的购买力，可为它们提供大量商机。根据中美商会公布的2022年《中国商业环境报告》，当被问及在中国发展最具吸引力的三个因素时，许多企业都认为是中国本土消费的增长和不断扩大的中产阶级规模，这一观点在技术研发、工业资源、消费三个行业的受访企业中最为普遍（表8-3）。

表8-3 对于美国企业来说，发展中国业务最具吸引力的因素与最大的挑战

不同行业受访企业认为在中国发展最具吸引力的三个因素

排名	技术和研发行业	工业和资源行业	消费行业	服务行业
1	本土消费增长/富裕的中产阶级规模不断扩大	本土消费增长/富裕的中产阶级规模不断扩大	本土消费增长/富裕的中产阶级规模不断扩大	持续的经济和市场改革
2	数字技术应用	持续的经济和市场改革	消费者对外国品牌质量日益增长的需求	中国的全球化和境外投资增长
3	持续的经济和市场改革	城镇化对基础设施投资的持续支持	持续的经济和市场改革	本土消费增长/富裕的中产阶级规模不断扩大

不同行业受访企业在中国发展面临的最大的五个挑战

排名	技术和研发行业	工业和资源行业	消费行业	服务行业
1	中美关系日益紧张	中美关系日益紧张	中美关系日益紧张	中美关系日益紧张

续表

不同行业受访企业在中国发展面临的最大的五个挑战

排名	技术和研发行业	工业和资源行业	消费行业	服务行业
2	监管合规风险	法律法规和执行不一致/不明确	法律法规和执行不一致/不明确	对数据安全的担忧
3	中国保护主义不断升级	监管合规风险	缺少合格的管理人员	法律法规和执行不一致/不明确
4	经济国家主义	劳动力成本增加	劳动力成本增加	劳动力成本增加
5	持续的经济和市场改革	城镇化对基础设施投资的持续支持	监管合规风险	监管合规风险

资料来源：中美商会（2022），中金公司研究部。

另外，对于外资反映的问题，建议给予重视并加以改善，以降低外资的担心和顾虑。根据上述中美商会的报告，受访外资企业对其在华发展前景的最大关切是日益紧张的中美关系，在被调查的四个行业中，全部将其视为最大挑战。监管合规和法律法规风险也是主要挑战之一，许多受访企业反映，"不一致的监管解读和不明确的执法事件"比前一年更多，这在技术和研发行业中尤为如此。此外，近几年数字经济呈现出大发展的趋势，但一些跨国企业仍然对在中国发展业务的数据安全问题有所担忧。对于这些问题，一方面需要坚持对外开放，为外资创造良好的营商环境；另一方面，注重监管政策的渐进性、一致性和可预测性，完善数字治理制度，降低因制度不确定性带来的投资风险。

推动以"共享发展"为导向的全球化

中国是过去全球化的受益者，未来有责任继续支持全球化，让更多国家分享全球化红利。推动全球化也有助于降低"脱钩"风险，有利于中国和世界经济的长远发展。但一个现实问题是，在逆全球化思维反弹的背景下，应该如何继续推动全球化？

我们认为一个重要抓手是"一带一路"倡议。如前所述，全球化的推进需要要素禀赋和制度安排两股力量形成合力。从要素禀赋看，"一带一路"沿线国家储蓄率较低，资金和技术相对匮乏，但它们拥有大量的年轻劳动力和熟练工人，处于人口红利的机遇期。基于中国过去的经验，这些国家的劳动力可以为其参与全球化提供有利的禀赋条件。从制度安排看，一些沿线国家的开放程度还有改善空间，它们可以通过参考其他国家的经验，探索出一套符合自身实际情况的对外开放模式。我们相信，"一带一路"倡议具有良好的基础，未来完全有可能成为全球化的一个重要载体。

在推行"一带一路"倡议中，建议突出贸易和投资的减贫功能，以减贫为纽带联结沿线国家。发展贸易有助于改善国民收入和生活条件，这是不争的事实。许多"一带一路"国家公共基础设施落后，贫困人口众多，对摆脱贫困有急迫诉求，对这些国家而言，摆脱贫困、提高居民收入水平是最重要的事。根据世界银行《"一带一路"经济学：交通走廊的机遇与风险》报告[1]，如果"一带一路"倡议得以全面实施，可拉动数十个国家经济发展，使近760万人摆脱极端贫困，近3 200万人摆脱中度贫困[2]。作为在减贫方面经验丰富、成果瞩目的国家，中国应该加强与"一带一路"国家在减贫方面的合作，比如定期召开减贫峰会商讨对策，帮助沿线国家制订减贫计划，找到符合这些国家实际情况的减贫策略。

还应吸取过去全球化的教训，不仅要讲效率，也要兼顾公平，树立以"共享发展"为导向的全球化理念。过去的全球化更多是以资本扩张为载体，过度强调效率，比如企业追求利益最大化。由此带来的一个结果是贫富分化加剧，损害了公平。那些原本支持全球化的西方国家，现在之所以成为全球化的反对者，就是因为没有处理好全球化过程中效率与公平的关系。对中国推行"一带一路"倡议而言，一个重要的启示就是要树立"共享发展"的理念，强调全球化的普惠性，而非简单的促进资本向外扩张。只有做到这一点，"一带一路"倡议才能受到更广泛的认同，全球化进程才是可持续的。

中国还需避免重蹈发达国家"产业空心化"的覆辙，防止因企业"走出去"而加大国内贫富差距。发达国家的经验显示，对外投资增加可能会导致制造业

---

[1] https://www.shihang.org/zh/topic/regional-integration/publication/belt-and-road-economics-opportunities-and-risks-of-transport-corridors.

[2] 极端贫困是指按照购买力平价计算，日均生活费低于1.9美元。中度贫困是指日均生活费低于3.2美元。

产业"空心化"。美国制造业大量向外转移，导致国内制造业萎缩，就业压力增加，在一些地区还形成了"铁锈地带"。英国和日本也有类似问题，资本"离本土化"与"离制造化"加大了这些国家内部收入不平等。对此，一方面，建议加大力度发展新兴产业，以此弥补传统产业对外转移带来的就业缺口。另一方面，大力培养产业技术工人，匹配高技术劳动力的需求，围绕制造业升级转型，发展生产性服务业。鼓励劳动偏向型技术发展，结合中国的实际情况，发展生活性服务业。中国在医疗、教育、养老等领域还有很大的消费需求，这些需求能为劳动力提供更多样的就业机会。

第三篇

社会服务与公共政策

第九章

提高财政的再分配力度

公平和效率是最重要的两项财政原则，也是财政体制改革应瞄准的方向。从公平角度看，中国财政再分配度不足，体现在税收的累进性不足以及公共服务和转移支付支出较少。税收以增值税等间接税为主体，主要向消费者征税。企业税负穿透到劳动和资本，劳动者也承担了一部分名义上的企业税负，而位于收入金字塔尖的资本所有者实际税率较低。

结构性减税不仅有利于经济效率，也是提高税制再分配度的关键。首先，调减增值税，为增加个人所得税和企业所得税打开空间，这是由宏观经济中资金流的结构特征决定的。其次，资本性收入的 20% 比例税率远低于劳动收入的最高 45% 的累进税率，不利于提升劳动积极性和个税的累进性，有改革的空间。最后，在开征房地产税等财产税的同时，需要相应降低房地产交易环节的土地增值税和契税，以改善房地产交易中的代际公平性。

中国财政支出偏重经济建设，在公共服务投入上仍有上升空间，瞄准特定人群的转移支付较少，效率和公平均有改善空间。政府有必要适度减少投资，增加教育和医疗等公共服务开支。提高中国公共服务均等化，需要加大对基层政府的财力支持，同时利用区域集约化来提高优质公共服务的可得性。增加瞄准低收入人群的转移支付，有利于减贫和促进机会公平，可有效提高财政的再分配度。

除了财政收支，中国存在着包括国有企业、土地财政和社会保险基金在内的广义财政部门。其中，国有企业可以加大分红和划拨社保基金的力度，切实为再分配提供保障。土地财政在一定程度上推升了房价，扩大了城乡和代际差距，不利于收入平等。未来随着房地产税开征，地方政府可以逐步减少对土地财政的依赖，降低土地财政的不利影响。社会保障体制需要逐步回归现收现付制，逐步改变当前确定收益的个人账户体系，才能提高养老保障，促进代际公平，也有利于改善社保制度自身的公平性。

为落实"共享发展"的目标，政府支出责任会上升，财政赤字存在持续扩大的压力。中国存在扩大政府债务的空间和优势，发行政府债券可以成为弥补财政赤字的重要方式。长期看，这也有利于货币发行方式的改善。国债和地方债都是国家信用的一部分，而利用国家信用，扩大公共服务和社会保障，实现共享发展的国家目标，符合宏观经济发展趋势。[1]

---

[1] 本章作者：赵扬、吴晓慧、徐磊、徐恩多、戴戎。

在财政所应遵循的诸项原则中,公平和效率是最重要的两项,也是与新发展理念中"共享发展"最相关的两项原则。公平原则在税收上的主要体现,简而言之就是税收累进:穷人少交税,富人多交税。公平原则在财政支出上的主要体现,则是公共服务的均等化和社会中弱势群体受关照的程度。财政的公平原则使得财政体制应该具有再分配的作用,目标是降低初次分配后收入不平等的程度。由于财政的再分配,OECD 国家 2018 年的基尼系数较初次分配后平均降低约30%。但不同国家再分配力度的差别很大,比利时和芬兰财政再分配后的基尼系数降幅达到 47%,墨西哥则只有 3%[①]。

从公平角度看,财政支出比税收发挥了更大的作用。一般认为,以个人所得税为主的直接税要比以增值税为主的间接税更有利于缩小收入分配差距,因为前者的累进性远高于后者。但是,增值税等消费类税收占比高的欧盟国家,其平均收入差距却小于个人所得税占比高的美国,说明税收公平并不是再分配的全部。OECD 的研究显示,财政再分配导致 OECD 国家基尼系数的降低,其中 25% 来自具有累进性的税收,75% 的贡献来自财政支出中用于公共福利和补贴贫困人

---

① 数据来源为 OECD Income Distribution Database 2021。

群的支出。①

财政的效率原则也对税收和支出两方面提出了要求。税收方面，效率原则要求尽可能减少因税收而导致的市场扭曲。市场配置资源主要是通过价格信号，因此有效的财税体制应尽量避免造成价格扭曲。一般来说，基于收入和财产的直接税对市场价格扭曲程度较小，而基于消费的增值税、消费税等间接税，对价格的扭曲程度较大。基于效率原则，财政支出应主要用于提供市场无法有效提供的公共品和公共服务，例如基础设施、教育、医疗和社会保障等。效率原则如果延伸到政府自身的行政活动和运行效率，则要求财政的收支活动以最低的成本完成。这不仅要求税制设计时考虑到征税成本，同时也对政府的行政治理提出了要求。

被 IMF 和 OECD 等国际组织研究报告广泛引用的标准化世界收入不平等数据库（Standardized World Income Inequality Database，SWIID）数据显示，中国的收入基尼系数在财政再分配前后几乎没有差异，显示中国的财政在再分配力度方面存在较大的改善空间。一方面，中国税制以间接税为主，累进性不足。另一方面，财政支出中瞄准家庭部门的转移支付比例较低，也导致再分配作用不足。例如，根据 IMF 和 OECD 数据，2020 年中国政府支出中用于教育、医疗、社会保障方面的支出占总支出的比例约为 45%，低于主要 OECD 国家，比如英、德、法、日四国 2020 年的三项占比都高于 60%②。

从效率原则出发，中国财政体制也存在很大的改进空间。税收方面，我国间接税占比高，由于间接税在商品交易环节征收，对市场价格的扭曲程度较大，所以对经济效率有所影响。支出方面，政府投资支出较大，而公共服务类支出占比较低，对财政的有效性有所影响。同时，财政转移支付中绝大多数是政府间转移支付，财政补贴的中间环节多，有可能影响行政效率，也是对行政治理能力的考验。

我们应该如何改革财政体制以兼顾财政的公平和效率原则？如何在满足共享发展所要求的公平和效率的同时，确保财政的可持续性？本章试图回答这些问题。

---

① Joumard et al., Less income inequality and more growth–are they compatible? Part 3. Income redistribution via taxes and transfers across OECD countries, 2012.

② 数据来源于 OECD 和 IMF。

税收负担由谁承担

税收体制的变革

中国的税收体制伴随着整个经济体制的演变而不断变革[①]。计划经济时代（1949—1978年），受苏联"非税论"的影响，中国财政收入主要来自国企上缴利润，税收占比从1950年的78.8%逐渐下降至1978年的45.9%。企业一般只缴纳工商税和工商所得税，个人缴税几乎没有。20世纪80年代，为促使企业转变为市场主体，财政体制改革主要集中于将上缴利润改为税收（"利改税"）。国家开征大量新税种，形成包括商品税、所得税和财产税在内的复合税制。同时，为了激励地方和企业的积极性，各级政府纷纷实行"财政包干"，完成对上级的财政收入基数后剩下的资金由本级政府支配。

1994年的分税制改革是中国财税体制的一次重大变革。一方面，"财政包干"制度下，中央和地方"分灶吃饭"，导致中央收入占比下降，中央财政职能持续减弱。另一方面，税种繁杂、税制不统一导致了税收的公平性问题。1994年的税制改革，政府将增值税设为主体税，提高了税收征管能力，增加了中央政府的财力。1994年还启动了"金税工程"，现代化的征管促进了总体税收和中央政府收入占比的同步增长。同时，简化税制，开启了企业所得税以及个人所得税的各自统一过程，公平性得到增强。

2004年中国开启结构性减税，开始更加注重为国民减负和提升税收公平性。2006年取消农业税，2009年增值税从生产型转为消费型。2011年开始试点房地产税。2012年开始"营改增"，增值税抵扣链条更加完整。此后多次提高个人所得税免征额，统一内外资企业所得税。2013年党的十八届三中全会提出财政是

[①] 本节内容主要参考了以下文献：张勇：《新一轮财税体制改革的收权与放权》，《税务研究》2016年第7期；张守文：《税制变迁与税收法治现代化》，《中国社会科学》2015年第2期；王伟域：《论中国税收治理理念的历史演进与逻辑规律》，《税务研究》2021年第7期；张敬群：《对新中国工商税制几次大的变革的回顾与展望》，《税务研究》1998年第5期；杨志勇：《中国税收现代化之路的选择》，《国际税收》2018年第6期；楼继伟：《40年重大财税改革的回顾》，《财政研究》2019年第2期。

国家治理的基础和重要支柱，要不断深化税收制度改革、完善税收制度[1]。税收不再仅仅是取得财政收入的工具，而且在体制改革、社会保障和公平分配等方面负有使命。

税负在企业、消费者、资本和劳动者之间的分配

中国的税负主要由哪些群体承担？要回答这个问题需要对中国几个主要税种的税收归宿进行分析。目前中国最大税种是增值税，2020年在总税收中占比高达36.8%，如果加上进口增值税和消费税，则中国商品和服务市场上的增值税和消费税在税收中占比达到54.0%[2]。中国第二大税种是企业所得税，在税收中占比为23.6%。其次是占比为7.5%的个人所得税，以及针对房地产交易环节征收的土地增值税和契税等房地产税收，中国房地产相关税收合计在总税收中占比为12.8%[3]。各主要税种在国民经济中的位置如图9-1所示。

要理解不同社会群体承担的税负，我们不能只看谁是税收的名义纳税人，更要去看税收的实际归宿。税负实际由谁承担，既反映了不同主体间的议价能力，也是征税影响产品价格和要素收入，进而影响整个市场体系一般均衡的结果。税收可以"转嫁"，因此实际税负的承担者不一定是名义纳税人。

增值税的税负在企业和消费者之间分担。增值税的纳税人是提供商品和服务增值的单位和个人。虽然增值税由企业缴纳，但和任何税收一样，增值税带来的私人部门福利损失（税负），在企业和消费者之间分担。消费者损失的是消费者剩余（消费者福利的经济学衡量），企业损失的是生产者剩余（生产者福利的经济学衡量）。生产者剩余的损失，是商品的均衡销量减少和企业单位商品收入下降导致的。

---

[1] 十八届三中全会《决定》、公报、说明（全文）。http://www.ce.cn/xwzx/gnsz/szyw/201311/18/t20131118_1767104.shtml。
[2] 数据来源：财政部。如果扣除出口退税，则占比为45.2%。
[3] 房地产相关税收包括城镇土地使用税、耕地占用税、契税、房产税、土地增值税。

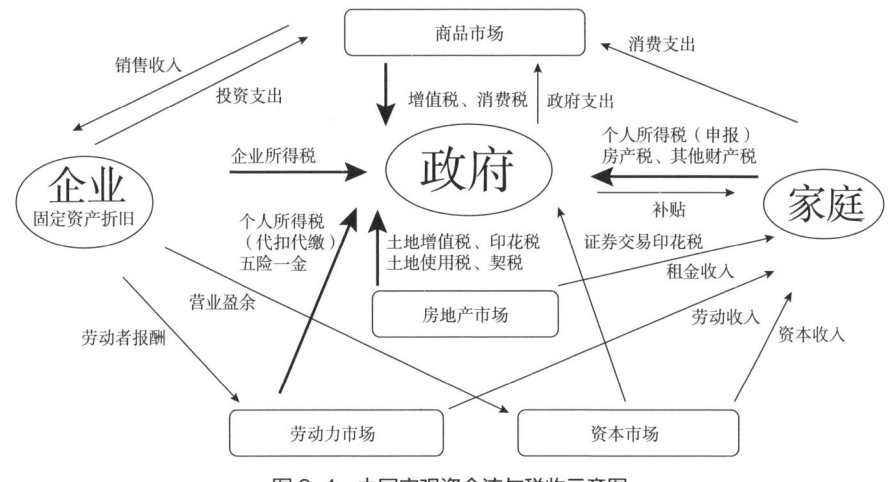

图 9-1 中国宏观资金流与税收示意图

资料来源：中金研究院。

关于企业和消费者各自负担增值税的比例，学界存在争议。理论上，增值税在企业和消费者之间的分担比例由市场结构、供给弹性、需求弹性等因素决定。Carbonnier（2017）[1]总结 20 世纪 80 年代以来对于消费类税收税负归宿的大量研究，指出当市场处于垄断、垄断竞争等不完全竞争状态时，企业的税负转嫁能力强，向消费者转嫁的比例甚至可以超过 100%。在实证层面，Carbonnier（2017）研究法国两次增值税税率调整对消费品价格的影响，发现消费者的增值税负担比例在新车销售市场和房屋维修市场分别为 57% 和 77%。苏国灿等人（2020）基于详细的行业供需弹性数据，构建了间接税税负转嫁系数的估算模型，利用 1999—2015 年的数据估算了中国间接税在企业和消费者之间的分担比例，其结果认为企业承担了 70% 的间接税，消费者承担了 30%[2]。具体到不同的消费品类，食品、衣着等生活必需品的需求弹性较小[3]，相应地，这些产品的消费者所承担的间接税税负比重也较高，而这对消费生活必需品更多的低收入家庭影响更大。

---

[1] Clément Carbonnier, Who pays sales taxes? Evidence from French VAT reforms, 1987–1999, 2017.

[2] 苏国灿，童锦治，魏志华，刘诗源：《中国间接税税负归宿的测算：模型与实证》，《经济研究》2020 年第 11 期。

[3] 张焕明，马瑞祺：《中国城镇居民消费结构变动趋势及其影响因素分析》，《统计与决策》2021 年第 37 期。

第九章　提高财政的再分配力度

因此，继续调减这部分产品和服务的增值税，有利于进一步推进社会公平。

企业所得税是中国税收额第二大的税种，名义上由企业缴付，但从实际税负归宿的角度，劳动者也承担了不小的部分，虽然学界对具体的分担比例存在争议。企业内部主要是劳动和资本两大要素，企业所得税可以通过工资的变化向劳动要素传导，这与增值税通过提高含税价格向消费者转嫁类似。关于企业所得税税负归宿最经典的研究是 Harberger（1962），文章通过两部门模型研究企业所得税的变化对产品和要素价格的影响，得出企业所得税全部由资本所有者承担、劳动者并未承担的结论①。不过，后续基于 Harberger（1962）的大量文献认为，这一结论在一个开放经济中不再成立，因为在资本可以跨境自由流动的情况下，像劳动这种难以自由流动的生产要素会承担税负的绝大部分。在实证方面，美国税收基金会总结了关于企业所得税税负归宿的大量实证文献，指出劳动者可能承担了高达 70% 的企业所得税税负②。Clemens Fuest 等人 2018 年在《美国经济评论》上发表的一项研究③，通过对德国 3 500 多个市镇在 1993—2012 年的 20 年间发生的 6 802 次地方企业所得税税率变化进行事件研究，发现劳动者工资在税率上升后出现了显著下降，劳动者负担了企业所得税税负变化的 51%。其中，企业和劳动者的议价能力、企业在不同地区间转移利润的能力都影响税负归宿，比如跨区域转移利润能力更强的大公司、跨国公司的劳动者工资基本没有受企业税收变化的影响。

个人所得税主要由劳动者承担。相比增值税和企业所得税，个人所得税的税负难以转嫁。中国个人所得税在 2020 年总税收中占比 7.5%，主要包含 9 项收入来源④，涵盖了劳动所得和资本所得。2019 年个税的 64% 来自工薪等劳动所得⑤，由劳动者承担；个税的 28% 来自财产性所得，由资本所有者承担。个税其

---

① Arnold C. Harberger, The incidence of the corporation income tax, 1962.
② Stephen J., Entin, Labor Bears Much of the Cost of the Corporate Tax, 2017.
③ Fuest, Peichl, and Siegloch, Do higher corporate taxes reduce wages? Micro evidence from Germany, 2018.
④ 个人所得税细项：工资、薪金所得；劳务报酬所得；稿酬所得；特许权使用费所得；经营所得；利息、股息、红利所得；财产租赁所得；财产转让所得；偶然所得。
⑤ 数据来源：国家统计局。

余的 7% 主要来自经营所得，主要由个体工商户缴纳，以自我雇佣的劳动者为主（图 9-2）。

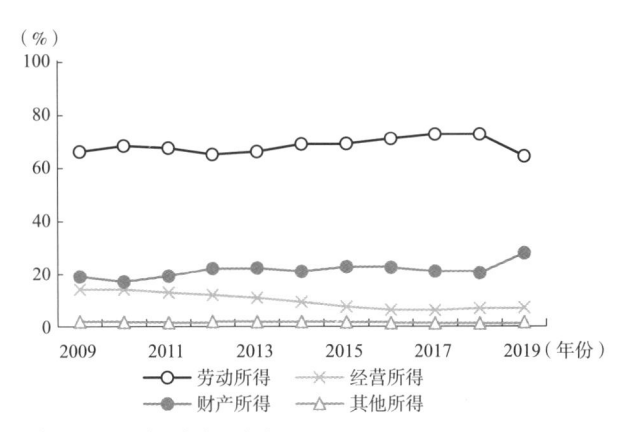

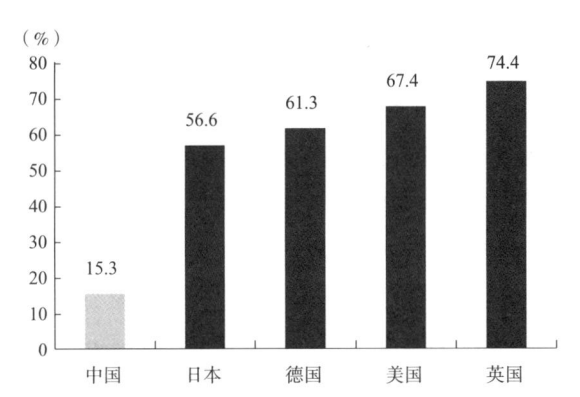

图 9-2　中国个税收入来源占个税总额比例（上）和
主要国家个税纳税人数占劳动年龄人口的比例（下）

资料来源：《中国税务年鉴 2020》，中金研究院。

资料来源：OECD，EU-Japan center，世界银行，美国税务局，英国税务海关署，德国统计局，日本国税厅，中国家庭金融调查与研究中心，中金研究院。
注：美、英、日为 2018 年数据，德国为 2017 年数据，中国个税纳税人数为中国家庭金融调查与研究中心 2017 年估计值。劳动年龄人口为 15~64 岁总人口。

中国与房地产相关的税收占到 2020 年税收总额的 12.8% 左右，比如房产税、土地增值税、契税、城镇土地使用税，这部分税收主要转嫁给了房屋购买者。房产可视为一项资产，对房产征税相当于对资本或者投资征税。但是，住房又是一

第九章　提高财政的再分配力度

种耐用消费品，尤其中国城镇的住房自有率高达 90%，大部分住房拥有者是自住为主的工薪阶层，因此目前以交易环节为主的房地产相关税收，实际上更接近消费税，主要由劳动者承担。

上述四类税收，即增值税和消费税、企业所得税、个人所得税以及与房地产相关的税收，占到中国总税收的 90% 以上。通过上述关于实际税负归宿的分析，我们可以对我国税负的实际负担者有更深入的认识：我国增值税和消费税占到总税收收入的一半，这部分税负的较大比例由消费者承担，特别是对必需品需求大、需求弹性小的低收入群体；企业的实际税负同时受增值税和企业所得税影响，但根据企业所在行业不同，二者税率的变化对企业的影响也不尽相同；从劳动和资本两大要素来看，劳动者承担了较多税负。劳动者作为消费者的主体承担了增值税的税负，也作为劳动要素的提供者而承担了企业所得税的部分税负。同时，中国个人所得税中，来源于劳动所得的部分要远超来源于资本所得的部分。

总体上，企业是中国税收主要的名义纳税人，但劳动者承担了较多的实际税负。虽然大多数劳动者因为月收入低而并未直接缴纳个人所得税，没有"纳税人"的头衔，但是其实际承担的税负不小。与此同时，中国真正的高净值人群（超高收入人群）的税负相对较低，这部分人占全国人口比例约为 0.2%。除了因其消费行为而负担的增值税和消费税，这部分人主要承担的是个人所得税中与财产相关所得的部分、企业税负（增值税和企业所得税）中归宿到资本的部分，以及与房地产相关税收中的一部分。个税中的财产所得税率为比例税率的 20%；对比之下，劳动者依靠工资薪金收入，边际税率却最高达到 45%。

提升税收的累进性

现有税制的再分配度较低

税收的再分配度可以用税前基尼系数与税后基尼系数之差来衡量[1]，税后基尼系数相比税前减少得越多，税收的再分配作用就越强。再分配度主要受累进性和平

---

[1] Ivica Urban, Kakwani decomposition of redistributive effect: Origins, critics and upgrades, 2009.

均税率两个因素影响①。累进性高，意味着税负更为集中地落于高收入群体。一般而言，个人所得税由于超额累进税率和免征额的设计而具有相当强的累进性，但增值税等向消费征收的间接税则由于低收入者的消费率更高而具有累退性②。平均税率，即税负与收入之比，反映了税收相对规模的大小。研究发现平均税率和累进性在欧盟15国呈现负相关性，同样的再分配度可以通过不同的政策组合来实现，代表性的例子是丹麦（高平均税率、低累进性）和爱尔兰（低平均税率、高累进性）。

中国公共财政的再分配度较低。2019年中国税收相对GDP的比例为16%，OECD国家这一比例的平均值为25%。不过，中国纳入政府预算管理的收支还包括政府性基金预算收支、国有资本经营收支和社会保险基金；中国综合的政府预算总收入相对GDP比例达到35%，与OECD国家33.4%的平均水平相当③。然而，SWIID数据显示，2019年中国居民税收和转移支付前后的基尼系数分别为0.423和0.421，财政再分配未对降低收入不平等起到显著作用。与此相对，美国2019年税收和转移支付前后的基尼系数分别为0.523和0.391，德国为0.523和0.299，基尼系数在财政再分配后都出现了明显下降。

决定税收再分配度的两个主要因素是税收规模（平均税率）和累进性，而中国税收再分配度低的主要原因并非税收规模小，而是税收的整体累进性低（表9-1）。中国税收以增值税为主，由于增值税主要是向消费征收而低收入群体的消费率更高，增值税的税负更多地被低收入群体承担，因此增值税具有累退性。个人所得税则由于规模太小（即表9-1显示的低平均税率），难以发挥再分配的作用，无法抵消增值税的累退性。除个税外，中国直接向个人征收的财产税也较少，这也影响了税制对收入和财富不平等的调节力度。

基于上述分析，提高中国税收的累进性，应该在税收结构中有减有增。减税方面，应该进一步减少增值税，尤其是低收入人群消费较多的商品和服务的增值税。增税方面，政府可以提高个人所得税，尤其是基于财产收入的个人所得税。同时，开征房产税、遗产税和赠与税，调节财富分配。

---

① N.C. Kakwani, Measurement of Progressivity: An International Comparison, 1977.
② 岳希明，张斌，徐静：《中国税制的收入分配效应测度》，《中国社会科学》2014年第6期。
③ 2019年数据，包括社会保险缴费在内。OECD Revenue Statistics 2021.

表 9-1 整体税制及个人所得税的再分配度分解

国家及时间	整体税制			个人所得税		
	再分配度	累进性	平均税率	再分配度	累进性	平均税率
丹麦，2008	0.04	0.08	35%	0.02	0.09	22%
芬兰，2008	0.05	0.13	28%	0.03	0.13	20%
德国，2008	0.07	0.17	30%	0.06	0.30	16%
爱尔兰，2008	0.07	0.32	17%	0.05	0.36	13%
意大利，2008	0.05	0.14	26%	0.04	0.19	16%
瑞典，2008	0.03	0.07	36%	0.02	0.06	28%
英国，2008	0.05	0.18	24%	0.05	0.28	14%
美国，2004	0.03	0.11	23%	0.03	0.21	15%
中国，2007	−0.01	−0.03	20%	—	—	—
中国，2008	−0.00	−0.02	—	0.00	0.41	1%
中国，2012	−0.00	−0.01	—	0.00	0.43	1%
中国，2013	—	—	—	0.01	0.48	2%
中国，2018	—	—	—	0.02	0.37	4%

资料来源：Verbist and Figari（2014）[1]、Kim and Lambert（2009）[2]、岳希明等（2014）[3]、童锦治等（2011）[4]、刘成龙和王周飞（2014）[5]、岳希明和张玄（2020，2021）[6]、中金研究院。

降低增值税税率是改善税制结构的先决条件

党的十八届三中全会提出，深化税收制度改革，稳定税负，逐步提高直接税

---

[1] Gerlinde Verbist and Francesco Figari, The redistributive effect and progressivity of taxes revisited: An international comparison across the European Union, 2014.
[2] Kinam Kim and Peter J. Lambert, Redistributive effect of US taxes and public transfers, 1994–2004, 2009.
[3] 岳希明，张斌，徐静：《中国税制的收入分配效应测度》，《中国社会科学》2014年第6期。
[4] 童锦治，周竺竺，李星：《中国城镇居民税收的收入再分配效应变动及原因探析》，《财贸经济》2011年第6期。
[5] 刘成龙，王周飞：《基于收入分配效应视角的税制结构优化研究》，《税务研究》2014年第6期。
[6] 岳希明，张玄：《强化中国税制的收入分配功能：途径、效果与对策》，《税务研究》2020年第3期。岳希明，张玄：《优化税收收入分配效应的思考》，《税务研究》2021年第4期。

比重。这一改革目标符合财政的公平和效率原则。只有提高直接税比重，降低间接税比重，才能提高中国税收的累进性，提高财政体制的再分配度。同时，降低间接税比重，也意味着降低税收对价格的扭曲，有利于提高市场的效率。

如何在保持税负基本稳定的情况下提高中国的直接税比重？我们认为，应针对增值税等间接税开展结构性减税。值得强调的是，减少增值税，宏观经济流量会自动体现为更多的企业所得和个人所得，在没有较大的税收漏洞的情况下，相关税收会自动增加。增值税发生在最基本的商品交易过程中，GDP 在生产出来的同时，增值税就征收完毕了。在征收增值税之后，进入企业的收入流变小，此后的企业所得和各种个人所得也都相应变小。下调增值税税率，初次分配中流入企业和个人的收入必然增加，企业所得和各种个人所得也必然增加。此时，只要税收征管没有显著的漏洞，企业所得税和各种个人所得税也会增加。反之，如果不降低增值税税率，提高直接税的努力只能导致宏观税负增加。

在增值税改革时，需要照顾低收入消费者，对一些生活必需品的税率进行更大幅度的调减，这有利于缓解增值税自身的累退性。虽然中国也对生活必需品适用较低的税率，但对比世界各国的增值税税率，中国仍有调降必需品税率的空间。例如，澳大利亚对食品、医疗保健等适用零税率，法国、加拿大对某些必需品适用 5% 左右的低税率[①]；而中国 2022 年增值税税表显示粮食、植物油、食用盐、自来水、暖气等仍然适用 9% 的税率，教育、医疗等适用 6% 的税率。

个税改革：降低工资收入的边际税率，提高资本性收入的税率

由于个人所得税的累进性在各税种中最高，因此，提高财政的再分配度，大多着眼于提高个人所得税在税收中的比例，尤其是提高基于财产性收入的个税。中国个税确实存在税基较小的问题，个税纳税人占劳动年龄人口的比例远低于发达国家（图 9-2）。这主要是由于大部分个人的收入低于个税免征额。

如何提高个税在改善收入分配方面的作用？我们建议降低劳动所得的边际税率，提高财产所得的税率。中国个人所得税中边际税率最高的是针对工薪所得

---

① 参见 OECD consumption trends 2020, Annex Table 2.A.2. Application of reduced VAT rates。

的 45%，这一边际税率不仅高于美国的 37%（2021 年），与德国、日本、韩国、南非持平，高于世界上大多数国家[①]，而且远高于个税中财产所得税（个人股权、房产等财产转让所得和股息分红等）的 20% 的比例税率。最高工资所得的边际税率 45% 对应的是月应纳税所得额 8 万元，也就是年应纳税所得额 96 万元，而房地产交易所得、股权套现所得和大股东分红等，数额动辄百万千万，税率却只有 20%。财产所得大多属于收入更高的高净值人群，其个税税率却相对低得多。因此，建议考虑调整财产所得和劳动所得的税率，调整后劳动的边际税率要低于资本收入的边际税率，以降低社会收入不平等。

中国股票二级市场交易的利得，仍然享受免征个税的待遇，有观点主张对股票二级市场资本利得征税[②]。但由于二级市场挣钱的人数和盈利总额均有限，开征此项个税对提高劳动报酬份额和缩小贫富差距作用不大。实证研究发现，资本利得税有抑制投机、鼓励长期投资、稳定股市的作用。然而对于不成熟的资本市场来说，资本利得税会减少市场流动性和股票供给，造成股市下跌[③]。基于中国股市中小投资者所占比例较大的现实[④]，开征资本利得税可能需要在充分沟通的基础上，建立稳定的、可预期的投资税收制度框架，并选择合适的时机渐进推广。

开征房地产税

中国财产税总额相对 GDP 比例接近 OECD 国家平均水平[⑤]，甚至高于瑞典、德国等发达国家。这也许有些出乎大众读者的意料。然而，与 OECD 国家对财

[①] PwC Worldwide Tax Summaries, Personal income tax（PIT）rates, 2022.
[②] 付文林，束磊：《中国资本利得税的功能定位与改革路径》，《财政科学》2018 年第 4 期。
[③] 阮永平，解宏：《资本利得税与中国证券市场的发展》，《税务研究》2008 年第 3 期。
[④] 根据中国证券登记结算有限公司数据，2022 年 1 月，中国自然人投资者数量共 1.9 亿户，机构投资者 47 万户。在个人投资者中，根据 2021 年 9 月证监会披露，当时中国资本市场个人投资者持股市值在 50 万元以下的中小投资者占比高达 97%。
[⑤] 按 OECD 口径分类，中国目前有房产税、城镇土地使用税、契税、印花税四种财产税。中国 2019 年 OECD 口径财产税占 GDP 比例为 1.4%，OECD 平均值为 1.8%。

产保有环节征收财产税不同，中国的财产税以契税、印花税为主，主要针对财产的交易环节征税。2019 年，OECD 国家的房地产保有类税收在财产税中占比达到 60%，美国这一比例更高达 92%，而中国尚未在全国范围内对房地产保有环节征税。

开征房地产税，有利于提高总体税制的累进性。在设定了免征额的条件下，房地产税可以体现出正的累进性，具有缩小收入不平等的作用。浙江大学的詹鹏和李实（2015）指出，房地产税的累进性受户均房产价值和收入的分布结构影响，其基于微观调查数据的研究发现，如果设定免征额，简单的比例税也可以实现累进性，即平均税率（房地产税税额除以收入）从低收入组到高收入组逐渐升高[1]。国内其他应用了微观调查数据的研究也得出了近似的结论[2]。我们使用 2017 年 CHFS 数据测算不同收入组的房地产税税率，结果显示，在设定免征额的情况下，房地产税对家庭收入的比例随着收入的增加而升高，具有累进性。家庭年收入 6 万元以下的低收入组由于持有的房产平均价值较低，大部分免予缴纳房产税，在假设房地产税税率为房产价值 1% 的情况下，低收入组最终承担的房地产税平均有效税率仅为 0.2%，而中、高收入组的平均有效税率则分别为 4.0% 和 6.2%[3]。

为了增进房地产税的公平和效率，在开征保有环节的房地产税的同时应降低其他与房地产相关的税收。土地增值税等交易类税收通常会转嫁给购房者，加重了首次置业的刚需族的负担。因此，开征保有环节房地产税的同时，有必要对土地增值税等交易类税种进行整合或免除。同时，房地产税为地方政府提供了可持续的"土地财政"收入，地方政府应逐步降低对土地出让金和基于土地储备的平台债务的依赖。

---

[1] 詹鹏，李实：《中国居民房地产税与收入不平等》，《经济学动态》2015 年第 7 期。

[2] 何辉，樊丽卓：《房产税的收入再分配效应研究》，《税务研究》，2016 年第 12 期。王文甫，刘亚玲：《房地产税不同征税方案的再分配效应与潜在税收能力的测算与比较》，《税务研究》，2020 年第 4 期。

[3] 房地产税以 1% 税率测算，并假设采用价值免征，免征金额按 30 平方米和 2022 年 3 月的百城新建住宅均价计。收入分组按照中国国家统计局人均收入标准转化为家庭年收入口径，以 6 万元和 31 万元作为低、中、高收入组划分线。

遗产税和赠与税

遗产税和赠与税能够减少代际固化，是公认的促进机会公平的税种，同时还可以促进慈善捐款，有利于调节财富分布[1]。著名经济学家 Blanchard 和 Tirole 在为法国政府撰写的报告中，认为遗产税是促进机会公平的重要工具，建议法国政府应该堵塞制度漏洞，减少豁免，运用遗产税促进机会公平[2]。遗产税的缺点是征管成本较高，需要以完善的个人财产登记制度做基础，也容易促使富人进行税收筹划，产生额外的社会成本。此外，哥伦比亚大学教授 Stiglitz 等人的研究也指出，遗产税可能有减少劳动供给和资本积累的负面作用[3]。

从世界范围来看，遗产税和赠与税普遍具有免征额高、规模小的特征。以美国为例，2000—2020 年，遗产税免征额从 67.5 万美元提高到 1 158 万美元，相应地，美国成年人去世后遗产需要纳税的比例从 2.2% 下降到约为 0.2%[4]。在征收规模方面，2019 年，仅有韩国（1.6%）、比利时（1.5%）、法国（1.4%）、日本（1.3%）四个 OECD 国家的遗产税和赠与税收入之和占税收总额比例超过 1%，美国遗产税和赠与税收入仅占其税收总额的 0.47%[5]。

鉴于遗产税和赠与税在促进公平方面的重要作用，我们认为应考虑开征相关税种。在初始阶段，中国可以效仿 OECD 国家采取高免征额的征收方式。长期而言，随着中国个人财产登记制度不断完善，遗产税有望发挥更大的调节财富不平等的作用。

---

[1] 朱延松：《遗产税开征的公平与效率之争》，《当代经济》2016 年第 5 期。刘明慧，侯雅楠：《现代税制改革目标下的遗产税制度逻辑与功能定位》，《财经问题研究》2016 年第 11 期。

[2] Olivier Blanchard, Jean Tirole, The major future economic challenges, 2021.

[3] Joseph E. Stiglitz, Notes on estate taxes, redistribution, and the concept of balanced growth path incidence, 1978. William G. Gale and Joel Slemrod, Rhetoric and Economics in the estate tax debate, 2001.

[4] 2011—2016 年，只有不到 0.2% 的美国成年人去世后需要缴纳遗产税：https://www.irs.gov/statistics/soi-tax-stats-historical-table-17。

[5] 数据来源：OECD Revenue Statistics。

改善政府支出结构：提升公共服务均等化和转移支付力度

政府支出的效率和公平属性

政府支出，按性质可以分为购买性支出和转移性支出两大类，前者是政府为提供公共品而购买商品和服务的支出，后者则是政府直接为特定人群提供的补贴支出。我们在这一节重点讨论政府的经济建设支出、公共服务支出和瞄准特定人群的转移性支出，及其与共享发展的关系。

这三类支出具有不同的公平和效率属性。经济建设及公共服务支出中最为重要的基建投资、教育和医疗支出，兼具效率属性和公平属性。一方面，三者都是生产性支出，可以提高社会的固定资产和人力资本，提高经济的劳动生产率，促进经济增长[1]。另一方面，基础设施、教育和医疗都是重要的公共品，对缩小贫富差距也具有重要作用。OECD认为，公共服务的再分配作用体现在将"虚拟的收入"放入了每个人的口袋，而这些虚拟收入占最贫穷人群可支配收入的比例（76%）远高于占最富有人群可支配收入的比例（14%）[2]。不过，基建投资支出和教育、医疗等服务性支出，对经济增长的作用不尽相同。基建投资具有直接的投资乘数效应，短期拉动经济增长的作用更明显。教育和医疗则主要提高人力资本，更多是通过提高生产率来促进长期的经济增长。

瞄准特定人群的转移性支出，具有直接的再分配作用，因而公平的属性更为突出。国际劳工组织的研究显示，税收和面向个人的转移支付，在降低美国收入不平等的过程中所起到的作用分别约为40%、60%。在高福利的欧洲国家，二者的比例则分别约为20%、80%[3]。其中既包括社会保险，也包括各种福利支出。补贴的正面作用依赖于政府的行政效率。阿瑟·奥肯在《平等与效率：重大的抉择》一书中指出，穷人不会得到从富人那里转移出来的全部资源，因为转移支付过程就像一个"漏水的桶"（leaky bucket），资源会由于行政成本和对经济效率

---

[1] Robert J. Barro, Government Spending in a Simple Model of Endogenous Growth, 1990.

[2] Verbist, Förster and Vaalavuo, The Impact of Publicly Provided Services on the Distribution of Resources: Review of New Results and Methods, 2012.

[3] Malte Luebker, The impact of taxes and transfers on inequality, 2011.

的损害而"漏出"[①]。这一批评有助于我们理解行政效率对再分配作用的意义。实证研究也显示，高效的政府会减少再分配规模对经济增长的负面作用，甚至会产生正向效应[②]。

经济事务和基建投资支出比例高，而公共服务和福利性支出比例较低

按照IMF的政府支出分类，2019年中国用于经济事务（包括农林、交通、通信、建筑、矿产、能源等方面的直接运营和间接补贴）方面的支出占政府总支出的23%（图9-3），约为美国的2倍。同年，德国经济事务支出的占比约为7%，日本、英国则约为9%。

具体到基础设施建设方面，2019年中国政府的基建支出占到GDP的7%，远高于OECD国家政府投资（包括基建及其他固定资产投资）约3.1%的GDP占比[③]。交通运输占了中国政府基建投资的大头。OECD数据显示，2018年中国交通基础设施投资的GDP占比达5.6%[④]，也远高于OECD国家的一般水平（图9-3）。中国基础设施在总量方面已经很大程度上实现了对发达国家的追赶。世界经济论坛《2019年全球竞争力报告》显示，中国基建总体质量排名世界第36位，已经超过挪威、新西兰等发达国家，机场连通度和道路连通度的排名更高达世界第2位和第10位。

与基建投资形成对比，中国的公共服务和福利性支出与发达国家尚有较大差距。以IMF可比口径计，教育、医疗支出占中国政府总支出的比例分别为11%和8%，远低于美国15%和19%的占比。而在社会保护支出方面，中国和美国

[①] Berg and Ostry, Equality and Efficiency: Is there a trade-off between the two or do they go hand in hand, 2011.

[②] Jean-Marc Fournier and Åsa Johansson, The effect of the size and the mix of public spending on growth and inequality, 2016.

[③] OECD, Government investment spending, Government at a Glance 2019. 中国政府基建投资包括一般公共预算、政府性基金中的基建相关明细及城投债净融资。

[④] 这里的交通基础设施投资包括所有资金来源，更能反映中国公共部门在基建上的总投资水平，因为国企、PPP（公私合作）的基建投资不被统计到政府基建投资中，但与公共投资直接相关。

的支出比例几乎相同，但与欧洲高福利国家相比则有不小差距，比如社会保护支出占比在英国为36%，法国为43%，丹麦为44%。

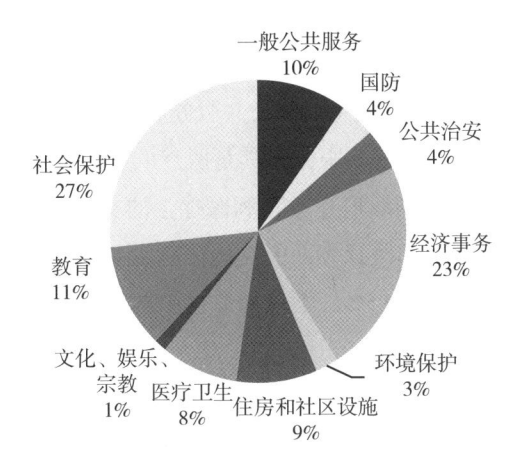

资料来源：IMF，中金研究院。

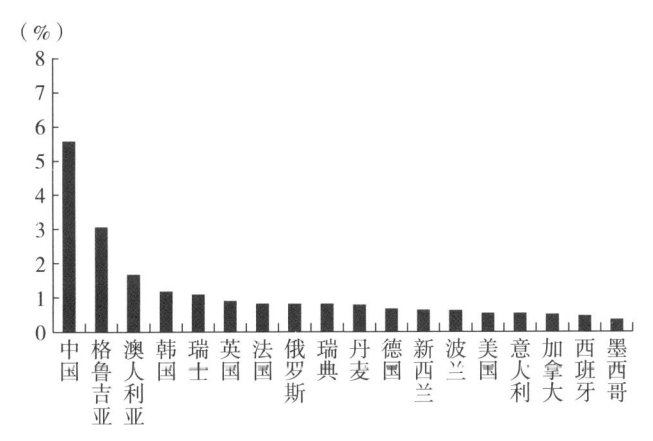

图9-3 2019年中国政府支出结构（上）和2018年交通基础设施投资的GDP占比国际比较（下）

资料来源：OECD，中金研究院。
注：交通基础设施包括公路、铁路、内陆水运、海港、空港。

总体而言，中国财政支出中经济事务支出规模大，公共服务支出和瞄准特定人群的转移支付支出相对不足。为改善中国财政支出的结构，我们认为有必要适度压缩政府的经济事务支出，将发展经济的职能更多地交由私人部门承担，基建投资则应该考虑从全面投资转向更有针对性的补短板式投资。

提升公共服务的量与质

教育和医疗是财政预算中最主要的公共服务支出。中国政府在教育和医疗上的支出，与发达国家相比尚有差距，尤其是医疗的支出。按照 IMF 可比口径的政府支出数据，2020 年中国政府在教育和医疗上的支出分别为 GDP 的 3.6% 和 2.9%，而同期德国在教育和医疗方面的支出分别为 4.7% 和 8.5%，英国为 5.5% 和 10.0%，美国为 6.0% 和 10.5%。不仅如此，中国的教育和医疗资源还存在区域和城乡分布不均衡的问题。东部地区在学龄人口教育水平、传染病防治、教师医师人才密度等指标上都大幅优于中西部地区。城乡间的教育和医疗服务数量和质量也存在差距。提高政府在教育和医疗方面的支出，对于提高财政的再分配度、降低收入分配差距具有重要意义。

财政能力下沉

中国公共服务支出更多由地方政府完成。2020 年中国财政支出有 86% 发生在地方层面，较 20 世纪 80 年代的 50% 大幅上升。财政教育经费 80% 由地方政府支出，受各省地方财力水平的制约[①]。虽然 2018 年城乡居民基本医保补助、基本公卫服务补助等 6 个事项明确为中央和地方共同事权，但地方仍独立承担所属医疗卫生机构改革和发展建设等方面的支出[②]。在目前中央和地方税收分配的比例下，大多数地方政府财权较小，却要承担较多事务，因此需要中央转移支付的支持。

增强地方财力，关键要加大一般性转移支付。中央对地方的转移支付分为两类：一般性转移支付和专项转移支付。专项转移支付涉及具体项目，需要层层上报审批，因此地方政府常常不得不"跑部钱进"。一般性转移支付则通过明确的

---

① 边恕，刘为玲：《东北地区教育公平度分析与政策选择——基于财政投入视角》，《地方财政研究》2020 年第 10 期。
② 《国务院办公厅关于印发医疗卫生领域中央与地方财政事权和支出责任划分改革方案的通知》，2018 年。

规则实现中央向地方转移支付。近年来中国加大了财政转移支付改革力度，一般性转移支付在政府间转移支付的比例从 2010 年的 48% 大幅上升至 2019 年的 90%。2019 年，财政预算将中央地方共同财政事权支出从专项转移支付项下转到一般性转移支付下，有利于提高地方政府的财力保障，促进基本公共服务在区域间的均等化。

财政能力需要下沉到区县级基层政府。政府间转移支付不仅需要在中央和省的层面正规化、制度化，还需要在省内实现各级政府间的有效转移支付。实施基础教育的责任主要落在区县级基层政府。同时，县级财政还需负担辖区内医疗卫生机构的建设支出。因此，公共服务的均等化很大程度上取决于基层政府的财力。研究显示，县级财政支出比例高的省份往往有更高的教育公平度[1]。各省运用资金的效率和方式差别大，一些省份的财政资金用于本级政府的比例高，基层政府资金则有些吃紧[2]，而一些省份已开始重视县域经济，将财政收入越过地区一级直接分配到县级政府。但实现地方政府财力下沉仍然任重道远，有必要建立衡量公共支出政策有效性的指标体系，对省际和省内各级政府的财政绩效进行评估。

公共服务的区域集约化

中国的义务教育、基层医疗机构和医疗保险已接近城乡全面覆盖，现在突出的问题是基本公共服务的质量在城乡间和地区间仍然分布不均[3]。这主要表现在教师和医务人员的水平在城乡和地区间存在差异。以学历作为衡量水平的一个代理指标，幼儿园教师中专科及以上学历的比例，2019 年在城市和农村分别为 88.7% 和 77.2%。医务人员中大学本科及以上学历的比例全国水平是 59%（2017 年），而乡镇卫生院该比例只有 24%。这种学历差异自然伴随着工资差异：据统计，乡镇卫生院医务人员的平均工资仅为城镇非私营卫生行业平均工资的

---

[1] 王善迈，袁连生，田志磊，张雪：《中国各省份教育发展水平比较分析》，《教育研究》2013 年第 6 期。
[2] OECD：《中国公共支出面临的挑战——通往更有效和公平之路》，OECD Policy Brief，2006 年。
[3] 中国医保覆盖率高于 95%，小学净入学率达 99.95%，与高收入国家相当或更优。

69%[①]；教师的平均工资也存在显著的城乡和区域差异[②]。

提高落后地区基本公共服务的质量，归根结底还是"钱"的问题。在教育方面，中国义务教育学校教师工资全部由财政承担，但其中占比最高的绩效工资主要由县（市）级政府财政进行保障，地区间差异较大[③]。在医疗方面，社区、乡镇、村等基层医疗卫生机构的医务人员的基本工资执行国家统一标准，但绩效工资同样受地方财力影响较大。只有提高农村和落后地区教师和医疗卫生人员的工资待遇，吸引人才并提升公共服务的质量，才能切实实现基本公共服务在质量上的均等化。

公共服务均等化，要求财政继续在教育和医疗领域加大投入，提高落后地区的学生人均教育支出、人均卫生支出和医保报销比例。但并不一定要通过"广撒胡椒面"的方式，可以通过区域集约化的发展道路提高优质公共服务的可得性。以医疗为例，在每一个区县都建立与一线城市同等级的医院是不经济的，也是不现实的。中国优良的医疗资源集中在一线城市和省会城市，三级医院的病床使用率超过90%；而社区乡镇卫生医疗机构的病床使用率则不到60%。为缩小地区差距，应该利用地区中心城市的效率优势集约化布局优质公共服务，通过便利人员流动的政策和数字化技术手段来提高公共服务的可获得性。在教育方面，中国政府提出"开展大数据支撑下的教育治理能力优化"，探索运用"互联网+教育""区块链+教育"等新技术，以信息化促进优质教育资源的共享。同时，一些城市还开展教师轮岗制度，促进校际和区域间的师资平衡。

瞄准特定人群的转移性支出

除社会保险外，政府的转移性支出主要为社会救助。社会救助，是对生活上陷于困难的社会成员提供财政补贴，以满足他们最基本的生存权和发展权。中国

---

① 李志远，刘嘉周，马子华等：《中国乡镇卫生院人员薪酬现状研究》，《中国卫生经济》，2021年第1期。《中国卫生健康统计年鉴2017》。
② 2019年全国教育事业发展情况统计公报。
③ 薛海平，唐一鹏：《理想与现实：中国中小学教师工资水平和结构研究》，《北京大学教育评论》2017年第2期。

社会救助体系的核心是最低生活保障制度("低保"),是一种无附加条件的现金性转移支付项目,对人均收入低于低保标准的家庭进行现金补贴。

建议考虑继续扩大低保的覆盖范围。研究发现中国城市及农村的低保都起到了较好的减贫效果[1]。中国低保的主要问题是漏保率高,尤其是在农村[2]。根据韩华为和高琴(2017)的估算,如果中国低保预算总额提高3倍,从不同角度(贫困的广度、贫困的深度和贫困人口内部的不平等程度)衡量的减贫效应都有大幅提升[3]。低保范围扩大是否会导致养懒人,即所谓的"福利依赖"?韩克庆和郭瑜(2012)以及Ravallion和Chen(2015)的结论认为,中国的低保并未降低城市和农村受益人的劳动时间,并没有显著的负向激励[4]。不论是现实的还是潜在的"福利依赖",都可以通过完善制度设计和优化工作方法来化解,不应成为扩大低保的障碍。

应考虑扩展社会救助的形式。除低保这一无附加条件的现金转移支付以外,社会救助还可以有很多其他形式,包括有附加条件的现金转移支付、费用免除、非货币性转移支付、学校免费餐、社会养老金等。与其他发展中国家相比,中国的转移性支付手段还比较单一,存在较大的发展空间[5]。在增加教育支出方面,政府也可以采用有附加条件的现金转移支付的形式,比如要求受益人做出保证儿童入学和完成学业等有利于人力资源发展的承诺,以促进财政的教育支出更好地实现机会公平。

---

[1] Golan and Umapathi, Unconditional Cash Transfers in China: Who Benefits from the Rural Minimum Living Standard Guarantee (Dibao) Program, 2017.

[2] 朱梦冰,李实:《精准扶贫重在精准识别贫困人口——农村低保政策的瞄准效果分析》,《中国社会科学》2017年第9期。韩华为,高琴:《中国农村低保制度的瞄准精度和减贫效果——基于2013和2018年CHIP数据的实证分析》,《公共管理学报》2021年第4期。

[3] 韩华为,高琴:《中国农村低保制度的保护效果研究——来自中国家庭追踪调查(CFPS)的经验证据》,《公共管理学报》2017年第2期。

[4] 韩克庆,郭瑜:《"福利依赖"是否存在?——中国城市低保制度的一个实证研究》,《社会学研究》2012年第2期;Ravallion and Chen, Benefit incidence with incentive effects, measurement errors and latent heterogeneity: A case study for China, 2015.

[5] 根据世界银行ASPIRE项目数据,2016年中国社会救助的近80%都是以无附加条件的现金转移支付和费用免除的形式。相比之下,有附加条件的现金转移支付占秘鲁社会救助的32%,社会养老金和学校免费餐占智利社会救助的33%。

广义财政活动与共享发展

除了财政预算收支，中国政府还有国有资本、以国有土地出让金为主的政府性基金预算和社会保险基金三本账。这些广义财政活动为政府提供了额外的财政收入，也对应着更多的责任和开支。如何用好这部分财政资源支持政府实现共享发展的目标，同时尽量避免这些广义财政活动带来的负面影响？为此，我们需要厘清这些广义财政活动与共享发展目标之间的关系和影响。

发挥国有企业支持共享发展的作用

经过多年的国有企业改革，中国的国有企业逐渐成为富有活力的市场主体，盈利能力大幅提高。与此同时，国有企业原先承担的大量社会责任实现了有效剥离。国有企业从以前的负担变成了有利的资产，是政府财力的潜在来源。而且，国有企业作为全民所有企业，需要为国计民生做贡献，让渡一些商业利益，维持公共服务的较低价格。

国有企业和国有资产在经济中举足轻重。截至2020年底，国有企业总资产约592万亿元，相当于GDP的近6倍，净资产约99万亿元，与GDP接近。扣除金融业，国企的总资产和净资产也分别达到了269万亿元和76万亿元[1]。根据中国社科院的计算，在全社会总资产和净资产中，国有企业所占比例分别为35.8%和14.6%[2]。国有企业大约占到A股市值总和的20%。其中，央企的总市值是GDP的2.6倍，而OECD国家这一数据不超过45%[3]。

国有企业收入已经成为公共财政重要的资金来源。2020年中国国有企业纳税4.6万亿元，占全部税收收入的34%，国有资本收益上缴公共财政的比例在过去十年间也从5%左右上升至40%（图9-4）。2013年党的十八届三中全会设定

---

[1] 数据来源：国务院关于2020年度国有资产管理情况的综合报告。
[2] 李扬等：《中国国家资产负债表2020》，中国社会科学出版社，2021年。
[3] 数据来源：国资委 http://www.sasac.gov.cn/n2588025/n2588164/n4437287/c9342799/content.html，此外，深交所2020年的比重达到了27%，见深交所《2020年深市服务国资国企改革情况综述》。OECD数据来源：OECD, The Size and Sectoral Distribution of State-Owned Enterprises, 2017。

的目标——国有资本收益上缴财政比例在2020年要达到30%——已经实现。

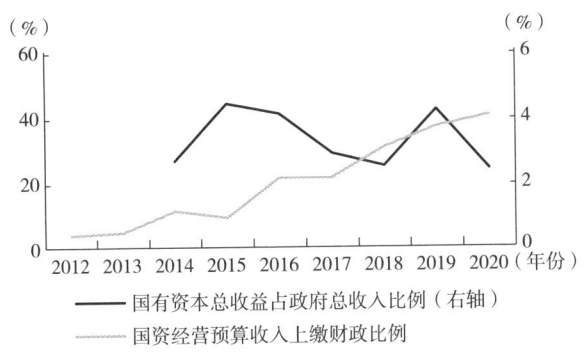

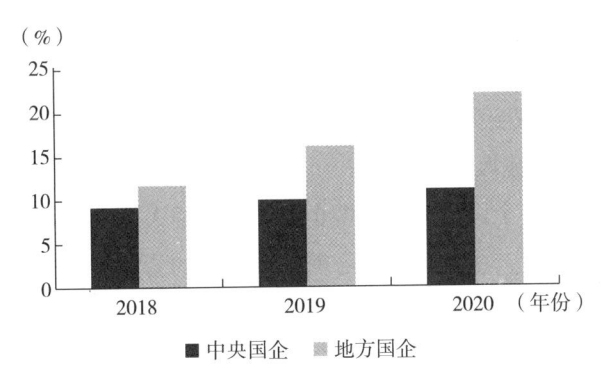

图9-4 全国国有资本收益对政府收入的贡献（上）和国有企业利润分享比例（下）

资料来源：万得资讯，历年《全国国有及国有控股企业经济运行情况》，中金研究院。
注：图为来自应缴利润和股利股息的国资经营收入占非金融国企净利润的比例。

进一步提高国有资本收益对政府总收入的分配贡献，可以从两个方面着手。首先，中央国企对财政的贡献度可能仍有提升空间。2018—2020年，中央的非金融国企的净利润分享比例从9%逐渐上升到11%，而地方非金融国企从11.5%大幅上升到21.8%（图9-4）。可见相比地方国企，中央国企净利润中分配给国资经营收入的比例可能还有一定提高空间。其次，国有企业的现金分红比例有待大幅提高。中国国有企业现金分红比例除了在2019年升到了26%，2017—2020年徘徊在16%

左右①，而A股上市企业的平均分红比例在35%以上②。相比之下，国有企业的分红比例较低。考虑到金融国企的分红比例超过了25%③，非金融国企的分红比例更低。世界银行报告披露，OECD国家的国有企业分红比例大部分超过30%，不少国家在50%以上④。参照OECD的经验，可以根据企业合理利润率、投资计划和最优资本结构等指标制订系统性的分红指引⑤。按照中国目前规定，大部分非金融央企只需上缴15%~20%的比例，最高的中国烟草总公司是25%，都有较大提高空间⑥。

  国有资本充实社保基金的潜在空间可观。2017年中国推出《划转部分国有资本充实社保基金实施方案》⑦。根据该方案，划转比例统一为企业国有股权的10%，专项用于弥补过去企业职工因享受"视同缴费年限"政策而形成的企业职工基本养老基金缺口⑧。截至2019年，已划转的国资总额约6 600亿元左右⑨。按照披露的99万亿元国有资本计，如果实施10%划转，社保基金可持有高达10万亿元的国有股权。我们的测算显示，国有企业平均ROE（净资产收益率）约为5.4%，如果国企现金分红比例提升到A股平均的36%，则社保基金每年可获得1 800亿元的现金流入。

  国有企业归属于全民所有，很多企业的主业是人民生活必需的基础设施领域。从共享发展角度，主业为生活必需基础设施的公益类国有企业应以保障民

---

① 此处计算整体分红比例的分子是国有企业经营预算中的利润收入和股利股息收入，不包含清算和转让收入，再加上一般预算内国有资本收益。

② 根据Wind数据计算，2018—2020年连续三年的A股市场现金分红率（全市场现金分红总额/净利润总和）在35%以上。

③ 根据《国务院关于2017年度金融企业国有资产的专项报告》，金融国企的2017年平均分红率为28.9%。

④ Kuijs, Mako, and Zhang, SOE dividends: how much and to whom, 2005.

⑤ OECD, The ownership and governance of state-owned enterprises: A compendium of national practices, 2018.

⑥ 财政部2014年《关于进一步提高中央企业国有资本收益收取比例的通知》。

⑦ 胡继晔：《再谈划拨国有股充实社保基金的理由和方法》，《中国经济时报》2006年3月28日。
胡继晔：《三谈划拨国有股充实社保基金的理由和方法》，《中国经济时报》2006年11月23日。

⑧ 根据国务院《关于深化企业职工养老保险制度改革的通知》的规定，实行个人缴费制度前，职工的连续工龄可视同缴费年限。视同缴费年限可以与实际缴费年限合并计算发放基本养老保险金。

⑨ 参见 https://www.sohu.com/a/327226116_161795 和 https://www.163.com/dy/article/EKFND2EQ0519DDQ2.html。

生、服务社会、提供公共产品和服务为主要目标，而不是商业盈利。以电力行业为例，煤炭价格在 2016—2017 年以及 2020—2021 年两次迅猛上涨，但全国 36 城工业用电价格在持续下调以降低工商业成本，民用电价维持不变，国有电力企业承担了"政策性亏损"①。另一个例子是铁路运输。中国高铁单价为 0.4 元 / 人公里，远低于日本新干线（1.6 元 / 人公里）和美国铁路（0.9 元 / 人公里）②。与罗马—米兰等欧洲高铁线路相比，京沪高铁时速更快，单价却最低。

土地财政不利于社会收入平等

"土地财政"泛指地方政府依赖于土地资本产生财力资源的运作行为。中国地方政府的土地出让和税费收入在 2010—2020 年从 3.3 万亿元上涨到 10 万亿元，占地方政府总收入约 50%。自从 2007 年纳入地方基金预算管理后③，土地出让收入一直占地方政府性基金的 90% 左右。如果纳入主要以土地收益支持的标准化城投债每年发行额，那么 2020 年由土地财政筹措到的财力资源占地方财政总收入（含城投债金额）的比例至少 60%；若算上土地抵押贷款，这个比例还能再增加 5% 左右④。

现行的土地财政扩大了城乡差距和代际差距，不利于缩小中国收入分配差距。2015 年，中国在 33 个试点县启动农村土地制度改革三项试点，推行农村集体建设用地和国有建设用地同价入市⑤。2020 年中国发布《关于构建更加完善的要素市场化配置体制机制的意见》，首先就强调了推进土地要素市场化配置，建

---

① 参见 https://baijiahao.baidu.com/s?id=1607401667050039787&wfr=spider&for=pc，https://baijiahao.baidu.com/s?id=1709823821210954588&wfr=spider&for=pc 等新闻报道，以及各大电力公司的历年年报。
② 中金公司 2020 年研究报告《京沪高铁：核心高铁资产，浮动票价或将催化盈利和估值上行》。
③ 国务院办公厅《关于规范国有土地使用权出让收支管理的通知》（国办发〔2006〕100 号）。
④ 根据 2010—2015 年《国土资源公报》所披露的 84 个重点城市土地抵押贷款，每年含土地抵押贷款的土地财政收入占比相较不含土地抵押贷款的占比高 5% 左右。2016 年之后国家不再披露土地抵押贷款规模，所以我们只能假设以该比例估算。
⑤ 参见第十三届全国人大常委会第七次会议上《国务院关于农村"三块地"改革试点情况的总结报告》。另参见荣晨：《中国土地收益分配制度改革的取向和举措——基于不同利益主体的视角》，《宏观经济管理》2020 年第 6 期。

立统一市场，进一步打破城乡土地市场的壁垒。但是，长期以来，由于城市和农村土地市场的分隔，农村宅基地无法流转，再加上城乡劳动力和住宅市场的人为藩篱，农村居民很难享受城市化所带来的土地增值，扩大了城乡居民收入差距。

在城市内，土地财政推升房价长期上涨，扩大了代际差距。土地财政以及带动房地产上涨的过程中，政府、开发商和银行都获得了可观的收益[①]。在2010—2020年，全国土地出让的平均价格从270万元/公顷上涨到1 130万元/公顷，涨幅为5倍；而同期即使一线城市的商品房价格平均上涨仅3倍左右。地租涨幅远高于房价涨幅，政府从地租中获得了丰厚收益。在2004—2020年，商业银行的房地产贷款（包括开发贷和抵押贷）余额占各项贷款余额的比例从13.4%上涨至28.7%，其中个人抵押贷款占70%左右，不良率极低，成为商业银行非常优质的资产。房地产开发企业在1998—2020年的营业收入和所有者权益以18%的年均增长率攀升，增速远超社会平均水平（同期国家GDP增长率仅为12%）。与之相比，晚购房的年轻人负担就变得很重，相对于老一辈有严重的代际不平等。

未来，中国可考虑开征房地产税，为地方政府开辟真正的土地财政收入来源。同时，随着房地产税的开征，地方政府可以逐步减少对于地价上涨和土地融资的依赖，降低房地产泡沫和土地金融带来的长期宏观风险。

社会保障：回归现收现付，提高可持续性的同时加大再分配的作用

2018年国家将生育保险与医疗保险合并，社会保险目前包括了"四险"，即基本养老保险、基本医疗保险、失业保险和工伤保险[②]。其中，基本养老保险，即城镇职工基本养老保险和城乡居民基本养老保险，构成了中国养老保障体系中

[①] 本小节的各项数据来源于CEIC和Wind。
[②] 社会救助和社会保险一般被合称为社会保障（social security）。更广义的概念是社会保护（social protection），包括社会救助（social assistance，不需要个人或企业缴纳，包括政府的各种现金和非现金转移性支付）、社会保险（social insurance，需要个人和企业缴纳）、社会关怀服务（social care services，帮助面临暴力、虐待、剥削、歧视的特殊群体），以及劳动力市场项目（labor market programs，包括促进提升劳动参与率和保证基本受雇条件的项目）。目前，社会保障和社会保护一般被ILO和各联合国组织当作同义词使用。

的第一支柱，2020年在中国社保基金支出中占比69.5%。基本医疗保险在社保基金支出中排第二位，占比约为26.8%。失业保险和工伤保险的支出占社保总支出比重很小，2019年失业保险为1.8%，2020年受新冠肺炎疫情影响上升到2.7%（图9-5）。社会保障的收支在事实上构成了再分配的一种机制。欧洲国家收入不平等减少的80%来源于社会保障制度的作用[①]。

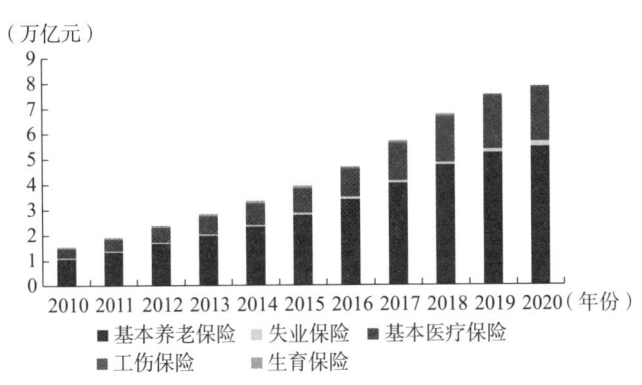

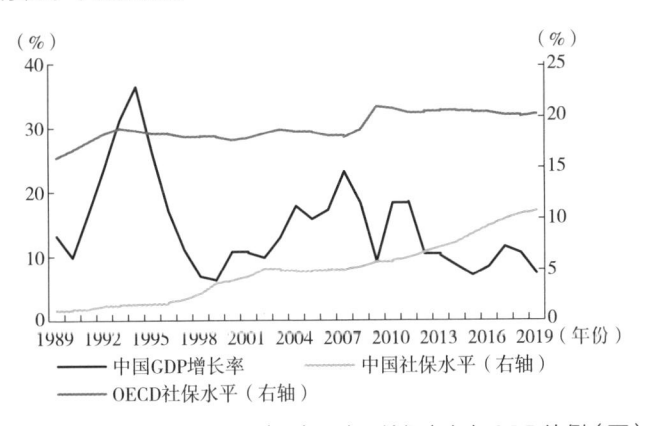

图9-5 中国社保支出结构（上）及中国社保支出占GDP比例（下）

资料来源：李旸和郑培江（2020）[②]，《中国统计年鉴》，《中国劳动年鉴》，中金研究院。
注：社保收入为社保基金收入；OECD社保水平为社保支出占GDP比值；OECD social spending数据更新至2019年。

---

① 李实，朱梦冰，詹鹏：《中国社会保障制度的收入再分配效应》，《社会保障评论》2017年第4期。
② 李旸，郑培江：《社保支出增长与经济增长的周期性协调及长期适度均衡——基于OECD国家的经验研究》，《四川大学学报（哲学社会科学版）》2020年第6期。

由于社保费缴纳设有封顶机制，大部分国家的社保体系在收入端都是累退的，因此其再分配程度主要取决于社保的相对规模和支出端的公平性。由于社会保障收支中养老保险和医疗保险占了绝大部分，因此，社会保障的收支规模不仅与一个国家的经济发展水平相关，也与该国的人口老龄化程度相关。中国社会保障支出相对 GDP 的比例（社保水平）从 1989 年的 1% 逐步增长到 2019 的 11% 左右（图 9-5），显示出随着经济发展水平的提高，社会保障的水平也在不断提高。但相比 OECD 国家 2019 年平均 20% 左右的社保水平，中国仍有不小差距。其中，接近一半的差距是由老龄化程度的差异导致的。根据世界银行的人口数据，中国 65 岁以上人口占总人口比例在 2020 年为 11.97%，而 OECD 国家这一比例在 2020 年为 17.46%，相当于中国的 1.5 倍。随着中国老龄化的加剧和中国人均 GDP 的继续增长，中国社保水平仍有提高的需求和空间。

中国基本养老保险制度包含社会统筹和个人账户两部分。社会统筹采用的是现收现付制，个人账户则是按照收益确定的完全基金制来设计的。个人账户由于缺少积累而成为名义账户，实践中已经是现收现付为主。

社保体制回归到现收现付的准财政体制，更有利于改善收入分配，也更有利于社保基金的可持续性。在可预见的将来，现收现付制有利于促进代际转移，可以让退休人群享受经济增长的回报。现收现付一般是基于工资收入确定缴付的体系，其底层经济逻辑是由劳动力的部分工资贡献来支付退休人群的养老。因此，运用现收现付可以提高代际转移的程度，扩大养老保险的再分配规模。

社保自身的公平性有待提高。企业职工养老金替代率较低，农民工问题值得关注。据 OECD 测算的 2020 年的各国养老金毛替代率（gross replacement rate）[1]，中国为 63.7%，远高于 OECD 国家的平均水平 51.4%，但这主要是由于中国机关事业单位的养老金替代率较高，相比之下，企业职工养老金替代率仅为 47.8%。据统计 2020 年中国的农民工数量为 2.9 亿人，约占总人口的 20%。根据华颖和郑功成（2020）的报告结果，中国的农民工养老金替代率仅为 10%~14%，主要由城乡居民基本养老保险覆盖[2]。

---

[1] 毛替代率是退休金／退休前的税前收入，与之相比，净替代率的分母是税后收入。
[2] 华颖，郑功成：《中国养老保险制度：效果评估与政策建议》，《山东社会科学》2020 年第 4 期。

提高政府负债能力，保障公共支出

综合本章分析，我们建议，为了提高中国财政体制的再分配度，一方面需要进一步推行结构性减税，另一方面，需要在教育、医疗等公共服务方面加大支出，而且也需要加大财政对社保体系的补贴，特别是使基础养老逐步回归公共服务的领域。考虑到地方政府土地财政职能逐步消解，而未来即使开征房产税也不能完全弥补地方政府的土地财政收入损失。由此带来一个问题：中国未来财政赤字可能扩大。

如何应对财政赤字的扩大？通过发行政府债券来弥补赤字的扩大，应该会是重要的政策选项。截至 2020 年，中国中央政府债务余额为 20.9 万亿元，相当于 GDP 的 20% 左右。根据万得资讯数据，即使考虑到中国地方政府债务和类似国外市政债的城投债，中国总的政府债务余额也只相当于 GDP 的 55%，相比其他主要经济体如美国、日本，都要低得多。因此，中国政府存在较大的发债空间。

除了中国目前仍然较低的债务率为政府发债提供了空间，相比其他主要经济体，中国政府在发债方面还拥有三个重要的优势。

第一，中国政府拥有巨大的资产，包括国有企业、国有土地以及外汇储备等。相比全球其他主要经济体，中国政府的资产负债表状况要好很多。

第二，中国拥有全球第二大的 GDP 规模，这意味着中国政府拥有庞大的税基。而且，中国仍然具备较快的经济增速，这意味着未来政府税收仍将较快增长，政府收入的现金流仍然充沛。大体量的税基和现金流，意味着中国政府在债务方面的腾挪空间比较大。

第三，人民币存在成为国际货币的可能，可以降低中国政府的负债成本。中国 GDP 总量全球第二，贸易总额全球第一，目前人民币国际化的程度与中国在全球经济中的地位不匹配，人民币国际化潜力巨大。如何达成这一目标，主要取决于中国资本市场开放的意愿和进程。

从长期来看，中国政府债务扩张有利于改善中国货币扩张的方式。过去十年，中国货币银行体系更多依赖商业银行的信贷扩张推动 M2（广义货币供应量）的增长，而不是央行的基础货币扩张（图 9-6）。考虑到信贷扩张带来的企业杠杆率上升，尤其是房地产等行业的杠杆率上升，中国经济长期的金融风险累积较快。未来中国货币扩张应该更多依赖央行基础货币的增长来实现。除中国央行，在全球主要经济体央行的资产中，本国政府债务都占据重要部分。中国央行的主要资产是持有对外国政府的债权。未来，一方面中国央行资产存在多元化的需求；另一方面，经济发展仍然需要货币总量和央行资产负债表的继续扩大。因此，中国央行完全可以越来越多持有对本国政府的债权，这为中国政府债务的扩张提供了基本的需求。

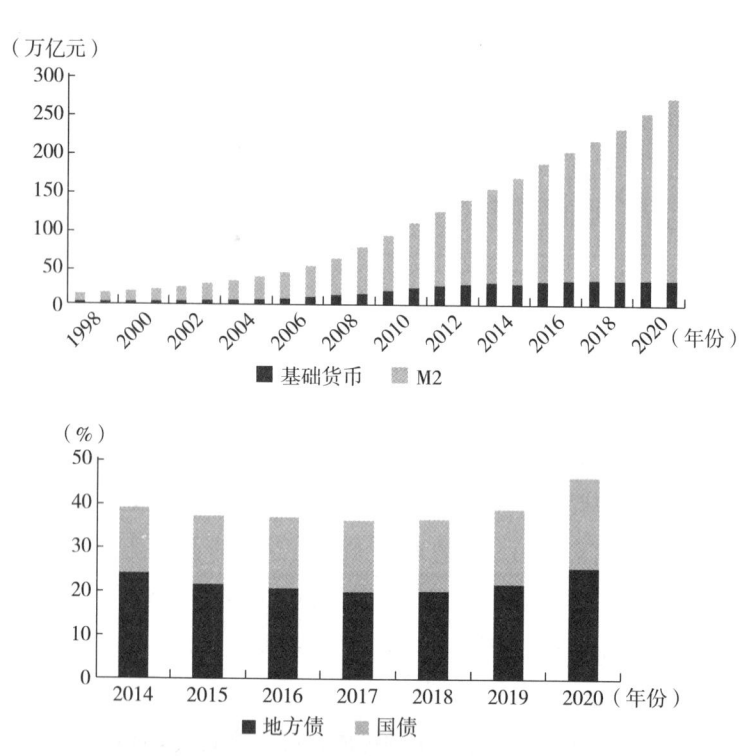

图 9-6　中国历年来的基础货币和 M2（上）以及中国国债和地方债与 GDP 之比（下）

资料来源：万得资讯，中金研究院。

扩大政府债务，应该在中央和地方之间统筹布局。截至 2020 年底，中国国债规模约为 21 万亿元，地方政府债务存量总规模为 25.5 万亿元（图 9-6）。中央政府和地方政府债务都存在较大的扩展空间。在中央政府层面，国债是本币铸币权收益的重要载体。由于中国在全球经济中拥有相对较好的经济增长态势和宏观经济环境，中国政府的负债成本相对较低。我们应该充分利用中国经济高增长、低通胀的历史窗口，以较低的负债成本兑现人民币铸币收益。

对地方政府而言，由于地方政府融资平台的负债成本较高，未来应继续推进地方政府债务置换，用地方债置换平台债，降低地方政府债务成本。由于中国的单一制政体，地方政府本质上是中央政府在地方的权力延伸，因此地方政府和中央政府的信用等级接近。当然，这也意味着中央政府对地方政府债务的隐性担保。本质上，中国中央政府债务和地方政府债务，都是国家信用的体现。借助国家信用，提升教育和医疗等公共服务的质和量，同时打造包括住房、医疗和养老在内的更全面的社会保障体系，是符合共享发展这一目标的。

第十章

基础设施：建设固柢，运营提效

基础设施作为社会公共品，有明显的外溢效应，既有利于提升经济效率，又能保障公共服务的提供，兼顾效率和公平，能够切实促进包容性增长。

中国基础设施建设已经取得明显成效：2020 年中国公路、铁路里程分别为 519.8 万公里、14.6 万公里（世界排名分别为第三、第二），全国城乡 100% 通电，4G 通信覆盖 99% 的国土面积。根据世界经济论坛数据，2019 年中国基础设施全球排名第 36 名，虽然高于中国人均 GDP 第 65 名的排名，但仍低于发达国家基础设施排名（比如美国第 13 名、日本第 5 名）。

哪些基础设施仍薄弱？从可获得性（居民可获得同水准的基础设施服务）和可负担性（基础设施收费占可支配收入比例）来看，偏生产性的基础设施（交通、电力、通信）区域发展较均衡，但城乡仍存在一定差距，偏消费性的基础设施（供水、供气、环保等）区域和城乡差距较明显。

未来需关注基础设施建设资金和运营效率的问题。中国 2017 年基础设施投资额是美国的 8 倍、日本的 16 倍，而未来的建设主要为不收费的生产性基础设施（如农村公路）和偏消费性基础设施，这类基础设施普遍缺乏盈利基础，投资职责主要由地方政府承担，但近年来地方政府收支缺口有所扩大；从运营上来看，基础设施的特点决定了大部分需要政府来投建，但政府来运营基础设施，缺乏竞争机制，或存在效率不高的问题。

美国和日本有什么发展经验可以借鉴？第一，美国和日本均引入私人部门作为基础设施的建设方和运营方（2017 年美国、日本、中国私人资本占比为 49%、24%、14%）；第二，美国通过设立基金、使用者付费等方式来保障基础设施的普遍服务，而日本因为人口密度大，则是通过城乡统一规划、都市圈向外辐射来实现城乡一体化。

如何探索基础设施发展之路？第一，中国的大规模基建阶段或将结束，未来应更关注缩小城乡差距，做好城乡统一规划，因地制宜投建；第二，在建设资金上，或可以给予地方基层政府更多倾斜，同时适当放开社会资本进入；第三，基础设施运营养护可以适当引入竞争机制和考核指标来提升效率。[1]

---

[1] 本章作者：杨鑫、张文杰、刘佳妮、蒋昕昊、陆辰、于明洋。其他重要贡献者包括：白洋、顾袁璠。

基础设施既促进"富裕",又有助于"公平"

基础设施作为社会公共资本品,具有明显外部性,基础设施的发展既有助于提升经济效率,又有利于保障社会享受基础设施公共服务的权利,但这并不意味着盲目发展基础设施就能达到包容性增长的目标。如何发展基础设施以更好地促进包容性增长是本章尝试探索的问题,包括界定基础设施的范围,分析基础设施发展的现状,再厘清基础设施发展面临的问题,同时借鉴海外发展经验,最后探讨促进基础设施发展的路径。

基础设施的定义

基础设施是指为社会生产和居民生活提供公共服务的物质工程设施,是用于保证国家或地区社会经济活动正常进行的公共服务系统。一般而言基础设施具备三大特点:非排他性(在被使用过程中产生的收益不能仅仅为某些人所专有)、非竞争性(一个使用者对基础设施的消费不减少它对其他使用者的供应)和正外部性(例如提高经济效率,降低贸易、交通成本等)。随着技术革命以及产业变革,基础设施的内涵也在不断更新和丰富,根据国家统计局和国家发改委的口径,基础设施可分为传统和新型两大类。

第一类是传统基础设施，包括交通运输、电热燃气和水的供应及生产、水利环境和公共设施、通信四大类。其中交通、通信和电力属于偏生产性的基础设施（外部性强，网络性强，对生产效率有一定影响），而供水、环保、燃气等属于偏消费性的基础设施（外部性相对弱，网络性弱，对生产效率影响不强）。

第二类是新型基础设施，根据国家发改委，一般而言新基建包括：5G基站、大数据中心、人工智能、工业互联网、特高压、城际高速铁路和城市轨道交通、新能源汽车充电桩七大类。本章先讨论传统基础设施，再讨论新型基础设施。

基础设施促进包容性增长的机制

基础设施的发展驱动了经济增长，同时也能够提供更好的公共服务，有利于包容性增长。具体而言[1]，基础设施会从四个方面来促进包容性增长：一是创造就业与经济活动；二是提高产出效率；三是降低企业成本；四是增加享受公共服务的机会。

一是创造就业与经济活动。根据国家统计局数据，2020年城镇非私营单位的基础设施建设行业就业人数约为4 078万人，占全国城镇就业人数的8.8%。另外，基础设施亦能创造新的经济活动需求，如高铁建设增强可达性，为沿线城市建立起可持续的内生增长机制，有效促进就业机会及GDP的增长[2]。

二是提高生产效率，增加产出。完备的基础设施能提升各生产参与主体的生产效率从而增加产出，例如发展滴灌、喷灌、管灌等节水灌溉工程配套设施能明显提升灌溉效率，促进规模化经营。

三是降低交易、物流、贸易成本。比如，公路的建设带来商品交换过程中运输时间和成本费用的节省，出行成本的降低带来了劳动力的流通，而物资运输成本的降低提升了产品的流动，间接提升居民收入。

---

[1] Asian Development Bank, Infrastructure for supporting inclusive growth and poverty reduction in Asia, 2012; 张勋、万广华：《中国的农村基础设施促进了包容性增长吗？》，《经济研究》2016年第10期。

[2] 姜博、初楠臣、王媛、马玉媛、张雪松：《高速铁路对城市与区域空间影响的研究评述与展望》，《人文地理》2016年第1期；贺剑锋：《关于中国高速铁路可达性的研究：以长三角为例》，《国际城市规划》2011年第6期。

四是提高低收入人群生活条件及享受公用服务的机会。基础设施及公共事业的建设能够惠及低收入人群，有效改善低收入人群的生活条件，例如安全用水的保障可以改善居民的生活条件，根据《中国统计年鉴》数据，乡镇供水普及率从2010年的65.6%提升至2020年的83.9%。

基础设施的发展既有助于"效率"又有助于"公平"，以上所论及的前三点更多体现的是基础设施能够提高经济生产效率，而最后一点则更多体现的是保障人民群众享有基本生活服务的权利，所以基础设施的发展有助于实现包容性增长。

偏生产性和偏消费性的基础设施促进包容性增长的机制略有不同：偏生产性的基础设施（交通、通信、电力）具有更强的正外部性和规模效应，网络效应更强，能够助力本地融入更大市场（例如公路连接了本地和外部市场），且有助于地方招商引资，因此更多提升的是"效率"；而偏消费性的基础设施（供水、燃气、环保等）区域属性更强，规模效应不强，更注重的是享受公共服务的"公平"。

基础设施发展现状

中国基础设施规模大，增速快

根据国家统计局数据，2017年基础设施固定资产投资约为18万亿元[①]，2011—2017年基础设施固定资产投资额复合增长率为17.3%（2011年为6.9万亿元），在此期间基础设施占社会固定资产总投资比例上升了5.9个百分点，2017年达28.1%，基础设施投资占GDP比重上升约8.0个百分点，2017年达21.3%，2017年中国基础设施固定资产投资额是美国的8倍、日本的16倍，美国、日本同年基础设施投资占GDP比重分别为1.7%、3.7%。不论是从整体规模还是增速上看，基础设施投资在中国经济发展中的地位都十分重要。具体分行业来看，2017年基础设施中水利环境和公共设施、交通运输、电热燃气水供应、通信投资额分别占比46%、34%、17%、3%。

---

① 2017年后仅公布同比增速，但可能存在口径变化，因此此处不采用最新年份数据。

与国际比较，中国基础设施具备竞争力

中国基础设施竞争力全球排位中上，但与发达国家仍有一定差距。据世界经济论坛数据（2019年），全球141个经济体中，中国基础设施竞争力排名第36位，高于中国人均GDP排名（第65名），但仍低于发达国家（美国排名第13位，日本排名第5位）。分行业来看，与国际相比差距较小的为通信和电力（表10-1）。

表10-1 中国基建水平评估全球排名为第36，高于中国人均GDP排名第65

		中国	美国	日本
交通运输	铁路营业里程（万公里）	13	23	3
	铁路密度（公里/万平方公里）	137	246	749
	公里里程（万公里）	502	672	122
	公路密度（公里/万平方公里）	5 049	7 349	33 431
	机场（个）	235	506	175
	城市轨道交通里程（公里）	5 767	1 297	887
水利	供水稳定性评分（百分制）	65	86	95
	接触不安全饮水比例	18%	0.3%	1.9%
	污水处理得分（百分制）	80	93	94
电力、热力、燃气	发电量（太瓦时）	7 112	4 461	1 052
	人均用电量（千瓦时）	5 106	13 635	8 311
	燃气普及率	43%	72%	56%
	一次能源消耗（百万吨油当量）	3 274	2 301	454
	一次能源人均消耗（吨油当量）	2	7	4
通信	互联网覆盖面	61%	87%	85%
	移动网速（Mbps）	68.2	41.2	32.1
	宽带网速（Mbps）	99.5	134.8	100.4
基建水平评估全球排名		36	13	5
GDP（万亿美元）		14.3	21.4	5.1
GDP全球排名		2	1	3
人均GDP（万美元）		1	6.5	4.1
人均GDP全球排名		65	7	22

资料来源：万得资讯，《2018年国际统计年鉴》世界经济论坛《2019年全球竞争力报告》，中金公司研究部。

基础设施未来面临的制约

基础设施的发展对于包容性增长非常重要，而在经历过去 40 年的快速发展，已经取得一定成就之后，中国的基础设施发展或将面临两个制约：一是对经济影响边际减弱，二是投资回报率下降。

基础设施对经济的影响在边际减弱。比如，2008—2017 年，中国共经历了三次基建潮，分别是 2008 年"四万亿"基建时期、2012 年"铁公机"时代和 2016 年 PPP 项目蓬勃发展时期。然而，基础设施建设对 GDP 增长的边际影响在减弱（图 10-1）。

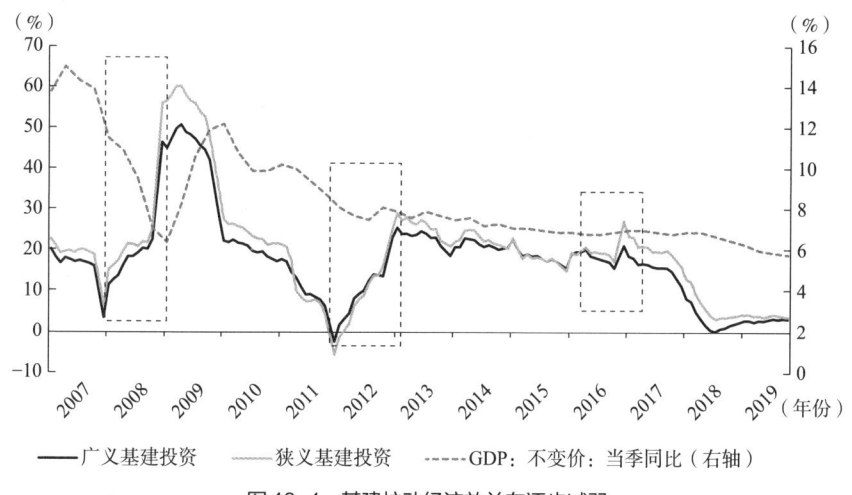

图 10-1 基建拉动经济效益在逐步减弱

资料来源：国家统计局，中金公司研究部。

基础设施的投资回报率在逐渐降低。以公路投资为例，收费高速公路的 IRR（内部收益率）由早期的 7%~15% 下降到目前的 3%~6%，原因主要在于：随着征地拆迁和原材料的成本上涨，高速公路单公里建设成本上涨 3~5 倍（由早期大约每公里 3 000 万元上涨至目前每公里 1 亿~2 亿元）；收费标准未变。

未来基础设施的发展需要理解两方面的内容：一是目前基础设施的不均等性如何（区域、城乡是否有差距），二是基础设施的管理机制是怎样的（建设资金来源、投资和运营主体、政府角色职责等）。

基础设施不均等性分析

不均等性可拆分为可获得性（Availability）和可负担性（Affordability）两个方面，可获得性是衡量居民是否可获得同水准的基础设施服务，可获得性的不均等又可以从区域和城乡两个角度来看待，可负担性则表现为用户用于基础设施服务的支出占可支配收入的比重。

整体不均等性分析：城乡差异仍大

中国的基础设施整体而言仍存在一定的不均等性，在可获得性上，城乡的差距较大，区域有差距但在逐步缩小；就可负担性而言，用于基础设施的支出占可分配收入比重呈下行趋势，且中国的该比重低于美国。

可获得性：区域差距在缩小，城乡仍存差距

区域有差距，但差距在缩小。根据国家统计局的数据，2003—2017年累计基础设施投资中，东部、西部、中部、东北投资额占比分别为37%、31%、25%、7%。从各区域增速来看，西部和中部基础设施投资的复合增速分别为21.6%和21.2%，高于东部地区的16.5%，2000年制定的"西部大开发"战略推动了区域间的差距逐步缩小。

城乡差距仍大。城乡基础设施比较难以用统一的指标来衡量，本文从两个维度来分析，一方面，根据国家统计局数据，2017年中国农村固定资产投资额为0.95万亿元，而全社会基础设施固定资产投资额为18万亿元[1]；另一方面，以人均市政公用设施的固定资产投资额[2]来看，根据住建部数据，2020年城市为5 122元/人，县及县以下为595元/人，城市是县及县以下的8.6倍，城乡差距仍大。

---

[1] 这两者数据实际不完全可比，因为农村固定资产投资额还包含地产等非基础设施，此处仅作为对比。
[2] 根据住房和城乡建设部，数据口径包含供水供热、燃气、公共交通、道路桥梁、排水、防洪、园林绿化等。

可负担性：中国基础设施可负担性在不断改善

中国基础设施可负担性在不断改善。根据《中国统计年鉴》和美国劳工统计局数据，2019 年中国人均基础设施的支出占可支配收入比例为 12.1%（美国同年为 20.9%）[1]，其中中国交通、水电燃气、通信占比分别为 7.1%、2.8%、2.2%（美国交通、水电燃气与通信占比为 15.1%、5.8%）。同时，2014—2019 年中国基础设施支出占可支配收入比例下降 0.8 个百分点，表明基础设施的可负担性在改善（图 10-2）。

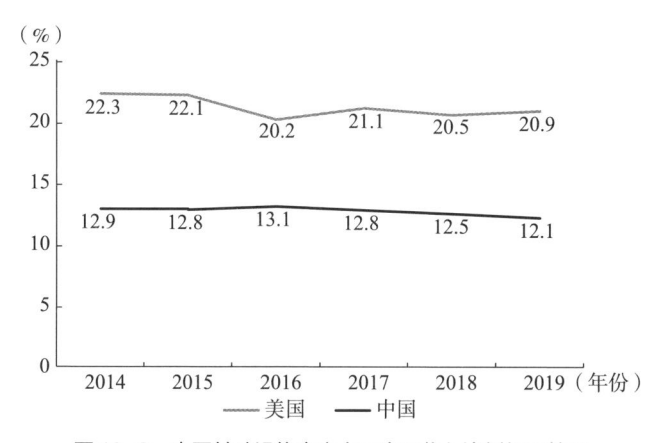

图 10-2 中国基础设施支出占可支配收入比例低于美国

资料来源：《中国统计年鉴》，U.S. Bureau of Labor Statistics Consumer Expenditure Survey，中金公司研究部。

分行业不均等性分析：偏生产性的基础设施不均等性较小，偏消费性的基础设施不均等性仍大

上文分析了整体的不均等性，接下来分不同的行业进行不均等性分析，总结而言如表 10-2 所示。

偏消费性的基础设施，例如供水、卫生、环保、燃气等，区域以及城乡的不

---

[1] 美国交通运输支出中包含购置车辆的费用（根据美国交通运输部的数据，2019 年车辆购置费用占交通运输总支出的 41.6%），中国口径未包含车辆购置费用。

第十章 基础设施：建设固柢，运营提效

均等性均更高，且与国外相比整体可获得性也更低。

偏生产性的基础设施，例如交通运输、通信、电力等的不均等性更低，部分基础设施的可获得性和可负担性甚至优于国际水平。

表10-2 基础设施分行业的不均等概览

	中国不均等性		和国外对比		不均等性
	可获得性	可负担性	可获得性	可负担性	
交通运输	公路接通99.3%的村庄铁路和公路，区域密度虽有差距但差距在缩小	总体占可支配收入比重的7%，城乡略有差距	中国在公路、铁路密度上比美国略有差距	定价仅为美国的1/3~1/2，可负担性更高	中
电力	通电全覆盖，用电可靠度城乡略有差距	占收入比重为1.2%	通电率较世界平均（90%）更高，城乡差距较世界平均更小	美国电费支出占收入比重大多数州超过3%，中国可负担性更强	低
通信	4G、宽带覆盖率超99%，互联网普及率城乡有差距	通信支出占可支配收入比例城镇为2%，农村为3%，可负担性高	我国互联网普及率、固定宽带接入和移动电话均高于世界平均	中国通信价格更低，可负担性更高	低
供水、卫生	供水普及率及供水管道密度城乡有明显差距，公厕服务区域差距和城乡差距较大	供水：南北价格差距较大	乡镇供水普及率（约85%）与发达国家如日本（98%）仍有差距，人均厕所数量与发达国家有较大差距	我国水费负担率较高	高
环保	污水处理率和垃圾无害化处理率城乡差距较大	居民不付费	乡镇污水处理率（镇53%、乡19%）与发达国家（接近100%）仍有差距	美国垃圾清运费占可支配收入约1%	高
燃气	燃气普及率城乡和区域有较大差距	燃气消费支出占总消费支出比例城镇为0.5%，农村为1.2%	我国燃气普及率（55%）远低于美国（72%）	燃气消费支出占总消费支出比例中国为0.69%，美国为0.39%	高

资料来源：国家统计局，世界银行，交通运输部，U.S. Bureau of Transportation，住房和城乡建设部，中金公司研究部。

交通运输：区域和城乡仍存一定差距

可获得性：区域差距在缩小。虽然铁路和公路密度区域间仍有差异（2020年西部的铁路密度和公路密度是东部和中部的 1/5~1/4），但就人均拥有量而言，西部和东北则已经接近甚至超过东部和中部（2020年西部的铁路人均拥有量是东部的 2.5 倍、中部的 1.7 倍；西部的公路人均拥有量是东部的 2.7 倍、中部的 1.5 倍）。过去 15 年，区域间公路和铁路密度差距呈现缩小趋势，其中西部差距缩小尤为显著（表 10-3）。

表 10-3　2005—2020 年公路和铁路的区域不均等性在缩小

	东部/中部					东部/西部					东部/东北				
	2005	2010	2015	2020	差距	2005	2010	2015	2020	差距	2005	2010	2015	2020	差距
铁路密度	1.09	1.14	1.19	1.16	0.07	4.62	4.24	4.49	4.43	-0.18	1.09	1.24	1.45	1.63	0.54
高铁密度	—	1.51	1.41	1.33	-0.18	—	87.47	10.37	8.53	-78.95	—	4.45	2.48	2.77	-1.68
公路密度	1.25	1.01	1.03	0.96	-0.28	4.96	4.76	4.56	4.07	-0.88	2.60	2.49	2.54	2.53	-0.07
高速公路密度	1.79	1.49	1.23	1.35	-0.44	11.91	9.36	6.06	5.42	-6.49	4.40	3.65	2.75	3.01	-1.38

资料来源：万得资讯，中金公司研究部。

城乡差异主要体现在公路质量上。根据第三次全国农业普查数据公报，2016年末，市、县、乡镇的公路通达率已经达到 100%，村公路通达率达到 99.3%。但农村道路普遍以四级公路为主（路宽 8 米以下，限速 20~40 千米/小时），导致村与村、村到乡镇的交通时间长，相比而言，连接乡镇到县城的普遍为三级公路（路宽 12 米以下，限速 30~60 千米/小时）。

从可负担性来看，中国交通基础设施或好于发达国家。从绝对价格而言，中国交通基础设施定价是发达国家的 1/3~1/2；从交通支出占可支配收入的比重看[1]，中国（7.1%）比美国（15.0%）低大约8个百分点。细分城乡来看，中国城乡差距（1.8个百分点）小于美国（6.0个百分点）。

电力、供水和燃气：通电全覆盖，供水、燃气城乡仍不均等

电力

可获得性：城乡通电已无差距，且优于世界平均水平。根据世界银行数据，2016年乡村通电率达到100%，目前城乡已无差距（城市于2000年达到100%供电率）。国际对比来看，中国通电率城乡无差距，好于世界平均水平（城乡差距15个百分点）。

可负担性：各省电费支出占收入比重差距小，可负担性较均衡。2019年各地居民用电价格集中在0.5元/千瓦时附近，生活用电支出与人均可支配收入的比值平均值为1.2%，电力消费可承受能力的地区差异也较小。与国际比较来看，根据美国能源部西北太平洋国家实验室（PNNL）的数据，2017年约30%的州居民电费占收入比例在3%~4%，另有30%的州该比例高于5%，因此中国电力消费可负担性更好。

供水

可获得性：供水普及率城乡差距明显。根据住建部数据，2020年，中国城市供水普及率为99.0%，而县城、建制镇、乡的供水普及率分别为96.7%、89.1%、83.9%，作为生活基本保障，城市和乡的供水普及率仍有15个百分点的差距；而从农村地区的水源结构来看，大约48%是自来水，41%是受保护的井水和泉水，仍有11%是不受保护的井水和泉水[2]。

可负担性：中国供水价格南北方地区也不平衡。根据万得资讯数据，南方省份居民自来水单价中位数约1.88元/立方米，低于北方省份的2.85元/立方米，主要系南北方水资源分布不均传导至水价。

---

[1] 数据为2019年，中国交通支出包含交通工具的各种服务费、维修费和车辆保险等支出；美国交通支出包含汽车购置费用（根据美国交通运输部的数据，2019年车辆购置费用占交通运输总支出的41.6%）。

[2] 陈宗胜、朱琳：《论完善传统基础设施与乡村振兴的关系》，《兰州大学学报（社会科学版）》2021年9月。

燃气

可获得性：中国燃气普及率城乡有差距，整体与美国差距也较大。根据国家统计局和住建部披露的数据，2020年中国城市燃气普及率高达97.9%，而村庄燃气普及率仅为35.1%，远低于城市水平；根据测算，2020年美国燃气普及率达到71.6%（均为天然气），而中国燃气普及率仅为55.3%（包括天然气、液化石油气和煤气），中国燃气普及水平与美国仍有差距。

可负担性：城市好于农村，总体水平与美国仍有差距。根据国家统计局数据，2017年中国城镇居民燃气支出在最终消费支出中占比为0.5%，农村地区该比例为1.2%，中国整体比例为0.7%；根据EIA（美国电子工业协会）数据，2019年美国燃气支出在最终消费支出占比为0.4%，中国燃气的可负担性仍弱于美国。

污水和固废处理：城乡和区域差距仍较大

污水处理：乡镇处理率明显落后城县。根据住建部数据，2020年城市与县城的污水处理率已接近100%，但乡村的污水处理率仅有21.7%（乡村地区人口分散，污水不方便集中处理）。另外，区域仍有一定差距。从人均污水处理能力来看，东部地区每万人日均污水处理能力已达0.19万立方米，大幅高于中部（0.12万立方米）及西部地区（0.10万立方米）。

固废处理：城乡处理能力仍有差距。根据《中国统计年鉴》数据，2020年城市和县城生活垃圾无害化处理率达到99.8%和98.3%，但建制镇、乡的无害化处理率分别为69.6%、48.5%；另外，区域处理能力方面，东部地区每万人日均垃圾无害化处理能力达8.80吨，而中部、西部地区仅为5.25吨、4.92吨。

通信：城乡不均等性差距缩小，总体领先全球平均水平

可获得性：中国城乡差距均逐渐缩小，总体优于全球平均水平。中国通信基本实现全国覆盖。根据中国信通院和工信部数据，中国4G（第四代移动通信技术）基站覆盖99%的国土面积，全面实现"村村100%通宽带"（2021年11月），2020年中国固定宽带用户渗透率为33.6户/百人，高于全球平均水平17户/百人。互联网普及率城乡差距缩小，且好于全球水平。根据中国互联网络信息中心，截

至 2021 年 6 月，中国整体互联网普及率达到 71.6%，好于全球 65.6% 的平均水平，其中农村互联网普及率达到 59.2%，城镇为 78.3%，差距为 19 个百分点，较"十三五"初期城乡差距缩小 15 个百分点。

可负担性：总体优于全球平均水平。根据国际通信组织 ITU 和 A4AI 联盟发布的报告[①]，从通信服务的定价来看，2020 年中国入门级固定宽带中间价占每月人均收入的比例是 0.5%，远低于全球平均的 2.9%；2020 年中国移动宽带中间价占每月人均收入的比例也仅为 0.5%，远低于全球平均的 1.7%。

聚焦两个关于不均等性的问题

总结而言，因为中国的规模经济性，偏生产性的基础设施（交通运输、电力、通信）整体发展状况较好，可负担性也较强，定价比国际更低，但仍有盈利和合理的 ROE（比如中国数据流量价格是美国的 1/3，但是中国三大运营商过去 5 年的平均净利润率为 9.9%，与美国 10.7% 基本可比）；但偏消费性的基础设施仍存在较大的城乡和区域差距，与国外相比可获得性也更低。偏生产性的基础设施更加有利于招商引资和"政绩"，且网络效应较强，因此地方政府更有动力投入资金建设，这可能也是生产性基础设施发展较好的主要原因之一。

通过以上分析，有两个问题也值得思考：中国是否存在过度基建的问题？区域城乡之间有差距是否就意味着一味投资基建？农村需要大规模全面基建吗？

中国是否过度基建

中国在基础设施上的投资规模大，且相较中国人均 GDP 的排名更高，是否说明中国的基础设施建设已经过度？基础设施建设需要具备一定的超前性，但同时也需警惕过度基建的发生。

基础设施建设需要适度的超前性。基础设施作为公共资本品，供给方和需求方不同于一般资本品，基础设施的供给能够创造需求，例如 5G 的普及促进经济数字化转型，据中国信通院数据，预计 2020—2025 年，中国 5G 商用直接带动

---

① The affordability of ICT services 2020。

的经济总产出或达 10.6 万亿元；前期投入大、回收周期长的特征也决定了基础设施需要适度的超前建设。

但同时政府仍应警惕低效率的过度基建带来的财务负担风险。中国自上而下的"绩效考核"制造了地方政府的"标尺竞争"（即一个实体的竞争政策是通过观察其他实体的表现来选择的），可能存在基础设施的建设与实际需求脱节的情况，缺乏需求研判的低效基础设施建设或会导致政府债务风险加剧。

农村是否需要大规模全面基建

如前文所分析，目前基础设施在城乡差距明显，但这是否就意味着需要在农村进行全面基建？缩小城乡的基础设施差距仍需因地制宜。实际上国务院印发的《乡村振兴战略规划（2018—2022 年）》提出，要顺应村庄发展规律和演变趋势，根据不同村庄的发展现状、区位条件、资源禀赋等，按照集聚提升、融入城镇、特色保护、搬迁撤并的思路，分类推进乡村振兴，不搞一刀切。

首先，中国农村的发展是动态的。中国城镇化仍在推进过程中，城乡人口迁移仍在发生，未来随着农村人口老龄化加剧、劳动力流失，部分农村地区存在消失的可能性。因此，政府应该根据当地农村的实际情况制定较为长期的规划，并依此进行基础设施建设，否则有可能会造成资源的浪费。

其次，应该因地制宜用合适的方式满足农村的基础设施需求。例如对于人口相对分散、地理位置相对偏远的地区，投建大规模基础设施可能不是最经济有效的方法，或可以因地制宜地采用灵活方式来满足对基础设施的需求，比如 LPG（液化石油气）微管网、分布式光伏等来满足用气和用电的需求。

最后，农村当地发展也应采用集约化的方式。过往农村的农耕活动较为分散，土地碎片化，因此灌溉效率不高、田间管理较难，借鉴日本的经验，未来农村发展应统筹进行集约化、规模化的运营，因此基础设施的建设也可以更加集中。

本节就基础设施不均等性做出了分析，发现差距仍存在，基础设施仍需投入，未来基础设施的投资资金以及运营方式或是重要的问题，因此下节将会分析基础设施的管理机制，更多探讨建设资金来源、投资和运营主体、政府的角色职责等内容。

基础设施运营管理机制

本节将分析基础设施的管理机制。全球来看,基础设施的管理都是难题,基础设施的属性(外部性强、投资回收期长)决定了它应该是政府投资为主导;而运营上,如果完全由政府运营可能又会出现低效的问题,如何取得平衡是世界各国都面临的问题。

基于本文研究,中国基础设施管理存在以下特点。第一,在中国的基础设施投资中地方政府占比较高,但近年来地方政府的财政缺口有所扩大;第二,地方政府的基础设施投资主要聚焦在不收费的生产性基础设施(比如公路)和偏消费性的基础设施(比如供水、燃气、环保等),这类基础设施基本不收费或者低收费,而运营基本交给了地方国企或地方政府,市场化竞争度低,缺乏具体的考核指标;第三,国企投资了大部分生产性基础设施(例如国铁集团投资铁路网络、三大运营商投资通信网络、五大电力公司和两家电网投资发电和供电系统),实行"投运一体"(投资和运营是一个主体),基于中国的规模经济性,这部分投资有一定的合理回报,但在集中度较高的行业存在运营效率低下的问题。

资金来源:地方政府占比高,有多元化筹资需求

政府和国企主导了基础设施投资,2017 年 PPP 占比 14%

根据国家统计局数据,2017 年中国基础设施投资资金共计 15.6 万亿元[1],从投资主体来看,政府主体、国企、PPP、外资分别占比 69.4%、16.2%、14.1%、0.3%,对应金额为 10.8 万亿元、2.5 万亿元、2.2 万亿元、0.05 万亿元[2]。根据测算,政府主体中政府性基金、一般公共预算、其他占比为 19%、16%、65%,分

---

[1] 后续年度没有详细的数据拆分。
[2] 国企投资测算包含国铁集团、五大发电集团、国家电网、南方电网、经营性公路(省交投集团)、燃气管网和三大运营商的固定资产投资额;PPP 根据市政工程、交通运输、城镇综合开发、水利建设、政府基础设施、生态环保当年的 PPP 落地项目投资额计算所得;外资直接采用国家统计局数据。

迈向橄榄型社会

别对应约 2.0 万亿元、1.8 万亿元、7.0 万亿元[①]（图 10-3），其他项主要包括城投债（2017 年总发行约 1.75 万亿元）、专项债（2017 年总发行约 2 万亿元）、非标（2017 年约 4 万亿元）等融资工具。也就是说，除了 PPP，基础设施的投资基本是政府或者国企主导。

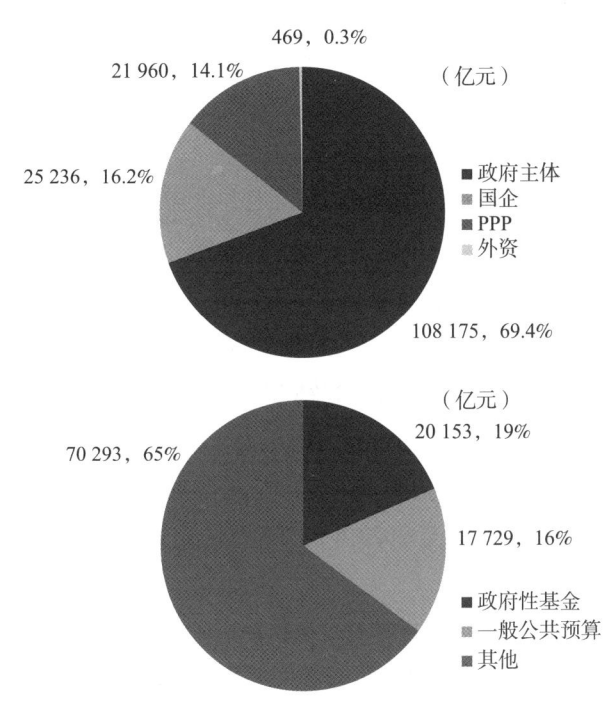

图 10-3 2017 年基础设施固定资产投资来源占比（上）
和政府主体投资明细来源占比（下）

资料来源：国家统计局，中金公司研究部。

政府投资中地方投资占比较高，而地方财政收支缺口有所扩大

政府用于基础设施投资的资金一般包括财政资金（一般公共预算和政府性基金）和债务性资金（例如发行城投债或者专项债等）。如前文所述，扣除 PPP 和

---

① 政府性基金和一般公共预算根据公布的支出细项进行加总，存在不精确的可能性；其他项当中专项债和城投债由于未公布总体层面的投向数据，因此无法拆解出投向基础设施的金额。

第十章 基础设施：建设固柢，运营提效

国企的投资（两者总占比约30%），剩余部分基本由政府主导，而这部分投资中地方政府承担了绝大部分的投资责任。

基础设施投资来源的财政资金中，地方政府占比96%[①]。根据财政部数据，2017年一般公共预算用于基础设施投资的资金支出共计1.8万亿元，政府性基金用于基础设施投资支出共计2.0万亿元，总计约3.8万亿元，其中中央占比约为4%（约1 400亿元），地方占比为96%（约3.65万亿元）；从另一个角度来看，2013—2017年用于基础设施投资的资金占一般公共预算和政府性基金的比例，地方在15%~17%，中央则从6%下降至4%。

债务性资金中的专项债、城投债基本由地方政府发行，由于地方政府并未公布专项债和城投债的投向汇总数据，无法精确拆分投向基础设施的金额。但总体而言，地方政府承担了绝大部分的基础设施投资。

地方财政的收支缺口有所扩大。根据财政部数据，从财政收入比例来看，在1994年税收改革后中央及地方的财政收入占比较为稳定，约各占50%。从财政支出比例来看，地方财政支出占比有所扩大，2020年地方财政支出占比高达86%（1994年约为70%）。地方财政收支缺口（考虑中央对地方的转移支付后）从2008年的1 900亿元扩大至2020年的2.7万亿元，地方财政整体上面临收支不平衡的压力。

如上文所述，基础设施面临着对经济拉动边际减弱和投资收益降低的问题，叠加地方政府的财政收支缺口扩大，因此未来基础设施的投建和运营资金或需要有多元化的渠道。此处值得探讨的问题是，从20世纪90年代开始推广PPP模式至今，为什么PPP占比仍较低？从资本逐利的角度来看，PPP项目的吸引力取决于预期回报率是否充足，以及项目风险是否可控。高收益率的基础设施项目属于稀缺资源，政府往往不愿意将其推向市场，因此推行的PPP项目收益率或不具备吸引力；另外目前PPP更多体现的是融资的功能，并没有从根本上考虑项目质量、运营与维护、社会资本退出等问题，这或许也是另一个阻碍PPP发展的重要原因。

[①] 财政资金拆解地方和中央的占比，是基于中央和地方的支出细项进行加总，存在不精确的可能性。

运营：效率提升空间尚存

前文分析了基础设施的投资主体，接下来从投资主体出发分析各自的运营机制，总体而言，地方政府和国企投资的基础设施性质有所不同，因此运营的市场化程度和效率也有差别。

地方政府投资的基础设施市场化运营程度低

地方政府投资为主的基础设施一般为消费性的基础设施或者是不收费的生产性基础设施。这一类基础设施经济效益不强，偏消费性的基础设施主要包括供水、污水处理、固废处理、卫生设施等，不收费的偏生产性基础设施包括国道、省道、农村公路等。

以地方政府投资为主的基础设施，其运营主体通常为地方性国企或政府部门，例如城镇供水基础设施的运营主体多为国企，而农村供水企业则多为集体性质；污水处理和固废处理都是地方国企运营为主。这一类基础设施的运营市场化程度低、竞争少、没有清晰具体的考核指标，因此运营效率通常不高（表10-4）。

表10-4 政府主导投资的基础设施投资主体及运营主体

属性	基础设施	投资主体	运营主体
偏消费性基础设施	供水	地方投资为主，中央为辅	城镇供水企业多为国企，农村供水企业集体性质居多
	污水处理	政府主要投资污水处理厂、管网建设	地方国有企业为主，私营企业为辅
	固废处理	政府投资主导型公司	地方国有企业为主，私营企业为辅
	卫生设施	地方政府	地方政府
不收费的偏生产性基础设施	国道、省道、农村公路	均更加依赖地方政府投资建设（约占比80%）	公路管理局或地方政府

资料来源：中金公司研究部。

地方基础设施运营或需打破公共部门运营权的垄断，引入市场化模式。当前在中国的市场经济中，行政权力在基础设施领域被用于排斥和限制竞争的行为仍然存在，是导致基础设施低效运营的因素之一（例如根据《城镇排水统计年鉴》的数据，2016 年中国县城污水处理能力闲置率达 30%，污水处理的负荷率为 30%~80%）。对于基础设施的运营，政府可以适当降低准入壁垒，允许企业进入以充分发挥竞争机制的作用。政府在基础设施运营的角色或将有所转变：从原来的运营者变成规则的制定者，在企业获得合理回报和保障消费者享受公用服务之间寻得平衡。

国企投资的基础设施：集中度高的行业仍有效率提升空间

国企投资为主的基础设施一般为偏生产性的基础设施，这一类的基础设施通过市场化运营具有规模经济效益，有盈利的基础，包括铁路、收费公路、电力、电信等。例如 A 股上市收费公路板块过去 5 年平均净利润率为 30%，ROE 为 11%；中国三大电信运营商过去 5 年的平均净利润率为 10%，ROE 为 8%。

国企投资为主的基础设施，往往"投运一体"。国企投资主导的基础设施的运营通常也由投资主体承担，即"投运一体"，例如国铁集团投资铁路作为投资主体，同时作为运营主体负责铁路运输统一调度指挥，是"全国一张网"式的统一管理。

市场集中度高的行业运营效率还有待提高。比如，铁路行业集中度高（国铁集团为主要经营实体），运营效率有提升空间。根据交通运输部数据，1986 年以来，中国铁路货运的市场份额一直在下滑（铁路货运周转量占比从 1986 年的 44% 下滑至 2016 年的 13%，2016 年之后国家开始大力推行"公转铁"，铁路的货运份额恢复到 2020 年的 15%，但仍远低于美国 33% 的铁路市场份额）；从运营效率来看，2019 年中国铁路货运人均周转量为 158 万吨公里，大约为美国的 1/10（美国同年人均周转量为 1 512 万吨公里），原因在于中国铁路不灵活的定价机制和运营效率相比更加灵活的公路运输缺乏竞争力。

总结而言，对于能够有投资回报的基础设施，还是需要以企业属性投资运营；对于投资回报弱的基础设施，应以政府投资为主导，但在运营上应适当开放企业准入，引入竞争机制，以最大化基础设施运营效率。

中国基础设施存在一定的"重建设、轻养护"，基础设施未来如何养护

基础设施行业整体存在"重建设、轻养护"的问题，尤其农村地区的基础设

施是管理的盲区，例如以公路养护为例，根据《中国收费公路统计公报》和美国联邦公路管理局的数据，2019年中国收费公路的养护支出占总支出的比例为9.8%（美国该比例为23.8%），中国农村公路每公里养护成本平均低于1万元[①]（美国大约为4万元）。忽视基础设施的维护，不仅会带来直接的经济损失，还会降低服务质量，随着中国基础设施存量规模的增大，相关的维修养护需求不断增加，未来如何做好养护的工作值得探讨。

"统一规划、统一建设、统一管护"可以形成集约化规模化的养护。根据2019年国家发改委《关于建立健全城乡融合发展体制机制和政策体系的意见》，城乡基础设施要实现"统一规划、统一建设、统一管护"："统一规划"，是指以县或市作为整体，统筹规划城乡的道路、供水、供电等基础设施的建设；"统一建设"，是指要区分公益性和经营性基础设施，公益性的基础设施政府来建，经营性的交给市场；"统一管护"，则是指将公益性设施的管护和运营纳入一般公共财政预算，鼓励政府购买服务，引入专业化企业。

推动基础设施养护市场化改革。以公路为例，目前高速公路养护的市场化程度较高，技术服务、养护工程、保洁绿化等主要由市场提供；普通国省干线的养护工程、技术服务类大部分由市场提供；但目前农村公路养护市场化程度较低，多数采取专业养护与群众养护相结合的方式，亟须改善。

他山之石：美国和日本的经验

美国：私人投资占比一半，多种策略保障基础设施的供给均等

2017年美国基础设施投资额为中国的1/8，占GDP比重为1.7%

根据美国经济分析局数据，美国的基础设施[②]固定资产投资从1950年的70亿美元上升至2017年的3 334亿美元（为与中国数据可比，此处采用2017年数

[①] 农村公路养护成本的总体数据不可得，各地政府有公布实际的支出以及规划，例如《滁州市深化农村公路管理养护体制改革实施方案》《宁波奉化区农村公路养护专项资金自评报告》等。
[②] 美国基础设施范围包含交通运输、电力燃气、通信、排水设施、供水系统，未包含城市市政；且未包含设备购置，因此和中国的基础设施范畴有所不同。

据），复合增速5.9%，占GDP比重从2.3%下降至1.7%。美国的基础设施投资中，交通运输和电力通信所占比例稳定在约80%的水平。与中国对比，2017年中国基础设施投资规模大约是美国的8倍，占GDP比重高达21.6%，表明中国仍处于发展阶段，美国已经度过大规模的基础设施投资建设阶段。

基建资金来源：从政府主导过渡到私人部门贡献50%

基础设施建设初期，美国联邦政府通过财政补贴或者低息贷款来推动建设。在第一次工业革命后美国就开始了大规模的基础设施建设，在建设初期，美国联邦政府是主要的投资主体，通过财政补贴或者低息贷款来推动建设，由于美国早期的基础设施投资数据不可得，实证例子可以用于说明。铁路：19世纪60年代针对铁路的建设，国会按照平原每修1英里（约等于1.6千米）铁路补助1.6万美元的标准提供补贴。公路：1916年国会通过《联邦高速公路法》，提供资金资助农村公路的修建。电力：1935年国会通过《农村电气化法》，向农村电力合作社提供长期低息贷款。

美国在特定阶段逐步引入私人部门作为投资和运营主体，实现市场化。美国针对部分有经济效益的基础设施，逐步放开私人资本准入条件，引入市场化机制，保证运营效率。美国铁路在20世纪初曾出现6万多家私营铁路公司运营的局面，而经过系列合并，目前7家私人一级铁路公司占据美国铁路货运95%的份额；1992年天然气联邦能源管理委员会对天然气推行第三方准入制度，实现市场化竞争，而同年电力《能源政策法》减少了独立发电商的市场准入障碍；就通信而言，1994年起美国联邦通信委员会开展频谱拍卖，对频谱资源的管理从政府分配转变为市场化。

从1950年（最新可得数据）以来，美国私人部门在整体基础设施投资中的占比在50%上下波动（图10-4），是基础设施资金重要的来源渠道。作为对比，2017年中国的私人部门占比（14%）比美国（49%）低35个百分点。

多种方式保障基础设施服务的均等性

使用者付费。例如1956年，美国国会通过《公路税收法案》，基于"使用者付费"的原则针对车辆的购买、拥有和使用3个阶段征收税费来作为公路建设和养护的资金；1956 年后，公路使用者税收占公路建设资金的比例一直维持在 60% 左右。

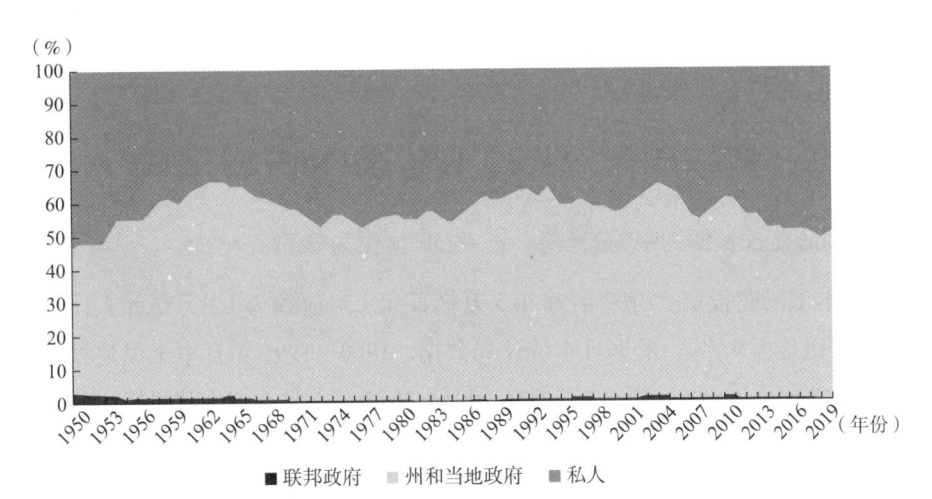

图 10-4　1950 年以来美国基础设施私人投资占比将近 50%

资料来源：BEA（美国经济分析局），万得资讯，中金公司研究部。

设立投资基金。电力行业目前在 14 个州设有电力普遍服务基金，主要来源为居民和工商业用户的额外电费，基金主要用于帮助低收入者支付电费和可再生能源开发等。

因地制宜提供基础设施服务。燃气：美国 20 世纪 80 年代开发了液化石油气微管网供气技术，通过小型管网系统满足农村社区几百户规模的居民用气需求，该供气系统具有易于建造、安全性高、使用成本较低的优势，微管网成为偏远城郊和农村的主要供应方式（新增液化气用户采用微管网比例达到 95%）。污水处理：美国在 19 世纪 50 年代开始进行分散式污水处理系统的实践，已经形成了比较完善的农村生活污水治理体系，且分散式处理系统进行针对性改进，实现了污水就地处理和回用。

美国经验有以下几点可以借鉴。首先，基础设施建设初期联邦政府进行支持，美国联邦政府通过财政补贴或者低息贷款来推动基础设施初期的建设。其次，多元化筹资渠道，对于有经济效益且可市场化运营的基础设施，适当引入私人资本进行市场化改造。再次，创新使用二次分配手段，美国通过"使用者付费"以及设立与基础设施相关的基金来调节区域间的不均等,虽然中国并不需要完全借鉴,但或可以尝试采用创新的方式(而非仅仅是财政转移支付)来减少基础设施的区域和城乡不均等。最后,因地制宜提供基础设施服务,如通过液化石油气微管网为偏远城郊和农村供气。

日本经验:基础设施投资公私分工明确,集约化开发打造城乡融合

日本基础设施投资额为中国的6%,占GDP比重为3.7%

日本工民建投资[①]2017年为20.5万亿日元(对应约为1.1万亿元人民币),占GDP比重为3.7%。根据日本统计局数据,1960—1995年日本工民建投资总体占GDP比重维持在6%~8%,但在1995—2012年,日本工民建投资出现大幅下降,主要因为地方政府财政压力对基建投资产生了较大的影响。过去10年日本工民建投资平均为20.8万亿日元,占GDP比重为3.9%。

日本基础设施投资公私分工明确,地方政府角色更突出

日本工民建投资由战后的政府主导转向民间市场化运营。例如20世纪80年代日本政府逐步改变了铁路和电信部门一直由国家垄断的低效建设与运营的方式,采取政府建设铁路骨干网络,运营方式向民营转变。

政府和私人投资分工明确。日本基建领域的公私分工较为明确,政府主要负责大部分农林水利、不收费道路、环境设施等难以通过运营收益实现财务盈亏平衡的项目,对于铁路、通信、能源等有经济效益的项目,则主要由私人出资建设运营。从1960年到2020年,日本工民建投资中公共及私人投资的占比基本维持在75%、25%的比例。

公共投资中,地方政府扮演更加重要的角色。细分政府公共投资来看,中央政府投资占比逐步下滑,地方政府投资占比逐步提升,1965年中央政府、地方政府和私人部门在工民建投资中的占比分别为37%、42%、21%,到2018年三

---

① 日本与中国的口径差异在于日本投资统计不含土地补偿以及器具购置,其更接近于中国固定资产投资数据中的建安工程费口径。

者投资占比分别为18%、56%、26%（图10-5）。

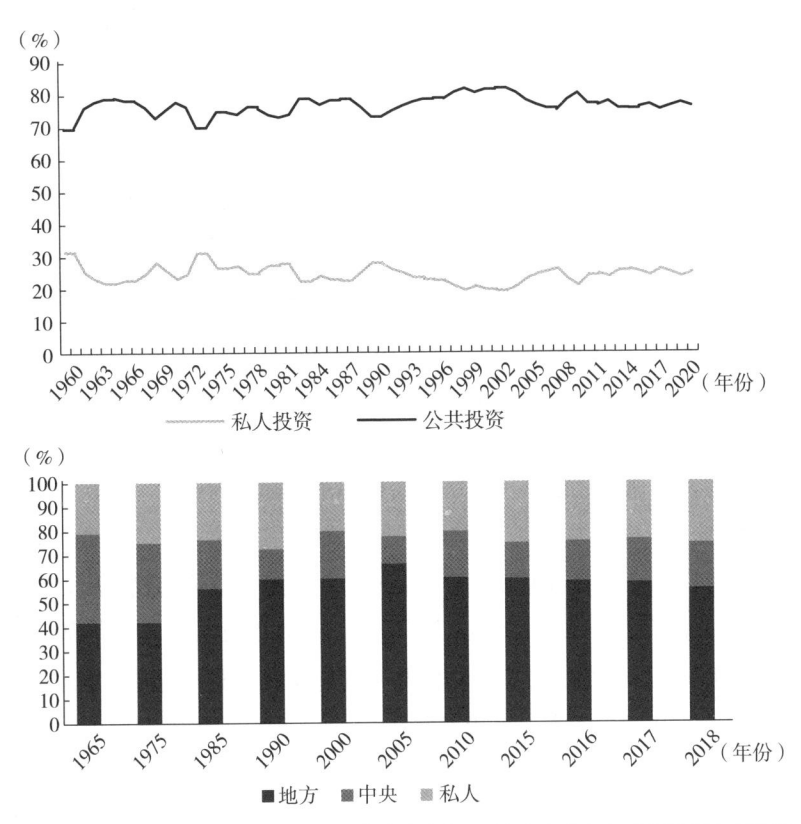

图10-5 日本工民建建筑投资中私人占比稳定在30%左右（上），2018年中央政府、地方政府和私人部门在工民建投资中的占比分别为18%、56%、26%（下）

资料来源：日本统计局，中金公司研究部。

日本通过城乡统一规划、都市圈向外辐射来缩小城乡和区域差距

20世纪60年代后，日本通过四次《全国综合开发计划》来形成更加均等化的局面。详细分析20世纪60年代后日本实现区域和城乡平衡的政策，不难发现日本的发展是由核心据点逐步铺开，最终实现全国的辐射和联动。例如七大中心城市向外辐射形成七大"一次经济圈"，再以"一次经济圈"为基础，形成东京圈、关西圈、名古屋圈等的互联互通，形成大经济区的"二次经济圈"，从而实现区域和城乡差距的缩小。

日本在综合开发时一直强调土地的集约和功能协同。日本国土交通省通过《都市再生特别措施法》，强调土地的集约和功能协同，对城市基础设施的布局进行统一整治，引导过去分散、低效的宅地适度聚集。2016年日本国土交通省颁布了《立地适正计划》，强化城市发展的轴线，引导市郊生活圈规划。在农村，日本则采用紧凑村理念，建立和完善公共服务设施集中区，实现农村聚集就近发展。

综合开发中基础设施形态和资金来源多元化。以东京都市圈的交通为例，其轨道交通分为地铁、私铁、JR普铁和JR新干线四个子系统。地铁主要承担市区内的通勤（分别由都政府和市政府运营）；私铁由私人企业经营，承担大城市和近郊的通勤；而JR普铁和JR新干线则在50公里圈层内与私铁构成互补关系，覆盖东京圈一都七县区域。东京都市圈各种铁路相互联通，打通了城乡。

相比日本而言，中国城轨交通制式结构中地铁一家独大，且几乎都是政府来承担建设和运营。例如北京市（北京市面积和东京都较为可比）地铁在城轨里程中占比为83%（东京都为10%），快轨规模仅为东京都的1/10，且北京轨道交通多依赖于政府投入，随着轨道交通造价上升，对政府财政造成较大压力。

综上，日本经验有以下三点可以借鉴。一是吸引社会资本参与基础设施建设，日本明确规定了政府和社会资本的基础设施投资范畴，同时日本通过奖励措施例如开放土地开发权或者"容积率奖励"（指土地开发管理部门为取得与开发商的合作，在开发商提供一定的公共空间或公益性设施的前提下，奖励开发商一定的建筑面积）等方式来吸引社会资本进入。二是都市圈辐射实现城乡融合，由于日本国土面积小、人口相对集中，在实现城乡融合时是由核心据点城市逐步向乡村辐射，形成都市圈，最终实现全国的联动。三是集约化开发，日本在协调区域和城乡不平衡时，强调土地的集约和协同，对基础设施的布局进行统一整治，引导过去分散的宅地适度聚集。

新型基础设施分析

前文讨论的是传统基础设施的范畴，这一节将主要讨论新型基础设施，首先定义新型基础设施，比较其与传统基础设施的异同，再思考新型基础设施发展对于包容性增长的影响。

新型基础设施和传统基础设施的异同

根据国家发改委界定，新型基础设施主要包括七大领域：5G 基建、大数据中心、人工智能、工业互联网、特高压、城际高速铁路和城市轨道交通、新能源汽车充电桩。新型基础设施和传统基础设施一样可以创造就业、增加经济活动，也可以提升效率、降低成本。但它们也有显然相异的地方。

第一，新型基础设施的外部性更宽广：传统基建如公路的建设更多有益于当地和区域，而数字基础设施受益范围超越地理和时间的界限，可以全方位、全时段地为各领域用户服务。

第二，新型基础设施可以促进长期创新：新型基础设施除了短期促进经济发展，兼具促进长期创新的功能。新基建例如大数据中心涉及数据的收集、计算、模拟、反馈等，会激发出更多的新需求。

第三，新型基础设施涉及的供给主体更加多元化：传统基建一般由政府投资或兜底，相比之下新基建的投资主体更加多元化，由市场主体自主投资，自负盈亏。国务院常务会议指出，新基建应坚持以市场投入为主，这是由新基建多领域融合、依赖技术创新的特点决定的。

第四，就业灵活度更高：新基建如互联网平台带来更为灵活的就业机会。根据央视财经数据，2019 年中国快递业务从业人数突破 300 万人，根据美团公告，2020 年有 950 万名外卖员通过美团获得收入。

关于新型基础设施的思考

新型基础设施分布也具有不均等性

新基建存在区域的不均等，东部地区新型基础设施更加发达。根据万得资讯的数据，2021 年数据中心机柜华北、华南和华东共占 79%，2021 年 5G 基站总数排名前五的省 / 直辖市有 4 个位于东部沿海。

从互联网购物角度看新基建的区域不均等。根据国家邮政局的数据，2019 年，浙江、广东、上海、北京、江苏 5 个省 / 直辖市的人口占全国人口的 21%，GDP 占全国 GDP 的 35%，而快递派送量占比达到 63%，侧面反映互联网购物在这些省份的可获得性更高。

新型基础设施或在初期扩大不均等性，后期再缩小

目前对于新型基建设施对包容性增长的影响仍有争议，我们认为新型基础设施或在初期扩大不均等性，后期再缩小不均等性，逻辑如下。

前期扩大不均等性的原因有以下三点。一是基础设施建设可以创造新的就业机会，但新型基础设施相比传统基础设施具有技术和资本密集的特点，新基建或更多促进城镇的高端就业；二是新基建成本相对高，发达地区更加能够承受，因此发达地区会更快普及；三是不发达地区居民较难掌握和运用数字技术的产品，因此新型基础设施对经济效率的提升首先惠及的是发达地区。

后期或缩小不均等性，因为首先规模增长叠加技术进步，新型基础设施成本下降，开始在相对不发达地区普及（比如拼多多主打下沉市场，2020年度活跃买家数达到7.9亿，超过阿里巴巴的7.8亿，成为行业第一）；其次，不发达地区居民对新型基础设施的认知、接受、使用程度会逐步提高。

探索基础设施发展之路

从三个方面探索促进基础设施发展

总结上文，中国基础设施投资规模大，投资回报率逐步下行，基础设施仍存在一定的不均等性，需要投入建设，目前基础设施的投资中地方政府承担了较重的职责，但地方财政缺口有所扩大；从运营上来看，中国基础设施的效率有提升的空间。参考美国和日本的经验，可探索的路径聚焦在基础设施均等化、多元化筹资渠道、运营提质增效三个方面。

基础设施均等化

消费性基础设施（环保、燃气、供水、卫生设施等）仍需要加大投资力度，以保障获得基本生活设施的均等性。生产性基础设施（交通、电力、通信）整体区域和城乡均等性较好，则应当把握好建设的经济性和实用性，优先建设那些对

产业有带动作用、落后贫困区和农民集中居住区的基础设施。

注重中央及地方"事权"和"财权"的匹配。当前地方政府承担了基础设施建设的主要职责，而农村的基础设施面临建设资金不足，大部分需要自主筹措。因此，再平衡中央和地方的"财权"，尤其对地方基层政府倾斜，是基础设施建设的必要保障。

农村基础设施建设需动态看待，因地制宜满足需求。中国农村的发展是动态的，因此，政府可以根据当地农村的实际情况，制定较为长期的规划，因地制宜地进行基础设施建设。可以考虑通过城乡统一规划打造城乡融合。2020年日本人口密度为333人/平方公里，基本与中国中部人口密度（354人/平方公里）相当，比中国东部人口密度（609人/平方公里）更低，因此中部和东部或可参考日本的城乡融合发展经验。

政府应警惕低效率的过度基建。对与实际需求脱节的基础设施建设保持警惕，预防过度举债带来的财务风险。

多元化筹资

中国基础设施具有规模经济性，即使收费低在长期也有一定回报。对于这一类基础设施，加快市场化节奏，引入社会资本，同时要健全法律法规保障社会资本权益，完善退出机制并给予合理的回报。

运营提质增效

前文分析认为中国基础设施的运营效率仍有提升空间，或可以从以下两个方面着力。一方面，偏消费性的基础设施的运营目前主要是地方国企或政府机关负责，可以适当引入竞争机制和考核指标，政府在其中要平衡运营企业的合理回报以及居民得到基础设施服务基本保障这两者的关系。另一方面，对于行业集中度高的偏生产性的基础设施，通过改革来提升效率。例如铁路行业或可以通过经营性资产的"区域集中"和公益性资产的"网运分离"来提升运营效率。

第十一章

加大投入、完善机制，促进高质量教育

实现社会高质量发展需要大量高素质劳动者。2021年我国劳动力人口平均受教育年限仅为10.9年，人口红利向人才红利的转变仍需加快。我们认为完善现行教育体系，以提升人口素质、实现包容性增长的核心是提供多体系多层次、优质均衡的高质量教育。"多体系多层次"代表着让受教育者"想学尽学"，提升职业教育质量，扩大高学历层次招生规模，保障产业人才多元化。"优质均衡"旨在促进区域间、校际均衡发展，保障每个人都有接触高质量教育的机会，都可以成为个人理想的追梦人和家国事业的铸造者，从而达到"扩大中等收入群体规模，推动更多低收入人群迈入中等收入行列"的美好愿景。

政府投入和机制建立对保障教育高质量发展、发挥正外部效应至关重要。在发展高质量教育的目标下，我们认为当前教育发展仍面临两个主要问题。一是投入上，教育公共经费投入总量不足，结构有所不均。比如对0~3岁儿童的投入相对不足，基础教育区域差异较大，对职业教育的投入与同阶段普通教育相比偏低。二是制度上，各阶段教育体系的建立、对参与主体的引导和监管有待完善，比如公共托育体系、职普互通机制、企业参与职业教育办学等。投入和机制上的问题是教育资源分配不均的引线之一，家庭经济水平、社会地位对教育成果亦影响深远，尤其是部分低收入家庭孩子会面临家庭投入不足、职业教育上升空间受限、高校教学内容与职业需求或不匹配等困境。这不仅会造成其个人收入水平长期低位徘徊，也导致产业人才素质与产业发展需求存在错配，降低社会创造价值的效率。发展高质量教育需要平衡好政府、家庭和市场多方主体的职能。我们认为政策的有效干预能够发挥先导作用，首先，在"量"上提高财政性教育经费占GDP的比例，尤其是幼儿、职业教育等薄弱环节；在"质"上提高经费的使用效率。其次，完善相关机制建设，进一步统筹教育资源分配，引导多方参与主体的规范化。存在改进空间的机制包括但不限于：监管基础教育校外资源；通过教师轮岗、教育信息化等促进优质教育资源流动；引导全面发展的教育培养观念；吸引更多社会资源参与职业教育和高等教育体系建设。同时，如缩短学制、高中纳入义务教育、降低英语考试权重、取消强制性职普分流等机制创新的思考也具有必要性。[①]

---

① 本章作者：钱凯、赵丽萍、曹弘毅、车姝韵、吴婷、郑宇驰。其他重要贡献者包括：聂伟、徐磊、李雅婷、魏冬、吴云杰、邓洪波。

提供高质量教育是共享高质量发展的基础

共享高质量发展需要推动经济增长、促进社会公平，而教育通过提高人力资本能够推动经济发展，同时也可以阻断贫穷代际传递、促进社会公平，因此教育的高质量发展至关重要。我们将在第一节讨论教育对于经济增长、社会公平的作用，分析教育不公平产生的原因及影响，并解读当前我们需要怎样的教育。

普遍提升居民受教育水平可以同时促进经济发展和社会公平

教育是影响经济的重要因素，教育能够增加人力资本、提高劳动生产率，从而促进经济增长。美国经济学家曼昆以劳动年龄人口的中学入学率来衡量人力资本，并将人力资本要素引入索洛模型，发现人力资本与经济增长正相关[1]。为实现对经济增长的促进，教育水平不光要有"量"的增长，还要注重"质"的提升。教育水平的"量"多以居民的平均受教育年限等指标来衡量。参考世界银行与联合国数据，可以发现居民平均受教育年限高的国家，人均 GDP 也相对更高。但是进入 21 世纪后，居民平均受教育年限对于经济增长的解释力在下降，原因

---

[1] Mankiw N. G., Romer D., and Weil D., A contribution to the empirics of economic growth, May 1992.

是未考虑教育的质量差异[1],即同样提升一年受教育的时长,不同质量的教育所能获得的知识积累不甚相同。研究发现,用"跨国评估学生能力计划"(PISA)中科学、数学平均成绩衡量一国的教育水平,并与GDP增速进行回归,二者显著正相关,且相比于居民平均受教育年限与GDP增速的回归模型解释力更高[2]。因此教育投资不仅要提升居民平均教育年限,还需要注重教育质量,提升居民的平均学业成就。

教育也是社会公平的重要影响因素,普遍提升居民受教育水平能够促进社会公平。我们根据世界银行与联合国数据统计看出,居民平均受教育年限更高的国家,基尼系数相对更低。但提升居民平均受教育程度对于收入不平等的作用不是绝对的,如果个体受教育水平差异加大,收入差距可能加剧。若将受教育较低水平的人拉向均值,则有利于降低收入差异,进而促进社会公平。因此,为实现教育对社会公平的有效促进,仅仅增加教育供给是不够的,还需要控制个体的受教育水平差异,均衡提升居民的受教育水平。

教育不公平导致教育与收入代际流动性降低、社会效率降低

教育具有公共品属性,也具有个人投资效益。按照社会产品分类理论[3],义务教育通常被认定为公共产品,具有消费的非竞争性和非排他性,主要由政府提供;学校教育中的非义务教育通常被认定为准公共产品,一般由政府和市场共同提供。同时,教育对于个人具有投资效益:一方面教育能够带来知识的增长和品行价值观的养成;另一方面能帮助个人在劳动力市场获得更高的收入和地位。

教育的产品属性与效益特征决定了政府投入与家庭投入同时存在。政府投入受教育政策、地理区域、户籍制度等影响,可能存在投入不均的问题;家庭投入方面,受家庭经济与社会地位、父母受教育水平的影响,家庭对子女的教育投入也存在差异。二者共同影响下,个体因获得的教育资源不同而学业成就出现差

---

[1] 岳昌君:《改革开放40年高等教育与经济发展的国际比较》,《教育与经济》2018年第6期。
[2] Eric A. Hanushek, Ludger Woessmann, Education and Economic Growth, August 2021.
[3] 萨缪尔森,诺德豪斯,《经济学》(第十六版),1999年。

距,即产生了教育不公平。教育不公平又会影响社会公平和社会效率。

教育不公平会导致教育代际流动性、收入代际流动性降低。家庭对子代的教育获得具有重要影响。第一,父母可以帮助子女直接获得优质教育资源,使子女获得更高水平的教育成就,从而实现社会资本代际传递[1];第二,父母可以与其他学生家长、老师之间形成一种支持性群体,有利于子女学习、生活信息的交流,从而间接促进子女学业成果的提升[2]。政府如不干预教育资源分配、促进教育公平,子女的教育机会获得与家庭社会经济地位、父母受教育水平密切相关,会导致教育代际流动性降低。结合教育影响个人收入水平的理论,教育不平等将进一步导致收入不平等。

教育不公平还会影响社会效率。首先,教育投资可以促进个体收入水平提升但又具有边际报酬递减的特征,因此,过度将教育资源集中在部分个体身上不利于整体社会效率的提升。其次,人的智力存在均值回归趋势,教育投入不公平引起的教育流动性降低、收入流动性降低乃至阶级固化,会影响贫穷家庭有天赋的子女被选拔的概率,使其生产积极性降低,导致科技创新能力没有完全释放、社会效率降低。

共享高质量发展,需要多体系多层次、优质均衡的高质量教育

实现全社会共享高质量发展的目标,需要面向所有人提供高质量教育,为产业输送高素质人才。如何理解高质量的教育?高质量教育的发展方向应该是建立多体系多层次的结构、保障教育结果优质均衡。"多体系多层次"让受教育者"想学尽学",在执行层面体现为职业教育办学质量提升、高学历层次招生规模扩大,由此保障产业人才多元化。"优质均衡"旨在促进区域间、校际均衡发展,让每个人在这个属于奋斗者的年代都有接触高质量教育的机会,都可以成为个人理想的追梦人和家国事业的铸造者,从而达到"扩大中等收入群体规模,推动更多低收入人群迈入中等收入行列"的美好愿景。

---

[1] Bourdieu, Pierre, Handbook of Theory of Research of the Sociology of Education, 1986.
[2] Coleman, James S., Equality of Educational Opportunity, 1966.

当前我国教育现状与实现高质量教育仍存在差距，第二节我们将归纳当前教育体系中最突出的问题，第三节我们将从教育的不同阶段分别展开论述，第四节我们基于政府在教育公共服务中的职能定位，提出针对各个教育阶段中存在的问题的解决方式和思考。

我国教育发展的突出问题

我国教育资源总量不断扩大，近年来主要教育指标实现了明显的提升。根据教育部数据，2010—2020 年，我国九年义务教育巩固率[①]从 89.9% 提高至 95.2%，高等教育毛入学率从 26.5% 提高至 54.4%，主要劳动年龄人口平均受教育年限从 2010 年的 9.5 年提高至 2021 年的 10.9 年。同时，我国通过实施一系列教育政策在脱贫攻坚方面也取得了重要的结果[②]。例如，2020 年贫困县九年义务教育巩固率达到 94.8%，高等教育扩招后抑制了地区间入学机会差距的持续扩大[③]。这些成果为阻断贫困代际传递奠定了坚实基础。

但当前教育结果与人民对美好生活的向往仍有一定差距。随着科技发展加速，产业升级和转型对于劳动力的技能、综合能力提出了更高的要求，我国劳动力素质仍需进一步提升。当前我国劳动力人口平均受教育年限与"十四五"规划目标的 11.3 年比较仍有提升空间。OECD[④] 国家中，劳动力人口（25~64 岁）中受过高等教育的比例为 39%，发达国家例如英国、美国占比接近 50%，而我国劳动力人口受过高等教育的比例从 2010 年的 11.40% 增长到 2020 年的 24.80%[⑤]，与国际平均水平相比仍然较低。同时，教育发展也存在不均衡的现象，尤其是低收入家庭子女的发展路径受限。2020 年国家统计局发布的农民工监测调查显

---

① 九年义务教育巩固率，是指初中毕业班学生数占该年级入小学一年级时学生数的百分比。
② 国务院新闻办公室：《人类减贫的中国实践》白皮书，2021 年 4 月。
③ 路晓峰、邓峰、郭建如：《高等教育扩招对入学机会均等化的影响》，《北京大学教育评论》2016 年第 14 卷。
④ OECD, Education at a Glance 2021, September 2021.
⑤ 王洪川、胡鞍钢：《建设教育强国的战略趋势与路径选择——基于第七次全国人口普查数据的分析》，《教育研究》2021 年第 11 期。

示，55.4%的农民工仅具备初中文化程度，高中文化程度占16.7%，大专及以上占12.2%。在高等教育阶段，低收入群体在优质资源获取上也处于弱势。2015年江苏省高等教育学生调查显示，随着高校层次上升，来自乡镇以下地区的学生比例越来越小[1]。也就是说，虽然学生接受高等教育的机会整体提升，但是更为优质的教育资源仍然更加偏向来自优势家庭[2]的子女[3]，而低收入家庭学生集中在质量一般的地方院校或者职业院校，且由于财政补贴较少，学生通常需分担更高的学费。对于低收入家庭学生来说入学机会仍是相对不公平的。

上述现象说明，我国从"人口红利"向"人才红利"的转型中，教育公平和教育质量需要进一步提高。教育作为公共品或准公共产品具有一定的外部性。但是外部性的存在导致在市场机制下无法达到最优的资源配置，影响教育的可持续发展，因此需要充足的公共投入和完善的政策机制保障教育的高质量发展、优化资源配置。但目前我国教育发展仍存在两个主要问题。一是投入上，教育公共经费投入总量不足，结构或存在不均衡。比如对儿童0~3岁这一智力发展的关键时期的投入相对不足，基础教育区域差异较大，对职业教育的投入与同阶段普通教育相比偏低。二是制度上，各阶段教育体系的建立、对参与主体的引导和监管仍有不足的地方，比如公共托育体系、职普互通机制、对企业参与职业教育和高校办学自主权的协调等机制有待完善。公共投入和机制建立上的不足是限制人才发展、资源分配不均的引线之一：一方面，在抢夺优质教育资源过程中，富有的家庭过度教育，贫困的家庭教育不足，加剧了家庭经济水平、社会地位对教育结果的影响；另一方面，不同类型的人才发展机会差异大，比如职业教育人才的发展路径受限，社会地位低的问题始终没有得到改善，这不仅在个人层面造成收入水平长期低位徘徊，也在产业层面导致人才素质与产业发展需求错配，降低社会创造价值的效率。

---

[1] 余秀兰：《农村学生的教育获得：基于城乡教育分化视角的分析》，《教育蓝皮书：中国教育发展报告（2018）》，2018年。
[2] 论文中指父辈职业声望和教育水平更优的家庭子女。
[3] 刘精明：《高等教育扩展与入学机会差异：1978—2003》，《社会》2006年第3期。

投入和机制对教育各个阶段的发展约束

从儿童及基础教育的普及,到职业教育/高等教育的选择,最后走入就业市场,人才的培养是一个系统性的长链条,其中的问题通常不是孤立存在的。公共投入不足和机制不健全的问题对教育的各个阶段会产生不同的约束。我们在该部分将聚焦到幼儿教育、基础教育以及职业教育/高等教育阶段,继续从投入和机制两个维度来分析其各自的问题,以及造成各阶段投入和政策机制约束的原因。

0~3岁幼儿阶段公共服务不完善

个人的智力和社会情感能力等方面的发展在幼儿阶段就已经开始。如果幼儿阶段营养不足[1]、缺少父母的陪伴和互动,会对儿童后期的学习能力、社交能力产生影响。因此,对贫困家庭儿童群体进行早期干预,能够提高其教育成就及就业表现,是改善儿童发展不平等的重要策略。然而当前我国儿童护理与教育普惠资源尚不充足。根据国家卫健委信息,2021年全国有0~3岁婴幼儿4 200万左右,入托率仅5.5%左右,而OECD国家2019年0~2岁幼儿平均参与儿童早期教育和护理服务的比例达36%。此外,我国家庭享有的托育服务以私立非普惠为主[2],托育服务存在私立价格高、公立托位难求的现象。乡村的社会化托育资源更加匮乏,同时家庭内存在抚养者喂养行为不合理、与儿童缺乏互动的问题,REAP[3]研究发现部分乡村贫困地区儿童在认知能力、社会情感、运动发展、语言能力等方面发展存在滞后风险。

我国缺乏普惠性托育资源、乡村贫困地区婴幼儿受护理水平较低,是公共投入不足与过往托育机制不完善的结果。在投入方面,我国对学前教育(本文指针对0~6岁儿童的教育和保育)财政整体投入有限,0~3岁幼儿早期教育与护理费

---

[1] Steen G., The Evolving Brain: The Known and The Unknown, 2007.
[2] 2022年,北京师范大学教育学部教授洪秀敏等发表的调研成果显示:通过对6省份19 363个婴幼儿家庭问卷调查发现,当前家庭享有的托育服务以私立非普惠为主。
[3] "农村教育行动计划"项目组(简称REAP),由斯坦福大学、陕西师范大学教育实验经济研究所和中国科学院农业政策研究中心发起。

用主要由家庭承担。在OECD国家，绝大多数政府承担了主要的学前教育成本，家庭投入平均只占学前教育经费总投入的17%左右。在我国，如以幼儿园学费占幼儿园总教育经费收入的比例来衡量家庭所负担的学前教育经费，家庭投入占学前教育经费总投入比例高于OECD国家的平均水平[①]（图11-1）。此外，调查显示[②]，中低收入家庭托育服务成本和负担较高，人均收入处于最低20%水平的家庭，其平均入托费用占家庭收入的比重高于社会平均水平。

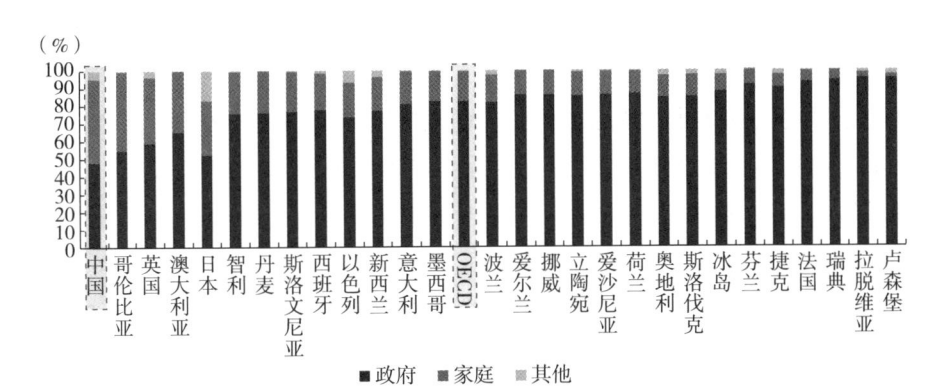

图11-1 我国学前教育的家庭投入占总经费比例高于OECD平均水平（2018）

资料来源：OECD，《中国教育经费统计年鉴（2019）》，教育部财政司，国家统计局社会科技和文化产业统计司，中金公司研究部。

注：中国政府分担比例 = 幼儿园国家财政性教育经费 / 幼儿园总教育经费；中国家庭分担比例 = 幼儿园学费 / 幼儿园总教育经费，OECD国家数据来自OECD.Stat。

在机制方面，第一，我国托育服务体系尚在建立初期。2019年国务院发布的《关于促进3岁以下婴幼儿照护服务发展的指导意见》要求：到2020年，婴幼儿照护服务的政策法规体系和标准规范体系初步建立。但当前我国托育服务管理机制、财政机制、服务模式仍不甚完善。从国际经验来看（表11-1），托育服务管理机制存在中央政府主导的形式，也存在地区/州政府承担主要职责的形式[③]。而我

---

① 李宏堡、王海英等：《OECD国家学前教育成本分担现状及其启示》，《学前教育研究》2015年第3期。
② 程杰、曲玥、李冰冰：《中国0~3岁托育服务需求与政策体系研究》，2021年。
③ 杨雪燕、高琛卓、井文：《典型福利类型下0~3岁婴幼儿托育服务的国际比较与借鉴》，《人口与经济》2019年第2期。

国托育服务在财政支持、标准制定、课程设置、监督管理等方面的中央与地方权责分担仍待明确。财政机制方面，托育服务财政机制主要分为供给方财政投入机制与需求方财政投入机制：供给方财政投入机制下，政府主要向托儿所、幼儿园提供支持；需求方财政投入机制下，政府主要直接向家庭提供支持。当前我国托育财政机制仍在探索，发改委、卫健委对于示范性托育服务机构、社区托育服务设施给予了建设补贴，即"中央预算内投资按每个新增托位给予1万元的补助"，但对于托育机构的运营补贴、对家庭的财政补贴尚无明确标准或补贴水平较低。托育服务供给主体方面，存在政府作为主要提供者和由私人机构与家庭主要提供的方式，以及公立与私立混合的模式，而我国当前托育服务存在公立与私立、营利与非营利供给结构失衡的现象，"普惠性"托育服务供给机制有待完善[1]。

第二，乡村和贫困地区婴幼儿家庭照护服务缺乏相关制度要求与监测机制。乡村家庭不仅缺乏外部托育支持，家庭成员对于儿童的养育知识也较为缺乏。根据民政部数据，2018年我国农村留守儿童[2]697万人，其中0~5岁占比为25.5%，96%的农村留守儿童由祖父母看护，但是祖父母通常受教育水平较低，对儿童的照料主要停留在生理层面，往往忽视儿童在社会情感、智力、语言等方面的发展需求。2019年国务院发布《关于促进3岁以下婴幼儿照护服务发展的指导意见》，要求"加大对农村和贫困地区婴幼儿照护服务的支持，推广婴幼儿早期发展项目"，乡村儿童早期干预研究团队也探究出了营养包干预、入户干预、儿童早期发展活动中心等多种可行的解决方案，但因为缺乏制度约束、人员支持，以及缺乏贫困地区儿童的家庭教育环境监测体系、生长发育监测体系，所以部分家庭虽然收到了营养包但并未完全使用，实施效果出现折扣[3]；也有家庭不愿参加入户支持活动导致入户干预无法展开、不可持续。

---

[1] 洪秀敏、赵思婕、朱文婷：《托育服务供给模式及其普惠成效的国际比较与启示》，《教育与经济》2021年第4期。

[2] 2016年2月，国务院发布《关于加强农村留守儿童关爱保护工作的意见》，将留守儿童定义为：留守儿童是指父母双方外出务工或一方外出务工另一方无监护能力、不满十六周岁的未成年人。

[3] Zhou H., Sun S., Luo R., Sylvia S., Yue A., Shi Y., Rozelle S. Impact of text message reminders on caregivers' adherence to a home fortification program against child anemia in rural western China: A cluster-randomized controlled trial, 2016.

表 11-1 托育服务国际比较

分类		国家主导	混合模式		市场主导
典型国家		瑞典	德国、韩国		英国
管理机制		中央政府主导，中央制订计划、地方管理事务	地区/州政府自主权较大，承担财政支持、标准制定、监督责任等		地区/州政府制定标准、进行财政支持，地方政府进行财政支持、监督管理
资金来源		主要来自政府财政	来自政府财政、家庭和社会		来自政府财政和家庭
财政机制		偏供给侧财政投入，政府财政资助公立托育机构	供给侧、需求侧财政投入结合		偏需求侧财政投入，采用税收减免、托育券等形式
提供服务	提供主体	主要由公立机构提供	由公立机构，以及接受政府补贴和监管的私立机构提供		主要由私立机构提供，强调家庭责任
	0~2 岁	全日制学前班	混合年龄的家庭日托（主要面向0~2 岁儿童）	托儿所	托儿所
	3~5 岁	家庭日托服务（尤其针对农村地区）		幼儿园	托儿所（3 岁），幼小衔接（4 岁）

资料来源：OECD，Typology of childcare and early education services，《典型福利类型下 0~3 岁婴幼儿托育服务的国际比较与借鉴》，《托育服务供给模式及其普惠成效的国际比较与启示》，中金公司研究部。

注：依据各国主要管理特征总结提炼，并不代表所有国家都是完全一致的做法；托育中心指在有执照的中心提供的、家庭日托服务以外的所有家庭托育服务。通常被称为托儿所、托育中心、幼儿园、家长团体等；家庭日托服务传统上是在家庭环境中提供的，可以是在儿童看护人的家中，或是有资质的儿童看护人去到儿童家中。

从公共服务体系来看，托育公共服务供给在经济主体转型进程中相应调整，20 世纪八九十年代我国曾存在托育体系，但是随着 90 年代起国企改制剥离"办社会"职能，企业主办的托儿所、幼儿园逐渐减少，我国将 3 岁以下婴幼儿托育服务归属于非基本公共服务范畴，相关经费更多投向资金需求更为紧迫的领域。过往我国家庭，尤其是女性角色，承担了主要的婴幼儿养育责任，女性的就业意识在提升，但公共服务在婴幼儿养育上提供支持有限，托育服务供需矛盾更加凸显。从市场来看，托育服务人力成本、场地成本较高，普惠托育机构较难实现盈亏平衡，而价格较高的托育服务较难满足大部分家庭的需求。

基础阶段公共服务发展不均衡

基础教育阶段城乡、校际教育质量差异仍然较大。我国一直以来强调基础教育的均衡发展，研究发现，2019年义务教育公办学校的生均预算内教育事业费，呈现出向乡村学校和低收入家庭学生就读学校倾斜的趋势，公共财政投入一定程度上缩小了不同收入组家庭间教育支出的差异，具有正向的分配效应[1]。但我国教育仍存在乡村的教育质量较低、校际差异在国际比较上较高的问题：城乡学生的学业成就差异我们在前文已经论述，乡村学生在"选拔"中仍处于劣势；在参测2018年PISA评估国家（地区）中，我国的校际差异程度较大。我们将分析在推动教育均等化进程中还面临哪些挑战。

在投入方面，第一，我国基础教育公共投入及均衡性有待进一步提升。2016年，我国小学教育生均经费占人均GDP的比重为16%，而OECD平均水平为20%，我国对基础教育的投入仍有提升空间。投入均衡性方面，当前我国基础教育经费是中央、省、市和县（区）四级政府共同负担，以县（区）为主的分担体制，但研究认为[2]，基础教育财政责任划分机制合理性仍待完善。尽管2000年后中央加大了基础教育转移支付力度，承担了更大的支出责任，城乡间、地区之间的教育经费差距开始缩小，但由于省级政府教育支出责任没有显著增大，且区县政府自有财政薄弱，省域内区县之间基础教育经费差距问题难以解决。

第二，基础教育资金在提升师资质量方面的投入力度仍待加强。研究认为教师素质与学生学业成就有较强的关联性[3]，而我国师资质量有待进一步提升且仍存在城乡差距。2021年国务院关于教师队伍建设和教师法实施情况的报告指出，"中小学幼儿园教师学历层次不高、能力素质不足，具有研究生学历的教师不到4%，乡村教师整体层次素质更显薄弱"。根据教育部数据[4]，乡村幼儿园、小学及

---

[1] 魏易：《2017—2019年我国义务教育阶段学生家庭教育支出情况变化》，《中国教育财政》2021年第5期。

[2] 袁连生，何婷婷：《中国教育财政体制改革四十年回顾与评价》，《教育经济评论》2019年第1期。

[3] Coleman, Equality of educational opportunity, 1996.

[4] 教育部：中国教育概况——2019年全国教育事业发展情况，http://www.moe.gov.cn/jyb_sjzl/s5990/202008/t20200831_483697.html。

初中学校教师学历水平总体仍低于城市学校；根据2018年PISA结果，我国城乡教师技能差异仍较大，乡镇教师在课程改革背景下"不善教"和"不乐教"的问题较为突出。我国自2013年明确提出教育经费要向建设高素质教师队伍倾斜，但实际投入中：一方面，我国基础教育经费投向教职工薪资比例较OECD国家仍存在差距，2018年OECD国家在非高等教育领域[①]员工薪资占教育经费总支出的份额为77%，我国小学、中学人员经费支出占教育经费总支出的比例不足65%[②]；另一方面，在地方公共教育经费对教育质量的提升效果方面，评估和监督不甚完善，这或许一定程度上影响教育经费使用效率，可能导致部分乡村地区的教育经费过多地投向了校舍、设备等基础设施。

在机制方面，第一，内部教育优质教育资源共享机制不完善。教师是最重要的教育资源，而我国城乡之间、区域之间、学校之间的教师结构性矛盾仍较为突出。我国正在推进教师轮岗、灵活配置教师资源以提升乡村教育质量、促进校际教育均衡发展，但教师轮岗的人事管理权统筹、教师遴选机制、补偿激励机制仍待完善。人事管理权统筹上，我国义务教育推行"县管校聘"，旨在改变教师交流轮岗中人事、工资关系仍留在原学校的问题，但研究认为[③]，即便实现"县管"，教育局在协调其他部门时仍有一定的统筹难度。教师轮岗遴选机制方面，其合理性、公正性缺乏评估机制：当前存在轮岗教师与薄弱学校所需教师的质量、学科不匹配的问题；也存在轮岗教师遴选方式不公平的现象。教师轮岗的激励机制也不甚完善：教师主动轮岗意愿较低，轮岗教师面临着工作地点变化，时间成本、生活成本增加等问题，需要更为完善的津贴制度、激励政策，但是相应政策成本主要由县级政府承担，我国区县之间发展水平差异较大，补偿经费不足或影响教师轮岗制度的落实。

第二，外部教育资源监管机制有待完善。以往，存在对学区房、民办学校、校外培训等规范不足的现象，导致优质教育资源获取结果受到家庭经济状况影响。学区房方面，1986年《义务教育法颁布》后，实施义务教育就近入学政策，

---

① 非高等教育领域包括小学、中学和中学后非高等教育。
② 根据《中国教育经费统计年鉴（2019）》数据计算。
③ 袁媛：《"县管校聘"体制下教师轮岗的机制建构》，《四川师范大学学报》2021年第3期。

即每个学校划定招生范围,在范围内有住宅产权家庭的子女才能获得入学名额,这导致了部分家庭可以通过买房进入高质量的学校,影响入学机会的分配。民办学校方面,民办学校以往在收费、生源录取方面具有很高的自主权,部分民办学校通过高收费获取办学资金后,高薪聘请优秀教师、提前挑选优秀生源录取,导致当地公立学校在师资和生源上处于相对弱势,公立学校发展出现恶性循环。课外辅导方面,"双减"前,学生的校外培训机构参培率日渐提升,部分违规校外培训机构通过"占坑班"形式使参与校外培训与高质量学校录取机会产生联系,因此加剧了家庭之间对优质校外培训资源的争抢。根据中国教育财政家庭调查数据,在2019年城乡间及不同等级城市间,学生的补习支出差距明显(图11-2),校外培训机构过度发展一定程度上不利于低收入家庭子女、位于偏远地区家庭子女对教育资源的获取[①]。

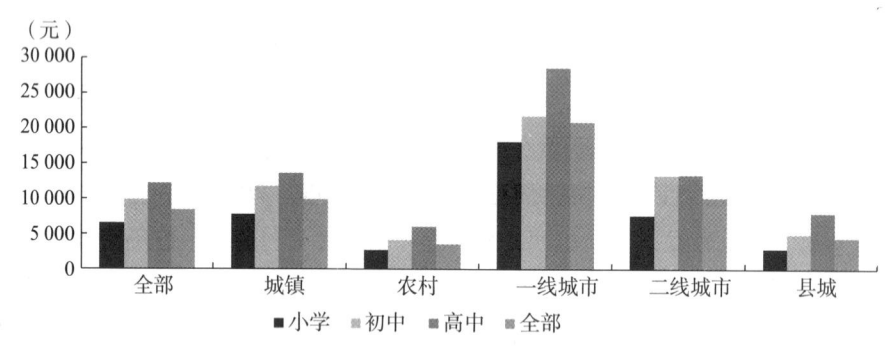

图11-2 城乡及不同等级城市补习支出差距明显

资料来源:《中国教育财政家庭调查(2019)》,北京大学中国教育财政科学研究所,中金公司研究部。

基础教育资金的投入、内部资源分配与流动问题与历史上财政分权或税制变革息息相关,例如分税制改革之初和取消农村税后,乡镇财政压力增加;2005年之后财政转移支付体系虽然逐步完善,但也存在地区偏好的异质性考虑不足、教育经费使用效益下降等问题[②]。因此,教育事权及支出责任的划分是教育发展

[①] 庞圣民:《市场转型、教育分流与中国城乡高等教育机会不平等(1997—2008)》,《社会》2016年第36卷。
[②] 王蓉,田志磊:《迎接教育财政3.0时代》,《教育经济评论》2018年第1期。

的重要命题。事权包括了教育服务的提供权和监管调控权。财政支出责任的划分一般基于两个依据：一是"谁提供，谁负责"，即由提供教育服务的本级政府承担财政支出责任；二是上级政府、中央政府从监管与调控的角度，承担转移支付等支出责任。我国的义务教育举办的事权多集中在地方，实行"地方负责、分级管理"的义务教育财政体制，集中体现为"省级统筹、以县为主"，中央从资源调控的角度进行转移支付安排。

当前事权财权的划分可能存在两方面问题。第一，中央以教育公平为目标的调控支出在基层落实仍需加强。中央财政一般通过一般性转移支付和专项转移支付来统筹，比如部分相关义务教育教师工资经费放在一般性转移支付，但是一般性转移支付由地方统筹安排用于各项事业的发展，很难落实和跟踪用在教育或者用在师资队伍建设上的比例有多少。第二，省域内的统筹职能效果有限，省级统筹的评价标准和监督机制均不完善，比如如何度量和反馈区域内资源的不均衡或许需要更加灵活且量化的方式。同时，由于市、县、乡各级都有举办义务教育的事权，对于不同地方层级之间的资源共享可能存在流动的障碍，本级政府或倾向于重点投入本级学校，对下级政府所属学校疏于扶持。因此省域内区县之间基础教育经费不均问题仍然存在。

国家对于外部教育资源的培育和规范与社会发展程度、私立教育合规程度密切相关。联合国教科文组织2021年的《全球教育监测报告》指出[1]，在不同发展阶段的国家，民众对于私立教育的态度差异较大：中低收入国家，公立学校供不应求且质量不佳，很多家庭选择了私立教育；但在中等收入和高收入国家，3/4的人希望教育领域增加公共开支。我国自20世纪80年代起，政策鼓励兴办民办教育，一定程度上拓宽了教育经费筹措渠道、扩大了居民的教育资源，但在监管不完善的情况下，出现部分民办教育收费过高、发展不规范等现象，有碍教育的公共性。2006年《义务教育法》明确"义务教育是国家必须予以保障的公益性事业"，同年，党的十六届六中全会提出"坚持教育优先发展，促进教育公平"的方针。自此，在教育制度导向方面，尤其是基础教育阶段，我国对公平的关注逐渐超过对规模与发展速度的追求。培育与规范公立学校以外的教育资源的主要

---

[1] UNESCO, Global education monitoring report summary: non-state actors in education, 2021.

挑战在于：国家虽然对外部教育资源的准入和运营设置规则，但规则执行不力情况下外部教育资源会出现无序发展，损害教育质量和公平；而落实规范措施期间，可能会影响学生的原有学习生活节奏，导致当地推行规范措施出现困难。

职业教育投入不足，人才发展机制不完善

2019年国务院印发的《国家职业教育改革实施方案》明确提出"职业教育与普通教育是两种不同类型的教育，具有同等重要地位"。但是我国当前职业教育的吸引力仍然不足，不少地方存在重普通教育、轻职业教育[①]的认识误区。从招生人数来看，我国中等职业教育招生人数自2010年以来有所下降，2018年以后在国家号召下才略有上升；从毕业生人数来看（假设按三年一届计算），中职毕业率在80%左右，低于普通高中近99%的毕业率。这意味着即使进入职业教育体系的学生也存在辍学打工或者重新自考高中的现象。

当前，职业学校的办学质量不达标，无法满足产业对多样化人才的需求和个人向上发展的需求。《2018年全国中等职业学校办学能力评估报告》[②]显示很多中职学校办学条件未能达到基本标准，如近半数学校生均用地面积、校舍建筑面积不达标，1 400所学校未达到师生比要求等。这些问题尤其是在贫困地区如"三州三区"[③]更是严峻。研究显示[④]，按生师比20∶1测算，凉山州目前师资缺口275人；阿克苏地区中职教师2023年缺口超2 200人。高等院校之间也有同样的质量差异问题，《2020年全国普通高校本科教育教学质量报告》显示，普通本科、新建本科和学术型"双一流"高校有较大的差距，例如"双一流"大学具有行业背景专任

---

① 本文职业教育指包括中等职业教育、高等职业教育以及以培养技能人才为主的应用型本科层次。
② 上海教育科学研究院：《2018年全国中等职业学校办学能力评估报告》，注：采集到全国6 800余所职业院校（含1 300余所高职院校和5 500余所中职学校）。
③ "三区三州"是国家层面的深度贫困地区。"三区"是指西藏自治区和青海、四川、甘肃、云南四省藏区及南疆的和田地区、阿克苏地区、喀什地区、克孜勒苏柯尔克孜自治州四地区；"三州"是指四川凉山州、云南怒江州、甘肃临夏州。
④ 张劲英、陈嵩：《"后脱贫时代"职业教育如何行稳致远——"三区三州"职业教育发展现状与未来展望》，2021年11月。

教师占比达到23%，而普通本科和新建本科仅有18%；"双一流"大学生均实训场所面积在1.7~2.1平方米，而普通本科和新建本科在1.1~1.4平方米。普通本科和新建本科作为培养应用型人才的高校，更需要为学生提供高质量的实训资源、行业资源，但是当前其办学条件和教育资源上没有能够给学生提供与学费相匹配的教学，造成了当前一些地方普通高校或存在"低质高价"的问题。这导致了职业教育学生对所学习专业前景没有信心、对学校教学管理水平不满意等问题。

职业教育质量不佳、发展受限是投入不足和机制不完善的结果。从资金上来看，职业教育整体投入不足。我国中职教育经费占GDP比例低于国际平均，2018年我国约0.3%，而OECD成员国平均水平为0.5%。同时，与普通高中的经费对比来看，2018年数据显示OECD成员国对于中职学生的年生均投入经费要比普通高中学生至少多1 500美元，因为职业教育通常要投资设备、建设实训场地、补贴企业参与办学等，但是2017年至今我国中职教育生均经费都低于普通高中。在高等职业教育阶段，对低收入家庭学生的资助也是不足的。我国地方所属高校、民办职业学校的经费更多依赖于学费收入，相比中央部署的重点高校来说，这些学校的学生和家庭需要分担更多成本。但是从资助体系来看，我国对高职学生的资助倾斜力度不够。《2020年中国学生资助发展报告》显示校内无息借款中，专科生人次占比仅为15%；研究显示[①]，我国国家助学贷款中银行"惜贷"的问题在高职高专类院校最为严重，由于低收入家庭学生集中在高职院校，资助不足会加剧不公平的问题。

从机制上来看，职业教育的人才培养体系和主体参与机制尚未完善。第一，对于人才分流机制仍"唯分数论"，没有充分发挥出职业教育的特色。我国在义务教育阶段之后的职普分流方式仍以中考成绩为基础，学生的个人兴趣、能力和意愿没有得到体现。这种被动式、一刀切的分流难以提升职业教育的吸引力，反而会给学生造成一种被"淘汰"的心理负担和压力。同样，在中等职业教育升入高等职业教育阶段，参与普通高考对于高中阶段文化课占比偏低的中职学生来说并不具备竞争优势；虽然有技能考试招生、中高职贯通培养招生等形式进入高等

[①] 王蓉，魏建国：《高等教育学生资助体系建设：国际经验与中国实践》，《中国教育财政政策咨询报告》2006年11月。

教育，但是整体名额有限且职业学生在专业选择上空间较窄。

第二，职业资格等级框架不够统一和完善，影响职业教育体系纵向（中等至高等教育）和横向（职普互通）的发展。从英国、澳大利亚、德国等国的职业教育经验来看，职业资格等级制度是职业教育建立纵向和横向发展体系的基础。职业资格等级制度需要体现一类技能在不同教育层次的技能难度和工作复杂程度，同时也能够实现不同技能之间的资格转换。虽然我国也有初步的职业资格制度，但职业资格认证由多个部门、组织颁发，对于资格监督的统一性还需要进一步提高；技能资格标准和产业对技能的实际要求脱节，导致资格认证在就业市场中可能缺乏认可度。同时，从职普互通的角度来看，我国当前虽然有学历证书和职业资格证书两个系列，但是分属于不同部门管理，没有相互转换和认证的平台，导致普通教育和职业教育之间处于双轨并行但分离的状态，学生只能在一类教育中单向前行，造成了当前社会"重学术，轻职业"的问题。

第三，企业作为雇佣主体参与的程度不够。职业教育作为以就业为导向的教育类型，技能人才的培养应该与企业用人需求和要求相匹配。我国政府对于职业教育办学也针对聘请"双师型"教师、建设"企业订单班"等提出要求，但是落实程度仍有差距。评估显示[1]，有750多所院校的企业所提供的实践教学设备值低于100万元，50多所院校仅有10%的专业拥有企业兼职教师授课。虽然近年来，相关政策一直鼓励产教结合，但是企业参与的积极性仍然不够，甚至可能把对职业教育的投入看作成本负担。因此，大量职业教育毕业生满足不了就业的实践性和技能性要求，在就业市场中竞争力不足。

第四，高校分类发展定位不明，职业高校专业设置适应性不强。有学者[2]把我国当前高等教育系统分为研究型大学、应用型大学、职业技术型大学，分别可对应我国"双一流"等重点大学、发展特色专业的地方院校、归属于职业教育类别体系的高职和职教本科。但是，在发展过程中各种类型学校仍然呈现出了单一模式的发展，比如高校发展过度追求招生规模，高职学校一度追求"升本"，投

---

[1] 上海教育科学研究院：《2018年全国中等职业学校办学能力评估报告》，注：采集到全国6 800余所职业院校（含1 300余所高职院校和5 500余所中职学校）。

[2] 潘懋元、王琪：《从高等教育分类看我国特色型大学发展》，《中国高等教育》2010年第5期。

入过多资源去发展综合性全科专业,而忽视了"职业性"的类型特征。办学资源分散就会导致高校对于发展区域性优势科目、技能性优势科目的投入降低。有研究显示[①],我国某些地方职校在专业设置覆盖比较广,但是和区域经济的吻合度还需要提高,尚不能满足当地支柱性产业的用人需求,不能最大限度发挥出高校人才培养对当地产业的贡献。

职业教育在资金投入和机制上的问题一方面是因为经济发展转型中教育改革相对滞后,另一方面也因为对参与主体的激励和协调相对不足。第一,职业教育在经济发展进程中也曾一度具有吸引力,比如在改革开放至20世纪90年代以及2002—2010年中职招生人数都有上升趋势,主要由于改革开放、加入世贸组织的背景下经济发展对技术人才的需求和当时政策的激励较大。例如1980年《全国中等专业教育工作会议纪要》提出过"中专毕业生是各行各业,特别是基层领导干部的重要来源"。但是在社会转型过程中,职业教育发展的滞后性凸显,比如21世纪初高等教育扩招,但中职向高职发展的体系尚未建立;1998年开始中职学生实行招生就业体制并轨,取消"统包统分""包当干部"的制度,但职业教育专业的调整未跟上产业结构优化的速度,中职就业岗位不断压缩,职业教育的吸引力大幅下降。第二,针对调动高校和企业办学活力的政策激励和引导不足。对于高校来说,其办学方向会受到高校评估标准的影响。我国之前的高校评估体系未形成多元化的发展局面,比如评估专业科目数量、教师发表论文数量并不是职业类型大学的竞争优势。即使国家提出给予高校更多自主权,这些应用型大学或仍会朝着"综合型"发展。如果评价体系不发生变革,那么基于路径依赖,校方可能对于投入更多的人力、物力、财力重新规划办学的主动性较低。企业参与办学也是一样的,企业参与职业教育需要支出人才培养的资金和人力,如果没有具体的优惠政策出台,或许很难调动企业的积极性。第三,职业教育发展中政府多部门协作统筹具有一定的难度。职业教育改革涉及多个部门,例如职业高中、普通中专和成人中专归教育部门管理,技工学校归人社部门管理,产业联动需要工信部和发改委联系规划,等等,因此政策的落实难度比较大。如何协调

---

① 郑雁:《高职院校专业设置与区域经济发展契合度研究——以杭州为例》,《职业技术教育》2015年1月。

不同部门之间的资源、如何加强人社部用人需求和教育部的办学设置之间的反馈，共同促进职业教育体系的建立可能也是挑战之一。

探索教育高质量发展模式

教育改革涉及市场与政府、中央与地方、个人与社会等多维度的利益攸关方，且具有路径依赖的改革难点。因此为解决上述问题，政策的有效干预和引导是改变现状的关键，且政府在教育公共政策中的职能定位对于教育行业发展尤为重要。我们将先针对教育整体发展进行思考并通过国际比较分析政府职能定位，继而针对幼儿教育、基础教育、人才选拔、职业教育以及高等教育等环节，提出具体解决途径的思考与启示。

整体思考：加大教育财政投入

提高财政性教育经费占 GDP 比例。根据世界银行数据（图 11-3），从各国政府教育支出占 GDP 的比例来看，高收入国家平均水平为 4.8%，中高收入国家为 3.8%，中低收入国家为 3.6%。从我国公共教育经费支出总量来看，自 2012 年以来，我国国家财政性教育经费占 GDP 的比例保持不低于 4%，基本达到了中高收入国家的平均水平，但是相较而言排名并不算靠前。考虑到我国当前经济增长新格局下对人力资本和技术研发有更高的期待，同时教育不公平现象有待解决，建议财政性教育经费支出占 GDP 比例可以进一步提高。

加强大数据平台建设，发展教育信息化。我国教育系统数据维度丰富，涉及不同教育阶段、不同细分部门、不同区域。通过大数据的发现功能和预测功能，可以将教育体系中各个阶段、教学的各个环节进行拆解和分析，为教育政策制定和效果跟踪提供支持。除此之外，OECD 报告指出[①]，教育信息化得益于技术带来的个性化教学、数据反馈的特点，能够改善弱势群体学习环境、提升学习兴趣。一方面，教育信息化有助于教育资源共享、校际合作，弥补区域贫富资源差距，

[①] OECD, ICT and Learning: Supporting Out-of-School Youth and Adults, 2006.

加强教育公平；另一方面，云计算、大数据、人工智能等技术能够通过对每个学生的数据分析，赋予教师"个性化"教学的能力，达到学生高质量学习的目的。当前我国已经从教育信息化1.0时代迈向2.0时代，未来教育信息化的发展应逐步从对硬件设施的投入转变为向教学软件倾斜，同时信息化功能从校园基础设施建设向优化教学效果过渡，帮助教育真正从以老师为中心向以学生为中心转变。

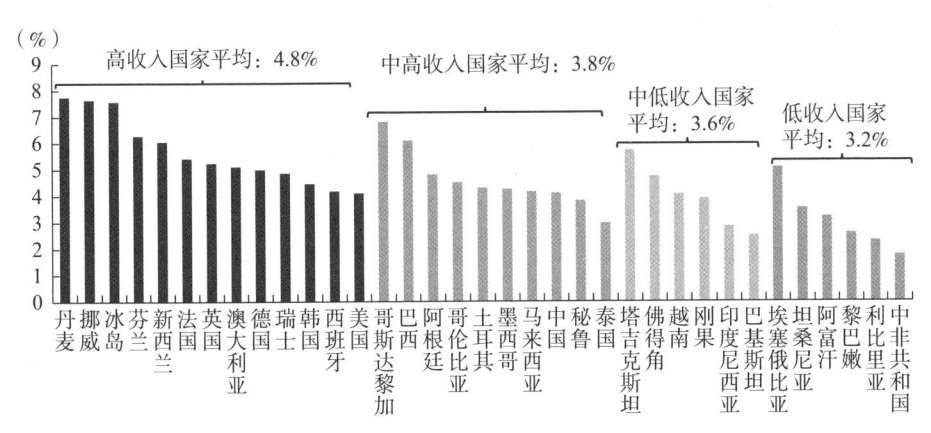

图 11-3　各国政府教育支出占 GDP 比例

资料来源：世界银行，OECD，中国教育部，万得资讯，中金公司研究部。

注：数据为世界银行及 OECD 所披露的各国最新年份数据，大部分为 2019 年和 2018 年数据。我国为 2019 年数据。

提升教师人才发展的整体环境。教师是教育事业发展的基础，是提高教育质量的关键，建议如下。第一，落实有关提升教师地位、工资待遇的政策。保障义务教育教师平均工资收入水平不低于公务员平均工资收入水平，尤其要注重对经济不发达地区教师的薪资激励、生活补贴；完善教师绩效工资制度，提高教师职业吸引力。第二，加强师资培养机制，比如为教师提供免费、多样的培训机会；创造教师参与所教科目的实践活动的机会，比如提供职业教育老师参与产业学习的机会。第三，提升教师在整个教育体系、政策建议制定中的话语权，重视教师在教学辅导过程中的反馈和需求，为教师打造良好的发展环境。

建立和引导全面发展的教育培养观念。当前社会中存在过度追求学历、以成绩为主要导向的现象，教育政策可以进一步引导以德智体美劳全面发展为目标的教育观念，具体措施包括在各个阶段的教育课程体系中加强心理辅导、沟通培训等课程内容以提升学生处理问题和社会情绪的能力；保障音体美课程的占比，提高学生体质和文化素质水平；对于低收入群体或者弱势群体要安排专门的老师或者员工加强学生辅导服务，避免学生在学习过程中产生自卑、不适应环境等问题；在教学方式上，要求老师以提高学生学习的兴趣为原则，保护学生的好奇心、想象力、求知欲等。

整体思考：明确政府在不同教育阶段教育公共职能的侧重

在财政有限的情况下，公共服务可能无法满足所有教育产品的需求。如何平衡政府和市场之间的关系、合理引导市场参与高质量教育的建设，如何定位政府在不同阶段的职能是教育公共政策中持续被关注的问题。我们结合国际比较和学术理论，针对我国教育发展现状提出关于不同教育阶段政府职能定位的建议。

学前和基础教育阶段：坚持政府的投入主体地位，加强自上而下的统筹。基础教育被称为"公民的一般教育"[1]，学者认为如果公民没有一个最低限度的文化水平，或不能广泛地接受一些共同的价值准则，稳定而民主的社会不可能存在。同时教育收益率研究中表明[2]，小学的社会收益率最高。因此，大多国家的基础教育主要由政府提供。OECD 2018年成员国数据显示，在非高等教育阶段（包括学前、小学、中学）政府投资占总经费的平均比例达到90%。同时，为保障整体公平性，各国的中央、州一级政府一般需要承担统筹教育资源、评估监管的职能。我国2018年幼儿园、小学和中学国家财政性教育经费所占比重分别为48%、94%和88%[3]，在学前和中学应进一步强调政府投资的主体地位。为实现教育区域差距进一步缩小，中央和省一级可以尝试加强区域教育资源分配的统筹职能，并加强对教育资金投向的监督和效率评估。

高等教育阶段：激发高校办学活力，加强政府的治理和监督。高等教育与就业市场、社会地位联系更加紧密，因此除了能力的培养，也有筛选人才的功

---

[1] Milton Friedman, The Role of Government in Education, 1955.

[2] Psacheropoulos, Returns to Education: A Further International Update and Implications, The Journal of Human Resources, 1985.

[3] 根据教育部国家财政教育经费/各层次总经费所得，中学包含初中和高中。

能。因此这个阶段的教育产品具有一定的"拥挤性"和"价格排他性",被普遍认为是准公共产品[1]。高等教育系统被认为是国家权力、学术力量以及市场力量相互作用的结果[2],所以政府和市场都是必要的资源分配者。国际上高等教育模式大体可以分为两类(图11-4)。一种是国家监督模式,以市场为主导,政府对高校办学影响较小,如美国、英国等,其政府投入占比在30%左右。该模式的优点在于竞争机制能够发挥效率的作用,有利于科研创新;但是也存在着"市场失灵"的隐患,比如高校学费自主定价下,学生和高校信息不对称问题;重点大学和普通大学分层严重,导致教育公平性缺失。另一种是国家控制模式,强调政府对大学有较强的控制权,体现在资金、人事聘用以及专业设置等,如法国、德国,其政府投入超过80%。这种模式下教育公平得到了一定的保障,但是财政投入压力较大;同时由于长期受福利制度影响,高等院校缺乏市场和竞争意识。两种模式近年来的变革共同点在于:进入高等教育普及化的国家,市场在高等教育中的参与程度均有所提升,以分担财政压力、完善职业教育等多元化教育发展;给予高校和市场自由度的同时,政府加强了监管和宏观调控的职能。即使在市场主导的教育体系下,英国和美国近年来也加强了对教学质量、办学绩效的评估。

我国高等教育的分类发展需要释放高校和市场的活力,政府职能向掌舵者[3]转变。我国高等教育的改革中,政府也逐渐由"国家控制模式"向"国家监督模式"转变,但制度保障仍有待完善。在资金来源上,2018年我国国家财政性教育经费占比为64%,政府财政拨款是高等教育经费来源的主力。同时,在高校办学、教学上仍有较多行政细节干预,现实中高校分类发展的自主权尚未完全落实。我们认为未来我国高等教育中政府可以加强监督和统筹职能,有序引导市场力量的参与,激发各个高校的办学活力。

---

[1] Simon Marginson, Allen & Unwin, Markets in Education, 1997.
[2] Burton R. Clark, The Higher Education System Academic Organization in Cross-National Perspective, 1986.
[3] Callan, P., K.R. Bracco and R. C. Richardson Jr., Designing State Higher Education Systems For a New Century. Phoenix, 1999.

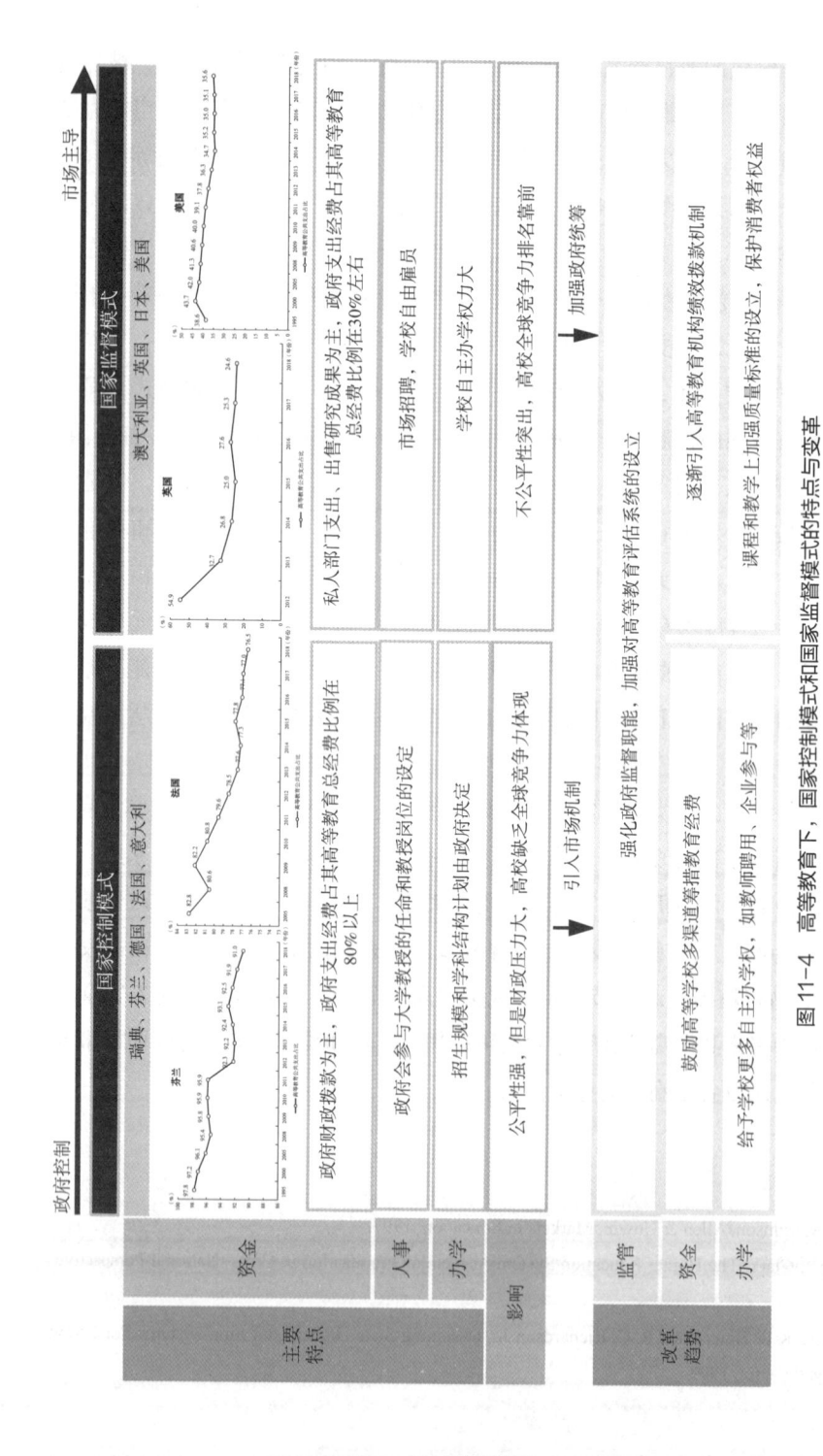

图 11-4 高等教育下，国家控制模式和国家监督模式的特点与变革

资料来源：OECD 数据库，各国教育部，中金公司研究部。

注：依据各国主要管理特征总结提炼，并不代表所有国家都是完全一致的做法。

幼儿阶段：增加普惠性托育资源、对乡村家庭加强育儿指导服务

加强学前教育财政投入，提升托育服务的家庭可负担性。基于与OECD国家学前教育经费中家庭、公共财政承担比例的对比，我们认为我国应加强对学前教育的财政投入，完善成本分担机制。国际上，托育服务主要可分为政府为主、政府与私人并重、私人为主三种类型。整体上，各国托育经费筹措展现出公共财政投入占比较大且不断增长，资金来源呈现国家、家庭、社会共建的趋势。政府主导的托育服务能够有效提高托育的普及程度，但存在对财政投入依赖较强的问题；私人主导则存在普惠程度不足的问题。我国或可以采用政府、私人混合托育服务供给模式：公共财政扩大托育供给并主要提供覆盖弱势群体的托育服务；通过补贴与监管等措施支持、规范非营利性托育服务机构的发展，使得家庭更加合理地分担托育服务成本。

多渠道增加普惠托育服务供给，提高儿童入托率。首先，可以通过托幼一体的方式扩大托育服务供给。托幼一体是有效增加托育服务的方式之一，具体措施为在鼓励和支持幼儿园满足3~6岁儿童入园需求基础上，开设招收2~3岁幼儿的托班。但推行过程中应注意，0~3岁幼儿托育服务的成本远高于3~6岁儿童的幼儿园服务成本，发展托幼一体需要给予幼儿园相应激励、保障措施。其次，可以通过财政补助非营利性民办托育机构。托育机构的场地租金、人工成本导致运营成本高，如果无补贴的托位只能通过高收费达到收支平衡，则会导致托育服务收费居高不下。为确保我国来自中、低收入家庭的儿童能够获得高质量、能负担得起的托育服务，公共部门可尝试与民办普惠托育机构协作，即为民办普惠托育提供培训、进行督导和监测，并提供补贴，而纳入政府补贴范围的托位按普惠收费标准提供托育服务。对于托育服务的补贴应探索、完善建设补贴、运营补贴等多种方式。

在乡村地区完善家庭育儿规范与监测机制。乡村地区幼儿教育中应明确家庭、乡镇政府的权利与义务，建议完善乡村家庭营养、陪伴指导方案，并以地方政府主导建立或完善工作团队，采用入户干预、活动中心等方式推动家庭教育指导服务，偏远地区乡村尝试采用通过网络方式开展。强调父母为儿童提供学习环境的重要性，通过网络、电视指导，辅以提供学习工具包的方式，鼓励父母与其

他抚养者积极参与儿童的家庭学习活动。此外，应完善贫困地区儿童的家庭教育环境监测体系、生长发育监测体系，进行贫困地区家庭育儿状况评估，并给予奖励性补贴，提升乡村家庭对幼儿早期发展的重视程度。

基础教育阶段：校内资源扩大供给、加强均衡性，持续规范校外资源

完善教育经费拨款机制，投向聚焦师资提升。首先，我国在教育拨款机制上可以设计得更加精细，例如加强教育拨款与学校、地区教育绩效的挂钩，以提升教育经费的使用效率。其次，国际经验表明，教师薪资水平正向影响学生的学业表现，薪资保障是吸引和留住优秀教师的必要条件。基础教育阶段的教育经费投入，应着重保障教职人员薪资水平与职业发展，避免过度投入基础设施。尤其在乡村地区，教师生活环境缺乏吸引力，职业认同感偏低，更应保障教师的薪资与津贴水平，并在培训、在职提升学历、职称评定上对乡村教师予以政策倾斜。最后，对于区域间、校际教育经费存在不均衡问题，或可尝试提升省级教育经费支出责任并完善教育经费使用质量评估机制。

坚持义务教育阶段优质均衡、公平为先，通过教师轮岗促进优质教育资源的流动和共享。为实现"家门口就能上优质公立校"，我国可尝试进一步推动校际、区域间教师资源等优质教育资源的共享。2014年起，教育部推进县（区）域内义务教育学校校长、教师交流轮岗，2021年以来，上海、深圳、北京也陆续宣布将促进义务教育阶段教师轮岗。日本教师轮岗制度实施或对于我国具有一定借鉴意义，其教师不仅在同一行政区域内流动，还在偏远地区与发达地区之间也实现了较高的流动率，而其成功实施在于逐步建立了完善的教师轮岗法规与政策支持，同时辅以偏僻地区、寒冷地区、特别地区、长距离调动津贴等多项保障措施[1]。为保障教师轮岗制度有效性，我国应完善教师轮岗人才遴选机制、补偿机制与监督机制，同时可完善高于县级的统筹机制，以协调县级部门支持教师轮岗制度实施。此外，或可以在县（区）内教师轮岗制度实施成熟后，进一步尝试

---

[1] 付淑琼、高旭柳：《日本教师定期轮岗制度的经济保障制度及其对我国的启示》，《教师教育研究》2015年第1期。

城市、乡村教师的双向流动机制。

为有效提升人口受教育水平，可尝试将高中阶段纳入义务教育，试点配套缩短义务教育学制、分阶段普及。如前文所述，大部分国家的教育与经济发展历程均表明，培养高素质劳动者，提升其受教育水平，是促进经济增长、社会发展的根本。我国计划在"十四五"末期，将劳动年龄人口平均受教育年限提高到 11.3 年，意味着 2025 年我国劳动年龄人口平均受教育水平应达到高中二年级以上教育程度。为实现这一目标，高中教育的普及尤为重要，为提升我国国民受教育水平，建议尝试将高中阶段纳入义务教育。对比 OECD 国家，其中 60% 以上的国家实行 10 年及以上的义务教育，在此基础上，部分国家又进一步延长了义务教育年限：比如法国 2019 年将强制接受义务教育的最低年龄从 6 岁降低到 3 岁，将义务教育延长至 13 年；韩国 2019 年开始计划逐步普及高中义务教育。义务教育年限扩展的讨论中，存在向学前教育延伸还是向高中教育延伸的争论，当前我国学前教育普惠化与扩大高中教育供给均较为迫切，在财力有限的情况下，或可在研究论证的基础上试点缩短义务教育学制[①]，并分阶段普及以减轻将高中阶段纳入义务教育带来的财政负担。

巩固"公民同招""双减"政策，扩大校内服务供给。我国出台政策中"公民同招"要求民办学校与公办学校同步招生；"双减"要求发挥学校主阵地作用、规范校外培训发展，规范公立校外教育资源，具有促进教育公平的作用，应持续落实和巩固。监管对政策实行具有保障作用，"双减"实施应保持监管的连续性。在规范校外资源的同时也需要注意公立教育是否提供了充足的教育供给，并着力提升校际教育资源均衡性。参考韩国经验，20 世纪 80 年代，韩国禁止教培活动，补习学院必须在政府严格监管下进行，但补习人数仍然大幅增加；20 世纪 90 年代，韩国疏解教培政策转向"提升学校教育质量"，一方面改善高中评估机制、建立多元化招生机制；另一方面增加提供学校课外服务，教培问题得到

---

① 2016 年，全国政协委员莫言曾建议缩短中小学学制，来源：http://www.xinhuanet.com/politics/2016-03/04/c_1118239553.htm，最后检索时间为 2022 年 4 月 22 日；2021 年，社会新闻传言 2021 年秋季学期起小学、初中学制缩短，教育部基础教育司在回复留言咨询时，表示该消息不属实，教育部目前无相关政策出台，来源 http://www.moe.gov.cn/jyb_hygq/hygq_zczx/moe_1346/moe_1352/202104/t20210421_527471.html，最后检索时间为 2022 年 4 月 22 日。

一定的缓解，教培总收入出现下降[1]。

选拔机制：对弱势群体提供补偿性政策，发展多元化考核体系

选拔机制虽然不是解决教育发展不均衡的治本之策，但也是中等教育层次向高等教育层次上升的重要衔接制度。由于低收入家庭学生在教育资源获取能力和社会地位上的差距短期内无法完全消除，即使面对统一的考试，实质上也处于落后的位置，因此在选拔环节提供适当的补偿性政策可以提升这类群体在高等教育院校的入学机会；同时，高等教育迈入普及化之后，面向的生源更加复杂，包括中职毕业生、再就业人员、农民工、新型职业农民等，仅有"唯分数论"的考核方式可能使很多拥有技能优势的人才错失被培养的机会，因此完善职教高考等多样化的选拔机制有利于不同类型人才的筛选，相关具体政策如下。

降低英语在升学考试中的权重。高考本身促进了教育制度的公平，但是我们认为在科目选择和权重上或仍有一定的优化空间。关于英语作为高考考试科目的必要性一直是专家们热议的话题[2]。从教育公平的角度来看，对于教育资源欠缺的偏远地区来说，英语等外语教学资源获取难度较大，即使通过远程教育也不足以达到一线城市等国际教育资源充足地方的平均水平，英语的考核可能是"雪上加霜"。从国际经验来看，东亚国家在选拔性考试中对英语的考查方式趋于灵活，例如，韩国自 2018 学年将高考英语从标注分数转为只标注等级。我们建议中考、高考或可试行降低英语权重或转化为等级制考查，如果学生有兴趣或者工作需求，可以在大学阶段进行选修或者通过继续教育进行提升。

扩大教育补偿的覆盖范围，高校加强承接能力和辅导支持。2012 年起我国实施了国家扶贫定向招生专项计划，包括国家专项、高校专项与地方专项，截至 2020 年累计录取学生近 60 万人。补偿性政策在一定程度上能够打破贫困地区及乡村的落后局面，具体落实方面建议：一方面可以扩大被补偿的学生范围，不

---

[1] 周霖、周常稳：《韩国影子教育治理政策的演变及启示》，《外国教育研究》2017 年第 5 期。
[2] 例如，2020 年全国人大代表、湖南省长沙市雅礼中学校长刘维朝在"两会"中提交的《关于纵深推进高考改革的建议》就重点提到要降低英语在高考中的权重，采用等级制；2021 年北大国家发展研究院院长姚洋在多次采访中也提出取消英语考试的建议。

仅是县镇的"超级中学"中的个别优秀生,也要涵盖乡村学生和城市中的弱势群体;另一方面,增加多种类的扶持政策,比如区域间、校际对口帮扶,例如2015年江苏与新疆贫困县克州开展联合办学,建立起"读克州中职,上江苏高职"的中高职衔接体系[1],弥补了当地高职的空白。同时承接生源的高校要关注被补偿的学生进入高等教育后的心理状态和学习、就业状态,实施帮扶的学校要加强自身承接能力,配套相应的入学辅导、咨询服务以及后续的就业辅导等。

完善职教高考的升学路径。职业教育和普通教育作为同等重要的教育类型,担负着不同的教育职能,因此建立职业教育的高考机制是重中之重。目前我国山东、江苏、江西等省份已经启动"文化素质+职业技能测试/职业适应性测试"的职教高考试点工作[2],未来可以进一步扩大职教高考的名额,将试点工作推广至更多省份。在职教高考机制具体设置中需要保障技能考试所占比例,来体现职业教育对人才选拔标准的特色;并且考核内容的设定需要基于统一的职业技能资格框架,能够更好地体现中等职业技能和高等职业专业之间的承接性。比如不宜将考核的技能类别太过于细化,应该以专业大类为单位,避免考生在高等教育专业选择上、职业道路上受到局限。

职业/高等教育:加大整体投入,建立现代化职业教育体系

加强财政对于职业教育的倾斜。在总量上,提高职业教育经费占 GDP 的比例,尤其应该加大中职阶段的公共财政方面的投入。在投向上,一方面要加强对偏远地区、乡村地区的职业教育专项投入,改善贫困地区职业教育供给不足的现象,研究显示,"三州三区"常住人口 2 600 万人左右,仅有高等职业院校9所[3]。另一方面,投入要用于提高教学质量的方向,包括建立公共实训场地、培训职业教师、提供就业咨询等。在经费拨款机制上可以借鉴芬兰等国的国际经

---

[1] 江苏省教育厅:《江苏省教育厅与新疆克州人民政府签约加大对克州职业教育对口帮扶力度》,http://jyt.jiangsu.gov.cn/art/2014/6/30/art_38307_3271066.html。

[2] 教育部:《介绍推动现代职业教育高质量发展有关工作情况》,http://www.gov.cn/xinwen/2022-02/23/content_5675242.htm。

[3] 聂伟、罗明丽:《贫困地区职业教育精准扶贫作用的制约与张扬》,《职业技术教育》2019年。

验，除了固定的生均拨款方式外，也可以结合绩效拨款的方式，将学生毕业率、培训完成率、教师资格和部分经费拨款挂钩，提高学校对教育经费的使用效率。

加强对低收入家庭学生和职业院校的资助。地方政府部门和高校可以进一步完善对贫困学生的建档立卡，利用大数据等科技手段对学生情况进行实时更新，提高资助群体认定的精准度。同时，优化助学贷款的偿还方式，充分考虑毕业生的承受能力来设置归还条件，例如学习英国在高等教育贷款中动态还款的模式，将贷款归还系统划归到个人税收系统管理，只有当毕业生工资收入达到一定标准后才开始偿还贷款本金，防止毕业生因偿还助学贷款而加剧生活压力。此外，除了财政支持，也可以积极引导社会捐款的介入。建议通过"捐赠免税制度"、设立专项公益项目、企业教学激励等政策来引导社会资本支持职业院校的建设。

建立合理的职普分流方式，加强职业选择的引导。职普分流机制应该更加灵活、符合学生个性化发展。从国际经验来看，德国等国家在职普分流阶段并没有统一的针对各类学校的升学选拔考试，分流的方式和标准主要是依据学生的兴趣、爱好和性格分析。同时在分流前，学校对于学生选择职业教育路径的规划指导也尤为重要。例如，芬兰政府要求学校为学生在进入职业教育之前提供职业咨询、预备性技能训练等服务，提供高质量的学生指导服务被认为是提高职业教育办学质量、降低辍学率、提升教育公平的重要举措。

打通职业教育的上升渠道，加强职业本科层次的建设。从国际趋势来看，发展高层次职业教育是各国职业教育发展的重要方向。OECD成员国平均数据显示拥有高中职业资格的成年人的收入平均比受过高等教育的成年人低34%，而完成高等职业教育的学生与中职生相比，收入高出16%，就业率高出4%。我国发展高等职业教育是必然趋势，尤其是建设职业本科。2021年职业本科已经正式纳入我国学位体系。职业本科不是简单地拉长高职的学习时间，而是将整个技能人才能力培养的层次上移。这就需要完善和统一职业技能资格的框架设置。例如借鉴英国职业教育的国家职业资格证书制度（National Vocational Qualifications）建设，以实际岗位的工作为基础，制定技能标准和等级，使整个等级框架贯穿中等到高等教育层次，且对应职业岗位从新员工到高级管理人员的晋升路径。另外，扩大职业本科学位的供给，比如将质量高的高职学校升格为职教本科，或者在应用型本科中开设职教本科的专业试点。

建立职普互通的互认平台，形成多部门合作体系。为实现职业教育与普通教育的平等地位，建立职普互通的机制，加快建设学分认定、积累及转换系统尤为重要。我们可以学习借鉴英国的资格与学分框架（Qualification and Credit Framework），实现学术资格证书与职业资格证书之间的衔接和互认，根据学生所获学分可以在不同资格之间进行转化。同时，职业教育的机制建立需要多个部门共同参与，因此需要建立统筹的管理平台来加强不同部门之间协同和沟通。2018年国务院已经建立了由教育部、发改委、工信部、财政部、人社部等9个政府部门组成的职业教育工作部际联席会议制度，奠定了多部门协作的基础。在联席会议制度的基础上可以进一步发挥统筹管理的职能，比如提出统一的校企合作的标准，建立劳动力技能需求反馈系统，并及时反馈到职业院校教学的专业设置上和财政资金的分配上。

加强职业教育人才的社会保障，破除唯名校、唯学历的用人导向。除了提高职业教育人才自身的水平，在社会保障、用人待遇等方面，也可以通过相关政策引导和修正当前社会对职业教育的偏见。2021年11月，人力资源和社会保障部发布《关于职业院校毕业生参加事业单位公开招聘有关问题的通知》，要求切实维护、保障职业院校毕业生参加事业单位公开招聘的合法权益和平等竞争机会。我们认为诸如此类的保障政策能够提升职业教育的吸引力，包括各个产业中技能人才的待遇的提升；落实技术工人落户等社会保障体系的建立；在职业岗位升迁机会上避免歧视，为发展技能型社会做好制度保障。

通过优惠政策和平台建设，提高企业在职业教育的参与程度。借鉴国际经验，企业深度参与能够有效解决人才培养与产业脱节的问题，参与范围包括标准制定、实训办学、人才评估等。第一，通过税费减免、优惠利率等实质性政策激励企业参与。例如德国联邦政府对于增加或扩充学习岗位、提供师资的企业会给予相应的培训补贴或者免税政策。第二，提高企业对职业标准制定的话语权，比如英国政府建立行业技能委员会等多种平台和机制，企业、行业能够参与具体资格标准的制定、表达用人需求。我国职业教育也可以通过充分利用行业专家委员会平台收集采纳来自产业的建议，根据产业中发生的技术变革来调整课程内容，根据产业上下游供应链的特征来建设专业集群等。第三，对于产教融合的形式和内容出台一定的标准，确保校企合作的教学质量，同时对于学生参与实训的时长、内容、考核等设立监测体系，确保产教融合政策落实到每个学生的技能提高上。

给予高校办学自主权，提升职业教育服务社会的能力。激发高校办学活力应该将学校办学自主权和服务社会的能力结合起来。评估报告显示[①]，当前我国高职类院校服务社会能力偏弱，政府购买服务、技术服务、科研等各类收入较低。因此相关部门可尝试引导职业院校积极参与社会经济服务，鼓励高校通过对外提供技术咨询、为企业提供培训服务进行多元化筹资；提升高校评估和教师考核中社会服务能力贡献的权重。在办学上，给予高等教育/职业教育院校更多自主权，比如简化高校开设新专业的审批流程、优化学校专兼职教师的选聘和录用流程、在统一的招生标准上给予高校一定的调节空间，使高校能够开展符合区域产业特征的专业。尤其在偏远贫困地区的职业院校，应该重点发展如农牧业、旅游业、民族文化产业等与当地产业集群相匹配的特色专业，保障贫困地区职业教育毕业生顺利就业，实现个人收入的提高，实现区域内经济发展的人才保障。

完善内外部评估体系，细化高校分类评价。高校自主管理和企业参与办学的前提是完善高校问责机制。问责的主体应该多元化，既包括政府主管部门，也包括学术组织、第三方等外部机构。国际经验来看，英国的高等教育评价体系包含政府系统、高校内部系统和民间的监督系统，充分体现了政府、学校、市场三者之间的相互作用关系。我国高等教育评价项目中建议侧重于对学术结果、育人质量、学校创新力以及对于社会贡献的评估项目；引导社会或行业为代表的评价组织发展，保证评价的独立性。同时，高等院校评估制度是高校办学发展的重要指引，评估体系可以根据院校的学科特色和功能进行分类评估，比如对以应用型人才培养为主的高校进行单独评价，对不同学科特色的学院进行单独排名，而不是与学术型大学、综合型大学进行简单的横向比较。

---

① 上海教育科学研究院：《2018年全国高等职业院校适应社会需求能力评估报告》。

第十二章

建立均衡高效的医疗体系

全民健康是共享高质量发展的前提和保障，作为实现全民健康的重要工具，医疗体系需要兼备均衡和高效。与其他国家类似，中国的医疗体系长期面临"看病贵"和"看病难"问题。"看病贵"和"看病难"是对医疗体系存在问题的形象化概括，"看病贵"主要涉及医疗的可负担性方面的问题，"看病难"主要涉及医疗的可及性。中国的医疗体系在可负担性和可及性方面优于很多国家，但仍存在较大的提升空间，也是未来努力的方向。具体而言，中国的"看病贵"表现为居民就医负担较重，医疗支出风险保障不足，易引发灾难性医疗支出甚至因病致贫；"看病难"表现为优质医疗资源稀缺，患者并非找不到医生，而是找不到好医生，农村地区医生数量也相对缺乏。"看病贵"反映出中国的医疗保障制度仍有很大发展空间，城乡区域差别较大；"看病难"反映出中国的医疗服务体系资源配置不均衡，优质资源过度集中且医疗机构间临床质量存在较大差距。

借鉴美国、日本、英国等国医疗体系的先进经验能够帮助中国改善医疗系统的均衡、效率和可持续性。美国成熟的商业保险市场在满足居民多样化医疗需求的同时，也有效地激发了医药企业的创新活力；日本充分运用丰富多元的医保精细化管理措施，在严重老龄化背景下实现了医疗费用的低增长；英国在全民医疗服务制度中建立了专业的全科医生队伍以及完善的分级诊疗体系，提高了医疗系统的宏观效率。

推行基本医疗服务均等化是现阶段建立均衡高效的医疗体系、促进发展成果共享的重要途径。实现该目标需要医疗保障、医疗服务以及医药产业的共同努力。在医疗保障领域，一方面需要增加财政投入，缩小城乡医保差距，建立大额医疗支出兜底保障机制；另一方面也需要提高医疗基金的管理使用效率。在医疗服务领域，既要将医联体作为抓手，建立以基层医疗为核心的整合式医疗体系，也要通过提高医师待遇，加强信息互联，整合医疗、康复和养老等，整体提升基层医疗机构综合服务能力。在医药产业领域，需要政府大力支持医药创新，发掘商保支付潜力。[1]

---

[1] 本章作者：邹朋、屠炜颖、戴戎、李千翊、全芳、杨一正。其他重要贡献者包括：刘泽宇。

共享高质量发展需要建立均衡高效的医疗体系

均衡高效的医疗体系是实现发展成果共享的基础

　　高水平的全民健康是实现发展成果共享的前提和保障。良好的健康水平能使个人摆脱生理、心理疾病困扰，以及社会生活压力的羁绊，是实现个人全面发展的基础。个人健康水平的提升能够提高自身的劳动生产效率，延长劳动供给时间，增加个人的收入和财富；同时，良好的个人健康能够促进社会融入，增强个人在社会生活中的主动性和积极性。良好的全民健康水平也是经济保持增长的长期动力。庞大且健康状况良好的劳动力大军是创造社会财富、共享高质量发展的先决条件；良好的全民健康水平能够促进人口教育水平的有效提升，提高全社会的教育人力资本。高水平的全民健康也是社会进步的基石。联合国将人均预期寿命作为人类发展指数之一。健康不仅有益于个人发展，也是促进社会进步、共享高质量发展的重要基础。

　　作为重要的健康决定因素，医疗卫生是提升全民健康水平的关键。影响健康水平的因素种类繁多，经济、社会、文化以及遗传等因素都会不同程度地影响健康水平，其中医疗和公共卫生对健康水平的影响最为直接有效，也是政府部门提高居民健康水平经常使用的工具。经验证据表明，提升医疗卫生的可及性能够有效减少传染性疾病的传播，预防并控制慢性疾病发生和恶化，提升精神健康水平，进而减少不同人群的死亡率[①]。同时，医疗卫生可及性增加对于低收入人群的作用更为明显。

建设均衡高效的医疗体系是促进发展成果共享的发展方向。均衡性要求无论是什么样的人，处在什么样的经济状况和社会政治状况，对医疗卫生健康的服务必须是可及的；高效性的核心是以人为本，构建以健康为中心的、基于价值的整合型服务体系[②]。建设均衡高效的医疗体系需要健全的医疗保障制度以及建立以基层医疗服务为核心的整合式医疗服务体系。健全的医疗保障能够尽可能缩小不同收入群体间医疗服务利用差异，缩小健康不平等，同时健全的医疗保障体系能够最大限度地降低居民的就医财务风险，减少灾难性医疗支出[③]以及因病致贫、返贫，提高居民安全感；以基层医疗服务为核心的整合式医疗服务体系能够建立有效的分级诊疗，充分发挥各层级医疗机构的优势，提升医疗系统整体效率。然而，由于医疗存在高度的信息不对称和不确定性，追求均衡和效率的平衡相比其他领域更为困难，每个国家都在医疗的可及性、可负担性以及质量三者构成的"不可能三角形"之间积极寻求解决方案。

"看病贵"和"看病难"仍是中国医疗体系的主要问题

很多国家都面临"看病贵"和"看病难"，只是表现形式不同。"看病贵"和"看病难"是对各个国家医疗体系问题的形象化概述。"看病贵"主要涉及医疗的可负担性，"看病难"主要涉及医疗的可及性，其在各个国家的表现形式不同。在美国，"高昂的医疗费用""卫生总费用占 GDP 比重远超其他发达国家"早已成为批评美国医疗体系的老生常谈；在英国，超长的预约等待时间使很多人选择放弃手术治疗；在日本，严重老龄化引起医疗费用上涨使公共财政或难以为继。

---

① 王曲，刘民权．(2005)．健康的价值及若干决定因素：文献综述．经济学（季刊），5（1），10。
② 梁万年．(2019)．构建优质高效的医疗卫生服务体系．中国卫生，1（1）。
③ 灾难性医疗支出是指家户当年医疗支出占家户总消费（扣除食品等必需消费）的比重超过40%，国际上通常使用发生灾难性医疗支出家户的比例作为衡量一国医疗保障体系保护居民就医财务风险的能力，该比例越低，则其医疗保障体系防范就医财务风险的能力越强。

相比许多国家，中国在卫生费用总水平、就医等待时间等方面表现较好，但在可负担性和可及性方面仍存在较大提升空间。目前，中国的"看病贵"和"看病难"主要表现为"就医负担较重""好医生难觅"等医疗资源分布不平衡。政府历来高度重视并着力解决中国的"看病贵"和"看病难"问题[1]。厘清"看病贵"和"看病难"问题的表现形式以及背后存在的原因，不仅有助于建立均衡高效的医疗卫生体系，更能进一步提升中国老百姓的获得感，促进共享高质量发展。

从总量矛盾到结构矛盾：中国的"看病贵"和"看病难"问题随时代演变

早期"看病贵""看病难"问题表现为医疗保障缺失、医疗资源总量不足。随着20世纪逐渐转向市场经济，中国的医疗体系也逐步转向市场化，政府投入大幅下降。同时原有的社会组织形式也逐步瓦解，农村地区的合作医疗慢慢解体，大量农村居民缺乏医疗保障，城市地区原有的劳保体系也覆盖不足[2]。调查显示，1998年中国有76.4%的人口没有任何形式的医疗保险，该比例在农村地区更是高达87.3%[3]。这一时期政府对公立医疗体系的财政补助下降。医院出于维持总收入水平和医院发展的角度，增加药品、检查等价格较高的医疗项目，造成居民医疗费用大幅上升[4]。医保覆盖不足以及价格体系扭曲致使费用高企，造成"看病贵"。另外，由于政府投入不足，医疗卫生资源容量有限，人均医疗资源绝对量较低，引发"看病难"。

三大保险项目陆续建立，实现全民医保覆盖。为了应对医保缺位导致的"看病贵"，中国政府先后建立了覆盖城镇职工（1998年）、农村居民（2003年）和城镇居民（2007年）的三大基本医疗保险，持续扩大参保人口。从2012年起，

---

[1] 国务院办公厅《关于印发深化医药卫生体制改革2021年重点工作任务的通知》中指出，"促进优质医疗资源均衡布局，统筹疫情防控与公共卫生体系建设，继续着力推动把以治病为中心转变为以人民健康为中心，着力解决看病难、看病贵问题"（http://www.gov.cn/zhengce/content/2021-06/17/content_5618799.htm）。

[2] Blumenthal, D., & Hsiao, W.（2005）. Privatization and its discontents – the evolving Chinese health care system. New England Journal of Medicine, 353（11）.

[3] 中华人民共和国卫生部.（1999）. 国家卫生服务研究——1998年第二次国家卫生服务调查分析报告.

[4] 寇宗来.（2010）."以药养医"与"看病贵、看病难". 世界经济，（1），49-68。

基本医保参保率保持在 95% 以上,实现了世界卫生组织(WHO)的全民医保覆盖标准。随着医保覆盖率的提升,出于经济困难较少使用医疗服务的居民人数有所下降,2003 年 70% 应住院未住院患者是由于经济原因未住院,2018 年该比例下降至 45.5%。

政府加大财政投入,医疗资源逐渐扩容。在医保快速扩面的同时,中国政府也加大了财政投入力度,医疗卫生资源持续扩容。2003 年中国每千人医师数和床位数不足 OECD 国家平均水平的一半,而到 2018 年,该两项指标的中外差距已大幅缩小,部分指标甚至超过 OECD 国家,医疗资源供给已有较大改善(图 12-1)。

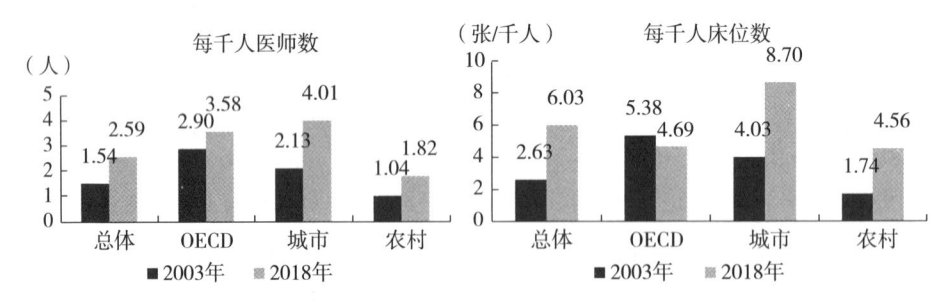

图 12-1 中国每千人医师数、床位数接近 OECD 国家平均水平

资料来源:历年《中国卫生健康统计年鉴》,OECD Health Statistics,中金公司研究部。

"看病贵""看病难"问题依然存在,表现为居民自付比例较高、优质资源分布不均[1]。中国的看病贵主要是微观层面居民就医负担较重。目前,中国居民仍面临较为严重的医疗支出负担:一方面,医保报销比例偏低,居民个人仍需承担相当比例的费用;另一方面,医保对高额医疗费用保障不足,无论是职工医保还是居民医保都存在报销限额,超过限额后转为 100% 居民自付费用,居民的医疗支出风险较大,并由此引发灾难性医疗支出甚至因病致贫和因病返贫[2]

---

[1] 2018 年中国民生调查显示,医疗问题在群众最不满意的民生问题中位列第二,其中看病太贵(医保报销比例低)和大医院看病难是主要原因。

[2] Ta, Y., Zhu, Y., & Fu, H.(2020). Trends in access to health services, financial protection and satisfaction between 2010 and 2016: Has China achieved the goals of its health system reform? Social Science & Medicine, 245, 112715.

（图12-2）。此外，尽管中国基本医保目录包含近3 000种药品，然而很多创新药、原研药并未被基本医保所覆盖，相反一些治疗效果不佳、价值低的药品仍未剔除目录，医保基金使用效率低。目录外费用高居不下也是造成"看病贵"的主要原因。

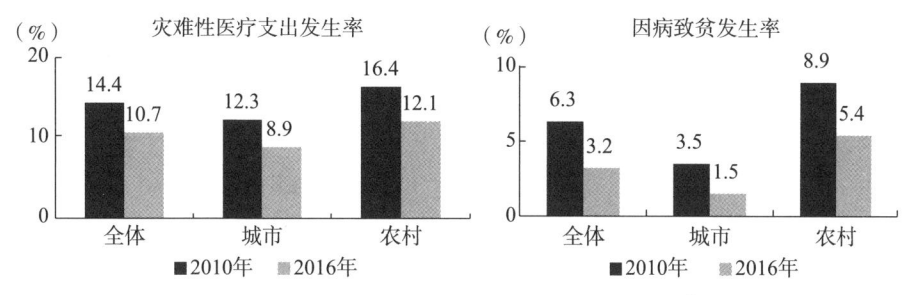

图12-2 中国居民仍面临较严重的"看病贵"问题[1]

资料来源：Ta., Zhu., Fu.（2020），中金公司研究部。

"看病难"并非找不到医生，而是找不到好医生，优质医疗资源分配不足。尽管中国的人均床位数和医师数已接近OECD国家，但各级医疗资源的利用存在明显差异，基层医疗资源利用不足，优质医疗资源超负荷运转。委属、省属医院病床使用率超100%，县级医院在90%左右，而基层机构病床使用率不足60%。"大医院看病难"一方面由于居民收入水平的提升使得居民更加重视优质医疗资源；另一方面各级医院之间存在显著的质量差异，使得居民对基层医疗不信任，分级诊疗的缺失加速了患者涌入大医院，造成就医拥堵，形成"看病难"。这既造成医疗资源无效利用，同时也引起医疗费用高涨。目前，中国医疗体系的"看病贵""看病难"已从资源不足的总量绝对问题转变为资源分配不均衡的结构性相对问题。

"看病贵"背后是医疗保障能力不足，城乡区域差别较大

从宏观角度看，中国的卫生总费用占比与OECD国家仍存在较大差距。目

---

[1] 因病致贫定义为家户年人均总消费在贫困线以上，但在扣除医疗支出后位于贫困线以下，2010年贫困线定为年人均消费2 300元，其他年份根据CPI（消费者价格指数）进行调整。

第十二章 建立均衡高效的医疗体系

前较难通过理论模型计算卫生总费用占 GDP 的最优比例，但通过跨国比较能帮助理解这个问题。直接与同期 OECD 国家进行对比相对片面，需考虑经济发展水平以及老龄化程度。相比绝大多数 OECD 国家，中国的人均 GDP 和 65 岁及以上老龄人口占比均显著偏低。利用计量回归模型可以解决国家间直接比较而存在的偏差。通过对 2000—2019 年 37 个 OECD 国家卫生总费用进行面板回归[①]，本文发现卫生总费用占比与人均 GDP 和老龄化程度存在较强的正相关。具体而言，人均 GDP 每上升 10%，则卫生总费用占 GDP 比重上涨 0.03 个百分点；65 岁及以上人口占比每增加 1 个百分点，则卫生总费用占 GDP 比重上涨 0.35 个百分点。世界银行数据显示，2019 年中国人均 GDP 达到 10 144 美元，65 岁及以上人口占比为 11.47%。根据上述的回归结果，2019 年中国卫生总费用占 GDP 比重应为 6.52%[②]，比实际值（5.35%）高 1.17 个百分点。

从微观角度看，中国居民就医个人负担较重。居民个人负担较重，突出表现为基本医保覆盖深度不足，报销比例较低。相比同等经济发展水平国家，中国居民的个人自付比例处于高位（图 12-3）。2019 年中国居民个人现金支付占卫生费用比重为 35%，远高于同期 OECD 国家平均值。居民个人负担过高，侧面反映了政府对医疗卫生投入不足。由于各国卫生体制差异较大，国际上倾向使用广义政府卫生支出作为跨国比较的基础[③]。2019 年 OECD 国家的广义政府卫生支出占 GDP 加权平均比重为 7.73%，而中国仅为 3%。同时，较高的居民个人自付水平将会使低收入等弱势群体承受更大的就医经济负担，阻碍该群体就医，进一步扩大不同收入人群间的健康不平等。

居民医保保障程度低，患者就医负担重。中国的基本医保体系分为职工医保和居民医保，在保障程度上存在较大差别。截至 2021 年，居民医保覆盖 10.1

---

① 由于美国的医疗卫生体系与其他 OECD 国家存在较大不同，回归样本中不包含美国；采用加权回归，以 2000—2019 年各国平均人口数为权重。

② 这里采用简单平均的 OECD 国家固定效应估计值作为中国固定效应的替代值；若考虑以人均 GDP 和老龄化相似度作为权重计算的加权值作为中国固定效应的替代值，则相应的中国卫生总费用占 GDP 比重应相对更高（6.85%）。

③ 按照世界卫生组织的统计口径，广义政府卫生支出不仅包括各级政府的预算内卫生支出，还包括预算外卫生支出、社会医疗保险支出以及半国有机构的卫生支出。

亿人，是职工医保覆盖人数的 2.85 倍，而居民医保筹资总额仅为职工医保的 51.4%。筹资差距带来医保待遇存在较大差别，2021 年职工医保人均基金支出为 4 196 元，是居民医保的 4.6 倍；从报销比例看，职工医保平均报销比例比居民医保高出 15 个百分点以上。

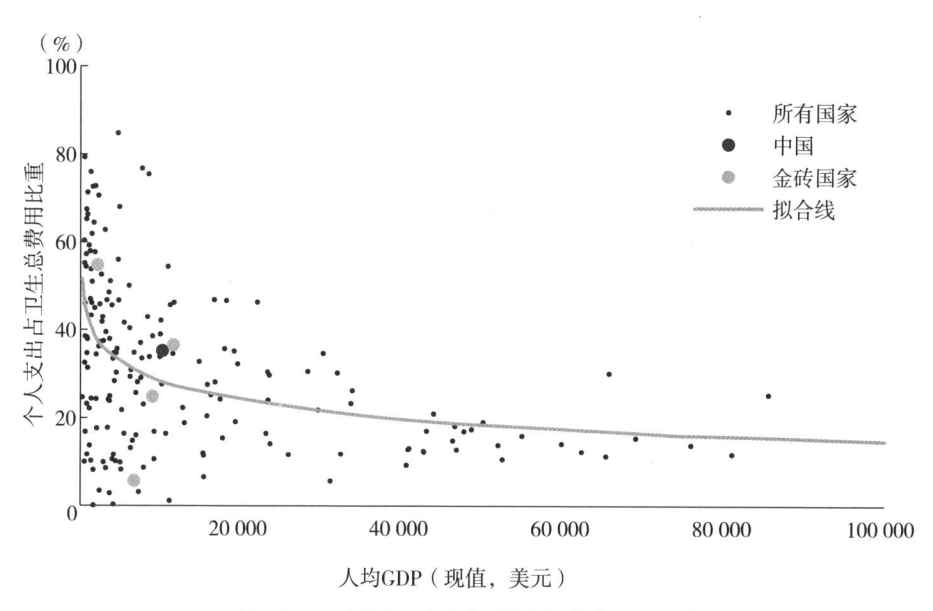

图 12-3　中国居民个人自付比例较高（2019 年）

资料来源：世界银行，中金公司研究部。

区域差别显著，经济发达地区平均医保支付水平远高于欠发达地区。目前，中国基本医保仍主要以地级市或县为统筹单位，辖区内职工和居民各自组成独立的基金风险池（Risk Pooling）。各地区间人口结构、产业发展和经济水平不同，造成各地医保筹资水平不同，进而造成各地医保基金支出能力差距。对比各省基本医保基金人均支出，北京、天津、江浙沪地区人均医保支付水平最高，而西藏、贵州、河南、甘肃等中西部省区人均医保支付水平最低。2020 年北京人均医保支出 5 824 元，是西藏人均医保支出的 6.1 倍。

西部地区省内不同医保间人均支出差距大于东部地区。2020 年，西藏、青海、云南职工医保参保者占比低于总参保人数的 20%，但职工医保的人均支出却远高于居民医保，达到居民医保人均支出的 11.7 倍、8.4 倍和 6.1 倍。相反，

第十二章　建立均衡高效的医疗体系

上海、浙江、北京等地区不同医保人均支出水平差距较小，城镇居民和农村居民、正规就业者和非正规就业者都能获得水平相当的医疗保障，不同人群之间的医疗保障差距小，医疗待遇均衡性较强。

城乡差距和区域差距造成医保资源在人群间分布不均，使农村居民、城镇非正规就业者、欠发达地区居民等弱势群体面临更严峻的"看病贵"问题。由于较低医保支付水平意味着患者将面临更高的自付价格，医保支付水平差异会引起医疗服务使用的差距，弱势群体或由于"看病贵"而减少医疗服务的使用，进而深化由经济不平等导致的健康不平等，并使弱势群体更难积累其发展所必需的健康人力资本，影响收入长期增长。

医疗资源配置失衡导致的医疗费用增长过快也是造成看病贵的原因。从2001年到2020年，中国卫生总费用上涨了13.4倍，高于GDP增速2.7个百分点[①]。卫生总费用增长过快持续增加医保基金的收支压力，同时也加重了居民就医的经济负担[②]。卫生总费用快速增长有多方面的原因，例如居民收入增加、医保覆盖扩张、人口老龄化、医疗技术进步等，然而与其他国家相比，医疗资源配置失衡是中国卫生总费用高涨的一个重要因素。中国医疗系统资源呈"倒三角"分布，即大量医疗资源集中在医院，尤其是大型三级医院，导致基层医疗服务能力非常薄弱，难以起到初级预防保健功能。医疗资源分布失衡使患有多发病、常见病等本应在基层医疗机构就诊的患者涌入大医院寻求治疗，在医疗资源低效使用的同时支付了更高的医疗费用。

"看病难"背后是医疗资源配置不均衡、优质资源分布不均

中国的医疗资源配置存在结构性失衡，"倒三角"问题严重。大型三级医院集聚了大量优质医疗资源，并且规模不断扩张，而基层医疗机构和一、二级医院

---

① 卫生总费用、国内生产总值均按照当期名义价格计算。2001年中国GDP为110 863.1亿元，卫生总费用为5 025.93亿元，2020年中国GDP为1 013 567.3亿元，卫生总费用为72 175亿元；2001—2020年中国GDP增速（CAGR）为12.4%，卫生总费用增速为15.1%。

② 尽管卫生总费用结构中，居民个人自付比例持续下降，但由于费用总量增长较快，居民实际承担的卫生费用绝对值持续上涨，经济负担也逐渐增加。2001—2020年，个人负担的人均卫生总费用增速为14.4%，高于同期居民人均可支配收入增速（11.5%）2.9个百分点。

却缺乏相应优质的医疗资源。同时，由于缺乏相应的分级诊疗措施以及医保激励约束，患者纷纷涌入三级医院就诊，大型三级医院也有动力吸纳患者。2020年，三级医院数量占比24%，收住全部入院患者数的42.5%，公立三级医院收入占全部公立医院及基层卫生机构收入的59%（图12-4）。大量患者涌向三级医院，造成三级医院高负荷运转的同时提高了患者就医难度。

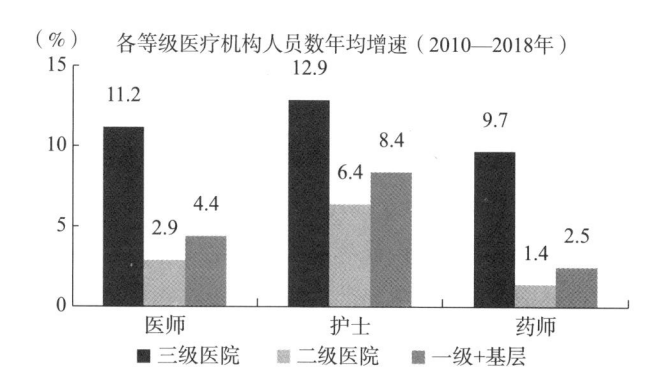

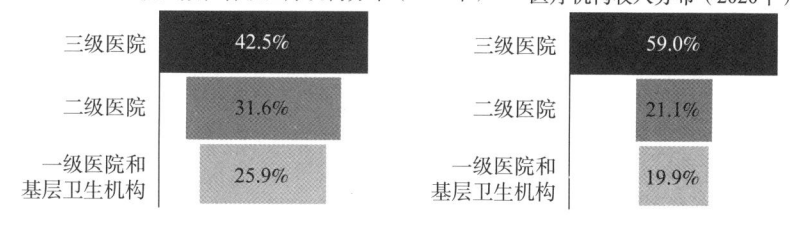

图12-4 医疗资源集中于大型三级医院，资源配置呈"倒三角"

资料来源：历年《中国卫生健康统计年鉴》，中金公司研究部。
注：上图医师数为执业（助理）医师数，医疗机构收入分布图中的医院收入仅统计公立医院。

医疗资源在城乡间分布存在较大差异。2020年，城市每千人拥有执业（助理）医师数为农村的2.0倍，城市每千人医疗机构床位数为农村的1.8倍，农村地区医疗资源供给不足。与此同时，城乡经济发展的不平衡导致农村青壮年群体进入城市，农村地区常住人口的老龄化显著高于全国平均，老龄化带来医疗需求增加，进一步加剧了农村地区医疗资源供需之间的矛盾，农村居民的就医需求难以得到充分满足。

医疗资源在区域间也存在较大差异。由于地区间经济发展水平、医保支付能力、人口流动偏好等因素，中国的医疗资源聚集在东部发达地区，中西部地区与之存在明显差距。2019年北京、浙江、江苏地区每千人执业（助理）医师数分别为4.9人、3.5人、3.2人，显著高于广西、云南、安徽、江西等中西部省区；从医疗设备角度，高端CT（电子计算机断层扫描）在中西部地区人均拥有量较低。优质医疗资源分布也存在较大的区域差异。2020年复旦医院排行榜的前100家综合性医院分布中，北京、上海、广州三座城市拥有51家，而有12个省份没有1家百强医院，华北和华东地区人均百强医院密度最高。

中国的医疗质量也存在显著的差异[1]。城乡之间、城乡内部各级医疗机构存在显著的医疗质量差异。首先，中国各级医院间存在较为明显的临床质量差距。中国急性心肌梗死注册研究分析了2013—2014年省、市、县三级医院的ST段抬高型心肌梗死（STEMI）的院内病死率[2]，研究发现三层级医院患者院内病死率明显递增（图12-5）[3][4]。同一等级的医院之间也存在显著的医疗质量差异。通过对比北京市14家三级医院的急性心肌梗死患者临床过程质量指标，研究发现尽管总体水平上所有医院具有较高的质量水平，但14家医院之间存在明显的临

---

[1] 医疗质量相关的指标大致可分为结果指标和过程指标两类。结果指标类一般通过患者的院内死亡率、再入院率等系列指标进行衡量，过程指标类一般衡量医疗过程中是否严格遵守临床指南。医疗质量在不同医院间的比较相对困难，首先不同医院所接诊患者的病情严重程度存在很大差异，三甲医院由于接收患者的疾病严重程度相对较高，其院内死亡率和再入院率也相对较高，粗略比较各级医院的死亡率和再入院率难以得出令人信服的结果，同时，由于患者在就医过程中会对医院进行选择，在进行比较研究时难以对此因素进行控制；其次，衡量医疗质量需要丰富的临床数据、患者数据以及专业的医学判断，简单的统计数据不能满足这方面的要求。尽管国家卫健委每年会出版《国家医疗服务与质量安全报告》，但报告并未对患者差异进行控制。本文在这里主要选择有关临床质量相关的学术研究作为证据。

[2] 关于医院质量的研究文献通常选择急性心肌梗死类疾病患者作为研究对象，该类疾病有相对完善的临床指南和规范的诊疗路径，更重要的是，由于这类疾病发病突然，患者及其家属很难有充足的时间选择医院，从而在一定程度上消除了患者的自我选择因素。

[3] 《中国心血管健康与疾病报告2020》编写组.（2021）.《中国心血管健康与疾病报告2020》要点解读.中国心血管杂志，2021年6月第26卷第3期。

[4] 本研究虽未控制患者疾病严重程度，但一般而言省级、市级、县级医院患者疾病严重程度依次递减，省级医院接收患者具有病情相对严重但院内死亡率较低，而县级医院接收患者病情相对较轻但院内死亡率较高，这说明省级医院相对县级医院其医疗质量相对更好。

床质量差异[1]。农村地区各级医疗机构也存在显著的差异，基层机构的医疗质量相对较低。利用具有肺结核（TB）症状的标准化病人作为工具[2]，研究发现县级医院、乡镇卫生院、村卫生室三级机构对患者的正确诊断治疗率分别为90%、38%和28%（图12-5）[3]。此外，中国的基层医疗质量不高，慢病防控存在很大提升空间。尽管从2002年到2015年，中国居民高血压的知晓率、治疗率已经有了较大提升，但高血压的控制率[4]仅为1/6左右，存在很大的提升空间。农村地区慢病防控的形势更为严峻。

综上，优质医疗资源的分配不均衡以及医疗质量的差异是造成目前"看病难"的主要原因。优质医疗资源集中在大型三级医院，导致基层机构能力薄弱，难以承接常规疾病的就诊；医疗质量存在差异，基层医疗质量水平较低，导致居民对基层机构难以产生充分信任，遇到疾病直接越过基层机构，去当地的县级医院或三级医院就诊。本应在基层就诊的常见病、多发病患者涌入大医院，造成就医拥堵，形成"看病难"问题。

经济水平差异进一步加剧优质医疗资源的分配不均。相比经济发达地区，中西部地方政府的税收基数较小，财政能力不足。目前，公立医院和基层卫生机构拨款尚未列入中央对地方一般性转移支付项目，各省医疗机构尤其是基层机构的收入受制于当地经济发展水平，发达地区占有优势。同时，优质医疗资源集中于东部发达地区，而东部地区也是教育资源相对丰富的地区，大型三甲医院和当地医学院形成联动，在不断补充人才蓄水池的同时吸引医疗人才留在当地参与工作，导致经济发达地区在医疗资源和医疗质量上都不断得到加强，固化了城乡、

---

[1] Zhou, Y., et al. (2019). Level and Variation on Quality of Care in China: A cross-sectional study for the acute myocardial infraction patients in tertiary hospitals in Beijing. BMC Health Services Research, 19 (1), 1–9.

[2] 使用标准化病人作为工具也是研究医疗质量常见的手段，这种方法一般需事前经过学术伦理委员会评审通过。标准化病人是指受过标准化、系统化培训，能够准确表现患者实际问题的正常人（一般由医学生组成）和患者，他们能在医生面前表达相同的症状主诉。

[3] Li, X., et al. (2020). Quality of Primary Health Care in China: Challenges and recommendations. The Lancet, 395 (10239), 1802–1812.

[4] 高血压控制率定义为既往被诊断为高血压的体检者通过治疗使血压维持在140/90mmHg（毫米汞柱）以下者的比例。

区域间医疗资源和医疗质量的分布不均衡,"看病难"困境难以得到自发改善。

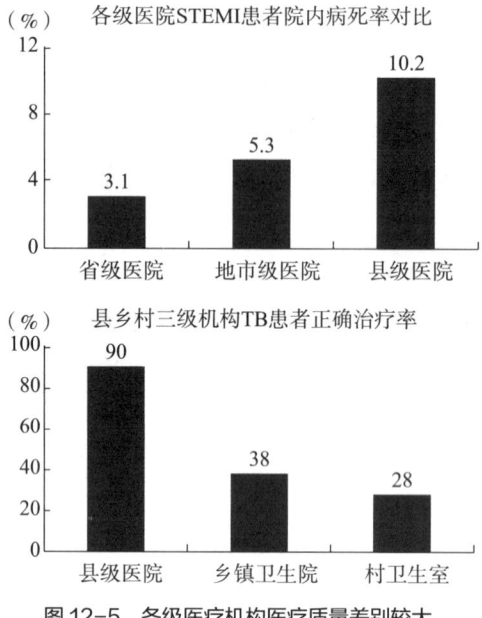

各级医院STEMI患者院内病死率对比(%)

省级医院	地市级医院	县级医院
3.1	5.3	10.2

县乡村三级机构TB患者正确治疗率(%)

县级医院	乡镇卫生院	村卫生室
90	38	28

图 12-5　各级医疗机构医疗质量差别较大

资料来源:《中国心血管健康与疾病报告 2020》要点解读,Li, X., et al.(2020),中金公司研究部。

中国医疗体系的均衡性、效率和可持续性有待进一步提高

经过 20 多年的医疗体系改革建设,中国建立了覆盖全民的医疗保障体系,人均医疗资源也得到大幅提高,与发达国家之间的相对差距逐渐缩小。然而中国的"看病贵""看病难"问题依然存在,医疗体系的主要矛盾从总量不足转变为结构性失衡。未来,中国医疗体系需着重均衡性改善,同时保持效率性,提升可持续性。

医疗系统的均衡性有待大幅提升。尽管近 20 年来中国居民的就医负担持续下降,但相比其他国家尤其是高收入国家仍保持较高水平,医疗保障对居民就医的财务风险保护不足,灾难性医疗支出和因病致贫仍时有发生。医疗资源总量大幅增加,部分地区人均医疗资源甚至比肩高收入国家,但城乡、区域之间差距较大,优质医疗资源更是区域差异明显,医疗质量的差距也不容忽视。

医疗系统的效率仍需改善。尽管中国在较低的卫生总费用水平下取得了较高的预期寿命（生产效率较高，图12-6），但医疗资源的分配效率仍需改善。中国过去预期寿命的大幅提升得益于公共卫生方面的投入大幅降低了新生儿和孕产妇的死亡率，未来中国预期寿命的提高需要从高年龄段人群的死亡率下降方面寻找突破。然而，目前中国的医疗体系仍以治病为中心，大量的医疗资源消耗在治疗过程，慢病预防以及急性病后期的康复和护理仍是短板。改善医疗系统的分配效率需要从全生命周期角度，以健康为目标，以干预全健康决定因素为手段，将医疗资源合理分配在不同的健康决定因素，以实现医疗系统效率的进一步提升。

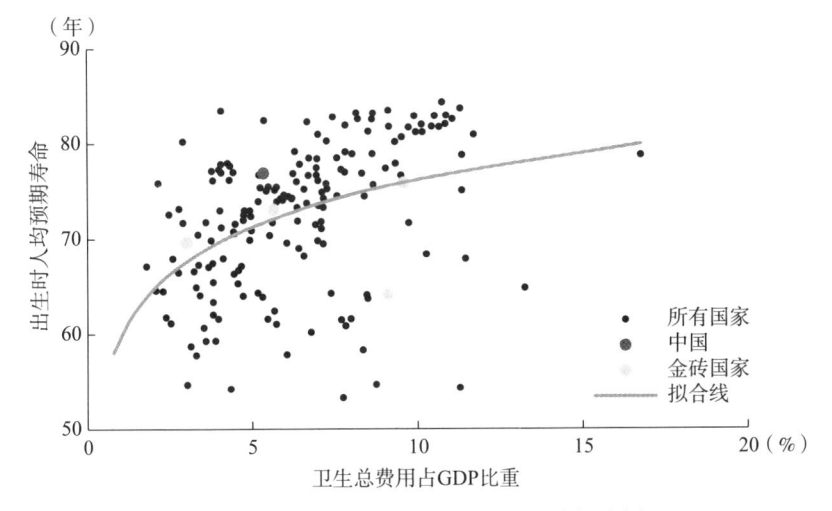

图12-6 卫生支出生产效率较高，但仍有提升空间

资料来源：世界银行，中金公司研究部。
注：此处卫生支出为经常卫生支出，不含医疗机构建设、设备采购和库存等支出。

医疗系统的可持续性需要高度关注[①]。死亡率下降以及生育率走低将持续带来老龄化程度不断加深，2021年中国的65岁及以上人口占比已达到14%以上，

---

① 医疗系统的可持续性狭义上主要是指医疗保障体系的可持续性，或医疗保险基金运行的可持续性；广义上包含三个主要方面，首先要使患者和家庭、雇主、政府保持可负担，其次要保持患者和医生对医疗服务的可接受性，最后要保持动态性，对疾病谱和人口结构的变化、医疗技术进步保持积极响应。Fineberg, H.V.（2012）. A successful and sustainable health system – how to get there from here. New England Journal of Medicine, 366（11），1020-1027.

未来将会以更高速度持续老龄化。老龄化不但带来医疗需求增加，同时也带来康复和护理需求增加，医疗资源需要更加精细管理以增加医疗系统的可持续性。

他山之石，可以攻玉。中国医疗体系面临的很多问题，也是发达国家医疗体系发展过程中曾经遇到的问题，它们的经验和教训能给予我们很多宝贵的借鉴。不同国家在医疗保障、医疗服务组织方面尝试很多创新和尝试，结合中国的"看病贵"和"看病难"现实，这些创新和尝试也许恰恰能解决中国面临的问题。

发达国家医疗体系的经验和借鉴

经历长期的发展和实践，以美国、日本、英国为代表的发达国家已经形成了相对成熟的医疗体系。各国在筹资方式、支付方式、服务组织等方面存在差异，医疗系统的效率和均衡也有所不同（表12-1）。从筹资角度来看，以日本为代表的社会保险制度通过将保费与收入挂钩，使高收入人群承担更多的筹资责任，具有再分配作用；以税收为主要筹资来源的英国则通过税制的累进性分配筹资责任。从支付方式来看，各国根据不同种类的医疗服务特点采用了多种支付方式混合，形成了不同的激励模式。

吸收不同国家医疗体系的优点可为中国"看病贵""看病难"问题提供解决思路。美国商保为主的格局带来市场化的医疗定价，形成激励创新的研发环境并满足民众个性化就医需求；日本、英国分别通过精细化医保管理和高效的分级诊疗系统，在实现全民医疗服务覆盖的同时维持了相对较低的医疗成本[1]。

表12-1 中、美、日、英的医疗保障制度概览

	中国	美国	日本	英国
主要医疗保障制度	城镇职工医疗保险及城乡居民医疗保险	老年医保（Medicare）、医疗救助（Medicaid）及商业保险（职工自付）	职工保险、国民健康保险、高龄者保险	NHS（全民医疗服务制度）
覆盖率	>95%	90%	99%	99%

---

[1] 诚然，任何国家的医疗体系都不是完美的，每个国家都是既有优势又有缺点，本文在这里仅摘取各国值得借鉴的经验。

续表

	中国	美国	日本	英国
主要支付方式	按项目付费为主，有30个城市进行DRG（疾病诊断相关分组），71个城市进行DIP（病种分值法），但并未覆盖所有医院	公共保险仍以按项目付费为主，商保多采用非FFS（按服务项目和数量付费）支付	DPC（疾病诊断分组）、医疗报酬点数法	按人头付费，其中NHS基金按照风险调整后的标准按人口支付给GP（全科医生既是社区医疗的提供者，同时也需要支付转诊专科的费用）
政府主管部门	国家医疗保障局	美国医疗保险和医疗救助服务中心CMS	厚生劳动省	NHS健保署（隶属英国卫生部）
筹资方式	政府、社会、个人各占30.4%、41.8%、27.7%	私人部门、联邦政府、州政府各占54%、29%、16%	中央、地方政府、员工保费、自付各占25%、12%、49%、11%	78%来自政府税收收入，其余为私人部门支付
控费方式	（1）带量采购，（2）支付方式改革，（3）医保基金监督管理	保险机构+医疗机构结合形成的健康保险组织（HMO）	减小高龄者补助，管控药品价格	宏观上看，议会每年设置NHS总预算；微观来看，严格施行分级诊疗制度
卫生费用占GDP比重	5.4%	16.9%	11.0%	10.0%
优点	医疗费用占比较小的情况下，取得了令人瞩目的健康水平	医疗质量较好	注重均衡性，医保给付和保费缴纳标准统一	医保均衡性最高，分级诊疗提高公立医院效率

资料来源：国家卫健委，美国CMS，英国NHS，日本厚生劳动省，中金公司研究部。

注：医保覆盖率、筹资方式数据时间节点为2019年，占GDP比重数据时间节点为2018年；以上卫生费用为公共部门和私人部门支出的经常卫生费用，不含医院建设、库存等支出，有别于卫生总费用。

美国：市场、政府、社会多方博弈下，商业保险主导医保体系

美国医保制度历经多次变革，在各方博弈下逐步形成以商业保险为主、社会

保险为辅的医保制度体系。在市场、政府、社会多方博弈下，美国的医保体系不断变革发展，形成了以商业保险为主，政府主导的救助式医疗保险 Medicare（老年医保）、Medicaid（医疗救助）等为辅的多元结构。商业保险：由雇主提供的团体健康保险计划与个人自行购买的商业保险构成，主要为管理式医疗。Medicare：政府主导的强制性医疗保险计划，覆盖对象为 65 岁及以上的公民与残疾人等社会弱势群体，不符合要求的人群也可以选择自愿缴纳保费加入。Medicaid：属于政府主导的福利性计划，主要覆盖联邦、州政府认定的低收入人口，由联邦和州政府共同出资，州政府负责具体管理。

基于商保主导的医疗保障体系，美国并未实现医保全民覆盖。美国经济发展及尖端医疗技术水平均位于世界前列，却是发达国家中唯一没有推行医保全覆盖的国家。根据美国疾病控制与预防中心（CDC），Medicare 与 Medicaid 共覆盖 38% 的人口，雇主购买或自行购买的商业医保覆盖总人口的 61.8%[①]。由于失业与未申请补助，美国仍有 9.7% 的人未被纳入医保覆盖，其中 18~64 岁的劳动人口中未被保险覆盖比例高达 13.2%，医保覆盖的缺口增加了全社会面临的医疗支出风险。根据美国保险行业组织研究，未参保人群将面临 3 万~6 万美元的新冠治疗费用，高自付费用或加剧美国的贫富差距和健康不平等。

政府在卫生费用筹资结构中并未发挥主导作用，造成私人部门支出居高不下。商业医保筹资主要依靠雇员和雇主缴费；Medicare 资金来自雇主和雇员的专项税收；Medicaid 资金来自联邦和州共同的财政补助。相比其他 OECD 国家，美国卫生总费用占 GDP 的比重较高且持续提升，2019 年美国医疗费用支出占 GDP 比重达到 17.6%。在以商业保险为主、社会保险为辅的"救助式"保险制度下，卫生费用主要由保险公司、雇主及个人承担，占卫生总费用的比例高达 54.5%。2020 年，疫情叠加其带来的失业影响，政府加大了财政救助力度，但依然有 14% 的人因高昂的治疗费用放弃就医治疗。

美国商业保险通过支付方式改革助力实现降本增效，较高自主定价权带来高激励的支付水平，从而保障药企利益，促进医药工业创新。美国的商保市场起步较早，已形成完善的医疗支付体系。随着"双蓝计划"、凯撒医疗等组织以及

---

① 以上数据中政府保险参保人也可购买商业保险。

HMO（健康管护组织）、PPO（优选医疗网络组织）、POS（定点服务组织）保险模式的出现，商业医疗保险形成了"供方—支付方—需方"的商业闭环，商业保险机构也作为连接美国医疗产业链上下游的关键一环。根据 Statista 的统计，2020 年美国商业健康保险业承保保费 8 250 亿美元，为卫生总费用规模的 20%。在以"保基础"为核心的政府医保主导模式下，为追求普惠性，政府在议价中往往更加强势，药品价格管制较为严格；而在商保主导的美国，"碎片化"的商保支付导致药企拥有更强的议价权，叠加严格的专利保护制度，使得创新产品拥有较强的研发激励与更加稳定的利润前景。目前美国是全球药品研发投入与产出的主要贡献者，2020 年美国药企贡献了 51% 的新药分子，在研管线数量占据全球 49.3%。在全球医药市场享有稳固的市场份额与行业话语权，行业的优势地位进一步吸引全球人才涌入，推动美国药品研发持续投入与不断创新，形成闭环模式[①]。

商保为主导的模式下劳动力和药品价格高企，全社会医疗费用水平高。高昂的药品价格，大量的高端医疗设备，高薪专科医生，较高的商保运营管理成本，推高了美国医疗体系的服务价格，进而带来卫生总费用高居不下。根据 OECD 数据，美国 2019 年每百万人拥有核磁共振成像（MRI）的设备数为 40.4 台，远高于同类发达国家均值 22.3 台（图 12-7）；医生薪酬水平也比其他高收入国家高 1~2 倍[②]。然而，与其他高收入发达国家相比，美国人口的疾病负担水平与医疗服务利用率大致相同。医疗服务的高价格是造成美国卫生总费用较高的主要原因。美国人均医疗支出远超其他发达国家，全社会医疗负担较重（图 12-7）。

[①] 美国医疗体系的优势是支持创新，但创新并不必然带来医疗成本的降低；美国医疗体系的技术创新中有很大一部分并不带来成本降低或效率改善，这也是造成美国医疗费用高涨的主要原因。Chandra, A., & Skinner, J.（2012）. Technology growth and expenditure growth in health care. Journal of Economic Literature, 50（3）,645–80。

[②] Papanicolas, I., Woskie, L. R., Jha, A. K.（2018）. Health care spending in the United States and other high-income countries. JAMA, 319（10）,1024–1039.

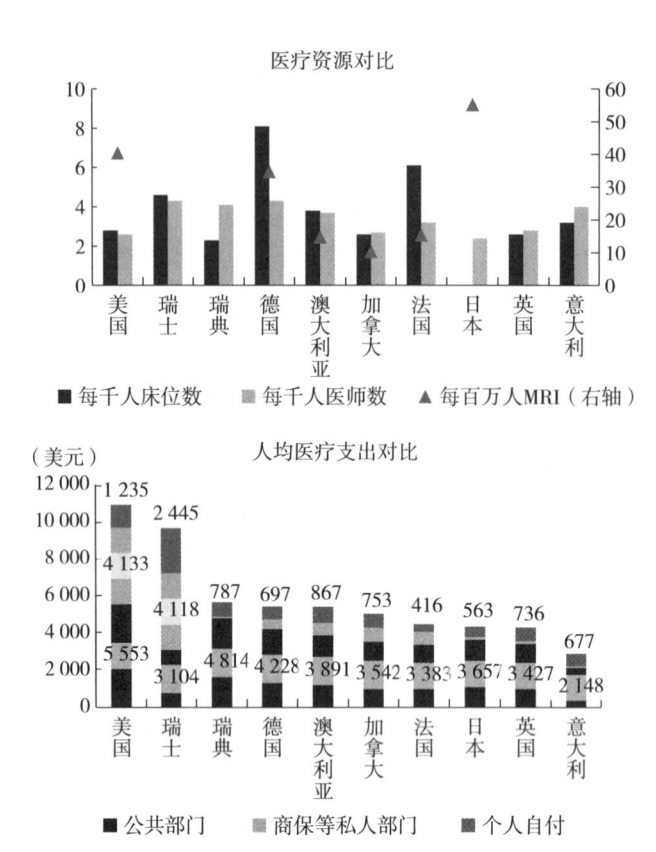

图 12-7 美国与其他发达国家医疗资源以及医疗支出对比

资料来源：OECD，WHO，中金公司研究部。

注：可比国家平均水平为所列发达国家各项数据平均值，MRI 数为 2019 年公共部门卫生支出包含社会医疗保险支出。

借鉴美国商保的成熟经验，既能提升中国商保产品丰富性，满足民众多样化健康就医需求，同时也能在基本医保基础上增加医疗保障深度，为目录外费用以及巨额医疗支出提供保障，降低居民就医负担。目前，中国的商保市场尚未成熟，商保公司缺乏与医疗机构的议价权，也难以获得丰富的医疗数据，导致产品精算存在困难，也无法识别并干预不合理医疗行为，难以控制赔付。同时，由于中国商保市场仍以传统代理人为销售渠道，营销成本较高。两者共同导致商保公司提供的产品具有严格的免赔条款和较低的赔付率，性价比较低，难以吸引客户，同时也导致商保产品大都只提供目录内费用保障，对降低居民就医负担作用不大。此外，中国居民对消费型保险的认知度不高，健康险产品呈现明显的储蓄型特点，重疾险保费占据 60% 以上，对居民基础疾病诊疗存在明显的保障缺口。中国商业健康险的总体赔付率仅为 30%~40%，远低于美国商业保险的赔付率水平。此外，中国商业健康险产品同质化严重，缺乏产品创新。从赔付占比看，2020 年商业健康赔付占卫生总费用比重不足 5%，占比较低，与欧美国家存在较大差距。借鉴美国商保发展的成熟经验，推动商业医疗险成为中国医保市场的有利补充，在有效降低居民就医负担的同时，又能支持中国医药产业的持续发展。

日本：全民医保覆盖，老龄化背景下通过精细化管理控制医疗费用

日本根据从业状态、年龄分层推行"国民皆保险"，由非营利性医疗机构作为医疗服务的供给主体。在厚生劳动省"国民皆保险"计划下，日本逐步建立了分层保险制度，实现了对日本各类人群的全面性、针对性覆盖。而在日本《医疗法》规定下，日本所有的民间医疗机构均为非营利机构，由第三方支付审查机构统一支付诊疗报酬，从而实现对医疗服务价格的有效管控。日本是全球人口老龄化程度最高的国家，而卫生总费用并未明显高于其他 OECD 国家，医疗系统效率较高。

财政补贴、保费收入是日本医保资金的主要来源，标准化的保费率及自付比推进医保均衡性；同时设置专门账户以补贴老龄群体（图 12-8）。日本厚生劳动省显示，日本的卫生总费用由各级政府财政补贴、雇主和雇员缴纳保费，以及患者自费部分构成；2019 年日本医疗支出中，中央、地方政府补助各占 25.4%、12.8%，而来自雇员和雇主的保费占 49.4%。目前日本的社会保险分为三类：分别覆盖企业雇员和政府公务员，非正式就业者和 75 岁以前的退休者，以及 75 岁及以上老年人。政府根据收入高低设置分级缴费标准，提高筹资均衡性和累进性。此外，政府还为高龄老人医保设立统一的中央统筹基金。在医保待遇方面，日本建立了统一的医保自付比例标准，并设置大病保险和最高自付限额，保证了均衡性并控制患者总经济风险。

借鉴日本医保的改革之路，中国在医疗资源扩容的同时，应进一步增强对医保的精细化管理，将医疗服务与老年照护结合，达到控本增效、改善老龄人口生活质量的目的。日本医改的核心路径之一为施行医药分离、调控仿制药价格以抑

制"以药养医"的不良现象。通过药品再评价制度逐年降低药品价格，改革原研药、仿制药定价机制等措施，20世纪80年代日本的药品开支出现明显的回落。同时，通过将老年照护和医疗服务结合，日本医保体系为老龄人口提供了规范统一的基本生活保障。尽管中国药品开支占比近年来有所下降，但人均医药费上升较快，患者的药价负担并未减轻。中国与日本的医保体系相近，中国可借鉴日本药价管控经验，借鉴日本医保的精细化管理方式，能为我国解决"看病贵"问题提供有力示范，而日本老龄医疗福利制度也为中国老龄化带来医保解决方案。

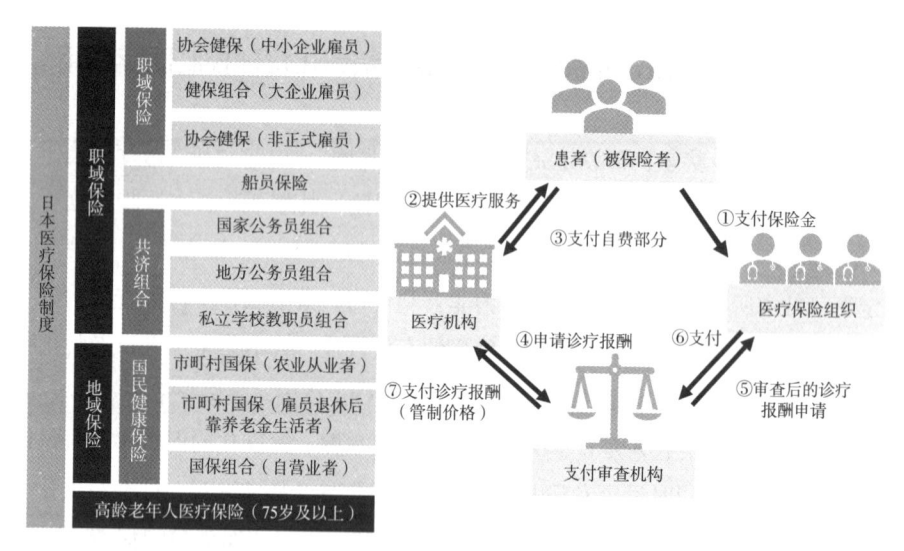

图 12-8 日本的分层医保制度

资料来源：日本厚生劳动省，中金公司研究部。

英国：国家医疗服务体系覆盖全体国民，分级诊疗提升医疗效率

英国一直以"全民免费医疗"的国家医疗服务体系（NHS）著称。NHS通过各级公立医院、诊所、社区医疗中心组成的联合体，为全体公民提供覆盖面广泛的医疗服务。NHS始建于1948年，自建立之初即规定：全体英国公民，除牙科手术、视力检查与配镜外，其余一切医疗由国家免费提供，患者只需支付每次每件药品9.15英镑的处方费，而对于儿童、老人及伤残人士等弱势群体，社会救助进一步对处方费进行覆盖。目前，NHS覆盖了99%以上的英国公民。

分级诊疗系统是保证"全民医保"稳定运行的核心，社区首诊、双向转诊制度有效提高了医疗资源利用效率（图12-9）。英国是实践分级诊疗制度最早、最严格的西方国家之一。为减少公民过度就医造成对公共医疗资源挤兑现象，英国政府建立起三个层级的分级诊疗系统，任何进一步治疗都需要通过社区初级基础医疗的转介，由全科医生（GP）将患者分流到合适的门诊就诊。2021年英格兰地区有36 191名全科医生，已签约99%以上公民。同时，患者在二、三级专科治疗完成后又转回全科医生进行后续康复，从而通过"社区首诊、双向转诊"的模式实现对医疗资源的最大化利用。

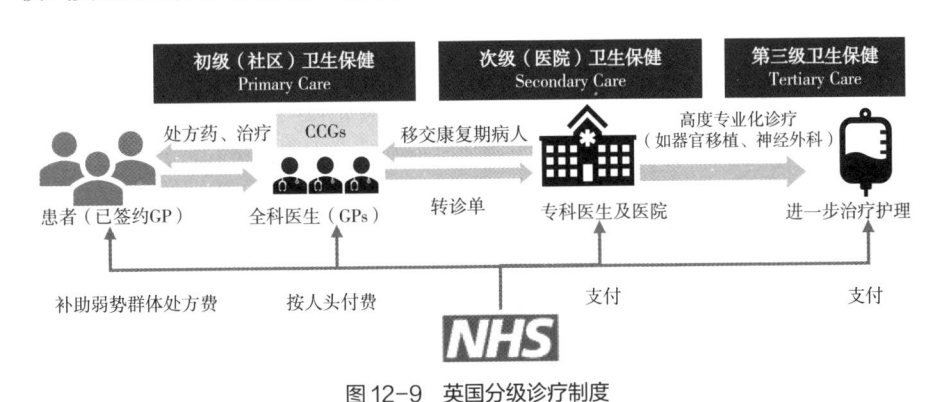

图12-9 英国分级诊疗制度

资料来源：NHS，中金公司研究部。

英国给予全科医生合理的社会地位及职业发展环境。英国将激励措施纳入了全科医生的薪酬计划，全科医生薪酬水平较高。2020年英国全科医生的平均税前年收入是98 175英镑，2016—2020年复合增速为2.6%，远高于英国同年人均GDP（32 026英镑）和同期人均GDP增速（图12-10）。

一般税收为英国国家医疗服务体系的主要资金来源。均衡统一的筹资方式在保障均衡性的同时，对财政能力要求较高。目前NHS的资金中有超过80%的部分来自一般税收，其余则主要由国民保险税（NICs）提供。由政府主导的筹资模式虽然能够有效提升医疗的均衡性，但也会在经济增长放缓时给财政带来巨大压力，迫使政府做出相应的改革。2013年临床委员会工作组（CCGs）成立。CCGs既作为供给方为患者提供全科诊疗服务，也作为需求方代替患者向公立医院购买服务，使得医疗服务的支付、供给不由政府决策，而通过内部市场化的方式加强竞争，英国医疗卫生开支也开始呈增速放缓态势。

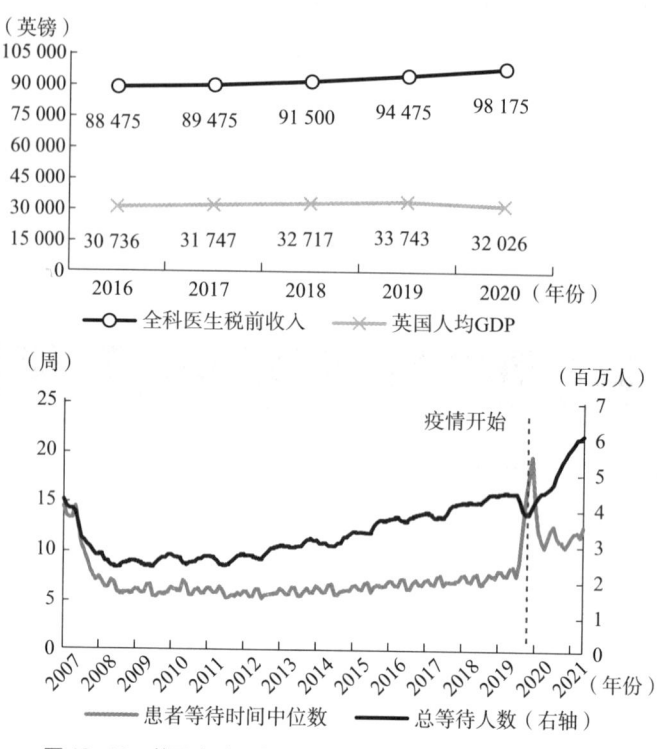

图 12-10 英国全科医生收入水平高，但患者等待时间也较长

资料来源：NHS，世界银行，中金公司研究部。

注：全科医生工资为持 GMS（基础医疗服务）合同医生在英格兰、苏格兰、威尔士和北爱尔兰地区的税前工资均值，患者等待时间以 GP 提交转诊单到患者得到治疗的时间间隔计算。

初级卫生服务为主导，医疗体系的运行成本较低，实现以低成本保障高福利的优质模式。中国社科院公共政策中心统计，英国 90% 的门急诊由家庭医生首诊，其中超过 90% 的病例不再进行转诊。2020 年初级卫生保健人均支出（支付给 GP）费用为 159.61 英镑，仅占人均卫生总支出的 4.8%。随着分级诊疗制度的严格执行，医院提供二、三级诊疗的效率有所提升，2020 年医院的普通病床数对比 1987 年下降 58%，而日间床位的比例却逐年增加至 8.5%。从总量上看，2018 年英国医疗卫生支出占 GDP 比重为 10.2%，显著小于医保覆盖率更低的美国，验证了医疗卫生支出的高效性。

借鉴英国医疗全科医生体系，中国可通过推进分级诊疗制度建设，有效缓解"看病难"问题。尽管中国目前难以在短期内建立患者认可的家庭医生团队，但仍可因地制宜通过建立医联体加强基层医疗能力，推行分级诊疗改革。中国医疗资源配置呈"倒三角"结构且基层医疗质量低，难以形成有效的就医秩序，导致"看病难"问题突出。发展医联体建设需要政府明确并强化各级医疗机构的功能定位，同时也需要医保创新相应的支付方式，协调医联体内部的激励机制。此外，政府也要加强基层卫生机构人员与设施配备。

建立均衡高效的医疗体系，推进基本医疗服务均衡化

建立均衡高效的医疗体系需要以基本医疗服务均等化为核心。推进基本医疗服务均等化一方面能够帮助居民，尤其是低收入弱势群体降低就医负担，缩小因收入不同而导致的医疗服务使用差别，增强医疗系统的均衡性，缓解"看病贵"；另一方面，推进基本医疗服务均等化也会增强基层服务能力和医疗质量，提高基层的慢病预防和管理能力，扭转医疗资源错配，提高医疗系统的效率，进而引导患者有序就医，解决"看病难"。医疗系统均衡性和效率的提升将极大地促进发展成果共享目标的实现。

推进基本医疗服务均等化需要分别从"提高医疗保险覆盖深度"和"提升医疗服务质量和效率"两个角度入手。提高医疗保险覆盖深度，一是要增加政府投入，缩小城乡和区域差距，增加居民大额医疗支出兜底保护，减少灾难性医疗支出和因病致贫；二要提高医保基金管理使用效率，提升性价比；三是要发挥商业保险的补充作用，满足居民多样化健康需求。提升医疗服务质量和效率，既要发展以基层医疗服务为核心的整合式医疗体系，加强医联体、医共体建设，提升基层服务质量；也要加强基层医疗能力建设，提高基层全科医生薪酬待遇，注重医疗服务与其他影响健康的因素的整合性。同时，建设均衡高效的医疗体系在着力改善均衡性的同时，也要注重保护医药企业的创新积极性。

提高医疗保险覆盖深度：增加财政投入，提高医保效率

增加财政投入，缩小城乡差距

相比 OECD 国家，中国政府医疗支出仍存在较大上升空间。中国政府医疗支出较低，首先人均支出绝对数额较低，2019 年为 493 美元（PPP），低于所有 OECD 国家和除印度外其他金砖国家；其次是中国政府医疗支出占一般政府支出以及 GDP 比重较低，2019 年 OECD 国家政府医疗支出占政府支出加权平均比重为 18.1%，而中国仅为 8.8%。相比与中国医保制度类似且高度老龄化的日本和法国，其广义政府卫生支出占 GDP 比重分别达到 9.0% 和 8.3%，中国仅为 3%。政府应逐步加大对居民医保的财政补助力度，通过提高人均财政补贴引导居民提高个人缴费。在提升财政补助的同时，政府也应设计合理的转诊制度和待遇层次梯度，引导居民有序就医，通过医保支付的待遇梯度促进医疗资源下沉，从而提升基层服务能力。

设立居民年度医疗支出限额制度，增加大额医疗支出兜底保障。高额医疗费用是导致中国居民发生灾难性医疗支出以及因病致贫的重要原因，建立居民最高支付限额，居民自付金额超过一定限度后，完全转为医保支付，将能够有效控制巨额医疗支出风险，提升居民的安全感。

提质增效，加强医保基金管理使用效率

单一支付方能够发挥战略购买力，提高医保支付性价比。国际实践经验表明，建立单一支付方能够有效提升医保基金的买方垄断能力，提高服务质量，降低医疗成本，增加医保基金使用有效性。更重要的是，形成单一支付方也意味着所有居民都享有同样的医保待遇，提升医保均衡性。单一支付方发挥战略购买力需平衡价格和质量，应遵循价值医疗的思维，从成本和质量两个角度进行衡量，从价格取胜转变为价值取胜。

支付方式改革要注重整体性，增强覆盖全面性。不同的支付方式通过财务激励改变医生和医院的行为，提升医疗服务的效率、质量和价值。支付方式改革能提高效率，但也需注重改革覆盖的全面性，否则可能产生预期之外的效果。同时，需要根据不同类型医疗服务的特性，选择合适的支付方式，注重引导医务人员的积极性。

发挥商保补充作用

商业健康险是基本医保的重要补充，存在较大发展空间。2020年中共中央、国务院印发《关于深化医疗保障制度改革意见》，将商业健康保险定位为重要的补充。2020年中国健康险深度（健康险保费/GDP）仅为0.8%，而健康险密度（健康险保费/总人口）仅为579元/人，与欧美成熟市场存在较大差距。从产品结构看，目前中国商业健康险仍以重疾险为主，医疗险及其他健康险占比较低，与成熟市场中医疗险为主的结构存在较大不同。借鉴发达国家成熟的健康险经验，可以丰富中国商业健康险产品。发展商业保险在发挥传统费用补充作用的同时，可注重在目录和网络补充的作用，满足居民多样化的健康医疗需求。

提升医疗服务质量和效率：优化资源配置，强化基层能力建设

发展以初级保健为核心的整合式医疗体系

从"以治病为中心"到"以健康为中心"，建立以初级保健为核心的整合式医疗服务体系。人口老龄化带来疾病谱变化，慢病将对中国的医疗体系带来严重的负担。目前中国的医疗体系对于慢病的防控存在相对不足，"碎片化"的服务体系也难以应对慢病人群就医需求。以初级保健服务（Primary Care）作为核心，资源下沉到基层，将常见病、多发病、慢病的就医需求在基层解决，二、三级医院负责解决较为严重的疾病就医需求。基层医疗服务是卫生系统的基石，以基层医疗服务为核心的医疗系统能够最大限度地满足医疗可及性，提升医疗系统效率，降低医疗成本，进而提高健康水平，缩小不同群体间的健康不平等[1]。

从中国的实践结果来看，不乏颇具成效的本土基层医疗服务和医联体的探索发展经验。2009年"新医改"启动后，中国也陆续出台措施推进医联体建设，2017年《关于推进医疗联合体建设和发展的指导意见》明确提出，到2020年，

---

[1] Friedberg, M.W., P.S. Hussey, and E.C. Schneider. 2010. "Primary Care: A Critical Review of the Evidence on Quality and Costs of Health care." Health Affairs (Millwood) 29 (5):766–72. doi: 10.1377/hlthaff.2010.0025.

在总结试点经验的基础上，全面推进医联体建设，形成较为完善的医联体政策体系。

深圳罗湖模式。2015年深圳以罗湖区为试点，整合了公立医院和社康中心，成立了唯一法人的罗湖医院集团，由5家区级医院、23家社区卫生中心、6家资源共享中心和6家行政中心组成。罗湖医院集团模式的突破性进展包括：建立了区域综合卫生体系，实现医院集团内部所有人、财、物的统一管理；通过医院集团内部的激励机制，将基层医疗和医院服务紧密结合。研究表明，患者对家庭医生和社康中心的满意度较高，选择基层医疗服务的比例较集团成立前也明显增加，2017年罗湖每万人的全科医生人数达到了2.14名，相比2015年实现翻番，患者在基层机构的就诊率也增加了5.7个百分点，达到了42.6%。

强化基层医疗能力建设

吸引人才下沉，提高基层医生质量。中国基层医疗机构人力资源供给不足，主要源于报酬水平低和职业前景差。数量上，2020年中国基层的执业（助理）医师数为154万人，为医院的22.7%；收入上，2017年乡镇卫生院执业（助理）医师月均收入为5 533元，同年城镇非私营单位卫生从业人员的月均收入为7 524元（图12-11）[1]；从学历上看，基层存量的医务人员学历水平普遍不高（图12-11），职业进修和晋升机会有限，医学毕业生不愿意在基层地区就业。相较而言，英国NHS给予全科医生"守门人"的行业地位以及病人的转诊权，肯定了全科医生及基础医疗的地位和作用，这对中国吸引人才下沉有一定的借鉴意义。

整合基层健康服务，提升居民健康水平。医疗的最终目的是提高居民的健康水平，而医疗仅仅是决定健康的因素之一。预防保健、康复护理、健康行为、养老照料等因素都会对健康水平产生影响。中国的老龄化叠加城市化，导致农村地区老龄化的水平和速度远高于城市地区。基层医疗组织不仅是医疗服务提供者，更是健康服务的综合提供者，应当将预防保健、基本医疗、康复护理、健康干预、养老照料等服务进行整合。同时，相关的基层治理结构也应以健康结果为导向进行调整，在政策制定层面充分协调，使目标一致。

---

[1] 李志远，等.（2021）.我国乡镇卫生院人员薪酬现状研究.中国卫生经济，40（1）：4.

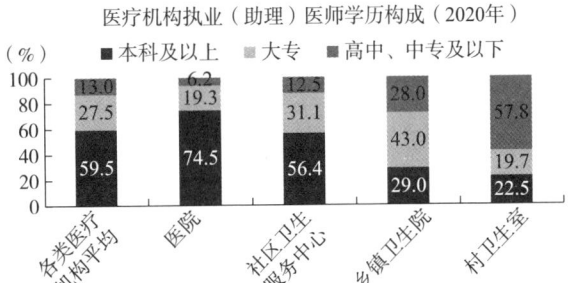

图 12-11 乡镇卫生院人员收入及学历构成

资料来源：李志远，刘嘉周，马子华，等.我国乡镇卫生院人员薪酬现状研究[J].中国卫生经济，2021，40（1）：4.

注：《中国劳动统计年鉴2018》，《中国卫生统计年鉴2021》，中金公司研究部。

激发医药产业的创新活力

提升医疗可及性不仅意味着充分利用现有的医疗卫生资源，也需要具备高度研发活力的医药产业，这对中国医药创新能力提出更高要求。美国对创新活力的有效激励能为中国增强医药创新提供借鉴。20世纪以来，美国进行的一系列医药产业改革使创新成果获得了一定程度的垄断利润，从而很好地激励了药企对研发的持续投入，培育了美国活跃的生物科技行业与具备全球竞争力的制药工业。这些有益于医药创新的举措包括：以NIH为代表的公共部门及高校科研经费持续为前沿领域的基础研究提供资金支持；建立医疗市场的多元共付体系，较好地动员了共付体系的筹资能力；监管部门对药品审评制度与专利制度持续改革，提高新药准入标准，避免行业低端重复建设。

在控制医疗费用快速上涨的背景下，中国医药体系的其他方面仍然具备激发医药产业创新活力的潜力。首先，老龄化和人均收入上升将推升中国医药市场规模，在预期市场空间增大的情况下，医药企业将增加研发投入[①]。其次，中国商保的支付潜力未被发掘。国家医保是中国共付体系中最大支付方，控费的意愿强烈，因此中国的创新药在国内通常面对较大的降价压力。而针对高端前沿的医疗技术，商业保险的支付潜力亟待挖掘。最后，中国的药审制度仍在改革发展。在行业标准规范、制度成本下降的过程中，中国的创新药行业也进入了蓬勃发展的阶段。特别是2017年中国加入国际人用药品注册技术协调会（ICH）后，药品研发、注册、生产、监管等逐渐与国际接轨，中国药品监管体系真正融入国际社会，为下一步的国际化奠定了制度与行业标准基础。

[①] Dubois, P., Mouzon, O. D., Morton, F. S., & Seabright, P. (2014). Market size and pharmaceutical innovation. IDEI Working Papers. Golec, J.H. and Vernon, J.A. "European Pharmaceutical Price Regulation, Firm Profitability and R&D Spending." NBER Working Paper, no. 12676, 2006; Giaccotto, C., Santerre, R.E., Vernon, J.A. "Drug Prices and Research and Development Investment Behavior in the Pharmaceutical Industry." Journal of Law and Economics, Vol. 48 (2005), pp. 195–214.

第十三章

提升大众消费水平,推动消费均衡

消费是国民经济的主要支柱之一，也是中国经济增长的重要引擎。改革开放以来，我国居民消费水平日新月异，达到前所未有的高度，但也存在一些结构性的问题。我国居民消费依然相对落后，消费结构有待升级；与主要发达国家和新兴经济体相比，消费在GDP中占比仍然偏低。

消费是人民大众享受其辛勤劳动果实的具体形式，是国民幸福感的最终体现。消费均衡在某种程度上比财富、收入分配更能体现社会的公平程度。对比其他国家，中国消费不均衡现象较为显著，主要体现为消费的贫富差别、区域和城乡差别以及代际差别。目前我国人均收入水平不高，各阶层收入差距明显，影响消费能力和意愿。

我国居民消费的区域、城乡差异明显，特别是中西部地区和东南沿海地区、广大农村和一、二线大城市的差距在过去20年进一步扩大。同时，我国消费结构正由生存型向享受型、发展型升级，但生存型消费占比仍偏高，低收入阶层和中高收入阶层在享受型和发展型消费方面差距较大。不同品类的人均消费也和发达国家有一定差距，但在普通耐用品、医疗、交通通信等领域有较大进步。国家的政策支持，如"家电下乡"等项目，对激活农村消费市场有显著效果，较好地缓解了城乡消费不均衡，但仍有很大的改进空间。

提升消费水平、改善消费结构、促进消费均衡发展，是共享高质量发展的一个重要环节和必由之路。首先要扩展消费市场，调整、升级消费结构。其次要优化和消费相关的税收机制，缓解低收入、弱势群体增值税、消费税等税种的缴税比例较高的现象，切实降低低收入人群税负、缓解消费贫富不均。同时，降低居住成本、提高社会保障、发展有效的金融市场，可助力降低居民预防性储蓄，提升其实际可支配收入和消费。另外，国家政策支持消费基础设施如交通、物流、零售网络、移动支付、信息平台等的建设，可推动大众消费市场的扩容与健康发展。[1]

---

[1] 本章作者：郭海燕、刘毅然、吴晓慧、何伟、姚泽宇、林思婕。其他重要贡献者包括：李亚达、蒋菱钢、卢璐。

消费和消费均衡

国家致力于发展经济的一个重要目标就是提升人民大众的生活水平，在衣食住行康乐教等各个消费领域实现人民对美好生活的向往。从这个意义上说，一个衡量经济发展和社会福利状况的重要尺度就是消费的高质量增长和消费品的公平分配。消费是国民经济的基石，高质量、均衡的消费是共享高质量发展、社会繁荣与和谐的重要促进因素。

消费在国民经济中的重要性

消费是国民经济的重要组成部分，也是国民生活幸福感的具体体现。经济学理论的一个核心基石是居民的"效用函数"，而效用可以理解为利益或者幸福感。效用函数的主要变量不是财富、收入或者工资，而是消费和闲暇，居民经济活动的最终目的就是幸福感的最大化。消费是幸福感的基础，消费的不均衡就是大众最终幸福感的不均衡，而财富和收入只是消费和获取幸福感的基础。从这个意义上说，消费均衡的重要性不亚于财富和收入分配差距的缩小。

近年来，居民消费对我国经济增长的贡献率逐渐增大，但和发达国家尚有差距。自改革开放以来，中国经济高速增长，但经济长期依赖投资和外需拉动，居民消费是经济发展中相对薄弱的一环。近年来，特别是在2008年全球金融危机后，中国经济结构发生深度调整，内需取代出口、消费追赶投资成为拉动中国乃至全球经济增长的重要引擎。国家统计局数据显示，在2008—2017年的十年间，内需对中国经济增长的年均贡献率高达105.8%，在2009年甚至达到142.6%，为全球金融危机后经济复苏做出重要贡献。2013—2017年，全国居民人均可支配收入年均增长7.3%，推动消费不断增长并持续升级。居民消费对经济增长的贡献率也从2008年的29.3%升至2017年的37.4%，在2019年更达49.2%。不过，从消费对GDP增长的贡献占比来看，我国和美国仍有一定差距。我国实际GDP年增速远超美国，但消费对GDP增长的拉动力偏弱。2010—2019年的十年间，中美居民消费对GDP增长的平均贡献率分别为42.1%和68.6%（图13-1）。

图13-1 中美居民消费对GDP增长贡献率

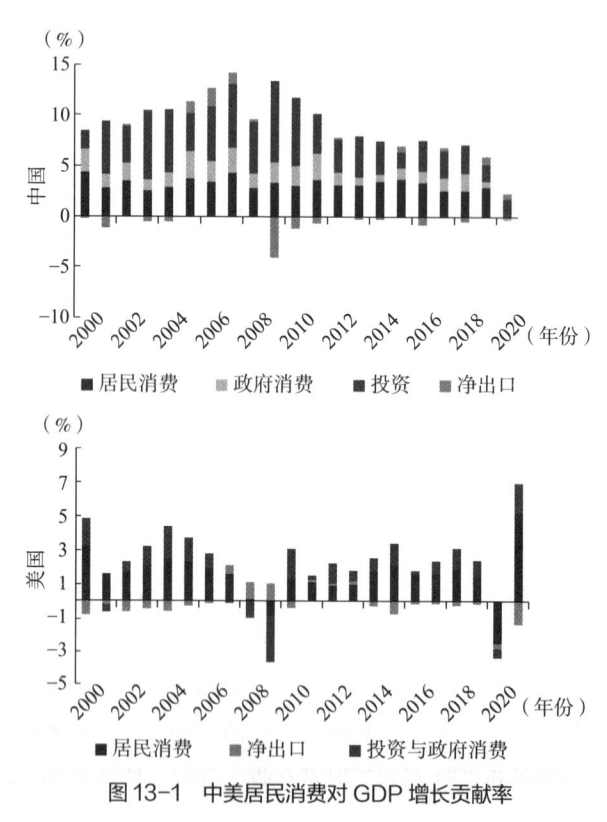

资料来源：万得资讯，中金公司研究部。

消费不均衡的原因

消费不均衡直接造成国民生活幸福感差异，影响社会公平。消费不均衡的成因多种多样，学术研究主要将其归因于价格效应和收入效应。价格效应是指科技进步改变商品的相对价格，富人消费更多的非必需品质量提升更快、价格下降更多，如电脑、高级轿车等，而穷人大部分的收入需要用于食品、衣物、租房等必需品，很难充分享受这种价格红利。以电脑为例，1994 年，一台 IBM 笔记本电脑的标准价格为 7 599 美元[1]，通胀调整后约合现在的 13 000 美元，而现在一台笔记本电脑的价格在 1 000 美元左右。相比之下，自 1994 年以来，包括大米、猪肉、小麦、糖在内的大部分食品通胀调整后的价格基本保持不变，牛羊肉价格则有所上升[2]。价格效应催生消费的不均衡，研究发现，价格效应可以解释美国消费不均衡程度变化的 22.5%[3]。

消费不均衡的更直接、根本的原因是收入效应。消费在很大程度上是收入驱动，一个社会的消费不均衡往往会呈现和收入分配差距变化相同的趋势。不过，一些因素也会使得二者的走向、趋势背离：消费者可以通过借贷或储蓄，或者来自其他家庭成员或政府的资助应对收入的变化和冲击，保持较平稳的消费[4]。作为经济学中的主要消费理论之一，莫迪利亚尼和布伦伯格（1954）[5]提出的"生命周期假说"认为一个理性的消费者会根据他一生的收入来安排自己的消费：在他年轻收入低时，预期未来收入会增加，他会把绝大部分的收入用于消费乃至举债；在步入中年收入高峰期后，消费在收入中占比降低，他的收入用于偿还债务和储蓄养老；年老退休后，收入大幅下降，其消费主要来源于储蓄。所以即使一生中其收入可能波动很大，消费却会平滑很多。经济学家米尔顿·弗里德曼

---

[1] https://www.usatoday.com/story/money/2019/06/18/cost-of-a-computer-the-year-you-were-born/39557187/.

[2] https://ourworldindata.org/food-prices.

[3] Arvai, K., K. Mann, Consumption inequality in the digital age, 2021.

[4] Attanasio, O., L. Pistaferri, Consumption inequality, 2016.

[5] Modigliani, F., R. Brumberg, Utility analysis and the consumption function: An interpretation of cross-section data, 1954.

（1957）[1]提出的"持久性收入假说"认为一个规避风险的消费者，其支出取决于他的持久性收入，即他预计一生中能够得到的长期平均收入，而不是眼前偶有的"暂时性收入"得失；只有没有预料到的收入冲击才会造成其消费行为变化。坎贝尔和迪顿（1989）[2]则认为消费平滑的主要原因在于消费对收入变化的滞后反应。

现实中消费也比收入的变化平滑很多。首先，近期研究发现，在美国，收入分配的差距一定程度上是一个暂时现象。戈特沙克和莫菲特（1994，2009）发现，收入不稳定性的增长会导致测算的收入分配差距上升，而在20世纪八九十年代，收入不稳定性贡献了美国收入分配差距高达1/3~1/2。[3]对于收入分配差距暂时加剧、收入不稳定的部分，一个家庭更愿意以平滑消费的形式应对，所以消费的不均衡也会比收入分配的差距小很多。其次，和收入不一样，理性的个人、家庭消费一般都有一个显而易见、不太高的上限，这可能使得消费比财富和收入分配更加均衡。最后，一个有效率的金融市场可以提供保险和消费信贷帮助消费者熨平一生的消费，减少收入分配差距对其消费的影响。另外，预防性储蓄或社会保险机制如再就业支持、医疗保险等会缓和失业、疾病等带来的收入大幅变化，减少这些冲击对消费的影响。在这些情况下，收入分配差距可能大幅上升，而消费不均衡却未必会加大。

中国消费现状

中国经济长期注重外需和投资引导，消费在国民经济中一直占比较低，发展起步晚。全球金融危机后，消费成为中国经济增长的一个重要引擎，但消费落后、不均衡状况依然严重，消费贫富、区域、城乡和代际差异较大。扩大居民消费、改善消费结构、优化消费资源配置是提升人民幸福感和社会公平的重要一环。

---

[1] Friedman, M., The permanent income hypothesis, in a theory of the consumption function, 1957.
[2] Campbell, J., A. Deaton, Why is Consumption So Smooth?, 1989.
[3] Gottschalk, P., R. Moffitt, The growth of earnings instability in the US labor market, 1994. Gottschalk, P., R. Moffitt, The rising instability of U.S. earnings, 2009.

消费水平与结构

新中国成立后,中国居民消费率,即居民消费在国内生产总值占比长期呈下降趋势。在20世纪五六十年代,中国相对贫困,收入、消费差距相对小,居民消费率长期在60%上下波动(图13-2)。改革开放头十年,农村经济改革先行,收入和消费增长较快,消费的GDP占比在50%左右。随着中国迅速工业化,经济快速增长,但经济更加依赖出口和投资,导致消费在国民经济中地位大幅下降。自2010年以来,中国居民消费率出现反弹并有所上升,至2020年达到38.2%,但同期农村居民消费率仍处于低位。

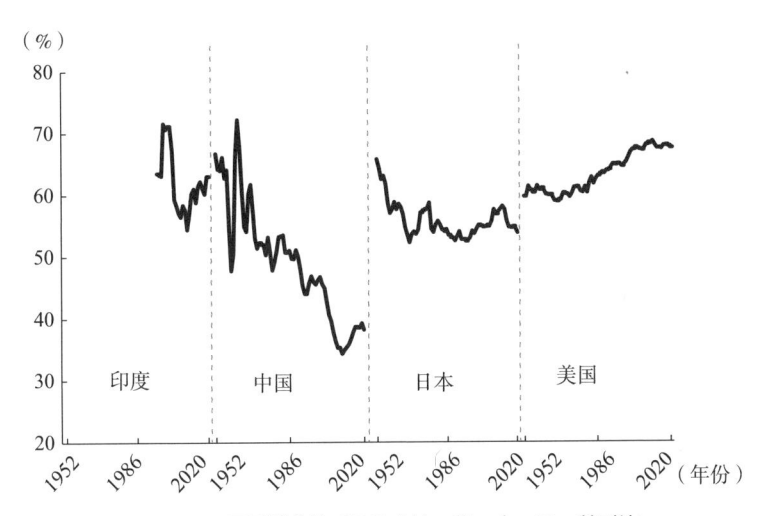

图13-2 居民消费的GDP占比,印、中、日、美对比

资料来源:万得资讯,中金研究院。

和世界发达国家和主要新兴市场国家相比,中国的消费在国内生产总值中的占比偏低。根据万得资讯数据及我们的计算,在美国,私人消费在国内生产总值中的占比在1952—2020年的均值为63.5%,在2020年更达67.2%,比2020年中国居民消费率高出近30个百分点。同为高收入发达国家的日本在2020年的居民消费率为53.8%,相比中国同期高近16个百分点。日本和中国文化接近,经济发达但人口老龄化严重,国民重视储蓄,但居民消费率一直保持在50%以上。在中国经济腾飞时期,居民消费率严重下滑,而同样是人口大国的印度,在过

去 10 年正经历着近似的经济加速发展时期，其消费在 GDP 占比却持续攀升至 63%，远高于中国当前水平。在这些国家，居民都能够较充分地享受经济增长的红利。而在过去 15 年中，中国消费快速增长，中国也逐步成为世界上最重要的终极消费市场之一，居民消费率也已经探底上行。从总量上看，我国 2020 年的居民消费总额已是 2005 年的 5 倍，但从 GDP 占比来看，居民消费特别是农村居民消费还有很大的提升空间。消费在中国人民生活中的地位在相当长一段时间可能会与主要发达国家和新兴市场国家中的地位仍有一定的差距。振兴中国消费，我们可能还有很长的一段路要走。

中国消费不均衡的现状

自 20 世纪 90 年代中叶，中国消费不均衡的程度经历了一个迅速上升、在 2010 年前后探顶后逐步下降的过程（图 13-7）。这个过程的一个主要特征是中国消费不均衡程度低于收入分配差距程度（图 13-3）。仅从消费看，其不均衡并没有反映出财富、收入的分配差异的严重程度。如果人民幸福感主要体现在消费上，我们距离社会公平可能没有想象中那么遥远。2014 年以来，我国收入和消费分配的走势接近并在 2016 年后都有所降低，且消费不均衡显著低于收入分配差距程度。我们的分析显示，在 2012—2018 年，中国消费基尼系数处于 0.45~0.5。在美国，消费不均衡在 21 世纪整体变化相对缓和（图 13-3），但与中国相比，特别是在 21 世纪的第二个 10 年，美国收入分配差距程度缓慢提升，而消费不均衡程度却有显著下降[1]。中国消费不均衡程度较高，且消费分配和收入分配走势更加接近，其中一个可能的原因是在社会快步数字化、生产智能化的经济结构调整过程中，低技能水平的劳工预期收入的减少大部分是长期、持久而非暂时性的；即使收入的冲击是暂时性的，但贫困家庭可以动用的资产很少、不完善的金融体系无法提供有效率的消费信贷，仍在建设中的社会保障体系尚不能为

---

[1] 美国消费基尼系数数据来自 The Global Consumption and Income Project (GCIP)，以使得收入和消费基尼系数可比且时间序列尽可能长。关于美国不同时期收入和消费基尼系数的测算也可见其他文献，例如 Krueger, D., F. Perri, Does income inequality lead to consumption inequality? Evidence and Theory, 2006。

低收入人群提供有效的抗冲击能力。

和众多发展中国家相比，中国消费基尼系数偏高（图13-4）。作为近30年来增长速度最高的新兴市场国家，中国消费均衡程度落后于埃及、尼日利亚等非洲国家，这和国家共同富裕的目标是不一致的。中国经济体庞大复杂，分析、了解中国贫富、区域、城乡和代际的消费差异，对采取相应政策应对、降低消费不均衡程度非常重要。

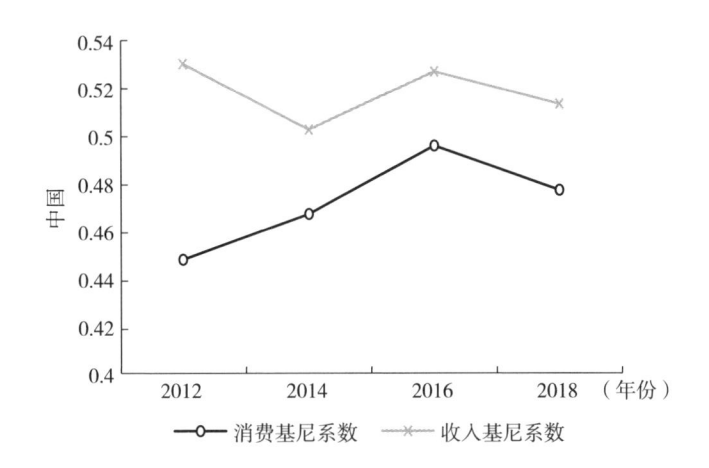

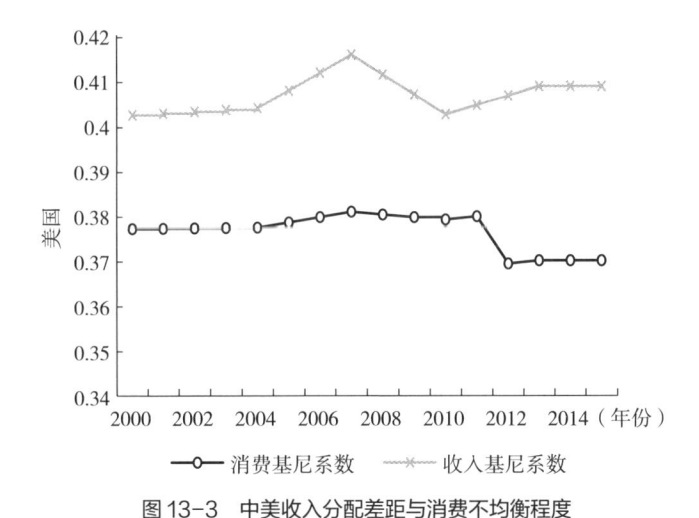

图 13-3 中美收入分配差距与消费不均衡程度

资料来源：CFPS，The Global Consumption and Income Project（GCIP），中金公司研究部。

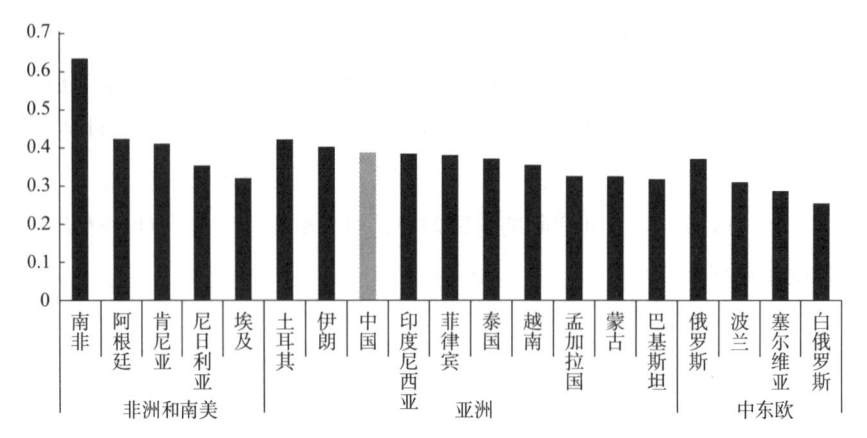

图 13-4　中国消费不均衡程度在发展中国家里偏高

资料来源：World Bank PovcalNet，中金研究院。

注：中国的消费基尼系数为 2016 年数据，其他国家绝大多数为 2016 年数据，在 2016 年数据不可得时，以最临近年份数据替代（2015、2017 或 2018 年）。

消费的贫富间不均衡

我国不同收入群组间存在较大的消费不均衡，且根据世界银行数据，不均衡程度在 1996—2016 年有所上升：高收入人群消费占比更高，其中收入最高的 10% 人群的消费占全民消费总额的比重在 2016 年达到近 30%，比 1996 年提高了两个百分点，同时期收入最低的 10% 人群的消费占全民消费总额的比重从 3.1% 略降至 2.7%，而代表核心中产阶级的收入位于 40%~50% 的中间十分组的消费占比也由 7.3% 下滑至 7%。中低收入人群消费占比下滑对推动社会公平是一个较大的挑战。

不同收入层级的家庭，其消费结构也有很大的差别。中国低收入家庭在食品、居住、医疗保健等基本商品和服务的消费支出比例都远高于高收入家庭，而在文教娱乐、福利性、家庭设备及日用品等提升性的消费类别中，高收入家庭的消费支出比例远高于低收入家庭（图 13-5）。导致这个现象的一个主要原因在于，食品、居住、医疗保健等属于一个家庭维系其生存和健康的必需消费，是低收入家庭的主要开销。基本生存需求有限，而在满足这些刚需后，中高收入人群的收入盈余保证其有能力进一步提升、追求更高层次的消费。

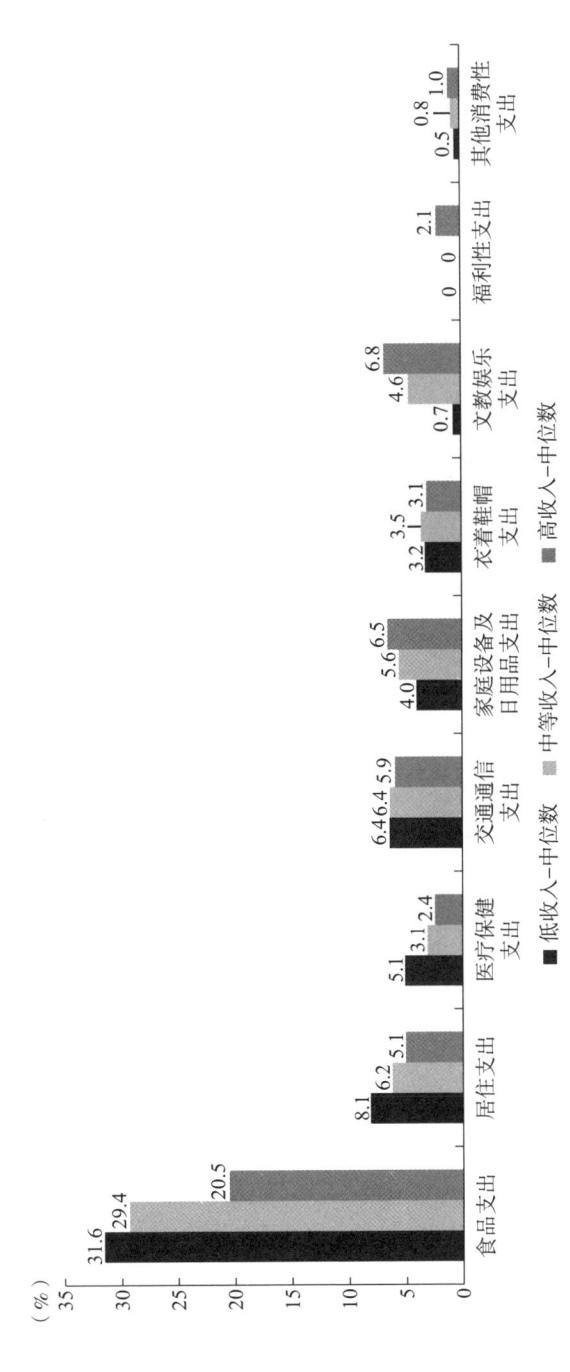

图13-5 中国不同收入家庭消费结构差异明显

资料来源：CFPS，中金公司研究部。

注：年收入在6万元以下的家庭为低收入家庭；年收入在6万~31万元的家庭为中等收入家庭；年收入在31万元以上的家庭为高收入家庭。数据统计时点为2018年；每组指标为当组收入样本在该项消费支出占总消费支出的比例的中位数。

第十三章 提升大众消费水平，推动消费均衡和美国相比，中国仍处于有待进一步发展、富裕的阶段，低收入群体占比较高且相对贫困。中美消费结构存在较大的差异，特别是必选消费占中国居民消费比重远高于美国。2019 年，中国居民的食品烟酒、衣着、居住、交通和通信等消费项在总消费额中占比分别为 28.2%、6.2%、23.4% 和 13.3%，显著高于美国的 14.6%、3.0%、18.5% 和 11.5%（图 13-6）。在美国消费结构中占比较高（15.0%）的其他用品及服务项主要包括金融等服务类消费，这也要归因于美国相对富裕且较高收入家庭更为普遍的现实情况。

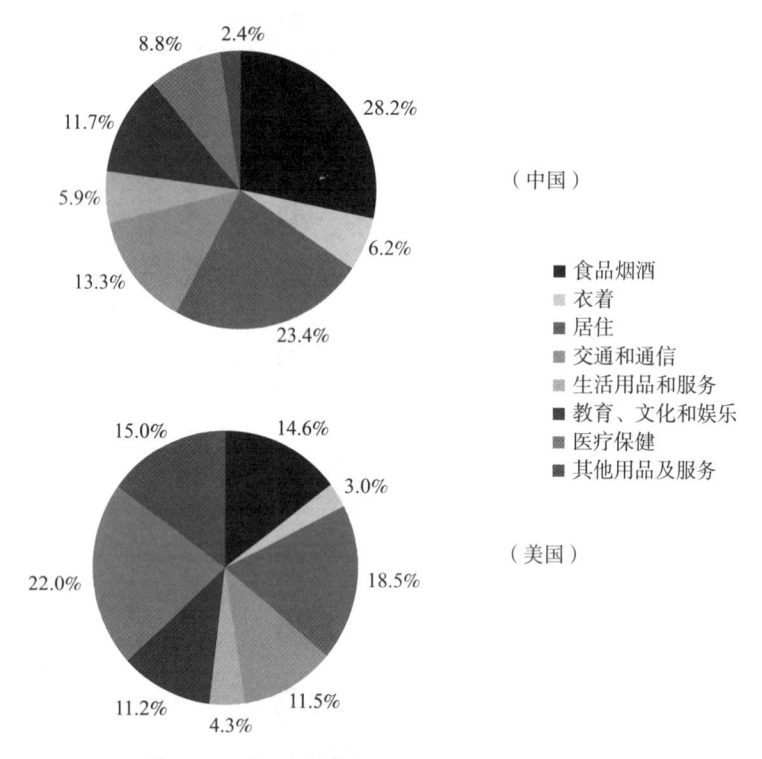

图 13-6　中国与美国居民消费结构的差异（2019）

资料来源：国家统计局，美国统计局，中金公司研究部。

消费的区域、城乡不均衡

中国消费不均衡，在很大程度上要归因于区域间和城乡居民消费的不均衡。首先，伴随着我国经济的逐步成熟，中国已经跨越了经济腾飞初始的资本原始积累期，国民开始更充分地享受过去40年的增长红利，各省（自治区、直辖市）居民消费率也应相应逐步提高。但我国居民消费的GDP占比地域差别较大、发展趋势也不一致。总体上看，消费占比下降的占大部分，只有七个省（自治区、直辖市）消费占比上升。消费占比下降强度在中西部较贫困省份尤其突出。20世纪90年代，中国中西部内陆省份如云南、贵州等较贫困地区，居民平均收入和生活水平偏低，居民消费率高达55%左右。伴随着过去30年经济快速增长，发展资源和经济重心进一步向东南沿海地区和一些一、二线大城市转移，中西部内陆地区的消费占比在1993—2017年不升反降，和北京以及东部沿海较富庶地区如上海、江苏、山东等地消费占GDP比例的增长形成鲜明对比。其中，吉林（50.8%降至27.4%）、西藏（48.9%降至28.2%）和陕西（49.1%降至32.3%）下降幅度最大，而北京、上海、辽宁、山东等地消费占比则增长较快。

其次，城乡消费总量上的差距在改革开放后变化尤其显著，其中农村居民消费的GDP占比由1981年的32.6%下降至全球金融危机后的不足10%。在中国制造业迅速发展和过去40年的城市化进程中，大量农村人口流入城市、城乡收入差距不断扩大，促使农村居民消费相对大幅趋弱，这一定程度上加剧了城乡之间的消费不均衡。不过，近10年来中国消费不均衡程度整体下降，而且如果聚焦城镇内部和农村内部的消费不均衡，会看到整体消费不均衡的下降在一定程度上反映了农村消费在2010年后更加趋于均衡，而城镇消费不均衡程度也在2013年前后探顶后小幅下行（图13-7）。值得注意的是，我国消费总体不均衡程度一直高于城镇内部和农村内部的消费不均衡程度，显示出城乡之间的消费不均衡，而不仅是城镇和农村内部消费的不均衡，对中国消费不均衡有较大影响。消除城乡差别是消费公平政策的一个重要着力点。

从区域上来看，和中国东部沿海地区相比，欠发达的中西部地区城乡消费差距更大，但在过去的20年中有所缓解。21世纪初期，我国中西部省（自治区、直辖市）如重庆、西藏、贵州、新疆、陕西、广西、青海、宁夏等地的城乡居民人均消费比一度达到甚至超过4.0，甘肃更是接近于5.0。2017年，城乡消费比在全国大范围下降至2.0~3.0，中西部地区进步明显，甘肃省城乡居民人均消费比也降至3.0。而较为发达的北京和上海，城乡消费比基本没有变化，保持在2.2

左右的低位[①]。

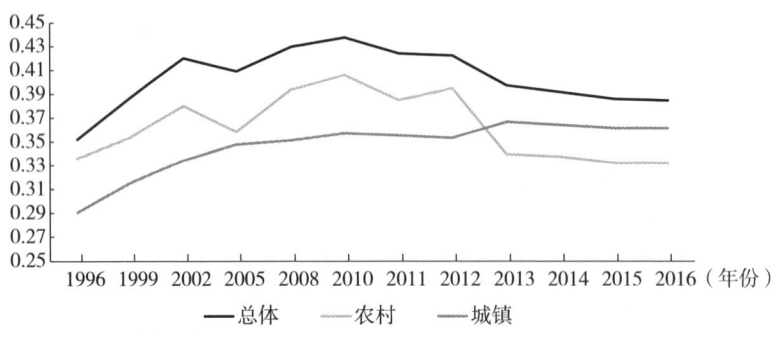

图 13-7 中国城乡消费不均衡程度发展趋势

资料来源：World Bank PovcalNet，中金研究院。

注：消费基尼系数，总体、城镇和农村。消费基尼系数在0和1之间，越接近于1，则消费越不均衡。

消费的代际不均衡

消费代际不均衡产生的原因有多种。一方面，科技进步会带来大量新产品和新型服务出现，而理解、使用新技术对老年人来说有更高的成本。在过去的20年中，数字化提升了全民消费体验和消费质量，但也给一些对电脑、智能手机学习和适应能力有限的老年人的日常生活和消费造成了一定的困扰。原来习惯的消费和支付方式被数字消费方式（如电商平台、第三方支付的使用）取代，这在一定程度上限制了其消费能力。老年人无法享受科技进步的红利，在数字消费和数字生活上处于不利地位。

另一方面，中老年人经过长期的财富积累，预算约束相对较小，潜在消费能力高。其中，拥有住房等资产为中老年人提升消费创造了较好的条件。而不断高企的住房成本也严重影响年轻人的消费能力，在城市高房价、高租金的环境中，年轻人的实际可支配收入可能大幅减少。对计划购买住房的年轻人，储蓄和后续的房贷偿还必然抑制消费，导致消费代际不平衡。我们的研究表明，2006—2011年，房价的快速上涨，相关的租金、房屋周转收入，以及房地产作为抵押物价值上升进一步放松了借贷约束，房地产所有者感受到的财富增加提振其消费信心，

---

① 数据来源：万得资讯。

财富效应明显增强。购房显著拉动了相关产业链的消费，各项消费品类均与房价正相关。2012年以后，房价上涨的替代效应显现，租房、购房的支出和储蓄对其他消费造成了挤压。除石油及制品类消费外，大部分消费品类与房价相关性要么不明显，要么显著负相关（图13-8）。

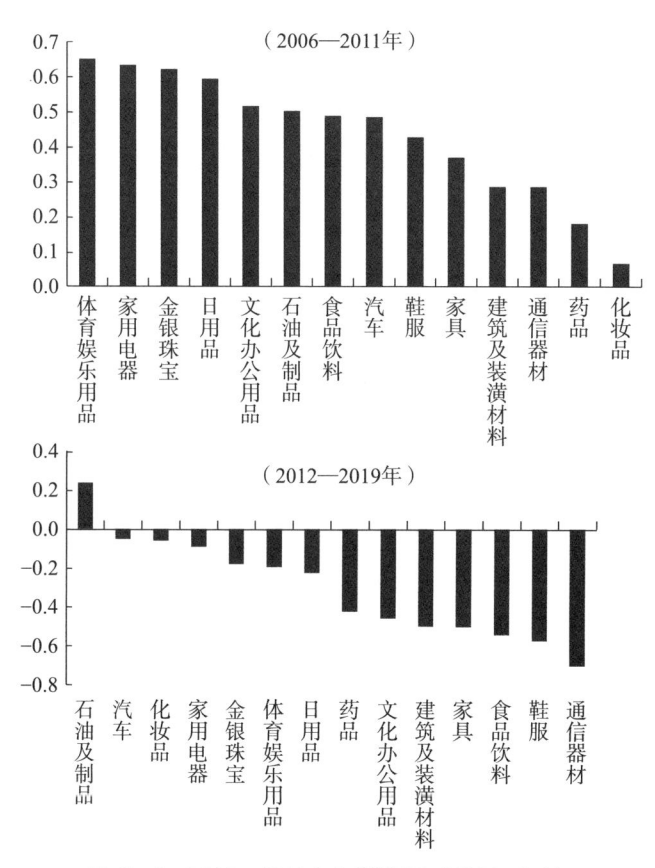

图13-8　2006—2011年各类消费和房价呈正相关，但2012—2019年相关性转为不显著或负相关

资料来源：万得资讯，中金公司研究部。

消费滞后和不均衡是共享高质量发展的障碍

全球金融危机后，伴随着国民经济的结构调整和转型，我国居民消费水平和

结构在过去几年取得了可喜的进步。但是与主要发达国家和其他众多新兴经济体相比，中国居民消费水平偏低、消费不均衡程度偏高，不同收入阶层消费水平和结构差异大；区域间特别是中西部内陆地区和东南沿海地区的消费差距明显且有一定扩大，大城市和广阔农村的居民消费失衡；代际消费存在着不均衡。高水平、高质量的消费是社会高度发展和经济发达的一个重要标志和体现。消费是我国经济中较为薄弱的一个环节，也是亟须支持和巩固的一个国民经济重要支柱。同时，消费是人民群众享受其劳动成果的主要方式，也是其生活幸福感的具体体现，消费公平也是社会公平的重要组成部分。消费滞后和不均衡是共享高质量发展的障碍。

促进消费市场有效扩容、健康发展

扩大消费、优化国民消费结构和消除消费不均衡是共享高质量发展的重要组成部分，旨在最大限度地实现人民大众对美好生活的渴望和期待。促进消费市场的有效扩容和健康发展是提升消费和消费公平的核心。随着中国经济迅速增长，中国从新中国成立初期一个"一穷二白"的人口大国，发展成今天世界上仅次于美国的第二大经济体、世界上最大的制造业基地和贸易国。2021年末，中国人均国内生产总值达 12 555 美元，是世界上增长最快的消费市场。据卡拉斯和冯格勒（2021）分析，21世纪初，中产阶级还主要是一个西方现象，企业主要是向OECD国家居民出售消费商品，尤其是在美国和欧洲，而今天的消费阶层则是全球性的，并日趋亚洲化，目前亚洲中产阶级的支出超过了欧洲和北美的总和。2010—2030年，中国、印度和美国在全球有一定消费能力的消费者总数中将名列三甲[1]。我们完全有基础发展消费市场、提升消费，吸收世界发达国家经验，将中国建设成为一个日益高效公平的消费大国。

为更好地理解消费市场和居民消费结构，我们将消费划分为三种不同类型：生存型消费、享受型消费和发展型消费。生存型消费以满足基本生存所需为目

---

[1] Kharas, H., W. Fengler, Which will be the top 30 consumer markets of this decade? 5 Asian markets below the radar, 2021.

的，主要包括食品支出（剔除外出就餐支出，加入自产农产品市场价值）、衣着支出（全年家庭成员购买衣物总支出）、基本家居、交通费用、通信费用；享受型消费以满足生活品质提升的需求为目的，包括家居升级、汽车、文化娱乐支出、高蛋白与健康饮食、外出就餐与旅游支出、美妆、美容、医美、家政服务支出等；发展型消费聚焦人力资本的投入，主要以满足人们增强智力或健康的需要为目的，包括家庭教育培训总支出，健康、医疗支出等。

研究显示，不同收入群体对不同类型消费有大不相同的边际消费倾向（表13-1）。低收入群体对生存型消费的边际消费倾向相当高（0.143），而中等收入群体对享受型、中端消费的边际消费倾向最高（0.082）。高收入群体因为财力雄厚，各类消费对其预算影响都不大，因此整体边际消费倾向偏低。

表13-1 不同收入群体对不同类型消费有不同的边际消费倾向

消费类型	低收入群体	中等收入群体	高收入群体
生存型消费	0.143	0.080	0.018
享受型消费	0.053	0.082	0.018
发展型消费	0.023	0.014	0.007

资料来源：宿玉海等（2021），[①] 中金公司研究部。

提升生存型消费的均衡程度

衣食住行是人民生活中最为基本的、生存型的消费。改革开放后40年，中国在满足人民生存型消费上取得了巨大的成就，但在其中一些类别上仍存在较大的消费不均衡。我们基于中国家庭追踪调查（CFPS）调查数据的分析显示，2018年，食品、家庭设备及日用品和住房是对消费不均衡贡献最大的三个分项，分别贡献了消费基尼系数的24%、22%和20%，而衣着鞋帽（5%）和交通通信（7%）对不均衡的贡献则较小（图13-9）。和2012年相比较，食品和家庭设备

---

① 宿玉海，孙晓芹，李成友：《收入分配与异质性消费结构——基于中等收入群体新测度》，《财经科学》2021年第9期。

及日用品对消费不均衡的贡献降幅较大,分别为 5 个和 4 个百分点,但住房的贡献由 2012 年的 4% 上升到了 20%。住房已成为生存型消费不均衡的一个关键因素。

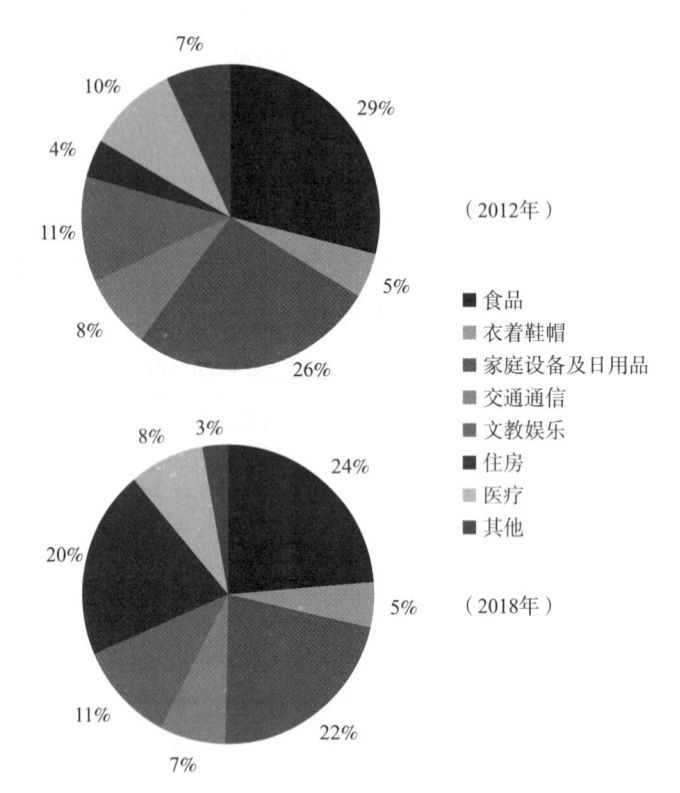

图 13-9　2012 年和 2018 年不同品类对消费基尼系数的贡献

资料来源:CFPS,中金公司研究部。

中国在基本温饱相关的保障性食品上,消费不均衡已基本消除,但高端优质食品仍存在消费不均衡。例如,据《中国统计年鉴 2021》,中国 2019 年农村人均粮食、食用油、蔬菜、猪肉消费量约为城市的 140%、86%、107% 和 100%。基于不同年龄的参考膳食摄入量,在"管饱"方面,我国在主要保障性食品的消费已较为均衡。中国食品消费的不均衡主要体现在高端优质食品。例如,乳制品的人均消费量在中国仅为日、韩人均消费量的约 50%,其消费在中国农村提升空间尤为大。2014—2020 年,农村居民奶类人均消费量(不包含奶酪等产品)

复合增长率为 2.3%，高于城镇居民人均消费量提升速度，但其绝对值水平每年 7.4 千克仍仅为城镇人均消费量的 42%，差距明显。

可代替我们完成家务活动、改善生活环境的"白电"电器产品，如以冰箱、空调、洗衣机等为代表的普及型产品早已成为家庭现代化生活必需品。2010—2020 年，城镇和农村的冰箱、洗衣机、空调的保有量差距已明显缩小。例如，2010 年冰箱、洗衣机和空调的家庭保有量在城市分别为每百户 97、97、112 台，在农村分别为每百户 45、57、16 台，城乡差距明显；2020 年，城市家庭保有量分别为每百户 103、100、150 台，农村则分别为每百户 100、93、74 台。十年间，城市消费变化不大，但城乡差距基本消除。

得益于我国家电产业链效率的不断提升，普及型家电产品型号不断丰富，家电产品既有低价的基本款，也有价位更高的高端型号。总体而言，家电整体定价合理，选择丰富，不同购买力的人群可选择不同功能定位的家电。同时，高端市场和高性价比市场同步快速发展。近几年，随着中国中产家庭规模扩大，中国家电企业产品力提升，更高端的产品的销售规模占比提升。同时，中低收入人群对家电的基本需求通过高性价比家电的迅速增长也得到了很好的满足。

消费结构由生存型向享受型、发展型升级

消费水平提高和消费结构的升级可以在不同收入群体中同时进行，这在一个国家高速增长、国民收入水涨船高的情况下是完全可能的。同一种商品，在一个收入不断提高的国家，其地位也可能从高端消费品转变为中端、低端消费品。例如，私人汽车在我国改革开放早期数量极少，是典型的高端和奢侈消费品。随着我国经济迅速发展，中产阶级开始出现。在 2001 年底中国加入世界贸易组织后，私家车渐成汽车消费主流，支撑汽车产业以 20% 以上的复合增速高速增长近十年。截至 2021 年底，全国汽车保有量达 3.02 亿辆，汽车已成为中国中产阶级的"日常消费"大项，并逐步向更低收入人群消费渗透。

汽车消费经历第一轮普及期后进入稳健增长阶段。国内乘用车销售可划分为 3 个历史阶段：2010 年前，国内乘用车销量在低基数基础上实现高速增长，2004—2010 年复合增速达 28%；2010—2017 年，国内乘用车销量增速趋缓、规

模稳步提升，2017年实现乘用车销售2 474万辆，复合增速为9%；2018年以来，国内乘用车销量触顶回落，但人均保有量保持快速提升趋势[①]。根据万得资讯数据推算，2020年国内私人汽车千人保有量达172辆，但与发达国家相比仍有较大差距。随着国内经济持续增长、人均收入不断提升，汽车消费普及阶段基本完成，目前已进入稳健增长阶段。伴随汽车保有量提升，家庭购车呈现的特征开始由新购需求逐步向以年轻化、个性化和换购、增购需求为主转变。中国汽车技术研究中心有限公司数据资源中心的数据显示，2019年中国乘用车市场车主换购的新车数量为929万辆，换购对新车零售的贡献度为43%，在新车市场整体增速放缓的背景下，存量用户置换、增购成为新车市场的主要增长动力之一。

发展消费市场、因势利导支持国家重大战略，也是消费升级的重要组成部分。例如在欧盟，由于碳排放法规趋严、环保压力增大，各国加快了新能源汽车的研发和推广。德国在2017—2020年分别投资了2亿欧元和1亿欧元建设5 000台快充电站和10 000个充电站。中国为争取在2060年前实现碳中和，在交通领域推动绿色低碳发展，向近零排放的电动汽车发展是大势所趋。一方面，中国新能源乘用车渗透率持续提升，2021年，汽车电动化已突破S形成长曲线关键的临界点（10%渗透率），或进入陡峭增长期。另一方面，以特斯拉，国产的小鹏、理想、蔚来等造车新势力为代表的汽车的智能化功能的丰富度与完成度增强了消费者购车意愿。截至2021年末，我国新能源汽车保有量达784万辆，已占汽车总量的2.6%。

家电是科技进步和消费升级紧密结合的一个极好例证。日本战后经济高速增长，生活、消费水平不断提高，都和其从无到有再到强的家电产业和消费密切相关。我国家电产业的起步和腾飞，特别是在初期，也大量借鉴了日本的经验。从日本不同品类的家电发展和普及的历史来看，中国当前的家电普及程度接近日本在20世纪90年代初期的水平，而在20世纪90年代后，日本各种新兴家电渗透率快速提升。家电在日本的推广周期显示了科技进步的巨大力量。在经历了一个较长的初步探索和市场接受、适应期后，家电开始实现量产，同等性能产品价格迅速下降，家电产品大量普及乃至最终实现饱和。家庭必需电器产品，如洗衣机、电冰箱、吸尘器、彩电等产品，其从出现到市场基本饱和的周期非常短，往往在

---

① 资料来源：中汽协，中金公司研究部。

10年左右乃至更短时间（如彩电），而一些非刚需的电器产品如空调、微波炉等则需要30年左右的时间达到饱和状态。更有一些非刚需、使用率偏低的电器如干衣机、暖炉、被褥烘干机等，在出现二三十年后依然远未饱和，其普及度反倒出现下滑。中国家电消费市场也会发生类似但不完全一样的情况，生活改善和消费升级是家电普及的动力和基础。基本的刚需家电产品一般会迅速普及、竞争激烈，而提高型的家电消费则会缓慢上升，并根据其性价比为低收入人群接受，但可能不会出现饱和。技术老化、缺乏创新的家电产品如DVD播放器等则会被淘汰。

激活农村消费大市场

耐用品的消费是城乡消费不均衡的重要因素。汽车、电视、电冰箱等耐用品价格较高，在家庭消费总支出中占据的比例较大。在没有消费贷和分期付款的情况下，购买耐用品意味着需要较长一段时间的储蓄积累，也意味着其他消费支出的减少。耐用品消费支出的变动能够较好地反映一个家庭的消费能力和水平。1999—2013年，我国城乡居民在电冰箱和彩电等对生活质量提升较大的基础耐用消费品上的平均拥有量逐步趋同。当前农村家用汽车、空调普及率仍有待提升，2020年户均拥有量仅为城市的59%、49%，但是农村电冰箱和电视机普及率已经接近城市的水平，2020年户均拥有量都已达城市的95%以上。2007年底对彩电、冰箱、手机三类产品给予售价13%的财政直补，以及2009—2011年在全国范围推广的"家电下乡"政策，对推动家电在农村的普及起到了非常积极的作用。而相对更为升级的消费品类如空调和汽车，虽然其城镇和农村拥有量都有较大提升，但城乡差距仍较大。国家针对基础耐用品消费的一些政策补贴项目，如"家电下乡""家具下乡""汽车下乡"等，对缓解城乡消费不均衡产生的效果明显，可以适当推广到其他耐用消费品。

除基础耐用消费品行业外，一些消费子行业的城乡消费差异仍较为显著。首先，服务性消费占比在农村较低：2019年农村人均服务性消费支出占总消费支出的39.7%，较城市居民服务性消费占比低约8.5个百分点，且差距在逐年拉大。乡镇市场服务性消费集中于医疗及教育、在外就餐、旅游、家政等消费，大力推进相关消费有利于降低城乡消费不均衡程度。其次，城乡消费的不均衡不仅限于量，也在于质。同样的消费，农村居民得到的消费体验是不一样的。在广阔的农村，市场品牌普及度低，消费品仍以满足基本消费需求为主，品牌、功能性受关注较少。例如食用油在农村市场中仍以散装油消费为主，农村消费者更加注重性价比；而在城市中品牌比例较高，消费也以小、中包装为主，同时注重品牌溢价及食品安全。再如运动鞋服在农村市场上以小品牌、白牌为主，一线品牌直营店往往集中于一、二线城市。最后，农村消费者对消费升级品类、新兴消费品类接受率较低。受限于农村市场购买力，农村消费目前仍更偏向于高性价比、低端消费。新兴、升级品类消费仍集中在经济较发达的城市富裕家庭，在农村市场渗透率仍较低。伴随着农村居民收入提高，科技进步和消费品规模生产导致价格降低，未来一部分产品将逐渐成为普及型消费品而更多渗入农村。

政策发力推动消费均衡和消费升级

经济的迅猛增长可以让所有国民生活水平得到提升，但是并不是所有人都可以最大限度地收获经济发展的红利。不受约束的市场会失灵并导致消费严重失衡。国家财政税收政策和社会各界共同推进的基础设施、金融服务升级，是鼓励扩展消费、调整消费结构和减少消费不均的有力工具，如果使用得当，可以促进消费资源更加有效、均衡地分配。

增强社会保障，减少预防性储蓄

中国经济的一个重要特征是居民储蓄率非常高，而消费倾向偏低。以不同的定义和统计口径估算出的储蓄率差别较大，但其信息基本一致：中国的居民储蓄率远高于世界其他国家和地区，包括同属亚洲的高储蓄国家韩国和印度。据世界银行测算的净储蓄率（国民储蓄净额在国民总收入中占比）[1]，中国储蓄率在2008年全球金融危机爆发时期探顶（38.5%）后，逐步回落至2019年的27.0%。这远

---

[1] 净储蓄率为国民储蓄净额占国民总收入的百分比，其中国民储蓄净额等于国民储蓄总额减去固定资本消耗的价值。

高于同时期世界平均水平（9.7% 和 10.4%），也高于发达经济体如美国（-0.7% 和 2.7%）、欧元区（6.7% 和 7.3%）、英国（-0.6% 和 -1.4%）和日本（3.4% 和 5.1%，2018），以及新兴市场国家如韩国（15.3% 和 14.8%）、巴西（11.3% 和 4.4%）、印度尼西亚（10.4% 和 15.5%）和印度（25.7% 和 18.1%）。中国居民高储蓄的原因较复杂。第一，东方国家包括中国、日本、韩国有较强的储蓄文化和传统。第二，改革开放后经济结构的调整带来阵痛，社会保障体系不健全、就业前景不稳定、收入缺乏保障等都增加了城乡居民对预防性储蓄的需求。第三，长期推行的独生子女政策和农村青壮年人口大规模流失使许多家庭养老保障脆弱，提升了预防性储蓄。高储蓄是中国经济腾飞时期投资驱动增长的重要基础，但也使得中国家庭的平均消费倾向显著低于其他国家和地区。

人口结构的变化，特别是人口老龄化，使得劳动年龄人口减少日趋严重。第七次全国人口普查数据显示，2020 年我国劳动年龄（16~59 岁）人口相比 2010 年减少 4 000 多万人，仅为 8.8 亿人，劳动年龄人口占总人口比例下降。同一时期，中国人口抚养比[①]从 2010 年的 34.2% 上升至 2020 年的 46.1%。大规模人口老龄化意味着中国经济增长的人口红利逐步减少并可能逆转，家庭经济前景不确定性增加，储蓄和消费结构也可能发生巨大变化。

加强社会保障，特别是医疗、养老、住房和教育领域内的保障，可以有效减少国民的预防性储蓄、促进消费并降低消费不均衡的程度。预防性储蓄主要被用来应对不时之需，特别是未来收入和支出的不确定性，包括因一些不可预期的重大事件如失业、疾病等引起的收入骤减或支出剧增。预防性储蓄在中国占比不低，例如一项 2012 年展开的调查显示上海居民将月收入的约 26% 用于预防性储蓄[②]。费尔德斯坦等基于美国数据的估算认为社会保障使私人储蓄率降低了 30%~50%[③]。一些研究发现，社保能够降低人们特别是弱势群体如农村或者流动人口等的预防性储蓄的动机，促进其消费。例如，引入新农合使得农村居民非医

[①] 0~14 周岁与 65 周岁及以上人口数加总与 15~64 周岁人口数之比。
[②] 周晋、虞斌：《社会保障影响下的居民未来预期与家庭资产配置——基于上海居民调查的实证分析》，《财经论丛》2015 年第 9 期。
[③] Martin Feldstein, Social security, induced retirement, and aggregate capital accumulation, 1974.

疗类消费支出增加了 5.6 个百分点①；参加新农保的农村居民的日常消费比未参保居民高 13%②。

一些研究发现医疗保险显著促进消费③，但也有早期研究认为医保改革并未能显著降低人们自付医疗支出的风险，因此没有显著增加居民的消费④。关于养老保险促进消费的观点存在争议：理论上，如果养老保险的收益小于所缴费用，反而会抑制消费；而实证研究也发现人们并不能准确预见养老保险能带来的好处，因此养老保险对消费的实际作用不明显⑤。而且，相对于收入不确定性的不断增加，养老保险特别是农村养老保险的保障程度过低⑥。

总体而言，虽然理论和实证上都有证据表明社保可以降低人们的预防性储蓄，但是具体的效果取决于社保的缴费与预期收益之比、社保是否能实质性降低未来大额支出的风险等一系列因素。因此，有必要在扩大社保覆盖范围的基础上，采取措施精准应对可能出现的问题，如医保的自付比例过高等，以切实提高保障水平、降低预防性储蓄、提升老弱人群消费、降低消费不均衡的程度。

公共政策支持也可以提高弱势人群应对负面收入冲击的能力，从而降低消费不均衡的程度。这些政策可以是长期的，也可以是暂时的，如新冠肺炎疫情期间的抗疫财政支持。由于缺乏资产、收入低而无法借贷，很多低收入人群包括刚入职的年轻人，尽管有较高的未来收入潜力，但如果没有政府援助，暂时性的收入冲击也会迫使其减少消费。新冠肺炎疫情期间，消费在社保薄弱的国家锐减，而在一些社保较完善、政府大力救助的国家，如美国、英国等，新冠冲击引起的消

---

① 白重恩，李宏彬，吴斌珍：《医疗保险与消费：来自新型农村合作医疗的证据》，《经济研究》2012 年第 2 期。

② 岳爱等：《新型农村社会养老保险对家庭日常费用支出的影响》，《管理世界》2013 年第 8 期。

③ 甘犁，刘国恩，马双：《基本医疗保险对促进家庭消费的影响》，《经济研究》2010 第 1 期。臧文斌等：《中国城镇居民基本医疗保险对家庭消费的影响》，《经济研究》2012 年第 7 期。

④ 解垩：《城镇医疗保险改革对预防性储蓄有挤出效应吗？》，《南方经济》2010 年第 9 期。

⑤ Feldstein. M., J. Liebman, Social security, 2002. 白重恩，吴斌珍，金烨：《中国养老保险缴费对消费和储蓄的影响》，《中国社会科学》2012 第 8 期。L. Kotlikoff, Testing the Theory of Social Security and Life Cycle Accumulation, 1979.

⑥ 随淑敏，彭小兵，肖云：《城乡居民基本养老保险对居民储蓄率的影响——基于预防性储蓄的视角》，《消费经济》2021 第 4 期。

费冲击则较小。我国一般公共财政在养老和医保外的社会福利支出，如就业补助、社会福利、残疾人事业、医疗救助、企业改革补助等支出较少（图13-10），其中职业培训补贴等可以帮助低技能群体应对社会经济结构变革带来的负面收入冲击的支出就更少。增强这些领域的财政支出，有利于帮助弱势人群增强对负面收入冲击的抵御能力，通过公共保险机制帮助他们维持适当的消费水平。

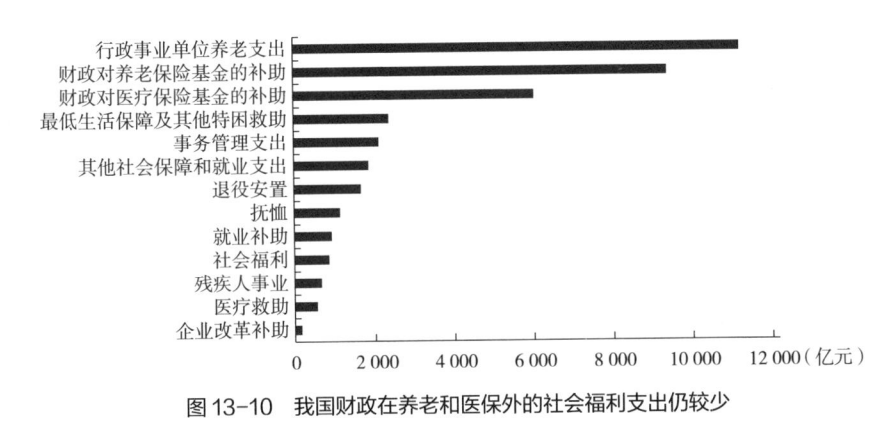

图13-10 我国财政在养老和医保外的社会福利支出仍较少

资料来源：万得资讯，2020年全国一般公共预算支出决算表，中金研究院。
注：图中所示项目为2020年全国一般公共预算中社会保障和就业支出的明细项整合，以及卫生健康支出中的财政对基本医疗保险基金的补助明细项。

优化消费税收，助力消费升级

我国目前的税收体系偏重增值税、消费税等消费类税收，由于低收入群体的消费率高、承担的税负在其收入中占比较中高收入群体更重，不利于消费均衡。虽然我国增值税的标准税率（13%）低于欧盟国家水平（17%~27%），但欧盟国家对许多商品和服务免征增值税或适用零税率、低税率，其适用范围和减免力度都比我国大。欧盟中大多数国家和英国对食品、水等生活必需品采用零税率或低税率，德国对食品、水、残疾人用具、书报等采用7%的税率[1]。相比之下，我国对粮食、自来水、暖气等生活必需品的优惠税率为9%，有一定的优化空间。中

---

[1] OECD, Consumption Tax Trends 2020: VAT/GST and Excise Rates, Trends and Policy Issues.

国现行的增值税呈累退性,我们的分析显示低、中、高收入人群负担的增值税额占收入的比例分别为 13.0%、8.6% 和 4.0%(图 13-11)[1]。对比中国现行增值税减免政策,如果中国采取德国当前的增值税减免范围及力度[2],低收入群体将得到更多的优惠(图 13-11)。扩大适用增值税低税率的生活必需品的范围,进一步加强对低收入人群消费较多的商品和服务的减税力度,有助于缓解中国增值税的累退性、增强消费均衡程度。

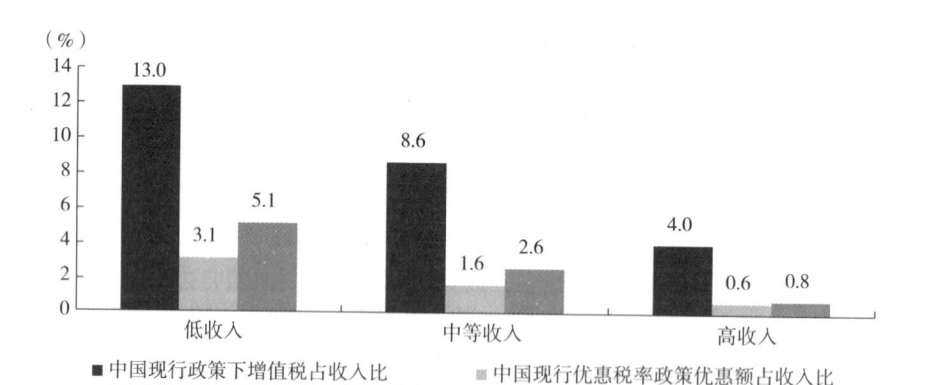

图 13-11 中国增值税呈现累退性,增值税减免政策对低收入群体仍有更优惠的空间

资料来源:CFPS,中金公司研究部。

注:剔除了收入和支出为负值和平均消费倾向 >20 的样本;统计时点为 2018 年。

消费税和补贴对引导消费、优化消费结构有重要作用。世界很多国家都针对特定商品如烟酒、奢侈品、高污染高能耗等商品采用较高的税率,抑制其消费。欧洲国家消费税征收品类划分更加细致,其中环保是一个主要目标。中国消费税对一些商品,如烟酒、汽油柴油、木制一次性筷子、珠宝、高尔夫球及球具、游艇等的消费导向作用较明显,但征收对象中也包括摩托车、汽车、高档化妆品等不再仅限于富裕阶层使用的消费品。而 2009 年启动的新能源汽车财政补贴措施,特别是 2013 年 9 月由财政部等部门推行的消费者购车补贴,叠加地方财政支持,极大地推动了

---

[1] 我们使用中国家庭追踪调查数据分析我国增值税的公平性以及在增强减免力度后对公平性的提升度。

[2] 德国的标准税率为 19%,低税率为 7%,因此我们使用 63% 作为德国的增值税减免比例。

新能源汽车销量在 2009—2016 年的迅速增长，对改良汽车消费结构和促进环保都起到了非常积极的作用。随着我国经济的发展和人民生活水平的提高，社会管理和公民意识增强，消费税的征收对象及税率也有优化的空间，以增强消费均衡。

提升消费基础设施

消费需要相关基础设施的支持，包括零售网点、交通物流、支付网络、电商平台和信息流通等。我国的消费基础设施已取得了长足的进步，但因为起步晚、底子薄弱，仍有很大的提升空间，特别是一些边远城镇、农村和落后地区。

首先，线下消费是基础，但边远城镇和乡村的消费场景如购物、娱乐设施建设不足。截至 2021 年第一季度，我国一、二、三线城市存量购物中心数量和体量在全国的占比分别为 80.9% 和 83.0%，而在四线及以下城市和地区的占比仅为 19.1% 和 17.0%。进一步加强落后地区的消费服务网点和交通物流设施对提振边远落后地区消费、降低区域城乡消费不均衡的程度有重要意义。

其次，农村消费市场与城市存在信息差。信息不畅通会减少商品、服务的交易和消费，同时商品质量良莠不齐、定价不合理等问题更严重。根据中国消费者协会 2020 年对农村农贸市场的调研，有超过 27% 的消费者反映遇到过"三无"产品，接近 25% 的消费者反映遇到过假冒伪劣产品，还有 23% 的消费者认为有产品定价不合理的现象。在农村和边远地区建立有效的信息发布和交换平台有利于扩展消费，提升消费体验。

我国在与线上消费直接相关的互联网及物流基础设施建设上卓有成效，但仍存在较大的区域、城乡差距。2021 年 6 月，我国农村互联网普及率达到 59.2%，城镇互联网普及率达到 78.3%。目前全国所有建制村已实现直接通邮，乡镇快递网点覆盖率达 97%，农村电商公共服务中心、服务站点成为标配。截至 2021 年 11 月，行政村、贫困村、"三区三州"深度贫困地区通宽带比例全部提升到 100%，全面实现"村村通宽带"。然而，中国移动互联网的普及率仍存在较大的区域差距，东部地区普及率分别高出中、西部 29.2 个和 19.9 个百分点。电商平台在扩大消费和提升多元消费体验、提高信息透明度和平抑商品价格等方面有非常积极的作用，是助力降低区域、城乡消费不均衡的重要工具。因此，应当在我国中西部地区和广阔农村加大投入，大幅提升移动互联网普及率及其使用效率，推动下沉市场电商平台服务，促进消费的扩容和均衡。

数字科技助力消费升级和转型

全球经济正经历着一场深刻的数字变革和转型，数字技术正在改变中国家庭的生活和消费习惯，数字消费也从一、二级市场逐步迈进下沉市场。数字科技不仅可助力提升大众消费，改善下沉市场，也可通过线上经济促进竞争，倒逼包括线下服务在内的销售渠道扁平化。信息网络的建立和普及有潜力大幅降低区域、城乡、代际信息差，减少农村、乡镇市场普遍存在的假冒伪劣产品、同物不同价等现象。随着物流、4G及5G网络、智能手机等新基建的推广，最近几年各大电商加强了对农村、乡镇市场的竞争，通过其规模采购配送能力，快速高效地为下沉市场消费者提供高性价比的服务。

我国电商平台销售额增长迅速，但地区差异仍显著。自2012年以来，零售百强销售额增长主要来自电商平台的销售，电商平台销售增长迅速、占比持续走高，由2012年的14.5%迅速上升至2019年的67.8%。电商销售占比和人均消费额呈正相关，在部分较为发达的地区如北京、上海、浙江、广东，电商销售额已超过传统渠道销售额。部分欠发达地区的电商零售额占比仍不足10%，数字消费有较大的提升空间。同时，欠发达地区人群缺乏高质量的医疗、娱乐资源，线上医疗等可帮助这些区域享有新的消费资源，提升消费质量。

促进消费金融市场健康发展

消费信贷可以有效减轻居民面临的流动性约束，从而促进消费、降低消费不均衡的程度[1]。我国消费信贷近年来增速较快，但总量和发达国家相比仍较低。

---

[1] 例如，Bacchetta, P., S. Gerlach, Consumption and credit constraints: International evidence, 1997; K. Beaton, Credit constraints and consumer spending, 2009. 陈东、刘金东：《居民消费、流动性约束和居民个人消费信贷的实证研究》，《金融研究》2013第6期；刘锐：《消费金融对居民消费需求影响分析》，《消费经济》2013年第1期。

在对消费贷有更大需求的中低收入人群中，消费信贷服务存在覆盖度较低、可获得贷款总量有限以及综合借贷成本高等问题。2020年中国狭义消费贷（剔除住房抵押贷款）余额约为16万亿元，占社零总额的比例从2010年的8%迅速提高到2020年的38%，但仍显著低于美国的67%。2020年，中国人均信用卡张数为0.56张，也远低于美国的4张；即便考虑了由金融机构与互联网平台联合推出的虚拟信用卡等产品后，中国信用卡覆盖率（21%）与美国（66%）、日本（68%）和韩国（64%）相比也存在显著差距。目前我国消费贷规模相对有限，其结构有利于富裕人群，中低收入人群消费借贷难，这加重了消费不均衡。银行等金融机构发放车贷、信用卡贷和一般消费贷（如大额现金贷）会更多面向优质客群，切实面向中低收入人群、年轻人的特定消费需求（如信息家电、旅游等）的贷款规模依然相对有限。收入最高的20%人群的银行消费贷参与率高，而收入最低的20%人群的消费信贷需求则主要由非银行机构提供，后者风险更大、借贷条件更苛刻（图13-12）。如何在防控风险的同时，优化对中低收入人群的消费贷发放，扩展消费的同时降低消费不均衡的程度，也是未来消费政策需要慎重思考的一个问题。

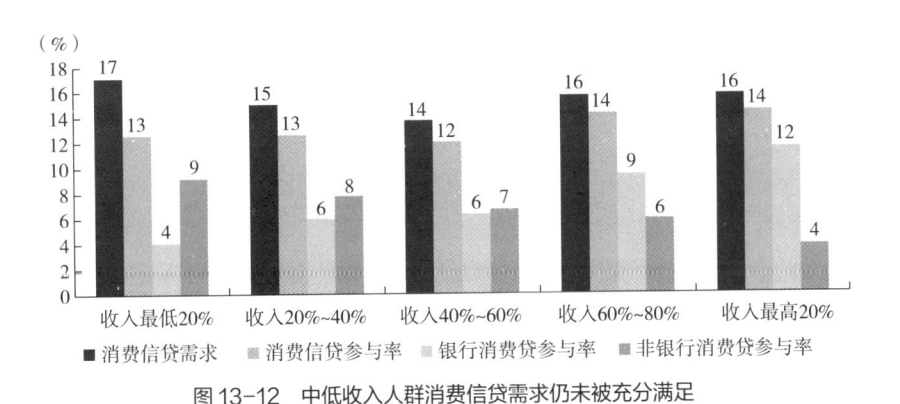

图13-12 中低收入人群消费信贷需求仍未被充分满足

资料来源：中国家庭金融调查2019年数据，蚂蚁集团与西南财经大学2019年《中国居民杠杆率和消费信贷问题研究报告》，中金公司研究部。

中低收入人群还贷风险更高，借贷成本也较高。近年来，银行与互联网平台、金融科技公司、融资担保公司、保险公司等合作发放消费贷款的情况增多，根据统计，2019年中国成年人在银行以外的机构、平台获得过借款的比例约为

24%[①]。在合作中，互联网平台提供消费贷风控、获客和催收支持，向合作金融机构收取客户推介、科技服务等费用。由于长尾客群信用资质普遍较低，金融机构基于自身风控标准需要互联网平台等为其推荐的用户提供担保，而担保费最终也由借款人实际承担。中低收入人群最终承担了相对较高的借款成本，面临更高的综合借款费率。当前除以蚂蚁、腾讯等为代表的头部机构之外，以互联网平台作为入口提供的消费贷产品平均年化利率在18%~24%，略高于温州民间融资（小额贷款公司）综合年利率（14%~20%）。引入、提升多元机构竞争，利用数字技术加强数据分析和风险防控，可能是扩大消费贷规模、降低借贷成本的一个有效路径。

低收入人群及涉世不深的年轻人在财务上的研判经验和能力不足，在强大的即时消费诱惑下，容易出现过度信贷的风险。近年来，在消费贷的实践中，校园贷、现金贷等出现过很大争议，包括大学生过度借贷而导致社会问题。长期过高的负债率也会抑制家庭消费：一方面，高负债降低了家庭进一步取得消费信贷的可能；另一方面，债务过高，家庭将不得不减少消费以集资偿债付息[②]。消费信贷的目的在于帮助消费者基于自己的长期收入来平滑现在和未来的消费，不在于支持或提倡超出自身长期收入能力的消费。为避免消费者过度借贷，国家要加强消费者金融知识教育，并完善监管机制，明确金融机构提供信贷服务时的合规性和信息披露责任，加强消费者保护，严禁营销诱导借款人进行超前、过度消费。

---

① 中国人民银行金融消费权益保护局《中国普惠金融指标分析报告（2019）》。
② 潘敏，刘知琪：《居民家庭"加杠杆"能促进消费吗？——来自中国家庭微观调查的经验证据》，《金融研究》2018年第4期。

第十四章

老有所养：财政支持与机制改革

中国基本养老保险制度存在城乡差异和财务可持续性两大挑战。城乡差异涉及人口多，福利差距大，既有历史的原因，也有当下养老保险体系之外的复杂因素。财务可持续性的挑战，主要与人口老龄化有关，面对未来人口的养老需求，养老金体系需要相应的改革。

养老保险制度发展的国际经验，对中国推进制度改革、解决养老问题，具有借鉴意义。各国养老保险制度的变迁反映了社会发展到一定程度对社会保障职能的要求。国际经验显示，非缴费养老金可以有效减少老年贫困、提高社会保障功能。对于人口老龄化造成的财务持续性问题，不少国家尝试了参数调整、回归现收现付（名义账户制）以及基金制个人养老金等多种举措，为中国养老保险改革拓宽了思路。

结合国际经验与中国国情，中国基本养老保险制度改革可以更多发挥财政支持的作用，同时进行参数调整。加大财政支出，支持养老事业，是财政社会保险功能的体现。针对城乡差距，可以借助财政资金，改造城乡居民基本养老保险，建立非缴费最低养老金，为贫困老年人口提供基本养老保障。针对财务持续性问题，政策目前已经通过财政补贴和国有资产划转，努力改善城镇职工基本养老保险的财务状况，这方面仍有继续扩大的政策空间。中国储蓄率偏高，导致储蓄转化为投资存在低效的问题，加大财政对养老保险的支持力度，可以促进消费，同时增加当前和未来总需求，提高经济动态效率与社会总福利。

参数调整的重要变量是退休年龄的设定。中国退休年龄偏低，为参数调整提供了政策空间和有利条件。参数调整可以明显改善养老金体系的财务状况、减少代际差距；同时增加劳动总供给，做大经济蛋糕。①

---

① 本章作者：王汉锋、李昭、齐伟、杨晓卿、赵扬。特别感谢香港中文大学经济系宋铮教授、埃塞克斯大学经济系王一凯教授为本章城镇职工基本养老保险财政支出预测模型提供研究支持与贡献。

基本养老保险制度是社会保障制度的重要组成部分，属于收入分配制度中的再分配范畴。完善基本养老保险，调节收入分配，提高人民福祉，促进公平正义，有助于全社会共享高质量发展。党中央高度重视养老和社会保障问题："十四五"规划把健全多层次社会保障体系作为主要经济社会发展目标之一，提出"加大税收、社会保障、转移支付等调节力度和精准性""增强社会保障待遇和服务的公平性可及性，完善兜底保障标准动态调整机制"。2021年中央财经委员会第十次会议提出，"构建初次分配、再分配、三次分配协调配套的基础性制度安排""重点加强基础性、普惠性、兜底性民生保障建设"，为基本养老保险制度指明方向。2021年国务院发布的《关于加强新时代老龄工作的意见》等文件，进一步明确了新时代养老事业的工作规划。

推进基本养老保险制度改革，是一项复杂多维的系统工程，不仅需要妥善处理代内与代际的分配关系，还要实现公平与效率的协调平衡。在中国特殊国情下，一些海外行之有效的养老金理论和改革经验可能并不适用，需要我们结合国情探索新的改革路径。本文首先提出中国基本养老保险制度中的核心问题，其次梳理国际上解决相关问题的理论成果与改革经验，最后提出我们认为适合中国国情的改革举措。

中国基本养老保险制度的核心问题

中国基本养老保险制度存在代内差距和代际差距两大问题。代内差距表现为养老待遇个体差异偏高，存在城乡差异和地区差异。代际差距表现为制度财务不可持续，随着未来人口老龄化程度加深，养老金结余存在耗尽风险，可能无法保障未来人口的养老需求。

代内差距

代内公平并不意味着所有人养老待遇完全一样，应该允许由个体选择与偏好差异（如缴费差异）形成的合理养老福利差异，但应降低不合理制度造成的养老待遇差异。这些不合理制度导致了城乡差异和地区差异。与其他几种差异相比，城乡差异涉及人口多，福利差距大，是中国养老制度代内差距的集中体现。

城乡差异

基本养老保险制度在城乡之间存在不同，加大了城乡收入差距。城镇居民普遍参加城镇职工基本养老保险（下文简称"城镇职保"），农村居民主要参加城乡居民基本养老保险（下文简称"城乡居保"）。城乡居保的替代率[1]仅为12%，远低于城镇职保的替代率56%，存在放大城乡居民养老金差异的风险（图14-1）。在当前年轻人口流向城市（图14-2）、农村老龄化与"空巢化"加剧背景下，养老金收入可能难以保障农村居民的基本生活需求。

根据《中国农村贫困监测报告（2020年）》，农村老年人的贫困发生率相对较高，2019年农村地区81岁以上人口仍有1.5%的比例会陷入贫困，61~80岁人口贫困比例（0.8%）也高于年轻群体（0.4%~0.6%）；从相对贫困的角度出发，据研究测算[2]，如果将全国最低生活保障收入的1.5倍作为相对贫困标准，农村老年相对贫困发生率也高于城市（农村：53.58%；城市：13.14%；2018年）。

---

[1] 养老金替代率是衡量养老金保障水平的重要指标，具体计算方法详见图14-1注释。
[2] 刘佩、孙立娟：《中国老年人多维相对贫困测度与识别研究》，《经济与管理评论》2022年第1期。

除此之外，2020年中国农民工数量高达2.86亿，其中外出农民工1.70亿，农民工虽然生活在城市，但相较城市居民，在养老保障水平上存在较大差距。农民工参保普遍缺乏单位保障，导致个体缴费意愿相对较低。据人社部统计，仅有约21.6%的农民工参加城镇职工基本养老保险（2017年）。除此之外，由于地区间基本养老保险的缴费基数、缴费率以及参保待遇存在差异，同时存在养老金账户的跨区转移接续问题，严重影响农民工的养老待遇。

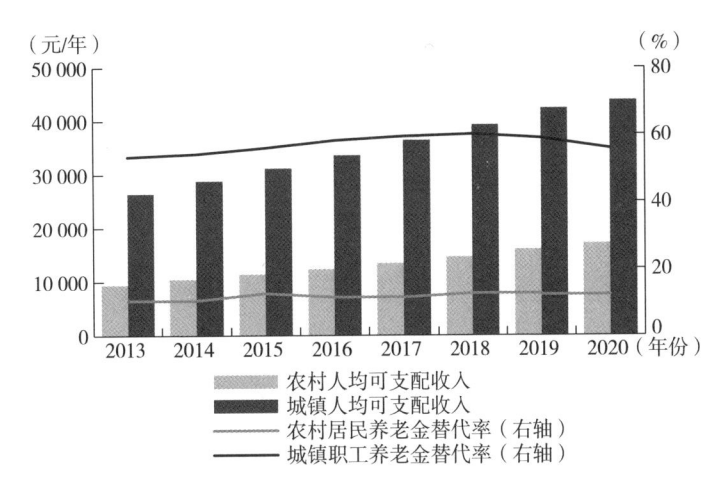

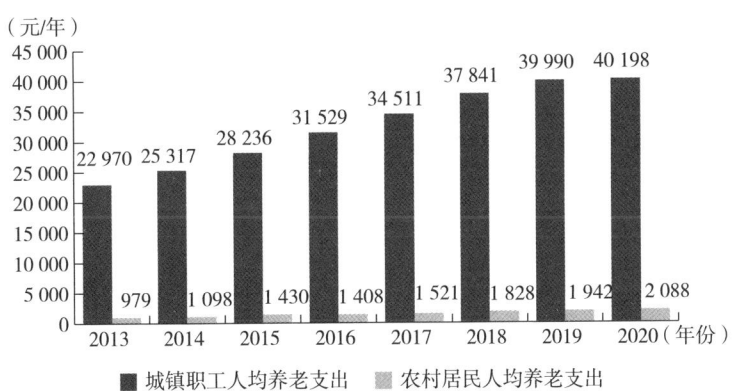

图 14-1 农村收入水平和养老金替代率均远低于城市，导致城乡养老金差异明显

资料来源：人社部，万得资讯，中金公司研究部。

注：城镇养老金替代率计算公式为城镇人均养老金除以当年城镇职工人均工资（含非私营和私营单位）；由于农村人口没有工资收入，计算农村替代率时使用农村人均养老金除以农村人均可支配收入。城镇职工养老支出和农村居民养老支出由城镇职保和城乡居保总支出除以覆盖退休人口计算。

第十四章 老有所养：财政支持与机制改革

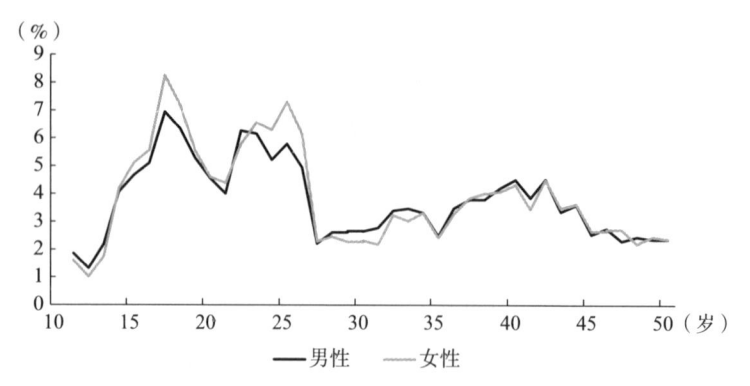

不同年龄每年迁往城市的人口占该年龄人口比重

图 14-2　年轻人口向城市迁移速度明显超过中老年人口，农村人口老龄化偏快

资料来源：全国人口普查数据，中金公司研究部。

注：依据 2010—2015 年城镇人口数据计算。

地区差异

中国不同地区之间在经济发展水平和人口年龄结构等方面均存在较大差异，伴随养老金统筹层次逐渐提升，尤其是 2018 年引入中央调剂金制度后，统筹账户在调节地区之间养老金差异方面发挥了明显作用，但不同地区间养老金差距仍然偏大，以北京、上海为代表的东部地区人均养老金水平远超中西部地区。我们发现近年来经济相对落后的中西部地区养老金替代率下降幅度更大，可能意味着养老金调节地区间初次分配的再分配能力有所下降。

仍有少数群体未被基本养老保险覆盖

截至 2020 年，中国基本养老保险在 20 岁以上人群中的覆盖比例已达 92%[1]，其中城镇职保主要覆盖城市就业者，城乡居保主要覆盖不满足城镇职保参保条件的城乡居民。对于剩余未被基本养老保险覆盖的约 8% 的人群，老年补贴制度和最低收入保障制度（含"五保户"、"三无"人员等特困救助）可起到一定兜底作用，前者覆盖了约 3.6% 的人群，后者覆盖约 4.5% 的人群，但与基本养老保障制度所覆盖的人群有部分重叠，因此仍有少数群体缺乏基本养老保障（表 14-1）。

---

[1]　考虑到 20 岁及以上人口含部分在校学生群体，因此实际覆盖率要高于 92%。

表14-1 中国养老保险与保障体系（2020年）

	制度名称	覆盖人数（万人）	覆盖率（%）	人均支出（元/年）	参与条件
基本养老保险制度	城镇职工基本养老保险	45 621	42.03	40 198	机关事业单位、城镇非私营单位（国有单位、城镇集体单位、联营单位、有限责任公司、股份有限公司、港澳台投资单位、外资投资单位、私营单位（私营有限责任公司、股份合作单位等）、企业和个体工商户）就业及退休人员
	城乡居民基本养老保险	54 244	49.97	2 088	城乡居民基本养老保险主要覆盖以下群体：（1）本地城镇或农村户口、无单位且没有参加城镇职工养老保险的人员；（2）本地城镇或农村户口、有单位，但因单位或个人没有参加城镇职工养老保险的人员；（3）本地城镇或农村户口、有单位且参加了城镇职工养老保险，但因各种原因不够领取条件（例如就业单位不稳定导致缴费年限太少、无法补交或因个人经济原因不想补交），转为城乡居民养老保险
补充养老保险制度	职业年金	2 970	2.74	—	职业年金是事业机关单位及其工作人员在参加基本养老保险的基础上、建立的补充养老保险制度。目前绝大多数机关事业单位编制人员已纳入职业年金保险
	企业年金	2 718	2.50	8 658	企业年金是指企业及其职工在依法参加基本养老保险的基础上、自主建立的补充养老保险制度
老年补贴制度	高龄补贴	3 104.4	2.86	1 342	根据《国家基本公共服务标准（2021年版）》文件要求，应该向全国80岁以上的老人发放高龄津贴，具体标准由各地人民政府制定执行标准存在差异，部分省市将高龄补贴的年龄限制放宽至70岁
	护理补贴	81.3	0.07	—	失能老年人护理补贴是发放给重度失能持有相应残疾证的老年人，用于因生活自理能力缺失而产生的长期照护补贴
	养老服务补贴	535	0.49	—	以北京市为例，困难老年人服务补贴主要包括：（1）享受低保待遇（含领城市居民生活困境补助金）的老年人；（2）低收入家庭中未享受低保待遇的老人；（3）计划生育特殊家庭且未享受低保、低收入待遇的老年人

第十四章 老有所养：财政支持与机制改革

续表

制度名称		覆盖人数（万人）	覆盖率（%）	人均支出（元/年）	参与条件
老年补贴制度	综合老龄补贴	132.9	0.12	—	"老年补贴制度"的制度设计，是基于提高老年人福利水平、扩大老年人受益面、促进老年人福利均等化诸多方面的考虑，以上海市为例，65岁以上老人均可领取综合老龄补贴，年龄越高补贴额度越大，除此之外高龄老人可领取高营养补贴，70岁以上老年人可免费乘车等
最低收入保障制度	农村低保	3 620.8	3.34	5 962	家庭人均纯收入低于当地最低生活保障标准的农村居民，主要因病残、失劳动能力以及生存条件恶劣等原因造成生活常年困难的农村居民
	城市低保	805.1	0.74	8 131	家庭人均收入低于当地最低生活保障标准的，持有非农业户口的城市居民，主要对象是以下三类人员：（1）无生活来源、无劳动能力、无法定赡养人或抚养人的居民；（2）领取失业救济金期间或失业救济期满仍未重新就业，家庭人均收入低于最低生活保障标准的居民；（3）在职人员和下岗人员在领取工资、基本生活费后以及退休人员领取退休金后，其家庭人均收入仍低于最低生活保障标准的居民
	农村特困人员（"五保户"）	446.3	0.41	9 500	2014年国务院颁布施行《社会救助暂行办法》，将农村"五保供养"和城市"三无"人员保障制度统一为特困人员供养制度。2016年，国务院印发《关于进一步健全特困人员救助供养制度的意见》，明确特困人员救助供养是指国家对无劳动能力、无生活来源且无法定赡养抚养义务人或者其法定义务人无履行义务能力的老年人、残疾人和未满16周岁的未成年人，在基本生活、照料服务、疾病治疗以及办理丧葬事宜等方面给予的救助
	城市特困人员（"三无"人员）	31.2	0.03	14 295	

资料来源：人社部、民政部、中国证券投资基金业协会、中金公司研究部。

注：覆盖率是指参加人数占20岁及以上人口比重；此处选用中国证券投资基金业协会公布的2019年5月末披露2020年职业年金覆盖人数，官方尚未披露2020年职业年金覆盖人数，此处选用中国证券投资基金业协会公布的2019年5月末的数据。

财政支持力度不足

基本养老保险制度由国家组织管理，缴费与支出是国家财政收支的一部分，从国际对比来看，2017年OECD国家公共养老金（基本养老保险制度）财政支出占GDP的比重平均为7.7%，中国2020年为5.4%（图14-3）。虽然部分发达国家（如加拿大）公共养老金财政支出占比也较低，但这些国家的私人养老金高度发达，可以对公共养老金形成有力补充。中国的私人部门基金制养老金仍处于起步阶段，国民养老主要依靠基本养老保险体系，5.4%的财政支出尚有提升空间。

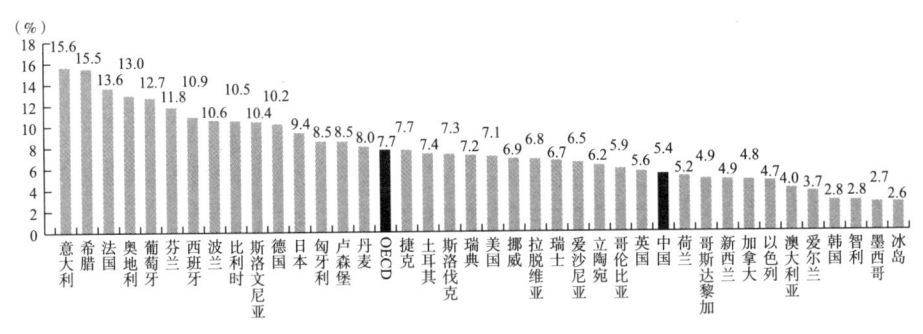

图14-3 中国公共养老金财政支出占GDP比重低于OECD平均水平

资料来源：OECD的"Society at a Glance（2019）"，人社部，中金公司研究部。

注：中国为2020年数据，计算口径为城镇职保和城乡居保基金支出除以当年GDP，其他国家数据为OECD统计的2017年或最新年份数据。

代际差距

根据第七次全国人口普查数据，2010—2020年，中国65岁及以上人口占比上升4.63%。比上个10年上升幅度增加2.72%，达到13.50%。人口老龄化加深导致老年赡养率[①]逐年上升。目前老年赡养率为18.5%，低于OECD平均水平（30.4%），但2050年中国老年赡养率可能上升至接近50%，2080年进一步上升至60.6%（图14-4），逐步接近OECD平均水平，未来养老负担明显加重。

---

① 老年赡养率在本章的定义为65岁及以上人口占20~64岁人口比重。

第十四章 老有所养：财政支持与机制改革

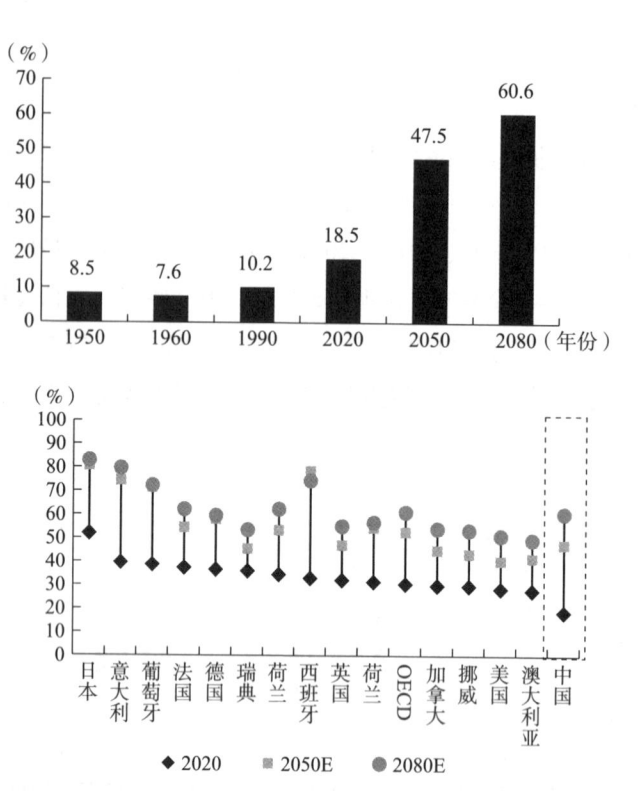

图14-4 中国老龄化程度持续加深，老年赡养率快速上升，2050年接近OECD平均水平

资料来源：联合国的"World Population Prospects（2019）"，中金公司研究部。

中国基本养老保险制度名义上以"统账结合"形式组织，保险资金账户包括统筹账户和个人账户。但由于制度转轨过程中"老人"和"中人"[①]养老金的支出压力，以及过去统筹层次较低，导致个人账户难以"做实"，养老金实际运营类似于现收现付制（PAYG）。在当前制度参数设定下，随着人口老龄化程度加深，未来劳动人口占比下降，中国基本养老保险制度或将面临财务不可持续问题。事实上，财务持续性问题近年来已经有所体现：2014年城镇职保的征缴收入开始低于基金支出（图14-5）。为维持基金正常运营，各级政府财政补贴力度逐年提高。即便计入政府财政补贴，2020年城镇职保仍出现近7 000亿元的收

[①] "老人"特指养老保险制度改革以前参加工作并退休的人员，"中人"特指养老保险制度改革以前参加工作但尚未退休的人员。

支缺口，基金累计结余首次出现下降。城乡居保只有个人账户来自缴费，统筹账户资金原本就由国家财政承担，因此自设立之初征缴收入就一直低于基金支出（图14-5）。

城镇职工基本养老保险

城乡居民基本养老保险

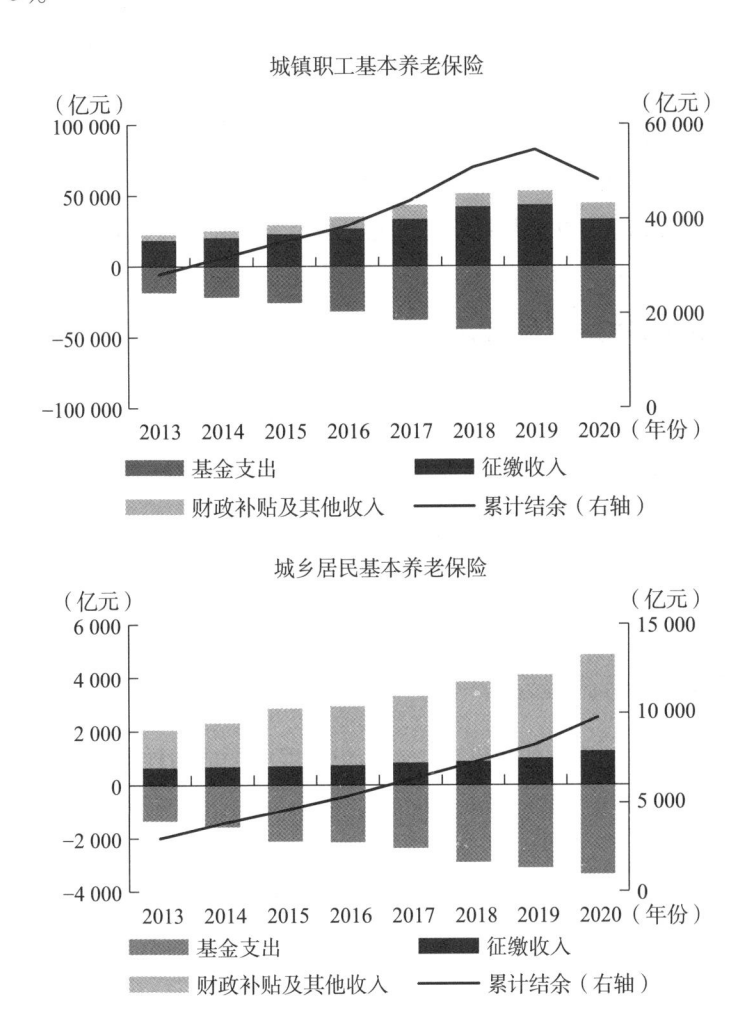

图14-5 城镇职保2020年累计基金结余首次下降，城乡居保征缴收入一直低于基金支出

资料来源：人社部，中金公司研究部。

中国基本养老保险储备不足，存在结余耗尽风险。2020年中国基本养老保险储备总规模约为8.5万亿元，其中城镇职工基本养老保险基金累计结余4.8万

亿元，据郑秉文（2019）[①]测算，现行养老制度下中国企业职工基本养老保险赤字缺口将持续扩大，未来企业职工基本养老保险全国累计结余可能耗尽。在省份层面，由于各地经济发展水平、地方政府财政能力以及人口年龄结构等存在差异，养老负担和基金结余水平地域间分布不均衡，东部地区养老储备普遍较为充裕，而东北及中西部地区支出压力较大。为保障养老金及时足额发放，2022年起企业职工养老保险已经开始实行全国统筹，我们预计可以缓解养老金地域性财务压力，但全局性财务压力仍需要进一步制度改革。如果保持当前制度安排不变，未来养老金结余存在耗尽风险，可能无法足额支付未来老年人的养老金。

养老保险的国际实践与理论

海外对养老保险制度的实践探索与理论研究已经积累了丰富的经验教训，对中国推进制度改革、解决养老问题，具有重要借鉴意义。我们以公平性和持续性两条主线梳理国际经验。

公平性

养老保险制度变迁反映公平性

公共养老保险制度起源于欧洲，在历史实践中形成两种主要体系：俾斯麦（Bismarck）体系和贝弗里奇（Beveridge）体系。初始的俾斯麦体系中，养老待遇与缴费阶段的收入完全挂钩，无须政府税收支撑，不具备收入再分配效果，对劳动力市场的扭曲小，经济效率更高。贝弗里奇体系是建立覆盖全部人口、由国家财政资金支持、均等的养老福利制度，具有明显的收入再分配效果，可以最大限度降低不同群体间的养老收入差异，但对经济效率的扭曲程度更大。在实践中两种制度往往相互融合。例如，实行贝弗里奇体系的国家公共养老金激励不足，往往规模较小，需要在公共养老金之外发展具有俾斯麦体系特征的私人养老金，满足中高收入群体的养老需求；实行俾斯麦体系的国家则往往引入具有贝弗里奇

[①] 郑秉文：《中国养老金精算报告2019—2050》，中国劳动社会保障出版社，2019年4月。

体系特征的最低养老金，或由财政补贴建立非缴费养老金，对最贫困的老年群体发挥兜底作用。

两种养老体系的相互融合反映养老保险制度的多重目标：对收入最低、陷入贫困的老年人口提供基本社会保障；对收入较高的人群提供老年收入替代，平滑终身消费，改善老年福利。对最低收入老年群体提供社会保障，体现基本养老保险制度对公平性的追求。海外不少国家建立了以国家财政为资金来源的非缴费型养老金，取得了较好效果。南非在设立非缴费型养老金后，养老金基尼系数（不平等程度）从 0.77 减少到 0.5，同时老年贫困发生率从 2006 年的 55.6% 降低到 2011 年的 36.2%；玻利维亚在实行非缴费型养老金后人均收入增加了 16.4%，人均消费增加了 15.4%，同时降低了 16.1% 的贫困发生率。

养老保险制度核心目标体现公平性

通过分析整理不同国家养老制度的实践经验，学术界从理论层面提出，一个良好的养老金制度应该实现多重目标。对个人来讲，平滑终身消费，预防高龄风险。从社会层面讲，消除老年贫困，调节收入差距[①]。为了实现养老保险制度的多重目标，世界银行于 1994 年提出多支柱养老体系：第一支柱是强制性公共养老金，以政府财力作为支撑，降低全社会的老年贫困率，具有收入再分配效果；第二支柱是强制性私人养老金，主要依托企业和个人缴费，通过个人账户积累的方式平滑员工退休前后的收入水平；第三支柱是自愿性养老金，由个人自愿参与，可通过投资商业养老保险或理财，实现养老储蓄的保值升值；2005 年世界银行进一步补充了"零"支柱和第四支柱，形成养老金"五支柱"体系，其中第"零"支柱是基本年金或社会年金，主要目的在于提供最低生活保障；第四支柱是家庭养老支持，通过子女供养、自有住宅、个人储蓄等，为老年人提供晚年生活照顾。在"五支柱"体系中，第"零"支柱与第一支柱集中反映养老保险制度的公平性目标。

---

① Barr, Nicholas, and Peter Diamond, Reforming pensions: Principles and policy choices, 2008.

持续性

人口老龄化与养老金财务持续性问题是一个全球性问题。为应对养老金支出压力，解决财务不可持续的问题，世界各国纷纷对养老制度进行改革，具体做法大致可分为以下三类。

养老金参数调整

参数调整是指在现行养老制度基础上，对制度参数进行调整以适应未来人口和经济发展水平的变化。其中调整退休年龄往往成为重点改革方向，原因在于随着人均寿命提高，调整退休年龄面临的改革阻碍相对较小。该做法可提升劳动群体占总人口的比例，进而增加缴费人群数量，减缓人口老龄化对养老制度财务状况的冲击。在具体操作中，欧洲国家普遍采用自动调节机制，例如，芬兰、荷兰和葡萄牙将法定退休年龄锚定预期寿命，预期寿命每延长1岁，法定退休年龄会相应延长2/3岁。

私有化与名义账户制

相较参数调整的"小修小补"，制度改革从根本上改变了公共养老金的运营模式。20世纪80年代以来，出现了两种改革思路：一是从现收现付制转为个人积累制，即公共养老金私有化；二是保持现收现付制，但将待遇确认型（Defined Benefit）转变为缴费确认型（Defined Contribution），即名义账户制改革。

公共养老金私有化的典型代表国家是智利。智利于1981年将由政府负责的公共养老金改革为由私人部门管理的个人养老金，由于采取个人积累制，年轻人无须为老年人转移支付，从根本上解决了现收现付制在人口老龄化背景下不可持续的问题。但对于公共养老金规模已经比较庞大的国家，转轨成本极其高昂，且私有化使养老保险完全失去再分配功能，变成了一种强制储蓄，无法实现养老保险制度的社会保障目标。

名义账户制（Nominal Defined Contribution，NDC）典型代表国家是瑞典。其融合了现收现付制与个人积累制的特点。资金运作上依旧采用现收现付，但对不同个人建立账户记录缴费积累，与个人养老金待遇挂钩。相较完全的个人积累制，现收现付制向名义账户制转轨无须做实账户资金，大大降低转轨成本。与此同时，名义账户制把缴费与养老待遇挂钩，增强了制度激励，并可以通过调整个人账户名义记账利率，实现制度财务平衡。名义账户制的局限性与基金积累制相同，基本养老保险失去再分配功能，变成一种强制储蓄。

发展私人部门基金制养老金

根据世界银行的"五支柱"养老体系，大力发展私人部门基金制养老金，不但可以缓解公共养老金持续性压力，亦可满足不同收入群体的多层次养老需求。总结国际上发展私人养老金的思路，可归纳出以下主要举措。

免税激励支持私人养老金账户发展。目前世界上流行的免税激励模式是 EET 型（E 指免税，T 指缴税）。由于 EET 模式仅在提取阶段征税，而正常储蓄账户则需要在缴费和资本利得阶段双重征税，因此 EET 模式具有显著的税收激励效果。其中，资本利得税在 EET 免税激励模式中发挥了重要作用，普通储蓄账户的资本利得税越高，养老金账户在 EET 模式下所享受的税收优惠程度就越大，进而促进私人养老金的发展。

默认选择机制和自动加入机制提高养老金参与率。默认选择机制的代表性产品是美国推出的"目标日期基金"[1]，是根据投资者的退休目标日期而建立的养老投资工具，随着投资者的年龄增长自动调整产品资产配置，为投资者提供默认投资选择。自动加入机制是指雇员一旦入职或达到规定时间后就被默认加入一项私人养老金计划，可降低人们的选择成本，提高参与率。以英国为例，2012 年英国在全国范围内推行私人养老金自动加入机制，大幅提升了养老参与率[2]；研究发现即使没有雇主匹配缴费激励，自动加入机制也会提升养老金参与率[3]。

---

[1] Thaler, Richard H., and Shlomo Benartzi, Save more tomorrow: Using behavioral economics to increase employee saving, 2004.

[2] Cribb, Jonathan, and Carl Emmerson, Requiring auto-enrollment: lessons from UK retirement plans, 2019.

[3] Beshears, John, et al., The impact of employer matching on savings plan participation under automatic enrollment, 2010.

外部调整：财政支持是关键

解决中国基本养老保险制度中的诸多问题，既要参考海外理论和实践，又要结合中国国情有所扬弃。我们认为财政支持与参数调整是解决当前中国基本养老制度问题的关键。本节将先讨论财政支持，由于财政支持涉及从外部调集资源以支持养老事业，故称为"外部调整"，与后面提出的改变养老金自身组织方式与参数设置的"内部调整"相呼应。

针对代内差距问题，我们认为可以参考海外非缴费养老金制度，以国家财政支持，重塑城乡居保，建立特惠式最低养老金，为贫困老年人口提供基础养老保障。针对代际差距与财务持续性问题，我们建议以财政补贴与国有资产转拨为抓手，从养老保险体系外部调集资源，在不改变工作人口负担和退休人口待遇的前提下，改善养老体系财务状况。在当前中国宏观背景下，财政支持可能既促进社会公平，也提高经济效率。

国家财政提供资金，建立特惠式非缴费最低养老金

重新定位城乡居保，提高养老金待遇

中国养老保障存在代内差距问题，农村、偏远地区的老年人口的收入过低，是当前养老保险制度改革的重中之重。海外非缴费养老金制度为解决这一问题提供了宝贵经验：从养老保险制度的核心目标看，需要明确的制度安排以满足低收入退休人口的基本养老需求。由于这部分群体普遍缺乏缴费能力，难以被缴费制养老金覆盖，国家财政支持是较为可行的操作方式。海外经验显示，非缴费养老金的财政成本相对较低。

虽然中国没有正式建立非缴费养老金制度，但城乡居保已经具备非缴费养老金的部分功能。城乡居保主要覆盖农村人口，也覆盖部分未参加城镇职保的城市人口。城乡居保账户分为统筹账户与个人账户，与城镇职保不同，城乡居保的统筹账户资金并非源自参保人缴费，而源于国家财政补贴；个人账户资金来自参保人缴费积累（图14-6）。一个可能的改革思路是把城乡居保的统筹账户明确定位为中国非缴费最低养老金，而个人账户可以考虑与城镇职保的个人账户甚至私人

部门的基金制养老金账户整合，作为基础养老金的补充。

目前城乡居保还不能承担非缴费最低养老金的目标定位，原因在于保障待遇偏低，覆盖尚不全面。具体来看，城乡居保平均待遇水平仅相当于农村贫困线的52.2%（图14-6），相当于城镇职保平均待遇水平的5.2%，养老金增长速度也偏慢。考虑到2020年中国仍有约8%的人口未被基本养老保险制度覆盖，城乡居保在覆盖率方面也远未达到社会最低养老金的标准。

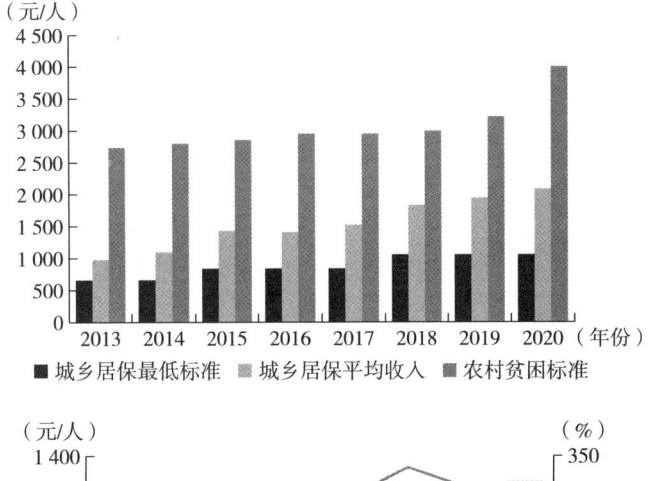

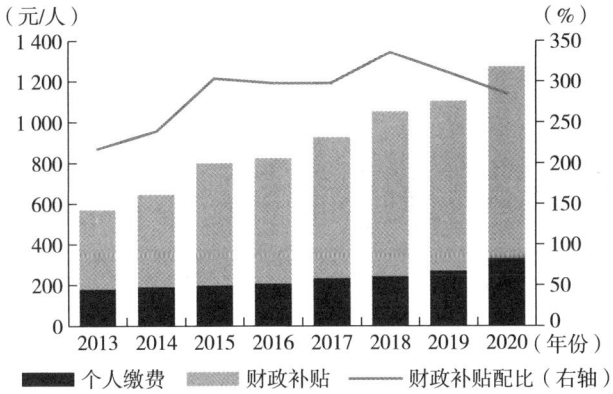

图14-6 城乡居保待遇水平低于农村贫困线，财政补贴占资金来源比重较高

资料来源：万得资讯，人社部，中金公司研究部。
注：2020年农村贫困标准根据中国国务院扶贫开发领导小组办公室公布数据估算。

我们建议大幅提高城乡居保待遇水平，同时加快提升覆盖率。经过我们测算，如果把城乡居保扩大覆盖到未被缴费制养老金（城镇职保）覆盖的所有城乡居民，同时将养老金替代率提升至45%，且成本全部由国家财政负担，对应2020年人均养老保障为7 709元/年，制度支出占GDP的比重约为1.22%。考虑到现阶段中国养老体系制度财政支出占GDP比重仅为5.4%，相较OECD平均水平7.7%仍有不少空间，我们认为中国可以承受非缴费最低养老金所带来的财政成本。

采用家计调查，节约成本开支

国际实践中非缴费养老金分为特惠式与普惠式。普惠式养老金覆盖所有达到规定年龄的老年人口，特惠式养老金则只对部分收入/财产偏低的老年人口发放。我们认为普惠式养老金可能增加不必要人群的覆盖，财政成本更高（图14-7），我们建议非缴费养老金采取特惠式，基于家计调查确定发放资格，实现基本养老保障精准覆盖。由于特惠式养老金覆盖人数更少，在保持财政补贴总量不变的条件下可提高被覆盖人口退休待遇。伴随中国数字化进程不断推进，开展家计调查的成本可能进一步降低，提高了特惠式养老金可行性。

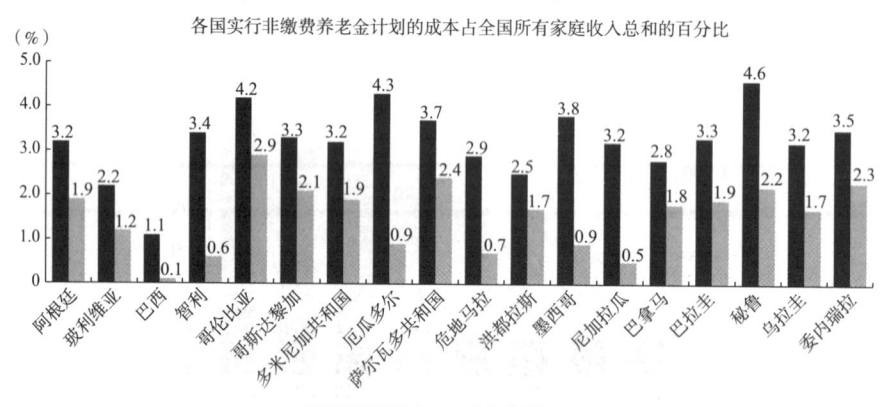

图14-7 家计调查可以减少支出成本

资料来源：美洲开发银行"A Quarter Century of Pension Reform in Latin America and the Caribbean: Lessons Learned and Next Steps"，中金公司研究部。
注：贫困线＝人均收入中位数的50%。

平滑发放标准，减少负向激励

在特惠式养老金发放标准设计上，若设定特定收入门槛，处于门槛水平附近的退休人口面临的边际税率为100%，可能导致负向激励，削弱相关人口的劳动激励，国际上通常采用平滑发放标准以减少激励扭曲，即退休人口收入或财富超过非缴费养老金发放门槛后并不会完全丧失最低养老金领取资格，而是随着收入和财富的增加，逐步降低领取金额，减少门槛附近人口面临的边际税率。中国也可以考虑引入类似制度设计。

国家财政加大支持，改善城镇职保财务持续性

财务持续性指养老金的缴费收入和待遇支出在长期基本平衡。如果养老金体系财务不可持续，未来人口缺乏养老保障，将形成严重的代际差距。如上文所述，如果把城乡居保定位为非缴费养老金，由国家财政支持，那么城乡居保在制度设计上不再有财务持续性问题。因此中国基本养老保险制度中的财务持续性问题集中表现为缴费型的城镇职保财务持续性问题。

我们建议政府承担更多责任，从养老金体系之外调集资源，以财政扩张形式支持养老事业，改善城镇职保财务状况。当前中国财政支出中，对于养老的财政补贴占比不足4%，且年均增速有放缓趋势，财政支持养老有充裕的发力空间。目前养老金体系的财政支持主要有两种执行方案：直接财政补贴和国有资产划转。

直接财政补贴

在采用直接财政补贴养老保险体系的OECD国家中，有6个国家对社会保险进行财政兜底，其余国家对财政补助的范围和标准做出明确规定。相比之下，中国对于城镇职保财政补贴尚未制度化，中央和地方财政分担比例划分也不明确。由于城镇职保运行状况的省际差距较大，权责划分不清容易导致部分经济落后省份财政负担较重，甚至对地方财政造成冲击。因此在增大总体财政补贴力度的同时，需要根据各省财政收支情况和养老金运营状况制定一套明确的财政补助计算标准和规划，提高财政补贴制度的透明度和稳定性。

国有资产划转

中国近年来陆续出台国有资本划转相关政策，但在实际执行层面，国有资产划转进度缓慢，划转比例仍有提升空间。国务院国资委 2021 年 2 月 23 日发布数据显示，中央企业截至 2020 年底完成划转国有资本 1.21 万亿元。按照 2020 年中央企业国有资产权益 40 万亿元和 10% 的划转比例测算，划转完成后的规模应在 4 万亿元，划转进度不及预期。而地方国企数量多、情况复杂，且各个省份承接主体不一而足，相比中央企业划转难度更大。根据上述分析，国有资产转拨仍有较大的政策发力空间。

财政成本估算

我们使用宋铮、王一凯等人（2015）[①]构建的人口模型（图 14-8）预测人口年龄结构变化，假设当前缴费率和替代率保持不变，同时 2023 年开始推迟法定退休年龄，计算城镇职保的财政补贴规模和财政成本。模型显示，2020—2050 年城镇职保财政补贴占 GDP 比重将由 1.1% 上升至 3.2%，财政成本（财政补贴＋养老金缴费总额）占 GDP 比重由 5.1% 上升至 11.2%（图 14-9）。在城镇职保以外，

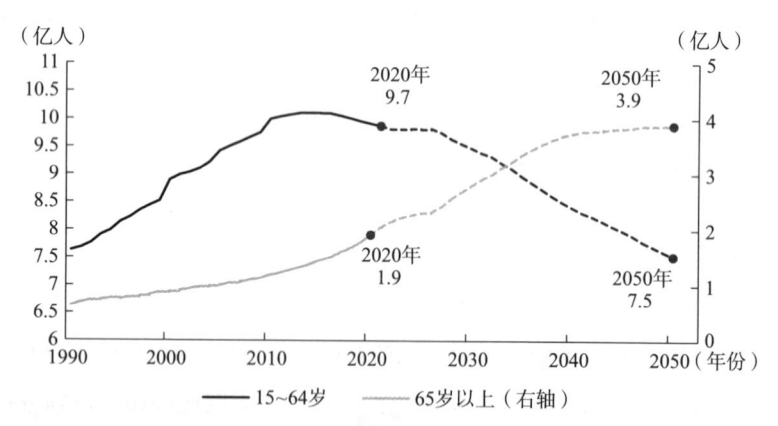

图 14-8　人口模型预测未来 30 年中国老龄人口加速上升，同时适龄工作人口减少

资料来源：宋铮、王一凯等人（2015），中金公司研究部。

[①] Song, Z., Storesletten, K., Wang, Y., and Zilibotti, F., Sharing high growth across generations: pensions and demographic transition in China, 2015.

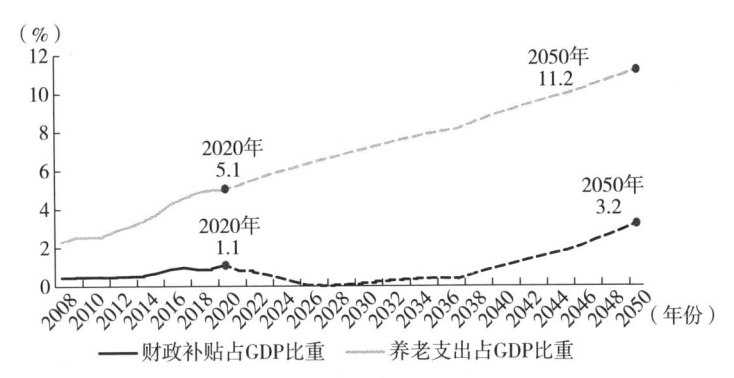

图 14-9　随着人口老龄化加深，预期城镇职保财政补贴占 GDP 比重将上升

资料来源：人社部，万得资讯，中金公司研究部。

如果把城乡居保扩大覆盖到未被缴费制养老金（城镇职保）覆盖的所有退休人口，同时将城乡居保养老金替代率提升至 45%，且全部由国家财政负担，则 2050 年国家财政补贴占 GDP 比重将上升至 4.5%，养老支出占 GDP 比重上升至 12.5%。

财政支持既促进公平，也提高效率

结合当前中国国情，我们认为财政扩张支持养老保险体系可能不但不会降低效率，反而有可能提高效率，原因在于财政扩张可能缓解宏观失衡，避免"低效储蓄"陷阱。

理论上讲，储蓄增加为经济建设提供资本支持，有利于经济增长。但储蓄与资本规模的过度扩张，可能降低资本的使用效率，形成"低效储蓄"，甚至导致资产泡沫，反而损害经济增长。从索洛模型黄金率（Golden Rule）理论出发，存在一个最优储蓄率。数据表明，中国的储蓄率高于海外水平，且长期呈上升趋势。吴忠群（2002）[1] 计算发现中国合理的储蓄率应该在 35%~39%。乔为国、潘必胜（2005）[2] 采用投资生产率模型，得出中国储蓄率最好保持在 32.4% 左右。

---

[1] 吴忠群：《中国经济增长中消费和投资的确定》，《中国社会科学》2002 年第 3 期。
[2] 乔为国，潘必胜：《中国经济增长中合理投资率的确定》，《中国软科学》2005 年第 7 期。

彭志远（2007）[①]通过运用哈罗德-多马模型与索罗-斯旺模型测算中国合理的宏观储蓄率需要维持在40%左右，同时认为净储蓄率应该控制在30%左右。当前中国的实际储蓄率接近50%，已经超过大部分学术文章测定的最优储蓄率水平，资本回报率出现下降。在当前情况下，采用财政资金补贴养老体系，增加社会消费，减少总储蓄，有助于改善宏观失衡，提高经济长期总产出。

与此同时，我们认为总需求与科技创新存在正向反馈。创新过程分为不同阶段。第一阶段是从0到1，该阶段更多是科研工作者的劳动成果，形成学术文章、专利技术等产出。第二阶段是从1到N，此时需求会起到关键作用，以产业化的形式将第一阶段产出投入社会生产，并触发二次创新甚至多次创新。通过财政扩张拉动总需求，也可能促进科技创新，提高劳动生产率和未来世代的收入水平，冲抵税负增加可能带来的负面效果。

内部调整：参数调整是重心

财政支持属于养老金体系外的制度调整，养老金体系内的制度调整同样重要。根据上文的国际改革经验，提高养老金制度财务持续性，改革思路包括参数调整、公共养老金私有化、发展基金制私人养老金等多种方式。结合中国具体国情，我们认为城镇职保需要尽快进行制度参数调整，其中退休年龄设定是一个重要变量。虽然养老金制度内部调整可以大幅减轻制度财务压力，但不能彻底解决财务持续性问题，因此养老保险制度改革需要同时进行外部调整（财政支持）。

调整退休年龄可以大幅缓解财务压力，但不能彻底解决制度持续性问题

制定法定退休年龄标准的重要参考依据是居民预期寿命，而预期寿命与居民收入水平（人均GDP）显著相关。伴随未来中国人均收入提高，预期寿命也有望延长，这为调整法定退休年龄创造了条件。中国法定退休年龄为男性60岁、

[①] 彭志远：《中国宏观消费率变化的实证研究》，《当代财经》2007年第2期。

女性干部 55 岁、女性工人 50 岁，低于海外平均水平（图 14-10）；最低缴费年限为 15 年，相较国际水平也偏短。

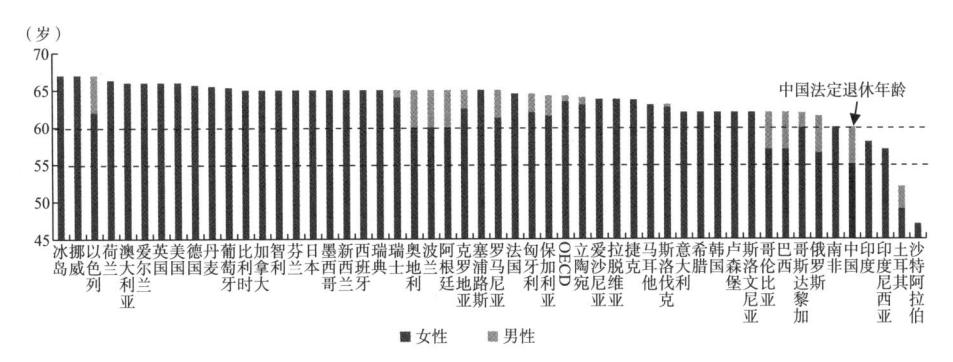

图 14-10 中国现阶段法定退休年龄低于其他 OECD 国家

资料来源：OECD "Pension at a Glance（2021）"，中金公司研究部。

推迟法定退休年龄既可以减少退休人口数量降低养老金开支，同时增加工作人口扩大养老金收入，对提高养老体系财务持续性具有显著效果。我们建立模型测算调整退休年龄对城镇职保财务状况的影响，假定政策调整区间为 2023—2037 年[①]。与现有制度安排比较，推迟退休年龄可以把城镇职保收支缺口出现时间大幅推迟 20 年左右，至 2050 年累计减少收支缺口 70%（图 14-11）。作为对照，郑秉文（2019）[②] 测算结果显示推迟退休年龄在 2050 年可减少养老金收支缺口的 70%，与我们的测算结果较为一致。调整退休年龄是缓解中国未来养老金收支失衡的关键举措之一。与此同时可以让享受到改革红利、占有更多社会资源的"60 后""70 后"一代承担更多责任，对促进代际公平也有积极作用。需要注意的是，虽然调整退休年龄可以大幅缓解养老金收支压力，但不能彻底解决财务持续性问题，因此财政支持对未来改革同样重要。

考虑到退休年龄调整影响范围广泛，实施方案需要更加精细化的设计和管理。借鉴国际退休政策制定经验，发达国家普遍采取了渐进式调整政策，通过

---

① 假定 2023—2037 年逐步推迟法定退休年龄，其间每年推迟 1/3 岁（每 3 年推迟 1 岁），直至女性退休年龄达到 60 岁，男性退休年龄达到 65 岁。

② 郑秉文：《中国养老金精算报告（2019—2050）》，中国劳动社会保障出版社，2019 年 4 月。

小幅调整、温和调整、引入"喘息"期等机制设计，减少政策改革对社会的冲击[①]。中国"十四五"规划和2035年远景目标纲要明确提出，按照"小步调整、弹性实施、分类推进、统筹兼顾"等原则，逐步调整法定退休年龄，促进人力资源充分利用。具体实施上，可以引入"弹性退休"机制，在法定退休年龄之外，额外设定弹性退休年龄以供选择，扩展个人自主选择提前退休的空间。此外，也可以将养老金领取额度与退休年限挂钩，职工若延迟退休可以领取更多的养老金额度。

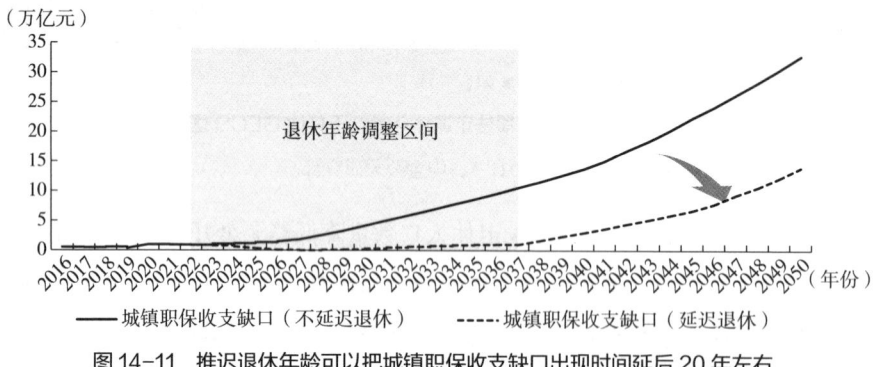

图 14-11 推迟退休年龄可以把城镇职保收支缺口出现时间延后 20 年左右，至 2050 年累计减少收支缺口约 70%

资料来源：人社部，万得资讯，中金公司研究部。

其他养老保险制度内部调整方案可能推行阻力较大

提高缴费率，可行性较低

从收入端考虑，提高缴费率可以增加养老金财务可持续性。但中国当前企业缴费率为 16%，个人缴费率为 8%，总缴费率在国际上已经高于 OECD 平均水

[①] 美国从 2002 年至 2027 年，将男女退休年龄从 65 岁延迟至 67 岁，每年延迟 2 个月，中间暂停 12 年后，继续每年延迟 2 个月，至 67 岁为止。英国从 2016 年至 2018 年，将女性退休年龄从 60~65 岁不等统一延迟至 65 岁，后在 2034 年至 2036 年将男女退休年龄延迟至 67 岁，2044 年至 2046 年进一步延迟至 68 岁。德国从 2000 年至 2017 年，将男女退休年龄从 60 岁延迟至 65 岁，每年延迟 2 个月、3 个月或 4 个月不等。澳大利亚从 1995 年至 2017 年，将女性年龄从 60 岁延迟至 65 岁，每 1 年半延迟 6 个月，从 2017 年至 2022 年，将男女退休年龄统一延迟至 67 岁。

平。如果继续提高缴费率，可能对居民和企业造成较大压力，明显降低社会效率，并减少社会总福利：从企业成本角度看，何子冕等（2020）[①]发现养老保险缴费导致企业劳动成本上升、企业外部融资成本增加，而要素替代效应和人力资本效应可能使企业减少低技能者雇佣。从个人和家庭消费行为角度，白重恩等（2012）[②]测算发现在2002—2005年职工养老金缴费的上升能解释消费倾向下降中的32%，并分析了养老金缴费对消费产生抑制效果的两种作用机制：一是职工养老金缴费的预期收益率比较低；二是居民面临信贷约束，同时有目标储蓄动机。

根据海外实践经验，上调缴费率往往激化社会矛盾。对于中国缴费率已经偏高、年轻人养老负担偏重的状况，提高缴费率更容易加剧社会矛盾，不利于社会共享高质量发展，可能不适宜作为未来的改革方向。

降低替代率，易激化社会矛盾

解决养老金收支失衡问题，还可以从支出端改进，通过降低替代率，缓解养老金支出压力。但当前中国养老金增长率已经低于工资增长。继续削减替代率，不仅背离基础养老金实现"老有所养"的社会保障制度定位，也不利于社会稳定。智利从1981年到1990年替代率下降导致91%的养老金领取者领到的养老金不及智利最低工资的62%，中产阶层养老金替代率仅为23%左右，导致社会矛盾激化。因此我们认为下调替代率的可行性并不高。

公共养老金私有化，可能造成公平问题

根据前文的分析，公共养老金私有化，把养老责任由国家转移到社会，也是部分海外国家选择的改革方向。智利于1980年出台了一套私有化养老金改革方案，以完全积累制个人账户为核心，采用私人基金进行投资管理，政府立法并负责监管。"智利模式"以较高的基金投资回报和较小的政府责任，一度被世界银

[①] 何子冕，江华，李雅楠：《养老保险实际缴费率与企业创新——基于非线性关系的研究》，《劳动经济研究》2020年第4期。

[②] 白重恩，吴斌珍，金烨：《中国养老保险缴费对消费和储蓄的影响》，《中国社会科学》2012年第8期。

行大力推崇，作为养老金制度典范，在新兴经济体和东欧经济转轨国家推广，但这一经验可能并不适用于中国国情。在前文的分析中，我们已经简述了私有化改革造成的转轨成本。中国现收现付制养老金体系已经过于庞大，转轨成本偏高，基金制私有化改革的可行性不高。

更为重要的是，私有化改制摒弃了社会保障所强调的互助共济的原则，政府将责任和风险转嫁给了个体劳动者，可能导致养老金的覆盖率下降，收入差距扩大，偏离共享高质量发展的目标。美洲开发银行研究了拉丁美洲 12 个实行公共养老金私有化改革的国家，发现在改革之后各个国家养老金覆盖率出现不同程度的下滑，加大了老年人口收入差距[1]。智利在进行私有化改革之后，其老年人养老金基尼系数增加到了 0.5。此外，部分私人基金制养老金管理成本偏高，降低了养老金制度效率。

发展私人部门基金制养老金，首先需要提高投资收益率

除基本养老需求以外，共享高质量发展同时要求满足不同收入水平人群的合理养老需求。发展多层次养老保险体系、支持私人部门基金制养老金发展，也是未来制度改革的发力方向。从提高效率的角度看，人口红利过后，发展私人部门基金制养老金还可以引入长期资本、助力科技创新和产业升级，有利于中国经济结构转型和资本市场发展。

但私人部门基金制养老金的发展需要一定前提。根据艾伦条件，当一个经济体的工资增长率与人口自然增长率之和大于资产回报率时，建立积累制养老金无法实现代际帕累托最优，现收现付制的经济效率高于基金积累制。近年来中国工资增长率高于储蓄回报率：根据郑秉文（2021）[2]预测，中国生物回报率[3]在未来相当长的时间里仍然高于存款利率（生物回报率 2030 年将降低到 5.6%，2030—2050 年将降到 3.6%，接近存款利率）。如果基金制养老金的投资回报偏低，无法明显超过生物回报率，那么基金制养老金的宏观效率会低于现收现付制养老

---

[1] Crabbe, C. A., A quarter century of pension reform in Latin America and the Caribbean: Lessons learned and next Steps. IDB, 2005.
[2] 郑秉文：《财富储备与"资产型"养老金体系转型研究》，《中国人口科学》2021 年第 1 期。
[3] 生物回报率是指工资增长率和劳动力增长率的总和。

金，此时大力扩充现收现付制公共养老金才是最优养老保险制度选择。因此，发展基金制私人部门养老金，建立多层次养老保险体系，首先需要提高基金制养老金管理水平和投资回报率。

当前中国企业年金和职业年金实际整体投资收益率不高，主要原因是基金投向以固收类资产（现金、存款等）为主，2020年中国企业年金投资中固收类资产占比为66%，而权益资产仅占7%。一方面，中国对企业年金投资股票等权益类产品设立了40%的比例上限。另一方面，由于缺乏足够的风险对冲工具和完善的风险管理流程设计，中国年金的实际权益配置比重远低于规定的上限水平，进一步降低了资本使用效率。参考海外发达养老金投资管理经验，权益类资产普遍配置比例较高，其中美国401（k）权益类基金配置比例在40%左右，2020年加拿大CPPIB（加拿大退休金计划委员会）权益类投资比例超过50%。伴随中国资本市场成熟度上升，适度提高养老基金投向权益类资产的比例上限，增加权益类资产配置比例，有助于提升中国养老保险投资收益率。

由于中国私人部门基金制养老金投资收益率偏低，使用财政工具支持基本养老保险体系，仍然是提高老年人口福利、共享高质量发展的主要政策发力方向。

老年医疗、老年照顾与养老产业

推进基本养老保险制度改革，是发展养老事业、解决养老问题的关键举措。除此之外，老年照顾、老年医疗、养老产业也是养老事业的重要内容。

老年照顾：社区居家养老。由于未来老年赡养率不断提升，家庭养老压力较大，因此社区居家养老的概念被提出。社区居家养老是家庭养老和社会养老的有机结合，细分两种服务模式：一是由专业的社区养老服务人员上门提供生活照料服务；二是在社区范围内为建立老年人服务中心，提供短暂的日托服务。由于中国养老观念仍较为传统，且社区服务专业化程度较低，目前社区居家养老发展缓慢。我们建议政府在强化监管的同时加大财政投入，提升社区服务质量，宣传引导社会养老观念升级。

老年医疗：医养结合模式。医养结合是一种集医疗、照料和护理于一体的新型养老模式，中国于2015年全面部署"医养结合"工作，并于2016年在全国开展大规模试点，但是作为新兴模式普遍面临政府多头监管、缺乏统一服务标准、供需双方信息不对称等问题，一些配套制度例如长期护理保险也并不健全。发展老年医疗，需要发挥政府主体引导作用，加强专业人才队伍建设，转变公众养老观念，引导医养结合模式健康发展。

养老产业：发展银发经济。近年中国养老产业市场规模不断增加，但面临供需失衡问题，大多数养老机构只能为老年人提供基本养老服务，少数民营养老机构的定制化养老服务只能满足一小部分经济能力较强的老年人，老龄产品的结构种类单一、质量参差不齐。我们建议政策提供更多扶持，激发市场多主体参与老年市场，完善老年权益保障法律，满足不同收入老年群体多层次、个性化的养老需求，全面提升老年人生活质量。

第十五章

善亦有道：
探索中国特色公益慈善之路

自党的十九届四中全会明确提出"重视发挥第三次分配作用"以来，第三次分配如何促进共同富裕引发广泛关注。事实上，第三次分配是一个中国本土概念，理解第三次分配与共同富裕的关系，首先要厘清两个事实：一是第三次分配并不一定发生在前两次分配之后，而是相互交错的，比如志愿者活动可与初次分配同时进行，个人和企业可在二次分配前进行捐赠活动；二是公益慈善等第三次分配的规模十分有限，各国社会捐赠占 GDP 比重基本位于 0.1%~2%。因此，如果将一、二次分配的功能类比于"造血和输血"，第三次分配则更像是经济体系中的微循环，在提供公共服务、促进社会发展中发挥优化和补充的功能。

作为第三次分配的主要表现方式，当前中国公益慈善发展存在哪些问题？表面上，中国社会捐赠强度低（占 GDP 比重为 0.15%）、大众对公益慈善认知局限（如聚焦扶贫、救助等）、慈善组织运作效率低；更深层次上，与欧美相比，中国慈善发展的起源背景、"不平衡不充分"的特定发展阶段、慈善法规及监管制度的不尽完善、税收等激励制度的不到位是制约中国公益慈善发展的根本原因。

展望未来，立足中国特色，如何做好公益慈善以促进共同富裕？首先，发展公益慈善是一个长期的过程，需要通过制度建设从根本上打造有利于公益慈善发展的生态，而不是聚焦短期做大规模或设定捐赠目标；其次，建设科技强国的特定发展阶段，引导社会认知，拓展公益慈善的内涵，学习欧美经验，鼓励公益慈善在科技创新、社会发展等领域发挥积极作用；再次，基于中国现阶段以企业为主的捐赠结构，借鉴日本做法，鼓励企业结合自身业务特点，建立更有效率、形式多样的企业 CSR（企业社会责任）机制安排；最后，在数字经济快速发展的背景下，有序发展互联网捐赠等新型慈善模式有利于提高大众参与公益慈善的意愿，但也要关注随之而来的监管问题。[1]

---

[1] 本章作者：吴慧敏、梁栋。

公益慈善的"能"与"不能"

从第三次分配到公益慈善

第三次分配是一个中国本土的概念。20世纪90年代中国学者首次提出"第三次分配",即在道德力量的作用下,通过个人收入转移和个人自愿缴纳和捐献等方式再一次进行分配。[1] 从研究的角度上看,国际上并无与第三次分配完全一致的概念,相关研究主要集中在第三部门(the Third Sector)、公益慈善(Philanthropy)等。Sulek(2009)曾指出,从慈善功能的角度来理解,市场(Exchange)是用私人手段解决私人目的,政府(Taxation)是用公共手段实现公共目的,而公益慈善则是用私人手段实现公共目的[2],是对市场和政府的有效补充。

为什么会存在第三次分配?参考国际上关于第三部门的讨论,理论上的解释有两个方面。一方面是弥补市场和政府失灵问题。Weisbrod(1988)[3] 认为,人们

---

[1] 厉以宁:《股份制与现代市场经济》,1994年。
[2] Sulek Marty, On the modern meaning of philanthropy, Nonprofit and Voluntary Sector Quarterly, April 2009.
[3] Weisbrod Burton, The role of the nonprofit sector, The Nonprofit Economy, 1988.

对公共物品或准公共物品在质和量的偏好具有很大的不同，政府在弥补市场失灵过程中，部分人对公共物品的需求将得不到满足（比如偏远山区的教育），在这种情况下，以公益慈善为代表的第三次分配可以发挥作用，弥补政府未能充分提供的公共物品或准公共物品①的不足。另一方面，第三次分配可解决契约失灵问题。在某些特定领域，消费者缺少足够的信息来评估服务质量，比如子女为年迈的父母购买养老服务等。公益慈善组织由于不追求盈利，更容易获得消费者信任，同时利用信息不对称欺骗消费者的可能性也较小，比一般的契约机制更为有效。②

那么，如何理解第三次分配与前两次分配的关系？第三次分配以社会为主体，形成对前两次分配的优化和补充，是社会非完全自发形成，通过主体愿景与外界激励共同促进其发展。从序列名称上看，第三次分配很容易被理解为一、二次分配之后的又一次分配过程，事实上，第三次分配并不一定发生在前两次分配之后，而是相互交错，与前两次分配同时甚至提前发生。③比如，志愿者活动可与初次分配同时进行，个人和企业可在二次分配前进行捐赠活动等。同时，从规模上看，与前两次分配相比，公益慈善等第三次分配的规模十分有限，无论是公益慈善最为发达的美国还是世界其他高收入国家，社会捐赠额占 GDP 的比重基本位于 0.1%~2%。

更进一步，公益慈善活动在统计数据上包括社会捐赠、彩票公益金、志愿者贡献价值三部分，但考虑到彩票公益金的实际分配主要由政府主导，志愿者贡献价值难以准确衡量和比较，因此，在后续的量化分析和国际比较中，我们将进一步聚焦到社会捐赠的维度进行讨论。特别需要注意的是，现阶段中国对公益慈善的统计也不尽完善，在国际比较中可能存在一定不匹配的情形。

公益慈善如何促进共同富裕

如前所述，公益慈善的功能体现为对前两次分配发挥补充和优化作用。那

---

① 邓国胜：《公益慈善概论》，山东人民出版社，2015 年。
② 陆家欢：《管理政府合同外包：基于国外文献的综述》，《公共管理与政策评论》2020 年第 9 期。
③ 杨斌：《第三次分配：内涵、特点及政策体系》，《学习时报》2020 年第 1 期。

么，这些补充和优化体现在哪些方面？

首先，公益慈善补充公共服务，促进公平。公益慈善的一个功能是弥补政府和市场失灵，凭借在部分领域更强的专业性和信息优势，对政府难以满足的公共需求提供有效补充[1]。比如在经济落后地区的疟疾防治、儿童早期健康干预等领域。相比于政府一次性的疫苗接种，慈善组织可以通过提供先进的抗疟疾药物、含有特殊杀虫剂且可以控制抗药性的蚊帐、营养早餐支持等专业化、长期性的方式和手段[2]，更直接有效地改善问题，促进发展的公平。

其次，灵活发挥稳定器作用。慈善捐赠更具灵活性，可对社会问题快速反应。在突发性灾难时期，比如汶川大地震后，我国社会捐赠在一个月之内就达到了353亿元[3]，再加上自发形成的志愿者服务，能够快速满足短期的公共需求。同时，慈善捐赠呈现一定程度的逆周期特征，List（2010）研究指出[4]，当股市上涨时，社会捐赠随之上涨；而当股市下跌时，社会捐赠并没有随之大幅下降，仍维持一定的规模，发挥稳定器的功能。

再次，增强二次分配的累进性。尽管二次分配可通过税收调节收入分配，但Saez（2019）[5]研究显示，富裕人群可通过多样化手段合理避税，一定程度降低了收入分配的调节作用。而考虑到公益慈善之后，最高收入人群的实际有效税率显著提高，达到增加累进性的效果，弥补二次分配的不足，促进收入分配机制的优化。

最后，公益慈善促进经济增长，推动社会繁荣。慈善可通过长期、持续的投

---

[1] Pharoah Cathy, Private giving and philanthropy–their place in the Big Society, People, Place & Policy, 2021. Cheng Yuan, Nonprofit spending and government provision of public services: Testing theories of government–nonprofit relationships, Journal of Public Administration Research and Theory, September 2018.

[2] 资料来源：Givewell。

[3] 资料来源：根据财政部新闻整理。

[4] John List, Charitable donations are more responsive to stock market booms than busts, Economics Letters, November 2010.

[5] Emmanuel Saez, The triumph of injustice: How the rich dodge taxes and how to make them pay, October 2019.

资和风险分担支持社会创新[1]，推动经济增长，这一点在欧美国家更为突出。比如，在美国前50名高校收到的科研基金资助中，平均30%来自慈善机构，这些慈善资助对医药和社会科学等领域的投入甚至高于政府资助，有效推动了技术进步。

除此之外，社会价值层面，公益慈善营造的良好社会氛围对促进精神层面共同富裕也有重要意义。公益慈善为捐赠主体带来"暖光效应"[2]，不仅提升个人效用，激发其持续为社会做出贡献的热情，更有利于推动形成"我为人人、人人为我"的向善社会氛围，这也是前两次分配所不具备的独特功能。

公益慈善的规模有限，不能夸大其作用

重视公益慈善积极作用的同时，也要客观认识到公益慈善具有天然的局限性，不能夸大其功能和作用。这些局限性中，最为重要的一点是与前两次分配相比，公益慈善的规模十分有限。无论是公益慈善最为发达的美国还是其他高收入国家，社会捐赠额占GDP的比重基本位于0.1%~2%，这与一次分配、二次分配的规模和贡献都存在明显差距，难以承担大规模再分配的重任。

同时，公益慈善与财政等二次分配存在一定的挤出和替代效应。比如，对于个人和企业而言，高水平的税收缴纳往往会压制其进行社会捐赠的意愿，如欧洲部分高福利国家普遍存在社会捐赠强度相对较低的情形，各国的财政支出和社会捐赠间体现出一定的替代效应。[3]

此外，公益慈善的影响具有个体性、渐进性和长期性的特点，效果难以立竿见影。公益慈善的扶贫救济更多针对特定人群的具体需求，以解决实际需求为导向，而不是面面俱到。同时，公益慈善在教育等人力资本的投入，需要长时间的积累才能够体现出效果，难以一蹴而就。

更进一步，学术界也不乏对于公益慈善的批判声音，比如19世纪，马克思

---

[1] Dodgson Mark and David Gann, Philanthropy, innovation and entrepreneurship, Springer Books, 2020.

[2] Andreoni James, Impure altruism and donations to public goods: A theory of warm-glow giving, The Economic Journal, June 1990.

[3] 资料来源：Handbook of Taxation and Philanthropy。

和恩格斯对慈善进行了否定性论述，认为慈善是"资产阶级的伪善"。此外，在欠合理的制度下，富裕人群可能滥用慈善体系，造成志愿失灵，反而加剧不平等。例如富人可从税收抵免中获得更多：同样捐赠 1 美元，税级在 35% 的捐赠人的实际成本（0.65 美元）要小于税级在 10% 的捐赠人的成本（0.9 美元）。[1] 从社会效益看，当原本可用于公共支出的资金被用于私人活动，其投向有时会更多满足自身利益，使得富豪在社会议题中得到更多话语权和控制权。[2] 考虑到富人捐赠成本可能更低，这种"满足自身诉求，成本却由财政负担"的安排也可能不公平。

总结而言，重视发挥第三次分配的作用，既要充分认识到公益慈善在补充公共服务、提供社会稳定器、促进经济增长、营造向善的社会氛围等方面的积极作用，也不能忽视其规模有限、功能有限的特征事实，不能夸大其作用和功能。在实现高质量发展目标下，要总结和剖析中国公益慈善面临的问题和挑战，借鉴国际经验，结合中国特色，通过制度的完善推动中国公益慈善的可持续发展。

聚焦中国公益慈善的三大问题

分析一国公益慈善发展面临的问题，从捐赠者出发是核心。一方面，捐赠者是贡献主体，在很大程度上决定了捐赠总量；另一方面，不同捐赠主体的动机存在差异，也会影响公益慈善的导向和效果，比如 Singer(2015)[3] 将暖光给予者与利己出发的利他主义者区分开，认为前者倾向于向许多慈善机构进行捐款，用于改善社会福利；而后者倾向于将资源投入他们可以产生最大影响的活动当中。同时，从"谁在捐赠"到"谁在受益"的另一个重要角色是慈善组织，慈善组织是慈善资源的调配主体，其效率高低直接关乎一国公益慈善的整体发展。那么，中

---

[1] 郁建兴：《慈善减少了不平等吗》，《探索与争鸣》2016 年第 10 期。

[2] Indraneel Dasgupta, Does philanthropy reduce inequality, Journal of Economic Inequality, September 2011.

[3] Singer, P, The most good you can do: How effective altruism is changing ideas about living ethically, Text Publishing, 2015.

国公益慈善发展面临哪些问题？背后的原因是什么？这些是接下来重点讨论的内容。

问题一：社会捐赠强度和意愿较低

虽然汶川大地震的发生、《慈善法》的出台推动了中国现代慈善的发展，但与全球多数国家相比，中国社会捐赠的强度仍然较低。从流量看，2020年中国社会捐赠规模为1520亿元，捐赠强度仅为0.15%，低于美国2.1%、英国1.7%、日本0.3%的水平。从存量看，2018年中国基金会净资产规模为1592亿元，占GDP比重仅为0.17%，同样显著低于美英日（图15-1上图）。

从"谁在捐赠"的结构上进一步分析，中国社会捐赠总量中，企业贡献最为突出，占比高达61.7%。相比之下，欧美更多依赖个人和基金会的力量，日本个人与企业的贡献相对均衡（图15-1下图）。那么，中国整体较低的社会捐赠强度是由于捐赠主体结构的差异所导致的吗？数据显示，捐赠主体的意愿不足才是本质原因。

一方面，从企业捐赠维度上比较，虽然中国企业在社会捐赠总量中贡献较大，但从各细分子行业上看，中国各行业平均捐赠支出占税前利润的比重显著低于美国；即使是捐赠强度较高的房地产、公用事业，其捐赠支出占税前利润的比重也仅为1.1%和0.6%，远低于美国2%左右的水平。[①]

另一方面，居民捐赠意愿也普遍较低。根据慈善救助基金会（CAF）的统计，2018年中国大众参与慈善的比例仅为11%，低于英美日分别71%、61%和23%的水平；同时，根据中国家庭追踪调查数据，中国家庭居民捐赠支出占家庭收入比重平均为0.17%，远低于美国的3.56%左右。[②]

[①] 资料来源：CSMAR，Giving in numbers。
[②] 中国数据为根据 CFPS（2018）计算，美国数据来源为 Giving USA，2019年数据。

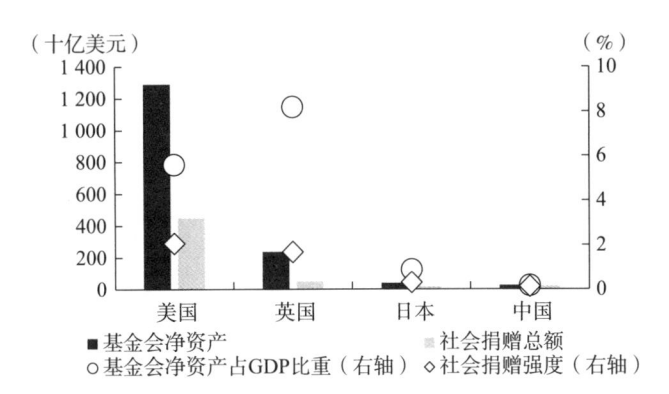

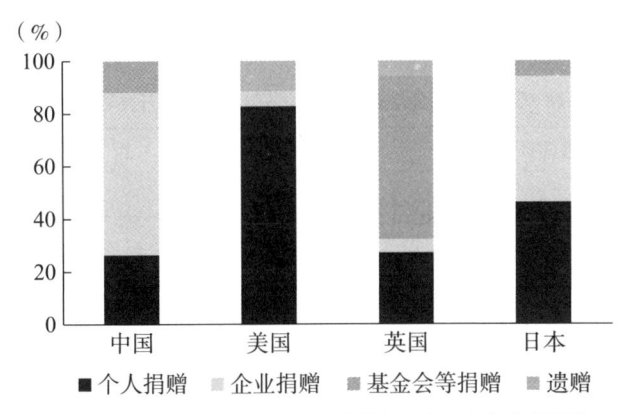

图15-1 中国社会捐赠：整体强度较低，主要来自企业捐赠

资料来源：国家统计局，《中国慈善捐助报告》，《中国慈善发展报告》，Candid，英国慈善委员会，基金会中心网，日本内阁府，中金研究院。
注：图中美国为2020年数据，中国、英国为2018年数据，日本为2015年数据。

问题二：社会大众对公益慈善认知存在局限

社会大众对公益慈善的认知在很大程度上决定了社会捐赠的规模和用途，进一步影响公益慈善的功能和作用的发挥，而这一认知与慈善文化的起源、所处经济发展阶段及社会导向息息相关。

社会大众认知局限性的一个表现就是将公益慈善行动在很大程度上等同于扶贫、救助。整体而言，从社会捐赠的资金流向上，与英美日相比，中国主要流向教育、扶贫开发等领域（表15-1），且即使流向教育领域也更多体现为资助困难学生等救助性支持，比如 2020 年中国教育发展基金会支出中 70.4% 用来直接资助困难学生，24.3% 用来进行硬件改善。同时，大众潜意识里也将"救助"看作公益慈善的重要落脚点。以中国知名度较高的"99 公益日"为例，济贫救灾、疾病救助、教育助学分别占比 41%、29% 和 18%，合计近 90%；对比于美国同样的"Giving Tuesday"（给予星期二），捐赠资金更多流向社会服务、教育、健康、艺术文化、环境和动物，相对更为分散和多元。[1] 因此，在这样的认知局限下，中国公益慈善发展好的一面是结果相对公平，比如经济落后的西部地区明显获得社会捐赠的支持力度更大[2]；但也可能产生不利的情况，比如更多聚焦补充公共服务，而缺乏对社会创新发展的引导。

表 15-1 中国公益慈善更多关注教育、扶贫开发等领域

公益慈善指标		中国	英国	美国	日本
捐赠投向结构	教育	29.2%	12.0%	13.9%	23.2%
	宗教	—	19.0%	29.6%	9.7%
	医疗卫生	18.0%	18.0%	9.7%	35.3%
	文体生态	6.5%	8.0%	8.0%	2.1%
	扶贫开发	26.5%	14.0%	14.2%	10.5%
	社区发展	—	—	7.6%	0.1%
	其他	19.8%	29.0%	17.0%	19.0%

资料来源：Giving USA，Giving Japan，CAF，约翰斯·霍普金斯大学比较非利润部门项目，中国慈善发展报告，UK Giving Report，中金研究院。
注：美国为 2018 年数据（其他包括社会服务、国际事务等），日本为 2015 年数据，中国为 2019 年数据，英国为 2020 年数据。

局限性的另一个表现是对公益慈善的关注大多只停留在捐赠行为本身，对于捐赠实际产生的改变却鲜有关注。比如我们看到大多数个人或者企业公开宣布的慈善活动经常是给某个受捐机构或者慈善组织捐赠了巨额款项，但是这笔捐赠究竟被使用到了哪里，是否满足最迫切的需求，项目的实施效果如何，却少有披

---

[1] 资料来源：99 公益日，Giving Tuesday。
[2] 资料来源：中国基金会发展报告。

露，也就是做出捐赠即等同于慈善完成。在这样的行为之下，捐赠主体会倾向于选择最容易产生社会影响力的项目，而可能不是最迫切需要支持的项目，对捐赠项目的事前、事后评估不尽完善，而且在很大程度上依赖于项目的执行方慈善组织，难以最终把控效果。与此同时，慈善组织或者募捐机构也往往会利用这一点，对捐赠主体"运动式逼捐""道德绑架"的现象也时有发生。[1] 这也是为什么很多人既想做慈善又不敢做慈善，从根本上抑制了社会慈善的发展。

问题三：慈善组织运行效率低

慈善组织作为慈善资源调配的主体，其运营效率直接决定着公益慈善的功能和效果，公开透明、运转高效的慈善组织也能进一步激发社会大众的慈善意愿。

如何评估慈善组织的效率？从两个维度来考量，一个维度是运行效率，慈善组织是否活跃？是否满足规定的信息披露要求？从中国现状来看，由于缺乏清算和退出机制，根据基金会中心网构建的中基透明指数（简称为FTI指数，包含管理制度、项目信息等十个指标），近年来，指数低于30分的基金会，即欠活跃基金会数量逐步增加，2020年欠活跃基金会占比超过40%。同时，《中国基金会透明度观察报告》显示，公募基金会中仅有62.6%披露了完整信息，而这一比例在非公募基金会中更低，仅有44.2%；这主要源于中小型基金会大多定向募资，对外部信息披露重视程度不高，也在一定程度上制约了其发展。

另一个维度是运营效率，慈善组织募集资金和使用的情况如何？是否支持可持续发展？横向比较显示，中国公益基金会用于慈善的支出占总资产规模的比重高达32.9%，位于全球前列。这可能主要源于监管机构"公募基金会公益支出不得低于上一年总收入的70%，非公募基金会不得低于基金余额的8%"的下限管理规定。较高的流动性需求也进一步束缚了基金会的投资选择，中国基金会大多以低风险低收益的理财投资为主，投资收益率普遍集中于活期存款利率水平（0.35%）[2]，

---

[1] 资料来源：https://www.chinanews.com.cn/gn/news/2009/08-12/1814053.shtml，https://baijiahao.baidu.com/s?id=1706124655036533376&wfr=spider&for=pc。

[2] 资料来源：基金会中心网，2018年数据。

制约其长期可持续性发展。

由表及里，影响中国公益慈善发展的原因可能是什么

如前所述，一国公益慈善的发展程度受多个因素影响，包括经济发展水平、制度环境配套、社会文化等，我们也尝试从这些角度进一步剖析影响和制约中国公益慈善的内在原因。

中国独特的慈善发展背景

中国慈善发展的历史悠久，但早期发挥重要作用的更多是以政府为主的官办慈善机构。时至今日，系统型基金会（如红十字基金会）等仍是中国公益慈善领域的核心力量，这可能在一定程度上挤出社会部门参与公益慈善的意愿；此外，一些社会事件（如慈善机构腐败）也可能打击大众对慈善捐赠的信心，制约公益慈善事业的整体发展。另一视角，政府对慈善组织的资助和过度干预也可能影响私人捐赠，Payne（1998）[1]指出政府部门参与公益慈善会对私人捐赠产生一定的负面影响，体现在政府资助的增加将削弱私人捐赠机构的募资动力，从而抑制私人捐赠行为。

相比于欧美，中国慈善工作者薪酬较低，难以吸引高端人才推动行业发展。这与社会对从事慈善的个人道德要求高相关，但也与中国慈善机构的背景相关。中国公益基金会中系统型、学校型相对较多，本身的属性决定其难以形成市场化薪酬体系；而美国成熟的基金会更多是私人基金会，捐赠资金自由支配灵活度高，能够以市场化的薪酬吸引退休的大学校长、政要甚至是科学家，形成可持续发展。

中国所处的特定发展阶段

如何理解中国所处特定发展阶段对公益慈善发展的影响？可以从经济整体发展水平和特定收入人群两个层面进行分析。

---

[1] Abigail. Payne, Does the government crowd-out private donations? New evidence from a sample of non-profit firms, Journal of Public Economics, March 1998.

一个是从脱贫攻坚走向小康社会的特定发展阶段。如前所述，综观世界主要国家，各国的捐赠强度伴随收入水平的提高而有所提升，一定的物质基础为公益慈善发展提供保障。改革开放以来，中国经济快速发展，人均GDP刚刚迈过1万美元的门槛，距离捐赠强度高的发达国家还有较大差距。同时，中国社会仍然面临发展不平衡、不充分的矛盾，不具备捐赠能力的低收入人群占比仍然较高。北京大学等高校完成的调研结果也表明，"没有足够的钱进行捐款"是公众认为自己不捐赠的首位原因。[①]

另一个是先富人群处于"未老先富"的特定阶段。根据招商银行私人财富报告[②]，在2021年可投资资产超过1 000万元的群体中，30~39岁及40~49岁分别占比32%和33%，而60岁以上的高净值人士仅占5%。相对而言，年轻的"富裕群体"对资产的更多诉求集中在保证财产安全、增值、价值创造等，对传承和公益慈善的需求并不强烈，这在一定程度上影响先富人群对社会公益慈善事业的积极投入。

慈善基础设施（法规、监管）的不完善

尽管2016年《慈善法》出台以来，在慈善组织成立、监管和运营等方面进一步规范，但在实际操作中，还面临一些现实挑战。以基金会注册成立为例，2016年以来每年新注册成立的基金会数量不升反降。

同时，《慈善法》对慈善组织的监管思想仍以传统监管为主，侧重身份验证、运营规范性管理等，缺乏行为和功能方面的监管，难以对慈善组织的发展形成有效引导。另一个重要的方面是当前体制下多部门协调的问题，比如税收减免的执行中，对于慈善活动的认定、范畴，在民政部门和税务部门之间形成各种制约，无法达成共识，迫使一些慈善活动在推进过程中遇到阻碍，打击慈善组织的积极性。

此外，对慈善组织的评级、评估体系宽泛，在公开化、标准化和科学化等层面显著不足。比如目前的全国性的社会组织评级由民政部主导，共分为5个等级，每次评定维持5年，缺乏及时的动态调整。与此同时，评估结果对社会组织的影响却很大，直接与获得政府购买服务顺序、年度检查程序简化等相关，大型

---

① 韩俊魁等：《中国公众捐款：谁在捐，怎么捐，捐给谁》，2019年。
② 资料来源：招商银行《2021中国私人财富报告》。

慈善组织往往直接受益，缺少严格的评估和监管。

税收等激励机制的不到位

税收对公益慈善的激励作用有很多研究，比如，Monnet 和 Panizza（2017）指出短期内 1% 的税收减免会促进公益慈善增加 1.1%~1.6%。[①] 从当前针对公益慈善的税收激励上看，一方面，中国税收体系以流转税为主，所得税为辅，与其他国家公益活动的税收结构存在一定差异；另一方面，即使同样是所得税，中国针对公益慈善的税收激励也存在不足，个人不仅抵税上限较低（30%），且捐赠超出抵税限额部分，不允许在后续年度扣除；同时，中国尚未开征遗产税、财产税等，富人缺乏足够的激励进行大规模慈善捐赠（表 15-2）。

表 15-2　各国公益慈善捐赠抵税政策对比

维度	主体	中国	美国	英国	日本
税收抵免	企业	·抵税上限：年度利润总额 12% ·超过部分三年内结转扣除	·抵税上限：应纳税所得额 10% ·超过部分五年内结转扣除	·Gift Aid（礼物援助）：按捐赠额 125% 抵扣 ·超过部分四年内结转扣除	·范围内捐赠上限：[（资本 × 月数 / 12 × 0.375%）+（收入 × 6.25%）] × 0.5 ·普通捐赠上限：[（资本 × 月数 / 12 × 0.25%] +（收入 × 2.5%）] × 0.25
	个人	·抵税上限：应纳税所得额 30% ·超出限额部分，不允许在后续年度扣除	·个人所得税上限：AGI（调整后收入）的 60% ·资本利得税上限：资本利得 30% ·超出限额部分五年内结转 ·遗产税：18%~56%，捐赠财富免征遗产税，且捐赠金额的 50% 可用于冲抵遗产税	·以 Gift Aid 为例：按捐赠额的 125% 进行税收抵扣 ·超过部分四年内结转扣除	·捐赠金额减去 2 000 日元后进行抵税，上限为总收入的 40% ·遗产税：55%，一些情况下捐赠金额可用于冲抵遗产税

[①] Monnet Nathalie and Panizza Ugo, A note on the economics of philanthropy, Graduate Institute of International and Development Studies Working Paper, No. 19–2017.

续表

维度	主体	中国	美国	英国	日本
税收配套	财产税	—	全国平均税率 1.1%	通常为 1.4%，最高不超过 1.7%	根据财产价值采取累进制税率（0.5%~1.2%）
	遗产税	—	40%，2021 年免征额 1 170 万美元	40%，免征额 32.5 万英镑	累进制税率（10%~55%），免征额每人 1 000 万日元
	赠与税	—	40%，年免征额 1.5 万美元	遵循 7 年法则，其余同遗产税	累进制税率（10%~55%），年免征额 110 万日元，不超过 2 500 万日元

资料来源：OECD，PwC，中金研究院。

同时，非经济手段的激励政策也存在较大空白。Bekkers 和 Pamala（2010）根据历史上数百篇文献将个人捐赠的意愿归纳为八种机制，即客观需求、募资活动、捐赠的成本收益、利他主义、声誉名望、心理满足、价值观匹配和捐赠效果的可感知性。[①] 其中，在通过税收改善捐赠的成本收益以外，要鼓励公益慈善也需要更多其他维度的激励。比如，除金钱投入外，个人从事公益慈善同时需要投入时间，但中国尚未形成清晰的志愿服务假期制度，使得在职员工难以充分参与慈善事业。

透视国际经验，公益慈善如何发挥积极作用

20 世纪以来，公益慈善在全球范围内蓬勃发展，然而，由于历史文化、法规监管不同，各国公益慈善模式迥异。那么，结合中国公益慈善的三大问题，国际上有哪些好的经验可以借鉴？一方面，一国历史文化等难以改变，法规、监管、激励等制度建设可能是借鉴国际经验的重要落脚点；另一方面，各国捐赠主体不同，慈善活动的表现形式有所不同，体现出公益慈善的功能和作用也显著不

---

① Bekkers René and Pamala Wiepking, A literature review of empirical studies of philanthropy: Eight mechanisms that drive charitable giving, Nonprofit and Voluntary Sector Quarterly, September 2010.

同，这些也值得更多学习和思考。

学习英国：独立的慈善委员会 + 大众主导的多样化慈善活动

英国是世界上最早发展公益慈善的国家之一。19世纪后，随着慈善委员会等组织的建立，英国慈善快速向正规化和系统化的现代慈善转型。以多元化、普及性为主要特征，英国各类慈善机构遍布全国，丰富且便捷的慈善活动促使英国形成了"大众慈善"的良好氛围。数据显示，2019年英国捐赠强度为1.7%，位居全球前列；大众参与率高（70%+），收入最高20%人群的捐赠贡献仅占27%[1]，捐赠投向主要流向宗教事务、医疗卫生、社区建设、教育等领域。

建立独立的慈善委员会，促进整个慈善体系运转高效

1601年，英国颁布了世界上首部《慈善法》，奠定了英国慈善事业的基本框架。经过400多年的修订，英国已形成十分完善的慈善法律体系，并在慈善活动、慈善监管等形成了独特的做法。

英国《慈善法》赋予慈善委员会独立监管权限，统筹管理国内慈善活动。一方面，独立运营是英国慈善委员会的最大特征。慈善委员会是代表公共管理慈善组织的机构，对议会负责，拥有对慈善组织登记、监督等权力。英国《2011年慈善法》明确规定："除了在法律特别规定以及财政对慈善委员会的经费进行行政控制的情形外，在行使其职能时，慈善委员会不受制于内阁成员或其他政府部门的指导与控制。"[2]

另一方面，慈善委员会的内部治理和外部监管均有明确规范。内部治理方面，慈善委员会被要求配备多元背景的委员，以保证协同和专业监管。以目前的委员为例，13名核心委员的履职经历包括教育部官员、高等法院官员、警察总长、卡斯商学院教授等。外部监管方面，慈善委员会除了拥有传统的信息查阅职能，还被赋予直接干预慈善机构的职能，比如当慈善组织管理人有不当行为时，

---

[1] 资料来源：CGAP。
[2] 资料来源：Charity Act 2011, s13。

慈善委员会可对其停职或者免职，并委任新的管理者，帮助慈善组织健康有序运行，确保慈善组织的行为符合公众利益。

重视发挥平台组织的作用，优化政社关系，促进行业良性循环

在完善的慈善法规之下，政社关系协同一直是英国政府长期关注的问题。1998年，英国全国志愿者理事会（NCVO）起草政府与民间组织伙伴关系计划（COMPACT），以厘清二者的权责边界。虽然这一计划在2011年被自由党取消，但其对英国政府及社会组织在公益领域的合作依旧产生了深远影响。

在单个慈善组织与监管机构间架起沟通协作桥梁：全国志愿者理事会是COMPACT的主要执行机构。作为行业协会，它一方面吸引众多慈善组织加入，另一方面代表慈善组织与监管机构进行沟通协作，以明确二者在服务提供、政策制定、资金使用、监管中的责任与边界。[①]

通过设立各类平台来提高政社沟通质量。一是在政府部门内搭建平台以增强政社人员交往密度。例如，各政府部门内设有专门的COMPACT协调领导小组，并由内务部负责政府部门间的协调。二是通过设立地方COMPACT分支机构以强化整个契约的凝聚力，从而代表更多慈善组织的利益。

慈善超市等多样化模式激发全民慈善意识

如前所述，大众参与是英国公益慈善的突出特点[②]，这既与英国慈善文化的起源有关，也得益于慈善活动的创新发展。其中，慈善超市是大众参与的普遍方式之一，它是以社会公众自愿捐助为基础，借助超市运营模式，为困难群众提供物质帮扶和志愿服务的慈善机构。目前英国已有超过11 000家慈善超市。民众可将旧衣服等物品捐赠到慈善超市，由商店处理后售卖，销售收入将捐赠至医疗、援助、环保、扶贫等领域。[③]

---

① John Casey, Bronwen Dalton, Rose Melville and Jenny Onyx, International perspectives on strengthening government-nonprofit relations: Are compacts applicable to the USA, Working Paper Series, Centre for Nonprofit Strategy and Management, Baruch College, City University of New York, 2008.
② 陈小德：《英国慈善事业发展主要经验与我们的思考》，《公益时报》2020年。
③ 资料来源：http://www.gongyishibao.com/html/zhuanlan/2020/0114/18087.html。

以乐施会（Oxfam）慈善超市为例，Oxfam 基本业务包含直接救助与销售额捐赠两类，分别为直接向受捐者提供物品，以及用销售收入帮助受捐者。在此基础上，乐施会进行适度的多样化经营，由原有的单一慈善超市模式扩充至书店、音乐店、家具店等类型的专门慈善超市，通过专业化提升运营效率。同时，Oxfam 自建上游回收、评估、再利用机构，提供全链条保障。Oxfam 是第一个建立自营回收和再利用机构的慈善超市，捐赠的物品会从各地的 Oxfam 统一送至 Wastesave（旧物回收）工厂，由专家手工分拣与整理。状况良好的物品会送至合适的地点或市场，如线下慈善超市、在线商店、设计师工作室等。

借鉴美国：完善的税收激励 + 慈善先驱对创新的倾力投入

美国独特的宗教文化和发展历程塑造了高度活跃的慈善环境。早在 1636 年，约翰·哈佛便将他的图书馆和一半的财产捐赠给一所学校，即后来的哈佛大学。19 世纪，钢铁大王安德鲁·卡内基在《财富的福音》一书中明确指出"拥巨富而死者以耻辱终"，认为财富的目的和归宿应该是为社会服务，只有将自己的剩余财富用于造福社会大众才是正确的做法。在此背景下，美国社会捐赠中，个人捐赠占比近 70%，其中高收入人群（前 20%）贡献高达 85%[1]，这些资金积极投向科技创新、环境保护、文体艺术等领域，全面推动和引导美国社会的创新发展。

全面的税收激励提高捐赠意愿

美国并没有单独的慈善法规，主要由联邦和州通过税务和司法系统进行监管。虽然美国慈善组织的设立较宽松，但是慈善组织在实际活动中会受到税务系统和司法系统的严格监管。例如，慈善组织需在每年 5 月 15 日前向国税局提交 990 表格等，说明组织提供服务的数量、质量以及组织中高级职员的报酬等。与此同时，美国也充分借助社会力量对慈善组织进行监督，形成以信息披露、第三方评价等为代表的 DADS（披露—分析—发布—惩罚）机制。

---

[1] 资料来源：US Internal Revenue Service。

另外，美国全方位的税收设计对个人参与公益慈善具有很大的吸引力。比如，正向激励上，最高60%的调整后总收入抵免额度以及最长五年的结转期限高于绝大多数的OECD国家[①]，再加上资本利得税30%的抵免额度，使得个人更愿意参与公益慈善贡献。同时，遗产税的设立和调整也不断激发先富群体的慈善捐赠意愿，当前美国的遗产税免征额较高（2021年免征额1170万美元，英国32.5万英镑），通过"高税率、窄税基"的模式在最高收入群体间形成了积极的慈善氛围。

与此同时，美国对存货、金融资产等非货币资产设立系统性评估也值得借鉴。比如针对衣物和家庭用品，捐赠时需要良好的应用性，当可用性欠佳时价值需要达到500美元方可评估为捐赠物资并享受相应的税收减免；同时，这些评估费用也可以列入杂项扣除进行相应的抵免。因此，完善的非货币捐赠评估体系使得美国全部社会捐赠价值中有20%来自各类非货币资产。

慈善先驱不局限于扶贫救助，意在通过创新引导社会发展

为什么美国慈善先驱们更多倾向于投入科技创新而不是简单的扶贫救助？斯坦福大学法学院前院长保罗·布雷斯特（Paul Brest）曾经提供了一个解释：当面临埃博拉病毒时，如果一个计划捐出1000万美元的基金会同时面临两个项目：一个是把所有资金都投入防护服上，可确保拯救5万人的生命；另一个是选择资助疫苗研发，有10%的概率拯救100万人的生命。那么，慈善基金会的理想选择是后者，即通过承受更大的不确定性以获得更高回报。虽然投资前者对风险厌恶的普通投资决策者是明智的，但如果慈善主体也按此行动，则难以发挥其本质功能——为社会福祉提供资金。[②]

事实上，从科技创新的发展看，公益慈善是美国科技创新发展的独特动力。自然科学领域，钩虫病、疟疾、伤寒、脑膜炎、小儿麻痹、黄热病等防治研究取得的突破性成果都离不开慈善基金会的资助，单钩虫病一项，洛克菲勒基金投入

---

① 资料来源：OECD Tax policy studies, taxation and philanthropy。
② Paul Brest, How Philanthropy Can Get Smarter About Risk Management, Stanford Social Innovation Review, December 2019.

的资金就超过6 500万美元；甚至包括美国人民基本医疗保障的医疗保健和医疗补助制度也是公认的由著名的拉斯克基金会推动的；前沿科技领域，美国慈善资助更多专注在STEM等基础科学领域，通过对高校、研究室、科学家实验室的支持推动技术进步，比如美国前50名的大学中，其研发投入中有30%来自慈善基金会。更为代表性的证据是，20世纪以来，高达47位诺贝尔奖得主曾经获得洛克菲勒基金会的支持，有16位诺贝尔奖得主获得过斯隆基金会的资助，等等。[1]

同时，在促进社会科学发展领域，美国慈善基金会也功不可没。美国众多智库的发展都离不开基金会资助，比如社会科学理事会、经济研究局等。著名的布鲁金斯学会创办第一年，卡内基基金会就捐资165万美元，1955—1967年福特基金会向其捐助了4 000万美元，用以资助在经济、国际等多个领域的研究活动。特别地，由基金会资助围绕某个研究方向举行研讨会，再由基金会资助出版论文集或丛书，是很流行的方式。

基金会支持创新的一个前提是实现商业可持续性运作

尽管美国大部分社会捐赠都主要来自最富人群的资助，但是慈善基金会之所以能够持续支持创新的更重要的因素来源于基金会的商业性运作，对公益慈善活动形成可持续性支持。

一方面，美国的监管政策为慈善基金会商业化运作提供保障，鼓励其维持长期经营能力。比如，《机构基金统一审慎管理法》规定，慈善机构设立的基金在任何一年公益支出比例超过基金市场价值的7%，则可推定该基金的支出政策存在不审慎性，从而一定程度上避免慈善机构盲目支出的风险，为其进行稳健的资产管理和商业化运作提供制度保障。

另一方面，基金会内部也在商业性与公益性之间架起"一臂之距"。美国成熟私人基金会多效仿企业界的组织形式，建立健全内部治理结构，成立投资委员会专门负责基金的资产管理，并突出投资委员会的核心决策职能与自主权。同时，投资团队专业化程度普遍较高。投资主体或者聘请业内高水平的投资管理

---

[1] Fiona Murray, Evaluating the Role of Science Philanthropy in American Research Universities, NBER, 2013.

人，组建专业的投资团队，并且选择第三方公司作为投资顾问，或者全权委托资产管理行业优秀的管理人进行管理。基于此，美国基金会大量配置于另类投资与美国股票，73%的捐赠基金和私人基金会的期望回报在5%~8%，基金会的"长钱"优势得到充分发挥。

尽管美国私人基金会对创新影响重大，但也有观点认为，相比纯粹"利他"主义，税收优惠及社会收益是美国富豪积极参与公益的重要因素，这也可能产生负面影响。美国工业关系委员会主任曼利（Basil Manly）曾提出，掌握美国大部分工业的巨头通过建立基金会把统治范围扩大到他们的雇员以外，控制教育界乃至整个美国社会，那些目标广泛无限制的、拥有巨大财源的基金会终会对社会构成严重的危险。[1]

观察日本：宽松的慈善准入 + 企业丰富多彩的社会责任活动

受慈善历史和本国文化的影响，日本捐赠强度仅为0.3%，略高于中国，在世界范围内并不突出。为什么我们还要去观察日本慈善产业的发展呢？一个重要的视角是日本捐赠来源结构中，企业贡献近50%，这与中国当前的捐赠结构更为接近。同时，企业通过慈善活动实现与社会的深度融合，从而达到一个服务本地（全国）、增强社会凝聚力的效果，这些经验值得借鉴。

以宽准入的双重机制，鼓励慈善活跃度

20世纪90年代前，日本民间慈善事业发展缓慢，官办慈善机构占据绝对多数。通过1998年和2006年的两项公益慈善组织改革，日本民间慈善组织的活力明显增强，在社区服务、灾害救助等领域发挥重要功能。

制定公益慈善组织"认证"与"认定"双重成立机制，激发民间慈善活力。1998年日本推出《特定非营利活动促进法》，尽管针对特定非营利组织，但也在一定程度上放开社会部门参与公益慈善的限制，包括减少政府裁量权、取消财产限制、审批手续精简等。这样做的好处体现为，一方面，对符合公益慈善要求的

---

[1] 资中筠：《财富的责任与资本主义演变》，上海三联书店，2015。

团体，可通过"认证"机制成立，快速推动慈善活动，但并不享有除慈善活动之外的优惠政策；另一方面，对符合要求且明确为慈善组织的团体可在一定标准下以"认定"机制成立，并可享受税收抵免等一系列优惠，从而形成兼顾灵活性与严格监管下的双重体制[1]，在调动社会主体公益积极性的同时降低制度成本。在此背景下，大量民间 NPO（非营利组织）逐渐成立。

解决历史遗留问题，进一步明确政社边界。相比 1998 年改革注重的"放松管制、提升增量"，2006 年改革更为注重"优化存量、提升质量"，即将官办慈善组织直接转为公益社团/财团法人，对政府和社会的界限进行明确划分。此外，这一改革本身也对两类新法人设立了更优惠的税收抵免和更为科学严谨的准入条件，在一定程度上吸引了更多有实力的企业和个人参与公益慈善。

为什么日本企业捐赠表现突出

从历史上看，日本企业慈善起步也较晚，直到 19 世纪 70 年代，现代慈善的概念才被引入日本，但彼时只有在外经营的跨国企业才能接触到现代慈善。[2] 此后，由于向美国市场扩张的需要，日本企业不得不继续加强慈善投入，以提高日本在海外的形象。[3] 1990 年，日本经济联合会效仿美国明尼苏达 5% 俱乐部的形式，成立 1% 俱乐部，即捐赠税前利润的 1% 给慈善事业。随着行业自律的发展、市场竞争的加剧以及灾害频繁所导致的社会情感需求提升，2003—2015 年，日本从事企业社会责任（Corporate Social Responsibility，CSR）活动的企业数量迅速增长。2013 年，日本参与慈善捐赠的企业占企业总数的 16.2%，单个企业捐赠支出约占其营业收入的 1.4%。投向方面，排名前三的分别为社区教育/研究（34.0%）、文化娱乐（18.8%），以及包括灾区支援在内的社会服务（14.2%），在社区发展以及灾害救助等方面发挥了独特的作用。

---

[1] 佐藤岩夫,法学における NPO 研究の展開,ノンプロフィット・レビュー,2020。
[2] Benedikt Brüning, Re-thinking Japanese Philanthropy, Goethe-Universität Frankfurt am Main, April 2021.
[3] Tucker Evelyn, A view of philanthropy in Japan: Confusion ethics and education., Philanthropy in the World's Traditions, 1998.

同样是企业做慈善,日本企业有哪些具体做法值得借鉴

日本企业 CSR 活动的最大特点是与其业务的深度融合,通过 CSR 活动不仅能够有效实现公益慈善的目标,更能够通过接地气的非商业活动建立与客户更多角度的连接,从更大范围内提升社会凝聚力。

以索尼这家全球知名的电子公司为例,与部分大型企业社会贡献价值观不同,索尼的慈善目标非常集中,仅投入教育、科技、文艺和救灾四个领域。高度聚焦的慈善导向,使得索尼开展慈善活动更有效率。例如,在教育领域,索尼调动所有优势业务线进行融合推进,包括在全世界范围内资助捐赠实体梦想教室;在音乐板块,结合儿童特点进行专业编曲,激发儿童听觉敏感度以辅助儿童早期教育;在影音板块,通过制作近 10 000 小时的义务课程,为不同年龄阶段学生提供居家的课程;以及派出专门的财富和投资顾问指导初高中学生进行人生规划、设定不同阶段的学习和职业发展目标等。

尊重地区特色,在发挥业务优势的同时保持高度人文关怀也是索尼 CSR 的一个特点。2011 年东日本大地震后,索尼既与大多数企业一样捐款捐物,也结合主营业务帮助社会主体恢复。例如,东北大学实验室在此期间受到严重摧毁,大量光学元件与精密仪器受损,索尼得知后积极帮助此类机构维修元器件,并用本公司产品进行必要的替换。再如,在本国和国际灾害发生后,索尼非常善于利用自身音乐唱片优势,结合当地特色组织音乐家专门推出慈善专辑,既鼓舞当地居民恢复士气,又将销售收益捐助给受灾地区。

相比之下,大阪煤气的做法更体现了日本企业 CSR 与本地社会共同成长的特点。大阪煤气是一家区域性的公用事业企业,其经营活动与社区居民息息相关。正因如此,大阪煤气早在 1981 年便在公司内部开启"小灯"计划,旨在激发员工的慈善与志愿热情,并引导其积极发现和解决社区问题。

一方面,聚集员工力量,扩展公益活动上下游配套。以公益课程为例,大阪煤气结合自身业务特点,组织员工志愿者定期为社区老年居民召开烹饪讲习会、为中小学学生提供烹饪教学课程等,并完善上下游配套以增强可持续性:在活动上游,公司建立为员工提供社区礼物的制度,允许员工申请自我挑选和购买社区

服务所需的设备和用品，以保证食材或设备的可靠[1]；在活动下游，公司成立专门的烹饪培训学校，开发面向年轻人的商业化烹饪课程，与面向儿童和老年人的公益课程形成错位补充，进一步打造社会影响力。

另一方面，完善员工休假制度，激发员工积极性。日本内阁府的市民社会贡献调研显示，阻碍员工参与志愿活动的首要因素是没有时间（占比为51.4%），而目前仅有约30%的企业设立或计划设立志愿者休假制度。[2]大阪煤气早在20世纪便出台义工假和社区假制度：社区假主要针对短期志愿活动，提供每年最长连续5天、最多12天的带薪休假；义工假主要针对长期志愿活动，提供2个月~2年的长期志愿休假，并在服务期间提供80%的薪资补贴。[3]

探索中国特色公益慈善之路

通往高质量发展的道路上，探索中国特色的公益慈善模式，有三个问题值得深思。其一，中国公益慈善发展要实现的目标是什么？其二，目标明确之下，如何构建中国特色的公益慈善模式？英国的大众主导？重视美国慈善先驱力量？学习日本的企业担当？或者三者兼而有之地取其精华？其三，公共政策该如何发挥作用？是"做大规模优先"还是"制度建设先行"？基于以上三个问题，结合中国公益慈善发展现状、国际经验，我们提出以下思考与建议。

引导社会认知，客观认识公益慈善的作用

一方面，基于当前收入分配机制中面临的问题，部分社会大众对基于自愿原则、通过慈善捐赠和志愿服务等方式对收入和财富进行调节的第三次分配满怀期待，甚至把缩小贫富差距的目标完全寄托在依靠公益慈善上。[4]这些讨论存在误

---

[1] 资料来源：NPOが変える！？——非営利組織の社会学（1994年度社会調査実習報告書）。
[2] 资料来源：内閣府，令和元年度 市民の社会貢献に関する実態調査，厚生労働省 令和2年度「『仕事と生活の調和』の実現及び特別な休暇制度の普及促進に関する意識調査」。
[3] 资料来源：日本人事部。
[4] 资中筠：《财富的责任与资本主义演变》，上海三联书店，2015年。

区，公益慈善的规模有限，与前两次分配也存在一定的交叉过程，更多发挥优化和补充的功能，而不是主导功能。

另一方面，中国过去公益慈善的发展更多聚焦教育、扶贫开发领域，伴随着中国经济进入全面小康社会，加之科技强国的特定发展阶段，对公益慈善的发展目标也提出了更高的要求。借鉴美国经验，引导公益慈善投入科技创新、社会发展等更长期、更产生深远影响的领域，也是中国公益慈善发展需要转型的方向。

特别需要强调的是，大力发展公益慈善是一个长期的过程，需要从制度建设、机制完善上做起，形成社会公益慈善文化，而不是短期聚焦于做大规模或者设定捐赠目标，这与公益慈善基于自愿的原则也相违背。

制度建设先行，从根本上提升慈善运行效率

完善基础性制度建设，首先从监管机构入手。公益慈善涉及社会方方面面，当前民政部为主导、多部门协同参与的慈善监管模式难以满足公益慈善快速发展的需求。考虑到慈善组织在运行过程中涉及主管部门、税务等多部门协调，借鉴英国独立的慈善委员会的监管模式，可考虑适当组成更高级别、独立的监管机构，统筹协调公益慈善的相关事宜。聚合力量，形成专业的监管团队，赋予其充分的监管职责和权力，以最大限度地保障对公益慈善发展的推动作用。

增强行业协会的监督作用，推动慈善组织发展的良性循环。完善的行业协会组织是理想公益慈善生态的重要特征，可借鉴英国COMPACT机制，鼓励有条件的机构打造慈善平台，代表社会公众利益对慈善组织进行自律监督，并与政府间保持常态化沟通。另外，参考英美两国的信息披露机制，完善中国慈善组织的信息披露规范，为慈善评估机构发展奠定基础，并激励其向社会公开不同慈善组织和项目的运营绩效。

打造"宽准入、严监管"的慈善组织监管机制，激发公益慈善组织活力。慈善组织是公益慈善事业的主体，在慈善资源调动中发挥关键的作用。现有政策对慈善组织的注册、募资、投资等环节提出了较为严格的监管要求，在一定程度上限制了慈善组织功能的发挥。参考英美监管的思路，从"严准入、宽监管"转向"宽准入、严监管"，做好事前注册、事中报备、事后披露的详细要求，形成更具

活力的监管体制。

发挥企业、个人的不同功能，构建中国特色公益慈善模式

什么是中国特色的公益慈善模式？一方面，如前所述，是特定发展阶段对中国公益慈善的未来发展提出更高要求，引导公益慈善投入科技创新、社会发展等更长期、更产生深远影响的领域，可能是中国公益慈善发展需要转型的方向。另一方面，要结合当前中国公益慈善发展的现状特征，比如企业在公益慈善中扮演的重要角色、中国数字经济快速发展的优势等，更好地发挥其优势，推动公益慈善发展。

以企业社会责任为抓手，鼓励企业与社会共成长。中国目前企业参与公益慈善活动较多，但在效率层面仍有较大提升空间。鼓励更多企业从自身行业特征、业务发展需要出发，建立完善的CSR制度安排，包括资金规模、投入方向、活动形式等。同时，在企业内部建立志愿者休假保障等制度配套安排，鼓励企业员工积极参与社会公益活动，形成可持续发展。

丰富慈善服务的手段和工具，提升慈善信托、专项基金等普及度。慈善信托是国际上非常普遍的慈善资本管理方式，参考国际经验，慈善信托允许实际捐赠人充分参与慈善信托，实现慈善捐赠的控制权及有效管理。此外，当前中国慈善信托难以直接享受所得税税前抵扣，根本原因在于信托公司作为受托人无权出具捐赠票据，该部分倡导相关立法予以完善。未来可鼓励金融机构、慈善组织和大数据处理机构开展更多创新型跨界合作，充分发挥金融机构的资管能力、慈善组织的慈善项目管理能力和大数据处理机构数据统计和分析能力，以满足客户对慈善信托保值增值、真实、透明、高效等方面的迫切需求。

有序发展互联网慈善、慈善超市等大众慈善模式，提升大众慈善参与积极性。数字经济的快速发展为慈善募捐和运营提供了全新的方式，能够更为便捷地传播慈善项目、慈善思想和慈善文化，更有利于汇集慈善资源。近年来快速发展的腾讯99公益日、水滴筹等方式受到好评，但也需要关注随之而来的监管问题。此外，从社会物资循环的角度，慈善超市等面向社会大众的慈善模式值得推荐，借鉴英国经验发展可持续、具有市场化商业模式的慈善超市，切实提升大众慈善参与积极性。

完善多层面的激励机制，提高捐赠强度和意愿

完善税收激励机制，适时探索遗产税、财产税等。如前所述，中国针对捐赠的税收抵免额相对较低，且在具体操作和执行过程中面临跨区域、跨领域等困难，极大地打击了个人慈善捐赠的热情。同时，随着最富人群的逐步增多，适时开征遗产税、财产税，既可在一定程度上减轻代际不平等，也会起到激励慈善意愿的作用，从而有助于提升社会捐赠的总体强度。

完善非货币捐赠的评估和认定机制。根据我国税法，非货币性资产捐赠的价值认定以其公允价值进行计算，但整体较为笼统且未规定明确的评估方法。此外，在税法的规定中将股权捐赠视为转让，但仍需缴纳相应税款，使得直接的货币捐赠成为当前捐赠的主流。伴随经济发展，非货币性捐赠对个人来说可能更为可行，参考美国做法，对包括股权在内的各项非货币性资产设定明确的资产评估方法，并将其评估额以及必要的捐赠费用纳入税收抵免范围。

创新慈善志愿奖励机制。除了以税收抵免为代表的经济激励，部分非经济激励也可有效激发社会的慈善热情。当前已有部分地区出台了志愿者奖励办法，如鼓励人社部门及相关企事业单位在同等条件下优先录用有良好志愿服务记录的人，鼓励教育、卫生部门落实志愿者在上学或就业过程中享受优待等。当然，在具体执行过程中，这些奖励机制需要从认证、评估等环节做好完善以减少可能带来的争议。

第四篇

经济与投资含义

第十六章

百年变局中的资产价格大势

全社会收入差距扩大或缩小如何影响资产定价及资产配置？近年来对贫富差距的关注使得越来越多的学术研究在传统"同质个体"（只考虑无差异的代表性个体）分析框架基础上引入"异质个体"（某些方面有差异的个体，比如收入或财富水平）以探讨收入分配变化对资产定价的影响。多数分析认同的结论是：在风险偏好与收入和财富水平呈现凹性变化的假设下（直观理解就是边际新增单位收入对应的风险偏好递减），收入分配和贫富差距扩大，倾向于使得无风险利率下降、风险溢价上升；而在制度内生的假设下，贫富差距扩大导致体系稳定性下降，也会推高风险溢价水平。另外，我们也在文献梳理的基础上分析了收入分配变化对企业盈利及增长、产业结构等方面的影响。

对美国、日本收入分配与资产价格的历史经验的分析也对中国走向包容增长背景下的投资富有启发。美国收入分配变化长周期历史显示，企业盈利能力（如净资产收益率）似乎并未受收入分配政策的影响；与收入差距相对大的历史区间相比，在收入差距相对小的阶段，股市平均估值相对低、波动相对小、行业估值分化相对小。中国当前面临的内外部环境与20世纪70年代日本面临的环境有一定类似性，日本当时成功通过科技创新实现产业升级，带动收入相对均衡增长进而带动消费升级的历史经验，对中国当前实现共同富裕目标的政策举措及投资趋势也有较多启示。

中国及全球力争实现更包容的增长，对全球资产价格和资产配置可能有深远影响。从投资的角度至少有如下几点值得关注。一是投资"新范式"，全球各地在效率与公平之间更加注重公平，客观上导致政策取向更加"内向"、更加注重各自版本的"ESG"导向，一方面加剧区域矛盾，另一方面在部分行业层面推动如科技反垄断、金融普惠与让利等监管导向，这些均具有直接的投资含义；二是全球低利率环境可能会逐步改变；三是更加均衡的收入分配有望降低中国发展障碍，进一步释放中国增长潜力；四是更均衡的收入增长背景下，中国大众消费市场进一步"扩容提质"；五是中国内需潜力的进一步释放，中国的内需大市场推动"工业革命"以来最大的"规模化红利"释放，中国产业升级的趋势进一步强化。另外，走向包容性增长的趋势，可能对金融、房地产及相关的领域，带来偏中长期的约束，也值得关注。[①]

---

① 本章作者：王汉锋、黄凯松、魏冬。

收入分配与包容性增长（inclusive growth）如何影响资产定价与资产配置是本章的中心话题。本章从文献梳理出发，主要探讨收入分配与资产定价的关联，尝试对收入分配的变化如何影响资产定价、不同政策体系下的收入分配及资产价格历史变动规律及经验、中国及全球实现更包容增长趋势下资产价格与配置等问题进行分析。

资产价格变动与贫富差距变动的特征事实

收入及财富分配差距的扩大或缩小是否会影响资产定价？我们观察到一个明显的现象：近40年来，全球贫富差距逐渐扩大，同时全球无风险收益率下降、风险溢价上升。

较多研究显示40多年来在全球多数主要国家出现了收入分配和贫富差距扩大的趋势。[1] 以美国为例，20世纪70年代末以来，美国的贫富差距逐步扩大，

---

[1] Piketty, T., & Saez, E,The evolution of top incomes: a historical and international perspective,2006. 李实、罗楚亮：《中国收入差距究竟有多大？——对修正样本结构偏差的尝试》，《经济研究》2011年第4期。Piketty, T, The economics of inequality, 2015. Karabarbounis, L., & Neiman, B, The global decline of the labor share, 2014. Alvaredo, F., Chancel, L., Piketty, T., Saez, E., & Zucman, G, Global inequality dynamics: New findings from WID. World, 2017. 李实、朱梦冰：《中国经济转型40年中居民收入差距的变动》，《管理世界》2018年第12期。Kuhn, M., Schularick, M., & Steins, U. I, Income and wealth inequality in america, 1949–2016, 2020.

美国财富前 1% 的人群占有全社会的财富比例持续增加（图 16-1），特定行业的超额工资水平逐渐上升。与此同时，美国中等收入群体的财富占比不断缩水，普通家庭积累相同财富所需的时间也逐渐延长，研究发现，从 1943 年到 1973 年，普通家庭大约每 23 年收入就会翻一番。但根据过去 50 年的数据推算，收入翻番所需的时间可能延长至 100 年。[①] 2020 年以来新冠肺炎疫情的冲击及政策应对，可能进一步加剧了美国不同阶层、不同行业人群间的财富分配差距。美联储网站公布的美国财富分布情况显示[②]，截至 2021 年第二季度，收入最高的 1% 美国人群总财富为 36.4 万亿美元，自 1989 年有数据统计以来，首次超过占总数 60% 的中等收入家庭的总财富（35.9 万亿美元）。

不仅美国出现了贫富差距扩大的情况，其他多数主要国家也是如此。世界不平等数据库（WID.world）中的数据显示，20 世纪 80 年代前后，美国、中国、法国和英国等主要国家的高收入群体拥有的财富占社会总财富的比例均呈上升趋势。随后，有学者[③]对 WID.world 中的数据进行了进一步的考察和修正，通过对比美国、中国、法国和英国等主要经济体的不平等动态趋势，也证实了这一趋势。

与全球收入及贫富差距在 40 多年来持续扩大相对应，从全球主要资产价格的表现来看，在全球具有代表性的美国无风险收益率及股权风险溢价也表现出了较为一致性的规律：无风险收益率逐步下降、风险溢价逐步上升（图 16-2）。仍以美国市场为例，美国 10 年期国债利率从 20 世纪 70 年代末 /20 世纪 80 年代初的最高点约 15.6%，一路逐步下行，到 2020 年全球疫情冲击最严重的时期，达到 0.5% 的历史低位。从标普 500 指数隐含的股权风险溢价（ERP）来看，20 世纪 70 年代末至今，股权风险溢价表现为逐步抬升的趋势（图 16-2）。除了美国之外，日本、德国、法国等主要国家的资产价格也表现出了上述特征。

上述观察对比引发我们思考：40 多年来全球收入与贫富差距的扩大，与无风险收益率的下降及股权风险溢价的上升，只是相伴发生，还是彼此有关联，这

[①] http://usa.people.com.cn/n1/2021/1019/c241376-32257644.html.

[②] https://www.federalreserve.gov/releases/z1/dataviz/dfa/distribute/table/#quarter:129;series:Net%20worth;demographic:income;population:all;units:levels.

[③] Alvaredo, F., Chancel, L., Piketty, T., Saez, E., & Zucman, G, Global inequality dynamics: New findings from WID. world, 2017.

中间存在哪些影响机制？收入分配和贫富差距的变化如何影响资产定价？

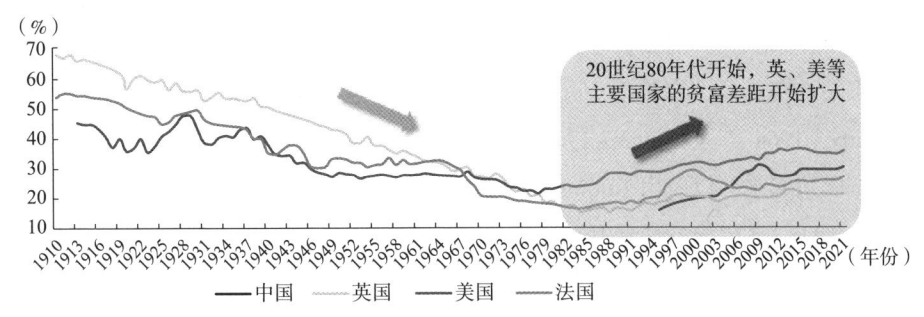

图 16-1　中国、美国、英国、法国财富前 1% 的人群占有全社会的财富比例持续增加

资料来源：Datastream，中金公司研究部。

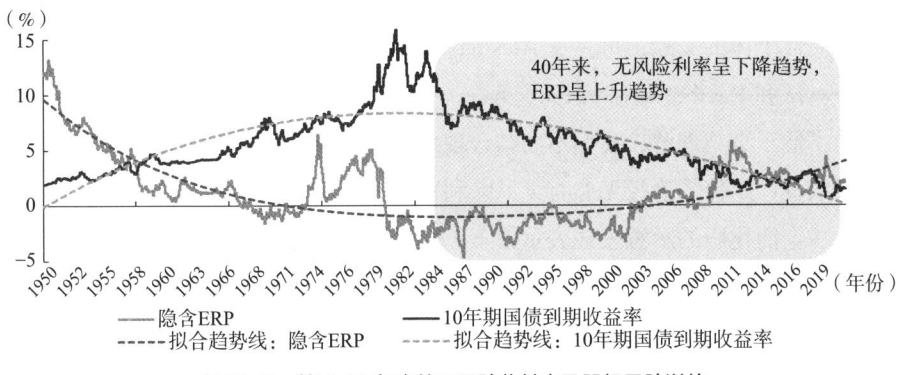

图 16-2　美国 40 年来的无风险收益率及股权风险溢价

资料来源：Datastream，中金公司研究部。

收入分配与财富分布变化如何影响资产定价

在探讨收入分配变化对于资产定价的影响前，我们先来看看资产定价的基本理论及收入分配对资产定价影响的潜在途径。总的来讲，传统的资产定价理论大致可以分为两类。第一类：利用均衡市场的无套利条件得到一般结论。其中的经典文献包括：Markowitz最优投资组合理论[1]，即以资产回报率的均值和方差作为

---

[1] Markowitz, H, The utility of wealth, 1952.

第十六章　百年变局中的资产价格大势

453

选择对象，不考虑个体效用函数；无套利定价理论（APT），Cox 和 Ross（1976）[1]假定当投资者具有在不增加风险的前提下提高回报率的机会时，每个人都会利用这个机会。第二类：对投资者的偏好做出特殊假定，从而通过资产产生的现金流贴现来估计资产的内在价值。其中影响力较大的为资本资产定价理论（CAPM），由 Sharpe（1964）[2]及 Lintner（1965）[3]提出，把证券超额回报率与市场证券组合的回报率联系起来；以及由 Rubinstein（1976）[4]、Breeden 和 Litzenberger（1978）[5]、Lucas（1978）[6]提出的消费基础的资产定价理论（CCAPM），通过对效用函数形式或消费和资产的超额回报的联合分布做出假设简化基本定价方程，使得风险资产的回报与消费水平相关。然而，以上资产定价理论中讨论的是代表性个体，即同质类个体。要考虑收入及财富不平等因素的影响，需要在理论模型中引入异质性个体，目前学术界的研究核心设定即基于此。对于宏观经济及金融分析中引入异质性个体的文献，可参见 Alesina 和 Rodrik（1994）[7]、Guvenen（2009）[8]、Markiewicz 和 Raciborski（2021）[9]等。

为了便于直观理解，我们不妨结合现金流贴现模型，简单来看，收入与财富分配影响资产定价的途径无非有无风险利率、风险溢价、企业盈利和经济增长等渠道，一个简化版的示意公式表示如下：

$$P（资产价格）=\frac{D（企业盈利及ROE）}{r（无风险利率及股权风险溢价）-g（企业盈利及经济均衡增长）}$$

我们可以通过考察每个渠道上收入分配或财富不平等产生的作用，对"收入分配变化影响资产定价"这一议题进行讨论。本节以下内容，主要围绕收入分配

---

[1] Cox, J. C., & Ross, S. A, The valuation of options for alternative stochastic processes, 1976.

[2] Sharpe, W. F, Capital asset prices: A theory of market equilibrium under conditions of risk, 1964.

[3] Lintner, J, Security prices, risk, and maximal gains from diversification, 1965.

[4] Rubinstein, M, The valuation of uncertain income streams and the pricing of options, 1976.

[5] Breeden, D. T., & Litzenberger, R. H, Prices of state-contingent claims implicit in option prices, 1978.

[6] Lucas Jr, R.E., Asset prices in an exchange economy, 1978.

[7] Alesina, A., & Rodrik, D, Distributive politics and economic growth, 1994.

[8] Guvenen, F, A parsimonious macroeconomic model for asset pricing, 2009.

[9] Markiewicz, A., & Raciborski, R, Income inequality and stock market returns, 2021.

与资产定价的关系，分别对收入分配与无风险利率及风险溢价、企业盈利及资本回报、增长及产业结构的关系进行分析。

收入分配对无风险利率及风险溢价的影响

收入及财富分配对无风险利率的影响

收入分配如何影响无风险利率？直观上看，一个人财富或者收入越多，储蓄越高。也就是说，储蓄率随着财富水平的上升而上升。[1]因此在一个财富总量给定的经济体内，收入或财富分布越不均衡，储蓄将越高，对应的利率水平会越低。这样来看，收入和财富分配差距扩大，倾向于降低无风险利率。

理论研究分析大多支持这一直观结论。研究收入分配与无风险利率关系的理论文献中引用较多的是2001年Gollier的研究。[2]他在阿罗-德布鲁交换经济模型中，基于一定的假设，推导了财富不平等对无风险利率的影响，表明如果代表性消费者的绝对风险厌恶系数倒数与财富水平关系是凹性的（直观的含义是，财富的边际上升带来的风险偏好是下降的），则财富不平等会降低均衡无风险利率。这之后，随着研究的进一步深入，很多文献开始在异质性模型中讨论这一问题，如Aladangady等人（2021）[3]基于包含异质性消费者的跨期迭代的Bewley-Huggett-Aiyagari（BHA）框架，对收入不平等与无风险利率的关系进行了研究并得到类似的结论，即随着家庭劳动收入和储蓄收入不平等程度上升，无风险实际利率下降，风险资产回报率呈上升趋势，无风险实际利率与资本回报率之间的差距扩大。无风险利率的下降幅度取决于收入两极分化的来源，当收入的不平等来源于风险资产回报时，无风险利率下降的幅度相较于劳动收入导致的收入不平等更大。总体而言，收入不平等对于无风险利率的影响不仅取决于收入和财富异质性的程度，还取决于家庭通过其投资组合决策管理风险的能力。

经济含义上来说，当家庭间收入的异质性增强、贫富差距扩大，家庭出于预

---

[1] Dynan, K. E., Skinner, J., & Zeldes, S. P, Do the rich save more? 2004.
[2] Gollier, C, Wealth inequality and asset pricing, 2001.
[3] Aladangady, A., Gagnon, E., Johannsen, B. K., & Peterman, W, Macroeconomic Implications of Inequality and Income Risk, 2021.

防动机倾向于购买无风险的资产以应对未来收入的进一步变化，对于无风险资产购买需求的上升，导致了无风险利率下降，并导致家庭承担风险补偿所需的风险溢价增加。从经验数据上看（图 16-3），如前文所述，最近 40 年美国也表现出了贫富差距上升，但无风险利率走低的特征，这可能也证明了上述理论研究的合理性。不平等的加剧可能是导致观察到的有风险和无风险利率之间差异扩大的原因。

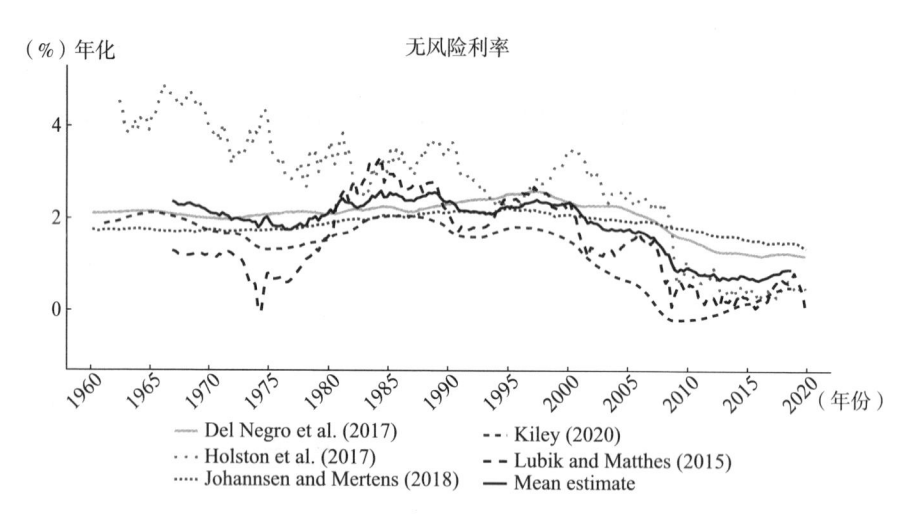

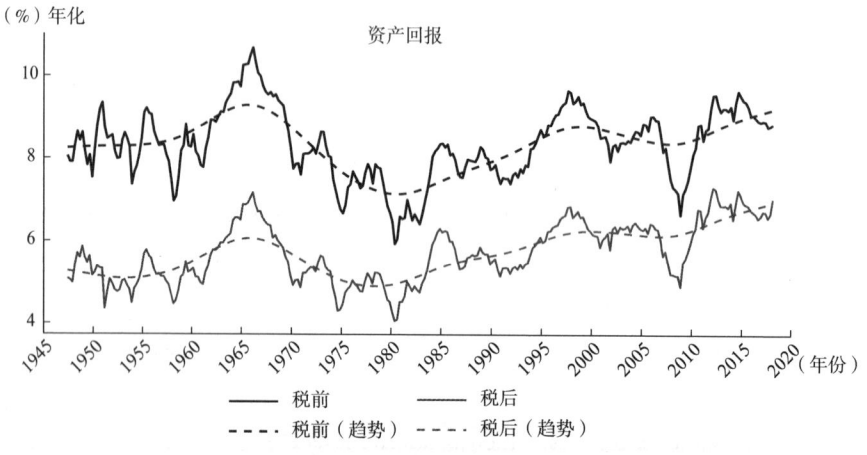

图 16-3　不同文献对于无风险利率/风险资产回报的模拟

资料来源：Aladangady, A., Gagnon, E., Johannsen, B. K., & Peterman, W, Macroeconomic Implications of Inequality and Income Risk, 2021，中金公司研究部。

收入及财富分配对风险溢价的影响

收入及财富分配如何影响风险溢价，直观上看，如果单个个体风险偏好的上升幅度随财富的增长边际递减，即给予越富有的个体数量越高的初始财富，他愿意承担的额外风险越少，财富不平等的上升将推高风险溢价。

学术研究中大多数分析也支持上述的结论。Gollier（2001）[1]认为财富不平等对股权溢价的影响取决于个体绝对风险厌恶系数的性质，当且仅当绝对风险厌恶系数的倒数对财富具有凹性时（直观的含义是，财富的边际上升带来的风险偏好是递减的），财富不平等加剧会提高股权溢价。这与现实中观察到的人们的风险偏好一致，富有的个体更愿意承担风险，贫困的个体更厌恶风险。如果个体风险偏好的上升随财富的增长边际递减，即给予越富有的个体数量越高的初始财富，他愿意承担的额外风险越少，这时财富不平等的上升将推高风险溢价，结论与美国20世纪70年代末以来财富不平等的加剧，即财富前1%人群所拥有的财富占社会财富比例由21%上升至35%，以及股权风险溢价上升趋势相吻合。实证研究中对收入不平等的描述性统计显示，收入不平等的加剧伴随着资本收入份额的增加。Karabarbounis和Neiman（2014）[2]的研究显示自20世纪80年代初以来，包括美国在内的绝大多数国家的劳动力占收入的比例显著下降。Markiewicz和Raciborski（2022）[3]研究发现股权溢价的变动可能取决于收入不平等的来源：一方面，资本所有者劳动收入份额的增加会降低股权溢价，因为对于股东而言劳动收入是无风险的，劳动收入份额的增加构成了对消费风险方面股市波动的对冲；另一方面，资本的收入份额增加通常与更高的股权溢价相一致，即来自资本的收入份额越高，股东就越容易面临额外的消费风险。因此，收入不平等加剧对于股权风险取决于股东劳动收入份额与资本收入份额的相对变动。当劳动收入增长快于资本收入则风险溢价下降；资本收入增长快于劳动收入则风险溢价上升。还有

---

[1] Gollier, C. Wealth inequality and asset pricing, 2001.

[2] Karabarbounis, L., & Neiman, B, The global decline of the labor share, 2014.

[3] Markiewicz, A., & Raciborski, R, Income inequality and stock market returns, 2022.

一部分文献[1]认为收入分配也会影响体系的稳定性，总体在假设制度内生的情况下，认为收入不平等的程度越高，社会不稳定性风险越高，对应的风险溢价补偿也越高。

收入分配对企业盈利及资本回报的影响

当我们讨论收入分配改变对企业盈利及资本回报的影响时，初始条件及潜在的政策组合较为重要。在不同条件下促进包容性增长有不同的潜在最优政策组合，同时这些不同的政策组合对企业盈利及资本回报也会有不同的影响。因此，我们有必要结合初始条件（生产阶段及政策针对的群体）及潜在的政策组合，来讨论收入分配改变对企业盈利和资本回报的影响。

促进包容性增长的政策矩阵

我们以 Rodrik 和 Stantcheva（2021）[2] 实现包容性增长的 3×3 政策矩阵框架为出发点进行分析：从政策干预发生的经济阶段和涉及人群的收入分布两个角度，将实现包容性增长的政策进行 3（生产前、中、后）×3（低收入群体、中等收入群体、高收入群体）的矩阵划分（图 16-4）。为实现包容性增长，针对不同收入群体、不同生产阶段，存在不同政策，这些政策对企业盈利和资本回报产生的影响可能略有不同。

包容性增长政策矩阵行——政策涉及人群的收入分布。按照收入可将人群划分为底层贫困人群、中产阶级以及高收入人群，针对三类人群的收入分配调节政策侧重点有所差异，整体思路是提升低收入人群、夯实社会中等收入群体。

包容性增长政策矩阵列——干预发生的经济阶段。Hacker（2011）[3] 将干预的经济阶段划分为"预分配"和"再分配"，其中"再分配"是事后政策，即收入

---

[1] Persson, T., & Tabellini, G, ls lnequality Harmful for Growth, 1994. Alesina, A., & Perotti, R, Income distribution, political instability, and investment, 1996. Alesina, A., & Rodrik, D, Distributive politics and economic growth, 1994.

[2] Rodrik, D., & Stantcheva, S, A Policy Matrix for Inclusive Prosperity（No. w28736），2021.

[3] Hacker, Jacob S., The Institutional Foundations of Middle-Class Democracy, 2011.

和财富实现后的转移（例如再分配转移、累进税和社会保险）。"预分配"政策是直接影响市场运作和产生结果的政策。Rodrik 和 Stantcheva（2021）对预分配阶段进一步划分：预生产阶段和生产阶段。生产前政策决定了人们给市场带来的禀赋，如教育和技能、金融资本、社会网络和社会资本。生产阶段政策是直接影响企业就业、投资和创新决策的政策。

	预生产阶段	生产阶段	再分配阶段
高收入群体	遗产税 赠与税 房产税	企业研发税收减免 反垄断政策	高收入税 财富税 公司税
中等收入群体	高等教育 成人培训	产业政策 在职培训 贸易政策 劳动工会	失业保险 养老金
低收入群体	基础教育 职业教育	最低工资政策 学徒制 在职福利	社会福利 最低收入保障 税收减免

政策针对的目标人群 / 政策干预的经济阶段

影响企业盈利的政策矩阵

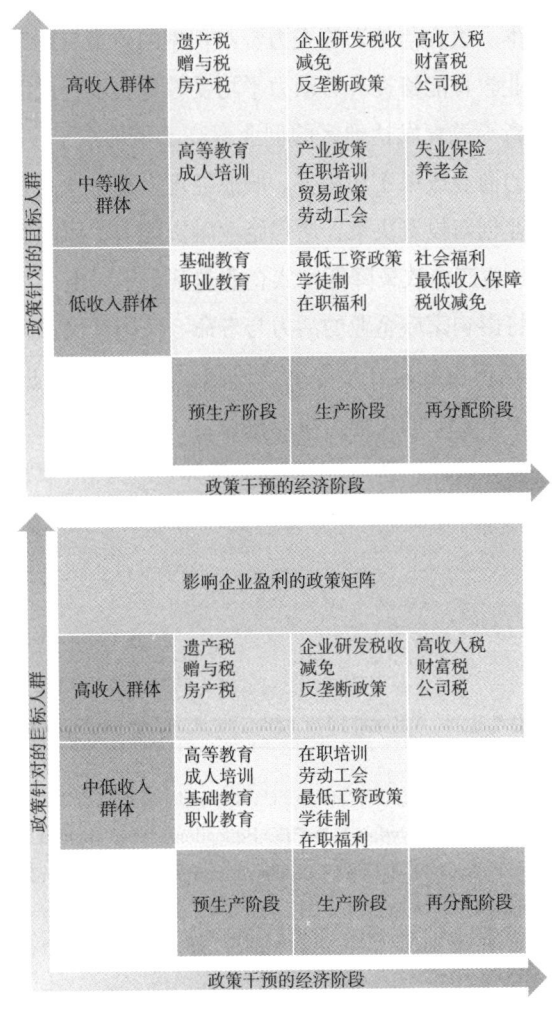

	预生产阶段	生产阶段	再分配阶段
高收入群体	遗产税 赠与税 房产税	企业研发税收减免 反垄断政策	高收入税 财富税 公司税
中低收入群体	高等教育 成人培训 基础教育 职业教育	在职培训 劳动工会 最低工资政策 学徒制 在职福利	

图 16-4 包容性增长和影响企业盈利的政策矩阵

资料来源：Rodrik, D., & Stantcheva, S, A Policy Matrix for Inclusive Prosperity, 2021，中金公司研究部。

包容性增长政策如何影响企业盈利

下面结合上述政策矩阵，在不同政策组合下分析包容性增长对企业盈利的影响。

预生产阶段：教育和培训、遗产税及房产税

预生产阶段政策决定了人们给市场带来的禀赋，如教育和技能、金融资本、社会网络和社会资本。教育与培训等人力资本积累的政策有助于提升企业盈利能力。发展基础与职业教育能够提升劳动力平均受教育程度，进而提升企业生产效率和盈利水平。[1] 高等教育发达地区的创业率高于平均水平；对于企业家而言，其教育水平与积极的商业成果密切相关。职业经理人和企业高管良好的高等教育背景将通过推动企业创新投资决策，增强企业融资能力、风险管理能力等渠道提升企业盈利水平。[2] 遗产税政策降低家族企业盈利水平，但可能对促进行业创新有利。遗产税政策将影响家族企业的活力与寿命。法国《民法典》限制了遗嘱自由，并强制要求对遗产份额遵守平等继承原则，实施高额累进遗产税制度。在这种继承环境下，家族企业的生命力难以维持。[3] 实证研究显示家族企业更少进行研发创新，尤其是突破性创新。[4] Dieleman（2019）[5] 提出家族企业创新的"能力—意愿悖论"，即家族企业相对而言更有能力进行创新投入但缺乏创新求变的意愿。

---

[1] Doms, M., Lewis, E., & Robb, A, Local labor force education, new business characteristics, and firm performance, 2010.

[2] Harymawan, I., Nasih, M., Agustia, D., Ratri, M. C., & Nowland, J, CEO & CFO education and R&D investment in Indonesia, 2020. Davydov, Y, Is CEO Education Linked With Risk Management Ability? 2014. Zhou, M., Chen, F., & Chen, Z, Can CEO education promote environmental innovation: Evidence from Chinese enterprises, 2021.

[3] Carney, M., Gedajlovic, E., & Strike, V. M, Dead Money: Inheritance Law and the Longevity of Family Firms, 2014.

[4] Hu, Q., & Hughes, M, Radical innovation in family firms: a systematic analysis and research agenda, 2020.

[5] Dieleman, M, Reaping what you sow: The family firm innovation trajectory, 2019.

生产阶段：市场竞争、实物投资以及研发和创新政策

生产阶段政策影响下企业的就业、投资和创新决策将直接影响企业盈利。从短期看，最低工资政策可能降低企业盈利水平；但从长期而言，最低工资政策将提升企业盈利能力。具体地，短期来看，最低工资政策可能阻碍企业盈利[1]，但最低工资政策对于鼓励创造良好的就业机会至关重要，长期将提高企业的生产力。将最低工资定在适中的水平，可以促使企业投资于工人和新技术，并创造高薪工作。[2] 更高的工资也可能带动更多旨在部分替代劳动力的创新，从而提高整个经济的生产力。[3] 反垄断政策对于企业盈利的方向不确定。反垄断政策将提高新进入者的利润，但有损于在位者的利润，对于持续创新行业而言，保护新进入者的反垄断政策将提升整体创新效率。[4] 研发创新政策将提升企业盈利能力。鼓励研发创新的政策将提高研发创新投资的期望收益，从而通过研发投入的增加提升企业生产效率及企业的盈利水平。[5]

再分配阶段：累进收入税制及财产税

累进收入税制将通过影响企业家激励间接影响企业盈利水平。在公司—CEO匹配模型的均衡中，更有才华的CEO与大公司相匹配，并为公司做出更多的努力。对CEO收入征税将影响其有效劳动力的均衡定价，并溢出影响公司利润。[6] 当创新是经济增长的最终来源时，会限制收入最大化和福利最大化的最高税率。将创新作为经济增长的驱动力会大大降低最佳的高收入边际税率。[7]

综上，当我们讨论收入分配改变对企业盈利及资本回报的影响时，初始条件及潜在的政策组合较为重要。为实现包容性增长，针对不同收入的群体、不同生

---

[1] Draca, M., Machin, S., & Van Reenen, J, Minimum wages and firm profitability, 2011. Ni, B., & Kurita, K, The minimum wage, exports, and firm performance: Evidence from Indonesia, 2020.

[2] Kalleberg, A. L, Good jobs, bad jobs, 2011.

[3] Acemoglu, D., & Restrepo, P, The race between man and machine: Implications of technology for growth, factor shares, and employment, 2018.

[4] Besley, T., Fontana, N., & Limodio, N, Antitrust Policies and Profitability in Nontradable Sectors, 2021.

[5] Petti, C., & Zhang, S, Factors influencing technological entrepreneurship in Chinese firms: evidence from Guangdong, 2014.

[6] Ales, L., & Sleet, C, Taxing top CEO incomes, 2016.

[7] Jones, C. I, Taxing top incomes in a world of ideas, 2019.

产阶段存在不同潜在最优的政策组合，这些政策对企业盈利和资本回报产生的影响也不同。预生产阶段，教育与培训等人力资本积累的政策有助于提升企业盈利能力；遗产税政策会降低家族企业盈利水平，但可能对促进行业创新有利。生产阶段，最低工资政策对企业盈利的影响随时间而发生改变，反垄断政策对于企业盈利的方向不确定，研发创新政策则会提升企业盈利能力。再分配阶段，累进收入税制将通过影响企业家激励间接影响企业盈利水平。

收入分配对增长的影响

理论影响及路径

收入分配与经济增长都是经济学领域的重要研究主题。广义来讲，收入分配对资产价格的影响渠道主要包括宏观和企业的增长两个维度。本节主要分析收入分配与宏观经济增长的关系，作为对前文相关探讨的简要补充。从主流研究来看，不平等对于经济增长的影响还未有定论。研究表明，基于库兹涅茨（1955）[1]倒U形关系假说（即库兹涅茨曲线），收入分配与经济增长也存在相似的关系——在收入水平较低时，经济增长与收入分配差距扩大相伴随；当收入水平达到一定程度后，经济增长与收入不平等反向变动。Alesina和Rodrik（1994）[2]通过政治经济学机制（引入了选举），将不平等与经济增长相联系，在内生增长模型中，证明了库兹涅茨曲线的后半段。Li和Zou（1998）[3]通过将政府公共支出放入效用函数中，同样在Barro的内生增长模型中，做出库兹涅茨曲线的前半段。

影响渠道上，主要如下。一是储蓄—投资渠道。由于富人的储蓄率比其他阶层高，储蓄和投资主要来源于富裕阶层，因此收入分配不平等有助于提高储蓄和投资率，从而促进经济增长。[4]新经济增长理论下的影响路径。20世纪80年代

---

[1] Kuznets, S, Economic growth and income inequality, 1955.
[2] Alesina, A., & Rodrik, D, Distributive politics and economic growth, 1994.
[3] Li, H., & Zou, H. F, Income inequality is not harmful for growth: theory and evidence, 1998.
[4] Lewis, W. A, Economic development with unlimited supplies of labour, 1954. Kaldor, N, A model of economic growth, 1957. Pasinetti, L. L, Rate of profit and income distribution in relation to the rate of economic growth, 1962.

后期，新经济增长理论的崛起拓宽了收入分配影响经济增长的渠道，其中主要有两种理论影响较为深远，且均认为收入分配差距的降低将促进经济增长——"大推动"（big push）理论和政治经济不稳定机制，前者即 Murphy 等人（1989）[1]提出的收入分配通过市场规模影响经济增长的机制，他们认为工业化要求充分大的国内市场，以使规模收益递增的技术获得盈利性，而收入分配不平等、财富过于集中可能会限制市场规模从而妨碍经济增长，后者即认为收入分配不平等可能引发社会冲突，导致产权保护薄弱，从而妨碍经济增长。[2] 二是政府财政支出和税收渠道。在当代收入分配文献中，对于影响渠道讨论得比较充分的是内生财政政策理论[3]，该理论研究收入分配通过政府财政支出和税收渠道对经济增长的影响。

中国的探讨：收入分配与增长，兼顾效率与公平

结合中国的实际，我们推测中国到了需要平衡收入分配与经济增长、兼顾效率与公平的阶段。新中国成立初期，我国经济总量和增速均处较低水平；1978年改革开放，在"先富带动后富"的模式下，我国的经济发展取得了举世瞩目的成就，截至 2017 年底改革开放 40 年时，我国国内实际 GDP 相较 1978 年时增长了 33.5 倍，年均增长 9.5%，远高于同期世界经济 2.9% 左右的年均增速。[4] 可以说，"先富带动后富"的模式确实为一部分人创造了机会。那么，中国的经济增长与收入分配的关系是否就是线性关系呢？收入分配差距越大，经济增长越快吗？答案可能不尽如此。程文和张建华（2018）[5]构建了一个创新不确定环境下企业产品创新的理论模型，设置了不平等程度较高和较低两种类型下的经济增长模式（贫富分化增长、包容性增长），通过模型推导和数值模拟发现，当经济发展水平较低时，收入差距的扩大并不会抑制自主创新与经济增长；但当经济发展水平较高后，如果收入差距未能随着收入水平的提高而不断缩小，则社会自主创

---

[1] Murphy, K. M., Shleifer, A., & Vishny, R. W, Industrialization and the big push, 1989.
[2] Alesina, A., & Perotti, R, Income distribution, political instability, and investment, 1996.
[3] Perotti, R, Political equilibrium, income distribution, and growth, 1993.
[4] http://www.gov.cn/shuju/2018-08/27/content_5316994.htm.
[5] 程文、张建华：《收入水平，收入差距与自主创新——兼论"中等收入陷阱"的形成与跨越》，《经济研究》2018 年第 4 期。

新将会受到抑制，经济增长也将陷入停滞。这一微观机制解释了许多贫富分化严重的、达到中等收入水平但后续无法顺利转型为创新驱动的增长模式的后发国家落入"中等收入陷阱"的原因。这样看来，中国的收入分配和经济增长可能呈现的关系，至少局部类似前文所述库兹涅茨曲线的倒 U 形。

中国当前的发展阶段，是否在"局部"接近或者过了库兹涅茨的倒 U 形曲线拐点，有待实证分析考证。但从直观上看，机制不完善带来的不公平（如户籍差异、所有制差异、寻租行为等）、高企的房价、社会保障体系的不完善、部分垄断问题以及教育的不平等等，或许是制约中国持续平稳发展的关键问题。中国提出"共同富裕"的目标，为解决这些问题、实现可持续平稳的高质量发展创造了契机。

收入分配对产业结构的影响

理论研究：平衡增长路径下的经济结构变迁理论

从经验数据看，在走向包容性增长时，即使经济增长率保持正向变动，包容性增长对于不同产业的影响可能不同，构成总体经济的各个部分不可能以同一速度增长，则必然导致经济内部的结构变化，即产业结构的变迁或转型。[①] 研究经济结构变迁也是现代经济增长理论的核心关注点之一，但是早期经济增长理论并未将产业结构变化纳入讨论，2000 年之后新一轮的经济结构变迁理论研究兴起，对库兹涅茨事实和卡尔多事实提供了较为完美的解释，逐渐在经济结构变迁研究中占据主导。平衡增长路径下的经济结构变迁理论解释收入分配变化影响产业结构的机制主要如下。

需求侧：偏好驱动的收入效应机制。该理论机制主要从需求侧因素来解释经济结构变化的内在机理。这种理论认为，消费者对不同产品的需求收入弹性不同，随着收入的提高，对高级产品的需求会提高得更快（因其需求收入弹性大于 1），从而导致要素投入和消费支出向生产这类产品的部门流动。同样，当收入结构发生变化时，在特定偏好（或效用函数）的设定下，也可以推导产业结构的变迁。

---

① 王弟海、李夏伟、龚六堂：《经济增长与结构变迁研究进展》，2021 年。

供给侧：技术驱动的价格效用机制。这类机制在文献中被称为"技术驱动型"结构变迁理论。只要不同产品间的需求替代弹性不等于1，则相对价格变化就会导致消费支出结构的变化，并由此引起产业结构变化。导致价格变化的部门技术差异可以有三种类型：生产力增长率的不同（技术进步）、要素密集度（资本—劳动比）的不同和要素替代弹性的不同。

收入分配影响中国产业结构变迁的路径推测

现代经济结构变迁理论和实证研究均证明，中国的产业结构正在发生改变。总体看，近20年，伴随着居民收入水平的提高，为应对需求端的变化，加之政策层面的支持，服务业逐渐成为发展的新引擎，以互联网等为代表的中国服务业在近年快速发展和扩张，第三产业对GDP的贡献超过第一、二产业之和。从上市公司板块市值的变动也可以看到中国产业变迁升级的痕迹，截至2021年底，信息技术、医疗保健、日常消费、可选消费、电信业务等"新经济"板块总市值约54.5万亿元，占全部中国股票（含A股、港股及中概股）的比重超过50%（基于万得资讯数据统计）。

影响产业结构变化的因素复杂且多样，从收入分配变动的角度讲，中国居民需求结构随着收入结构的变动而变迁，进而推动消费升级和产业升级。因此，一个合理且自然的影响路径猜测即为"收入差距变动→需求结构变动→市场规模变动→产业结构变动"，也就是说，由于不同收入人群的偏好不同，收入差距的缩小，将带来社会需求结构的变动，从而引发行业规模变动，逐渐积累为产业结构的变迁。在上述假设下，我们简单地用两个模型来呈现收入分配影响的产业结构变迁过程。

局部均衡模型：假定收入结构外生变动

在两部门（家户、厂商）模型中，假定消费者拥有非位似偏好，即效用函数为Stone–Geary形式的效用函数[①]；为简单观察不同收入结构下居民消费的变

[①] 效用函数设定为 $U = \prod_i^n (C_i - \overline{C_i})^{a_i}$，其中，$\sum a_i = 1$, $i = 1, 2\cdots$ 表示不同的消费品种类，$\overline{C_i}$ 为外生设定的一组常数，用以区分不同需求收入弹性的消费品。类似的设定可参考徐朝阳、张斌（2020）的文章。

化，假定劳动力市场外生给定。两个合理且关键的假设为：低收入人群对于低端产品的需求较大，高收入人群对于高端产品需求较大，即服务的需求收入弹性大于 1；当收入增长到一定水平后，高端产品的需求增长变缓。简单来讲，我们假设随着个人收入的增加，起初对于高端产品的需求是逐渐上升且增速较快的，但当人的财富积累或收入水平达到一定程度后，人们对于高端产品的消费需求的增速放缓，即当人特别富裕时，随着收入的进一步提高，对于高端产品的需求减缓或放平。那么，在需求端，当收入分配差距缩小时，低收入人群相对高收入人群获得更多的收入，低收入人群对于高端产品的需求特征占据主导，社会对于高端产品的需求快速上升；当收入分配差距扩大时，高收入人群相对获得社会更多财富，从而使总体呈现高收入群体的需求特征，即对于高端产品的需求减缓或放平。在供给端，由于我们假设要素市场外生给定，因此总体产能固定，此时，厂商将根据需求来进行分配，当收入分配差距缩小时，社会高端产品总体需求上升，厂商将多分配部分产能到高端产品上，高端产业的产出提升，最终实现消费升级和产业结构的变迁。

一般均衡模型：产业结构的数值模拟

为了直观地分析在包容性增长目标下产业结构的潜在变迁，我们借助了标准的 CGE 模型，模拟冲击下的行业波动或未来产业结构的变迁。虽然理想假设下的模型结果可能与实际情境有偏差，但仍可能提供一定参考。下面，我们简要说明模型设定和结论。

在一个标准的开放经济的动态 CGE 模型中[①]，根据前文叙述，我们不妨简单假设相对基准情形包容性增长的情形是指对资本征税从而使劳动收入占比较快提升，由前文可知，此时正快速走向包容性增长。通过合理校准资本折旧、全要素生产率等关键参数，我们得到图 16-5 中未来产业结构的变迁模拟，可以看到，随着收入分配更加均衡，其他服务业、设备制造业占比趋势提升，可能也从数据模拟层面验证了我们前述的逻辑，即低收入人群收入增加主导的需求升级，进而演变为消费升级和高端制造业升级。

[①] 张欣：《可计算一般均衡模型的基本原理与编程》，格致出版社，2017 年。

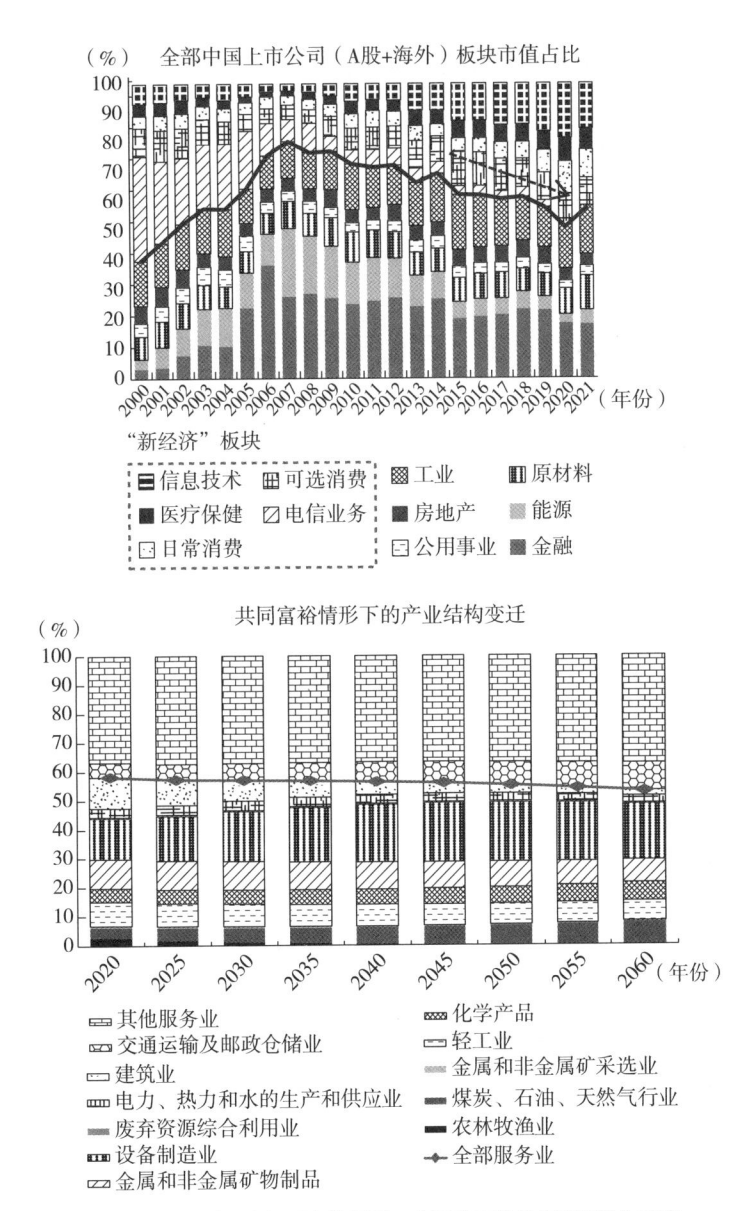

图16-5 理论和实证研究均证明，中国的产业结构正在发生改变

资料来源：万得资讯，中金公司研究部。

注：上图仅代表完美模型中的产出结果，其依赖于TFP和相关参数的假定，并不能作为未来产业结构实际变化的真实依据，仅供参考。

第十六章 百年变局中的资产价格大势

收入分配与资产价格表现的经验分析

我们将在前文理论分析的基础上，进一步结合代表性经济体美国、日本等的经验，分析其历史上不同阶段收入分配变化与资产价格表现的联系，来看未来对全球及中国走向更包容增长大背景下的投资启示。

美国经验分析：低利率改变、金融资产估值波动下降及估值收敛

美国在长周期历史中，经历明显的收入差距先缩小后扩大的过程的分界点在 1980 年前后，经济增长和资产价格的前后表现呈现不同的特征（图 16-6）。有几点观察比较突出。

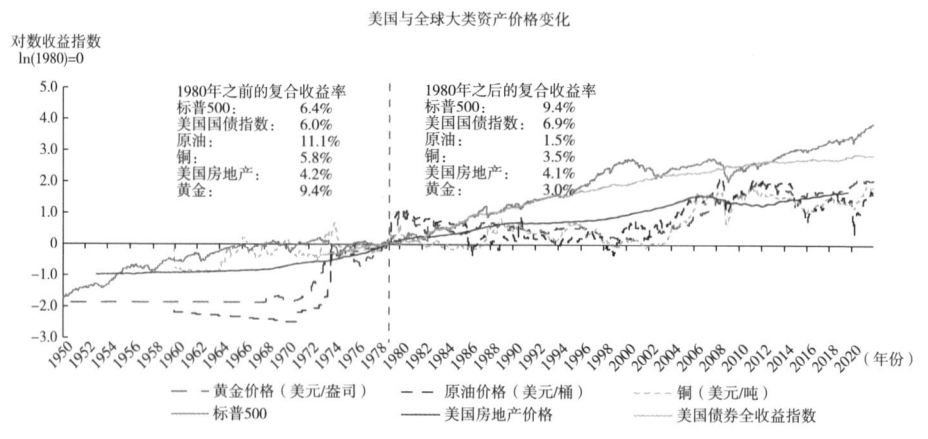

美国与全球大类资产价格变化

	1980年之前的复合收益率	1980年之后的复合收益率
标普500：	6.4%	9.4%
美国国债指数：	6.0%	6.9%
原油：	11.1%	1.5%
铜：	5.8%	3.5%
美国房地产：	4.2%	4.1%
黄金：	9.4%	3.0%

—— 黄金价格（美元/盎司）　-- - 原油价格（美元/桶）　---- 铜（美元/吨）
—— 标普500　　　　　　　—— 美国房地产价格　　　—— 美国债券全收益指数

图 16-6　1980 年前后美国和全球大类资产表现特征差异明显

资料来源：万得资讯，彭博资讯，中金公司研究部。

第一，收入分配的变化似乎并未系统影响美国企业的盈利能力（以 ROE 为指标）。

第二，收入分配差距变化对整体估值水平及波动特征的影响较为明显。1980 年之前美国收入差距缩小的阶段，经济增长波动明显较大，每一轮从复苏到衰退的经济周期所间隔时间相对较短，频繁出现经济增速的波峰和波谷；与此同时，资产价格估值波动反而相对较小，无风险利率虽然震荡走高，但 1950—1980 年

波动的标准差约为2.1%，标普500指数市盈率估值中枢较低且波动区间也相对较小。而1980年后美国收入差距拉大的阶段，美国经济增长中枢下滑，且增速波动相对较小，每轮复苏持续时间更长且衰退间隔的时间更久；但同时美国资产价格的波动性明显加大，无风险利率震荡走低的过程中波动的标准差提升至3.3%，并且市场估值中枢提升且波动性加大。这种前后对比背后的经济金融学逻辑可能还有待进一步思考。

第三，收入分配差距变化对行业估值水平及分化特征的影响也较为明显。在美国收入差距扩大的阶段，美股行业层面也呈现行业估值波动和分化加大。1980年以来，与美股整体市场类似，美股主要行业呈现为估值中枢提升和估值波动加大的特征，并且不同行业的估值分化也呈现明显扩张的特征，尤其是下游消费、科技与周期中上游行业的分化。同时，各行业的基本面和表现在1980年后的分化也加大，中长期美股ROE中枢相对稳定，但是1980年后下游行业ROE整体高于中上游周期性行业，在股价表现也呈现为由均衡走向分化，下游行业明显跑赢中上游周期性行业。

第四，全球大类资产表现在1980年前后也有明显差异。1980年美国贫富差距缩小期间的美国和全球大类资产表现特征为：商品、黄金＞股票、债券＞房地产。而1980年以后的阶段则金融资产整体跑赢实物资产，呈现为股票＞债券＞房地产＞商品、黄金，股票成为该阶段表现最好的资产。

美国在1980年前后的资产价格特征可能与贫富差距的变化有相互作用的效果。1980年以后美国收入和财富差距拉大的过程，除了可能导致经济中的不同结构部分分化加大，并且由于社会的储蓄率有上升倾向，也在一定程度上起到压低利率水平的作用；在利率走低的环境下投资者持有资产的久期可能更长，从而资产价格波动加大。而且利率走低也使市场更愿意为成长支付溢价，成长性较好的下游行业享受更多的估值溢价，2010年以来全球股票市场成长风格整体跑赢价值风格正是发生在长期的偏低利率环境之下（图16-7）。同时，金融资产上涨并跑赢实物资产的过程中，一般相对富裕群体的金融资产配置较高，这在整体上也促进了居民财富差距拉大。反之，1980年之前，上述过程整体呈现反向变化的特征。未来在走向包容性增长的目标约束下，结合美国的经验，我们在投资中可能需要开始思考低利率环境发生改变以及金融资产估值波动下降及估值收敛可能的含义。

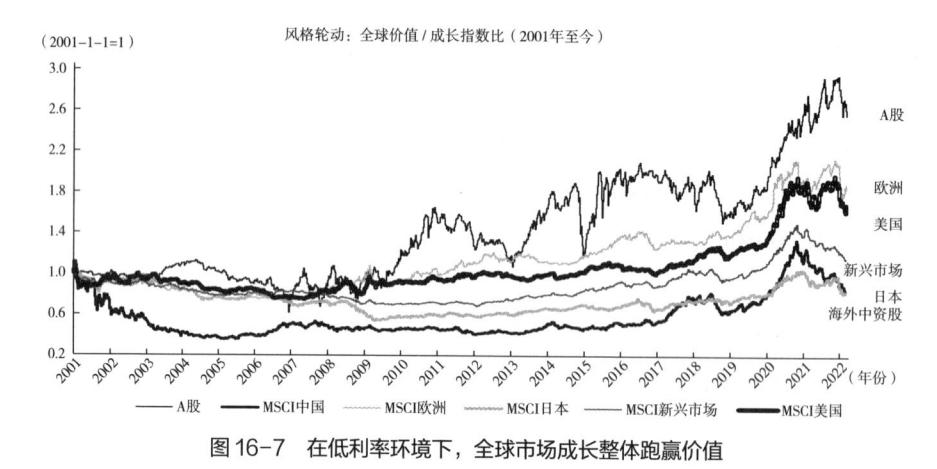

风格轮动：全球价值/成长指数比（2001年至今）

图 16-7　在低利率环境下，全球市场成长整体跑赢价值

资料来源：彭博资讯、FactSet、中金公司研究部。

日本经验分析：内外部挑战下的经济转型、结构升级下的包容式增长

在内外部挑战下，日本在 20 世纪 70 年代经济转型、结构升级，逐步实现长时期的包容式增长。从人均 GDP、社会主要矛盾、产业结构及变化特征、居民消费及结构等方面特征来看，中国当前所处发展阶段与日本 20 世纪 70 年代有较多相似之处。日本虽然在 20 世纪 70 年代受能源危机、人口结构变化、日美贸易摩擦、经济结构转型等因素综合影响，但 20 世纪 70 年代初至 1990 年日本经济增长下台阶后 GDP 增速仍维持在 4% 左右的增长中枢，社会收入差距长期保持在相对低位水平，资本市场反应也相对积极。后期即使股市和房地产出现阶段泡沫也并未导致收入差距的明显扩张，实现了相对健康的包容式增长。

日本实现包容式增长的核心因素之一可能在于科技创新推动产业升级、带动消费升级，并推进国际化进程。随着日美矛盾增加、日本国内劳动力成本上升、石油危机等冲击，日本于 20 世纪 70 年代开始谋求科技创新与产业升级，老经济增速放缓且在经济中占比下降，制造业逐步提高附加值，高附加值和高科技制造业比重增加，1970—1990 年日本制造业的贸易专业化系数和出口的高附加值产品占比提升是日本产业升级与全球化的证据（图 16-8）。与此同时，产业升级带来居民收入水平整体提高，劳动者报酬占 GDP 比重在 1970 年前后转为提升，对

迈向橄榄型社会

应着居民消费更好的产品和服务,日本消费占经济增加值明显提升且居民消费质量和层次向更高端、品牌化方向发展(图 16-9)。

日本制造业国际竞争力演变

	1955	1960	1965	1970	1975	1980	1985	1990
钢铁	0.89	0.04	0.61	0.63	0.89	0.83	0.74	0.99
电子、通信	-0.24	0.45	0.02	-0.15	0.26	0.51	0.74	0.97
汽车	-0.23	0.81	0.77	0.89	0.91	0.95	0.95	0.97
一般机械	0.12	-0.02	0.24	0.25	0.57	0.69	0.75	0.75
精密机械	0.49	0.49	0.59	0.38	0.57	0.58	0.58	0.74
其他电气机械	0.53	0.41	0.47	0.40	0.45	0.44	0.52	0.67
民生用电机械	0.76	0.95	0.94	0.94	0.90	0.92	0.93	0.59
办公用机械	-0.92	-0.91	-0.45	0.52	0.57	0.90	0.96	0.52
其他运输机械	0.88	0.71	0.77	0.63	0.80	0.51	0.53	0.36
金属制品	0.85	0.90	0.83	0.79	0.84	0.78	0.75	0.36
塑料制品	0.44	0.80	0.80	0.76	0.55	0.46	0.50	0.32
橡胶制品	0.92	0.94	0.94	0.90	0.68	0.56	0.50	0.27
陶瓷土石	0.87	0.79	0.83	0.72	0.72	0.52	0.47	0.17
化学制品	0.27	-0.34	0.14	0.13	0.36	0.20	0.09	0.06
重化机械	0.05	0.22	0.51	0.49	0.59	0.74	0.74	0.07
出版	0.15	-0.23	-0.01	0.25	-0.41	-0.08	0.19	-0.18
纸制品	0.04	0.18	-0.19	-0.16	-0.08	-0.31	-0.23	-0.27
纺织	0.97	0.90	0.86	0.58	0.21	0.07	-0.02	-0.48
其他制造业	0.96	0.90	0.59	0.30	0.12	-0.10	0.02	-0.51
非铁金属	0.51	-0.64	-0.33	-0.52	-0.37	-0.38	-0.57	-0.65
石油制品	-0.74	-0.73	-0.53	-0.70	-0.46	-0.72	-0.73	-0.66
食品	0.45	-0.50	-0.60	-0.59	-0.72	-0.75	-0.78	-0.89
木制品	0.88	0.83	0.45	-0.33	-0.74	-0.74	-0.77	-0.90

(20世纪70年代后美日贸易摩擦加剧)

图 16-8 日本的 1970—1990 年:产业升级创造更多附加价值、拉动收入增长,带动消费升级

资料来源:野口悠纪雄:《战后日本经济史》(张玲译),2018 年 4 月,中金公司研究部。
注:日元计价及生产指数均以 1958 年计。贸易专业化系数 =(出口额 – 进口额)/(出口额 + 进口额)。

产业升级和消费升级主线是日本在包容式增长背景下的投资主线。日本在经济结构的转型期,利用自身禀赋优势并叠加产业政策支持,实现产业升级进而带动居民收入水平提升,某种程度上是发达经济体平衡贫富差距与经济发展的典范。在股票市场中,1973—1983 年日本股票市场指数受传统行业拖累表现相对平淡,但与产业升级和消费升级相关的结构性机会相对突出,其中支持服务、制药及生物技术、科技硬件设备、媒体、电子及电气设备 5 个行业涨幅超过 150%,其间,日本市场表现最好的 100 只股票也基本来自产业升级和消费升级相关领域。日本转型期的发展经验对于中国实现高质量发展和可持续增长具有一定的参考意义,同时中国自身的产业升级和消费升级在过去十年是中国市场的投资主线,未来包容性增长的大背景下,可能仍是经济增长的驱动来源并贡献丰富的投资机会。

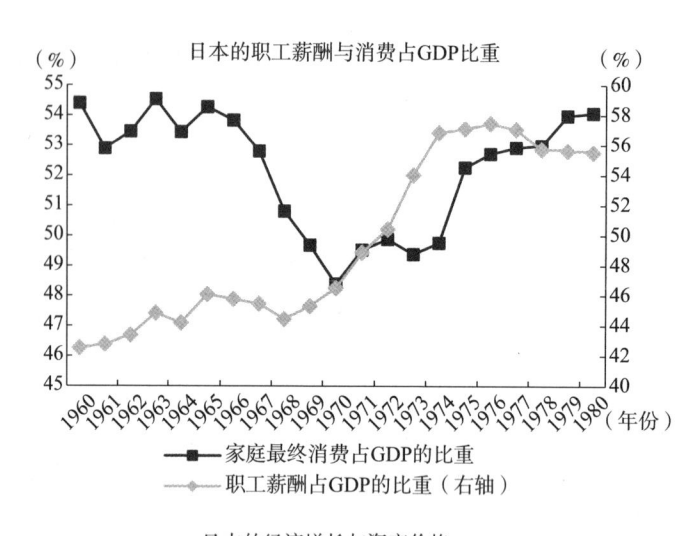

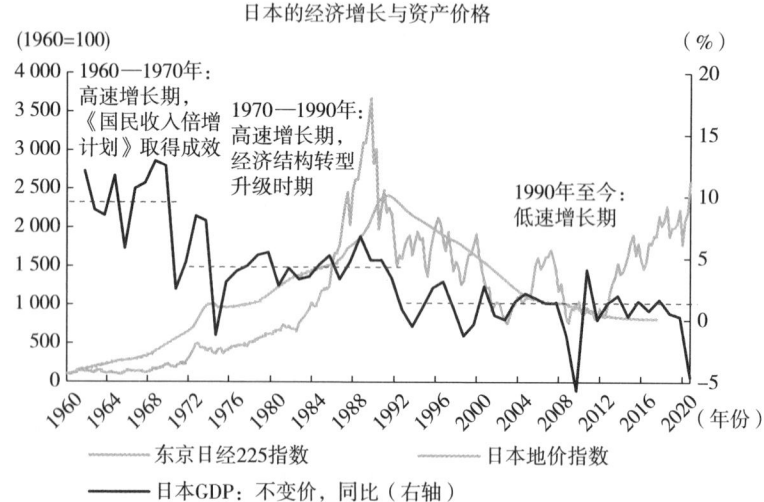

图 16-9　日本居民收入占比提升推动消费加速增长，转型升级期间居民消费明显升级

资料来源：Datastream，中金公司研究部。

中国与全球追求包容增长目标下的投资趋势

全球及中国主要经济体政策态势都在逐步更加关注兼顾效率与公平，更加注重实现"包容增长"与收入分配更加均衡。这样的大环境之下，投资环境可能面临哪些中长期的趋势，有哪些投资主线值得关注？这是本节讨论的话题。

综合来看，我们判断从投资的角度至少有如下几点值得关注。

第一，投资"新范式"。在内部收入差距扩大的背景下，全球各地在效率与公平之间，政策导向更加注重公平。这可能会有一些宏观及行业含义：各地区政策导向更加"内向"，区域冲突发生概率增大，增长波动加大，可能有些类似二战后到20世纪70年代末美国及全球的情况；全球各地可能都会更加注重社会责任与可持续性，都在推进各自理解的"ESG"版本，"共同富裕"目标某种意义上也是中国版"ESG"的含义之一；政策上更加注重反垄断，或多或少地都在推动某种形式的金融普惠、金融让利实体经济；对科技及互联网平台公司的监管在全球范围也将越来越受到重视；等等。这些变化都有比较直观的投资含义。

第二，全球低利率的环境可能会逐步改变。在前面的理论分析部分中我们探讨了收入分配差距的变化对无风险利率的影响。最近40多年全球名义利率逐步走低并引发关注，对资产配置产生了较大的影响。对全球无风险利率的走低，曾经有各种解释观点，包括"全球储蓄剩余"（Global Savings Glut，代表人物为美联储前主席格林斯潘及伯南克等）、美国金融体系有效率有竞争力吸引资金流入[①]等。我们前面的阐述表明，全球收入及财富分配差距的扩大可能也是全球无风险利率近40年下行的动因之一。如果这一点成立，当全球各地推进更加公平的收入分配，从中长期来看可能会逐步改变无风险利率持续下行的局面。另外，消费率的提升、区域政策"内向"带来的成本上升趋势，也可能在某种程度上会抬高中长期的全球通胀中枢，这些因素可能导致全球近40年名义利率长期下行趋势的终结。这可能是未来全球资产配置领域里最值得关注的趋势之一。更高的名义利率一般伴随的是资产估值的降低、投资久期的缩短、成长溢价的降低、行业间的估值差异可能会缩小等。

第三，更加均衡的收入分配将降低中国发展障碍，进一步释放中国增长潜力。中国最近30年经济快速发展，占全球经济体的比例从2%左右上升至15%~20%，是全球经济领域最重要的事件之一。当前中国面临发展不平衡、发展不充分的主要矛盾，更加兼顾效率与公平，推进更加均衡的收入分配可能有助

[①] Caballero, R. J., & Krishnamurthy, A, Global imbalances and financial fragility, 2009. Bernanke, B. S., Bertaut, C. C., Demarco, L., & Kamin, S. B, International capital flows and the return to safe assets in the united states, 2003–2007, 2011.

于纠正中国发展中的部分失衡，降低发展的障碍，从而进一步释放中国增长的潜力。特别是改革与完善基本体制机制包括确立房地产市场长效机制、完善社会保障体系、推进金融让利与服务实体经济等举措，中长期将起到纠正发展失衡的效果。这可能会使中国朝全球最大内需市场、最大经济体迈进的步伐更加坚实。

第四，中国大众消费市场"扩容提质"。中国虽然人均GDP已经接近1.1万美元，但消费率并不高。推进更加均衡的收入分配，完善社会保障，中长期可能会起到扩大内需规模、提升消费率的效果，包括"衣、食、住、行、康、乐"等在内的大众消费市场可能会进一步进入"扩容提质"的阶段，中国消费领域"品牌化""头部化""国际化"的趋势可能会进一步强化。这可能与日本20世纪70年代中后期到20世纪90年代经济结构转型、收入稳步增长基础上实现的趋势类似。

第五，中国内需"大市场"推动"工业革命"以来最大的"规模化红利"继续释放，中国产业升级的趋势进一步强化。推动包容性增长的举措，挖掘内需潜力，推动中国内需市场成为全球最大内需市场，这将是自"工业革命"以来最大的"规模化红利"，将助力中国科技创新与产业升级的趋势（图16-10）。中国将在众多符合自身市场优势的制造业领域，走出从低端到高端、由小而大、由大而强的新路。

另外，值得注意的是，走向包容性增长的趋势，可能会给金融、房地产及相关领域带来偏中长期的约束。

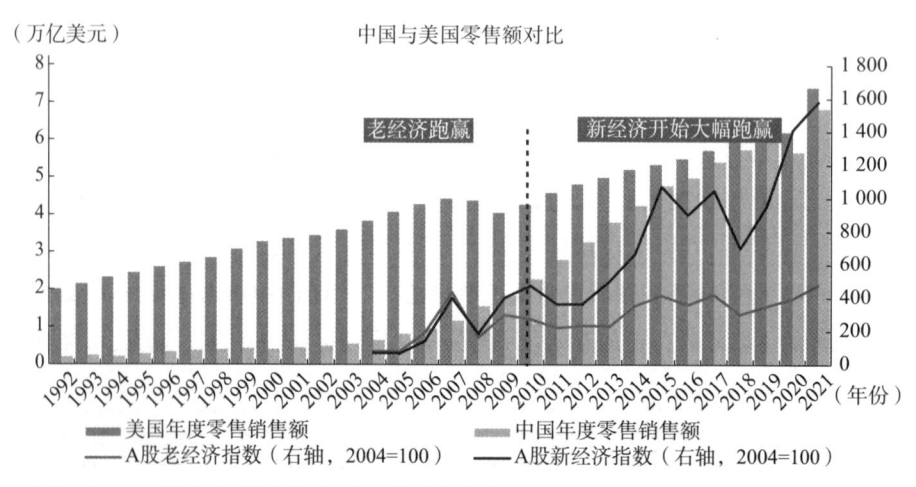

图16-10 中国的产业升级和消费升级：从之前的商品牛市到产业升级和消费升级的结构性牛市
资料来源：万得资讯，中金公司研究部。

迈向橄榄型社会

474